Der Empfangsbote

Europäische Hochschulschriften

Publications Universitaires Européennes
European University Studies

Reihe II
Rechtswissenschaft

Série II Series II
Droit
Law

Bd./Vol. 3435

PETER LANG
Frankfurt am Main · Berlin · Bern · Bruxelles · New York · Oxford · Wien

Dirk Barcaba

Der Empfangsbote

PETER LANG
Europäischer Verlag der Wissenschaften

Die Deutsche Bibliothek - CIP-Einheitsaufnahme

Barcaba, Dirk:

Der Empfangsbote / Dirk Barcaba. - Frankfurt am Main ; Berlin ; Bern ; Bruxelles ; New York ; Oxford ; Wien : Lang, 2002
(Europäische Hochschulschriften : Reihe 2, Rechtswissenschaft ; Bd. 3435)
Zugl.: Mannheim, Univ., Diss, 2001
ISBN 3-631-38759-8

Gedruckt auf alterungsbeständigem,
säurefreiem Papier.

D 180
ISSN 0531-7312
ISBN 3-631-38759-8

Printed in Germany 1 2 3 4 5 7

www.peterlang.de

INHALTSÜBERSICHT

INHALTSVERZEICHNIS

VORWORT

Die Veröffentlichung beruht auf meiner Dissertation, die im Sommersemester 2001 von der Fakultät für Rechtswissenschaft der Universität Mannheim angenommen wurde.

Herr Prof. Dr. Karl Otto Scherner hat die Arbeit betreut und das Erstgutachten erstellt. Als Mitarbeiter an seinem Lehrstuhl für Bürgerliches Recht, Deutsche und Europäische Rechtsgeschichte habe ich Erfahrungen und Einsichten gewonnen, deren Wert weit über Anfertigung dieser Arbeit hinausreichen. Dafür danke ich Herrn Prof. Dr. Scherner sehr.

Für die Erstellung des Zweitgutachtens danke ich Herrn Prof. Dr. Martin Pawlowski.

Darüber hinaus danke ich meinen Freunden, welche das Gelingen der Arbeit in vielfacher Art und Weise gefördert haben.

Ganz besonders danke ich meinen Eltern, ohne deren beständige Förderung und Unterstützung unter anderem diese Arbeit nicht gelungen wäre.

Frankfurt am Main, Weihnachten 2001 *Dirk Barcaba*

1. Kapitel
Das Problem

I. Einführung

Die Organisation des Rechtsverkehrs verlangt eine klare Regelung, wie und wann eine Willenserklärung wirksam wird. § 130 lässt die wünschenswerte Klarheit vermissen. Die Normierung der Empfangstheorie, so scheint es, hat zwar den historischen Theorienstreit um den Wirksamkeitszeitpunkt der Willenserklärung beendet, aber auch eine Vielzahl neuer Streitpunkte geschaffen. Eines der noch nicht zufriedenstellend gelösten Problemfelder ist die Rechtsfigur des Empfangsboten.

Bei der Durchsicht von Urteilsbegründungen und der Literatur zum Empfangsboten fällt die kanonisierte Definition des Empfangsboten auf: Empfangsbote soll diejenige Person sein, die entweder zum Empfang der Willenserklärung ermächtigt ist oder aber nach der Verkehrsanschauung als ermächtigt anzusehen ist. Logisch besehen kann man den ersten Teil der Definition ohne inhaltlichen Verlust streichen, denn wer ermächtigt ist, ist auch als ermächtigt anzusehen. Diese Begriffsbestimmung und ihr ähnliche Definitionen, bilden den Ausgangspunkt der Untersuchung.

Die Grundlage der Untersuchung ist eine Bestandsaufnahme der tatsächlichen und rechtlichen Rahmenbedingungen, die für die Rechtsfigur des Empfangsboten beachtlich sind. Dabei kommt der Dogmatik des Wirksamwerdens von Willenserklärungen, nicht nur des Zugangsbegriffs, eine hervorragende Bedeutung zu. Ein weiterer Ansatzpunkt ist die allgemeine Frage, wie ein Dritter auf die Relation eines Rechtsverhältnisses einwirken kann. Vorrangig wird dabei die dem Empfangsboten nah verwandte Rechtsfigur des Empfangsvertreters betrachtet.

Dies führt zur Prüfung der von der Literatur vorgeschlagenen und von der Rechtsprechung angewandten Lösungsansätze, insbesondere der in der modernen Rechtsgeschäftslehre entwickelten Erklärungsmodelle und Rechtsinstitute zur Weiterbildung des Rechtssystems. Wegen des rechtstheoretischen Konzepts der Arbeit müssen diese Modelle und Institute dabei ihre theoretische Tragfähigkeit beweisen. Eine vollends überzeugende Konzeption kann nicht ausgemacht werden.

Daraus entwickelt sich ein eigenständiges Lösungsmodell. Obwohl in diesem Modell die Grundlagen, welche zur Rechtsfigur des Empfangsboten führen als prinzipiell verschiedenartig erkannt werden, wird die Integration der Rechtsfigur des Empfangsboten bewahrt.

Eine Zielsetzung der Arbeit ist die Praktikabilität der Lösung im Rahmen der Rechtsanwendung. Die beabsichtigte Entlastung der Praxis geht mit der vorweggenommenen, um so gründlicheren theoretischen Prüfung der Lösungswege einher. Dennoch können viele der grundlegenden Probleme nur angedeutet werden.

Die Untersuchung beschränkt sich auf das deutsche Zivilrecht. Es wird sich zeigen, dass die Rechtsfigur des Empfangsboten eine Erscheinung der Empfangstheorie ist, die so ausgebildet nur in der deutschen und ihr nah verwandten Rechtsordnungen auftritt. Bestimmt wäre eine Rechtsvergleichung gewinnbringend, welche die Geltungsbedingungen von rechtserheblichen Verhalten, wenn dritte Personen beteiligt sind, im allgemeinen untersucht. Angesichts der Unklarheit, die in der deutschen Rechtspraxis bei der Rechtsfigur des Empfangsboten besteht, wurde dies aber als zu weitläufig angesehen. Aus derselben Überlegung bleibt das Prozessrecht und das Recht der öffentlichen Verwaltung unberücksichtigt.

II. Fallmaterial

Rechtsprechung

(1) RGZ 50, 191

B, Betreiber einer Lotterie, sendet dem K ein Angebot auf Erwerb eines Ersatzloses, um die Gewinnchance zu wahren, da das ursprüngliche Los wegen eines Gewinns bei weiteren Ziehungen unberücksichtigt bleibt. Das Angebot wird einem Mitbewohner des K übergeben, weil K nicht zu Hause ist. Der Brief wird dann in der gemeinsamen Küche abgelegt, wo ihn D, die Wohnungswirtin des K, findet. D leitet den Brief aber nicht an K weiter, sondern gibt ihn auf Anfrage dem B zurück. Mittlerweile wurde das dem K zustehende Ersatzlos als Hauptgewinn gezogen. K verlangt von B als Schadensersatz die Gewinnsumme, mit der Begründung, er hätte das Angebot auf Erwerb des Ersatzloses angenommen.

(2) RGZ 60, 334[1]

B macht dem K ein Vertragsangebot. K will ablehnen und sucht deswegen den B zu Hause auf. Dort trifft er nur D, die Ehefrau des B, an und teilt ihr die Ablehnung des Angebots mit. Später, aber noch innerhalb der Annahmefrist, lässt K dem B doch eine Annahmeerklärung zugehen.

K begehrt von B Erfüllung des Vertrages.

(3) RAG, HRR 1940, Nr.1427

Der Arbeitgeber B schickt dem K per Einschreiben die Kündigungserklärung. Da K zur Kur ist, nimmt D, eine Angehörige des K, den Brief in dessen Wohnung entgegen und sendet diesen an die Kuradresse weiter. Zehn Tage nach der Entgegennahme durch D kommt die Erklärung bei K an. In Frage steht die Einhaltung der Kündigungsfrist.

(4) OLG Stuttgart, DRZ 1950, 470

B macht dem K ein Angebot. K adressiert die Annahmeerklärung an D, dem Betriebsleiter des B. Doch D ist mittlerweile aus dem Unternehmen des B ausgeschieden. Als er sein Büro in den Geschäftsräumen des B räumt, übergibt ihm der Postbote dort die Sendung. D nimmt den Brief mit nach Hause und leitet ihn erst eine Woche später, nach Ablauf der Annahmefrist, an B weiter. K verlangt Vertragserfüllung von B.

(5) OLG Frankfurt, VersR 1951, 99

Wegen fälliger Beiträge einer KFZ-Versicherung schickt das Versicherungsunternehmen B per Einschreiben eine Mahnung an K. Das Einschreiben wird

---

[1] Bspr. Hellwig, JW 1905, 356

an D, der Schwester des K, ausgehändigt, die im Nachbarhaus wohnt. Die Geschwister teilen sich einen Briefkasten, der an der gemeinsamen Hofeinfahrt installiert ist. Später hat K einen Autounfall. Es kann nicht geklärt werden, ob D die Mahnung an K weitergeleitet hat. Zu entscheiden ist über die Deckung.

(6) BGH, NJW 1965, 965

B verhandelt mit K über den Kauf eines Baufahrzeuges. Dabei war D, der Leiter einer Zweigstelle der B, zugegen. Dieser soll noch, ohne Beisein der B, ein weiteres Baufahrzeug besichtigen, das möglicherweise ebenfalls erworben werden soll. Im Anschluss an die Besichtigung bestätigt K schriftlich, dass ein Kaufvertrag über beide Fahrzeuge geschlossen wurde. K und D unterschreiben dieses Bestätigungsschreiben. B bezahlt nur den Preis für das erste Fahrzeug. D sei weder zum Abschluss eines Kaufvertrages über das zweite Fahrzeug noch zur Entgegennahme eines entsprechenden Bestätigungsschreibens legitimiert gewesen. In Frage steht, ob das zweite Fahrzeug ebenfalls von K gekauft wurde.

(7) BAG, DB 1976, 1018[2]

Der Arbeitgeber B kündigt dem erkrankten Arbeitnehmer K per Einschreiben. Der Brief wird an dem D, der Untervermieter des K, ausgehändigt. D legt den Brief auf einen Schrank, der vor dem vom K bewohnten Zimmer im Flur steht. K nimmt den Brief erst am darauffolgenden Tag entgegen, denn zuvor war er bettlägerig. In Frage steht die Einhaltung der Frist für die Kündigungsschutzklage durch K nach § 4 KSchG.

(8) BAG, DB 1977, 546

Der Hotelbesitzer B kündigt seinem Hotelleiter K per Telegramm. Dieses Telegramm wird von D, dem Buchhalter des Hotels, das K leitet, entgegengenommen. K ist nicht anwesend. Am nächsten Tag gibt D das Telegramm der Post zurück, ohne dass der Adressat K es einsehen konnte.
In Frage steht die Wirksamkeit der Kündigung.

(9) LAG Berlin, BB 1988, 484[3]

Der Arbeitsgeber B kündigt dem K per Einschreiben, adressiert an die Wohnanschrift des K, während sich dieser zum Urlaub im Ausland aufhält. Die Einschreibesendung wird in der Wohnung des K an D, der Mutter des K, ausgehändigt. D wohnt nicht dort, aber während der Abwesenheit des K sieht sie dort nach dem Rechten. Zu entscheiden ist über den Beginn der Frist für die Kündigungsschutzklage nach § 4 KSchG.

(10) BGH, NJW-RR 1989, 757 ff.[4]

D, Vertragshändler des K, händigt dem B ein Formular des K aus, in dem der Abschluss eines Leasingvertrages mit K über ein Auto beantragt werden kann. B gibt dem R das Formular ausgefüllt und unterschrieben zurück. Noch bevor das Antragsformular an K weitergeleitet wurde, widerruft B seinen Antrag dem R gegenüber. In Frage steht die Wirksamkeit des Vertragsschlusses.

(11) BAG in NJW 1993, 1093[5]

---

[2] Bspr. Moritz BB 1977, 400.

[3] Bespr. Nippe, JuS 1991, 285.

[4] Anm. Emmerich WuB § 133 BGB 2.89; Anm. v. Westphalen EWIR § 130 BGB 2/89.

Der Arbeitgeber B kündigt dem K, der sich in ungenehmigt in Urlaub befindet. Der Postbote übergibt das Kündigungsschreiben auf der Straße dem Onkel des B. Dieser übergibt den Brief der D, die Mutter des K, die im selben Haus aber in einer eigenen Wohnung wie K wohnt. Ungeöffnet leitet D den Brief an die Post zurück um so die Annahme zu verweigern. Zu entscheiden ist über die Wirksamkeit der Kündigung.

Schulfälle

(12)

V entsendet den D mit einem ein Kaufangebot über ein Pferd zum K. D soll möglichst die Antwort des K abwarten und sie dem V ausrichten. K teilt dem D mit, dass er das Angebot annehme. D vergisst, die Antwort des K dem V auszurichten. V verkauft das Pferd anderweitig[6]. K verlangt Schadensersatz wegen Nichterfüllung.

(13)

D, der Nachbar des M, hat es übernommen, während des Urlaubs des M, dessen Post entgegenzunehmen. D leert den Briefkasten, wozu er von M den Briefkastenschlüssel ausgehändigt bekommen hat, er lässt sich Briefe vom Postboten aber auch persönlich aushändigen. Unter der Post befindet sich eine Kündigungserklärung des V, dem Vermieter der Wohnung des M. Die Kündigungsfrist läuft noch während des Urlaubs des K ab. Es kann nicht geklärt werden, ob die Kündigungserklärung vom Postboten in den Briefkasten abgelegt oder dem D übergeben wurde. Zu klären ist, ob die Kündigung fristgerecht erfolgte.

(14)

V bietet dem K ein Auto zum Kauf an. Es wird vereinbart, dass K das Angebot bis 20.00 Uhr am gleichen Tag annehmen kann. K ruft um 19.45 Uhr unter der von V angegebenen Telefonnummer an und verlangt nach V. Dieser ist nicht anwesend weswegen er der D, die Ehefrau des V, die Annahme des Angebots erklärt. Tags darauf verkauft V den Wagen an einen anderen Käufer. Es kann nicht geklärt werden, ob V vom Telefonanruf des K erfahren hat. K verlangt Schadensersatz wegen Nichterfüllung.

(15)

Vermieter V vereinbart mit M, dass Erklärungen, welche den Mietvertrag betreffen, der Hausmeister E entgegennehmen soll. M schickt die Kündigung aber an die Wohnadresse des V. Dieser ist mehrere Wochen im Ausland und erfährt deswegen nichts von der Kündigung. In Frage steht der Wirksamkeitsmoment der Kündigung.

(16)

---

[5] Anm. Bickel AP § 130 BGB Nr.18; Bspr. Schwarz, NJW 1994, 891.

[6] Dieser Fall geht wohl auf Savigny zurück. Verwendet wurde er später von Schliemann, der damit die Empfangsvertretung begründen will (Schliemann, 28); ebenso von Vosswinkel, der daran die Notwendigkeit des Empfangsboten zeigen will (Vosswinkel, 387) und von Plettenberg, der damit umgekehrt die Rechtsfigur des Empfangsboten angreift (Plettenberg, 59).

Versicherungsnehmer V übergibt dem Versicherungsagenten E die Kündigungserklärung des Versicherungsvertrages. Dieser übermittelt die Erklärung nicht an die Versicherungsgesellschaft weiter. Zu klären ist, ob V weiterhin die Versicherungsprämie zu zahlen hat.

(17)

Wie Fall (16) jedoch ist D ein Agent eines Bücherclubs, dem gegenüber V den Austritt aus dem Club erklärt. In Frage steht der Anspruch auf den Mitgliedsbeitrag.

In allen Fällen ist zweifelhaft, ob beziehungsweise wann die Willenserklärungen wirksam wurden. Dies ist entscheidend für die Entstehung von vertraglichen Primär- und Sekundäransprüche sowie für die Einhaltung von Fristen.

Der Wirksamkeitsmoment der Willenserklärung ist elementar: Es ist der Moment der Bindung des Erklärenden, der nun nicht mehr widerrufen kann. Bei einer Antragserklärung beginnt damit der Vertrage mit den vereinbarten Erfüllungsfolgen. Bei einseitigen Rechtsgeschäften bestimmt sich danach regelmäßig die Rechtzeitigkeit, soweit ein Frist zur Ausübung des Rechtsgeschäfts besteht. Der Wirksamkeitsmoment einer Kündigungserklärung vom Arbeitgeber gegenüber dem Arbeitnehmer ist erheblich, weil daran der Beginn der arbeitsprozessualen Klagefrist des § 4 KSchG anknüpft[7].

In den Fallkonstellationen sind drei Personen beteiligt – der Erklärende beziehungsweise ein Erklärungsbote, der Empfänger und eine dritte Person, welche die Erklärung entgegennimmt. Auslöser des Problems ist ein Fehlverhalten dieser dritten Person. Leitet diese die Erklärung gar nicht oder nur mit einer Verzögerung an den Empfänger weiter, stellt sich die Frage nach dem Wirksamkeitszeitpunkt. Aufgrund des allgemeinen Beweisgrundsatzes, wonach der Erklärende grundsätzlich die für ihn vorteilhaften Umstände der Anspruchsbegründung zu beweisen hat, also auch das Wirksamtwerden, gilt dies auch, wenn nicht aufgeklärt werden kann, ob die Erklärung den Empfänger erreicht hat[8].

Eine Schadensersatzlösung gegen die Mittlerperson ist nicht zu erwägen. Zwar könnte man die Wirkung einer Willenserklärung als eine Naturalrestitution nach § 249 S. 1 ex tunc eintreten oder wegfallen lassen. Doch kann ein Anspruch gegen die Person, welche die Erklärung entgegengenommen hat, dies nicht zum Ziel haben. Den Mittler kann keine Einstandspflicht treffen, denn er ist bei dem Rechtsgeschäft unbeteiligt, er hat keine Erklärung abgegeben. Eine Schadensersatzlösung wie im Stellvertretungsrecht mit § 179 wird daher nicht weiter untersucht[9].

---

[7] Danach kann der Arbeitnehmer Klage mit der Begründung die Kündigung sei sozial ungerechtfertigt nur innerhalb zwei Wochen nach Zugang der Kündigung erheben.

[8] Zu den Beweisgrundsätzen beim Wirksamwerden einer Willenserklärung Sandmann, AcP 199, 462 f.

[9] Damit ist nicht ausgesagt, dass keine Ansprüche gegen den Empfangsmittler bestehen können. Doch ist dies ein Folgeproblem, das an das konkreten Verhalten des Mittlers anknüpft. Eine unerlaubte Handlung wird in einem Fehlverhalten nur ausnahmsweise zu finden sein. Das Vermögen ist kein durch § 823 geschütztes Recht. Was bleibt sind schuldvertragliche

Somit besteht ein Dilemma: Verneint man die Wirksamkeit, belastet man den Erklärenden, der noch einmal eine Willenserklärung abgegeben müsste, wenn nicht ohnehin ein Fristablauf das rechtzeitige Wirksamwerden endgültig unmöglich macht. Bejaht man dagegen die Wirksamkeit, würde eine Willenserklärung gegenüber dem Empfänger wirken, obwohl dieser vom Erklärungsinhalt keine Kenntnis genommen hat, weil er dazu tatsächlich und objektiv nicht in der Lage war.

III. Gang der Untersuchung

Zunächst wird der Meinungsstand zum Empfangsboten vorgestellt. Daraus entwickelt sich der Begriff „Empfangsbote" und dessen Zweck. Im zweiten Kapitel wird das tatsächliche Geschehen der Sachverhalte strukturiert, wenn ein Empfangsbote beteiligt ist, und die rechtlichen Umgebungsbedingungen dargestellt, also die Regeln des Wirksamwerdens einer Willenserklärung, die Empfangsvertretung und andere Interventionen. Im dritten Kapitel werden die angebotenen Lösungsansätze der Rechtsprechung und der rechtswissenschaftlichen Literatur auf ihre Tauglichkeit überprüft. Im vierten Kapitel wird ein eigenes Lösungsmodell entwickelt. Zum Abschluss wird eine Kasuistik anhand der eingangs dargestellten Fälle gebildet und noch offene Einzelfragen beantwortet.

IV. Die Ausbildung der Rechtsfigur des Empfangsboten durch Rechtswissenschaft und Rechtsprechung

Im BGB findet sich der Begriff „Empfangsbote" nicht. Eine gesetzliche Definition fehlt. § 120 gilt unstreitig nur für den Erklärungsboten[10]. Es ist somit der Rechtsprechung und Dogmatik überlassen, nicht nur Kriterien zu finden, die den Empfangsboten ausmachen, sondern diesen überhaupt als Rechtsfigur zu erzeugen und in die Rechtsordnung einzuordnen.

Den Begriff „Empfangsbote" hat, soweit ersichtlich, *Crome* zuerst verwendet[11]. Zwar bestand das Problem, wie bei Einschaltung von Mittelspersonen die Risikoverteilung bis zur Wirksamkeit einer Willenserklärung unter Abwesenden zu erfolgen habe auch schon vorher.[12] Doch es ist *Cromes* Verdienst, einem Problem, das sich in Empfangstheorie stellt und mit der Kodifizierung des BGB virulent wurde, den Namen gegeben und eingegrenzt zu haben. Auf *Crome* aufbauend entwickelte sich in einem bis heute andauernden Meinungsstreit die Konturen der Rechtsfigur des „Empfangsboten".

Sekundäransprüche, die den denkbaren Vermögensschaden kompensieren, falls eine vertragliche Bindung gegenüber dem Empfänger besteht.

[10] Allg. Meinung Vgl. nur Jauernig/Jauernig § 120,5.

[11] Crome, System des bürgerlichen Rechts I (1900), 452; ebenso Friedberg, 25, und Vosswinkel, 387.

[12] So in einem Beispiel bei Cosack, allerdings ohne weitere Differenzierung und Abgrenzung. Vgl. Cosack, Lehrbuch des Bürgerlichen Rechts I (1899), 226. Auch im Zusammenhang mit der Entdeckung des Empfangsvertreters durch Schliemann taucht der Bote, der eine Willenserklärung entgegennimmt auf. Vgl. Schliemann, 29.

A. Die Ablehnung des Empfangsboten

Wegen der fehlenden gesetzlichen Ausbildung des Empfangsboten, wurde die Rechtsfigur von einigen als systemwidrig erachtet. Doch allein mit der Verneinung der Rechtsfigur ist das Problem, wie und wann eine Willenserklärung wirksam wird, die eine dem Empfänger nahestehende Person entgegennimmt, nicht gelöst.

Rosenberg meint, alle Personen die als Empfangsboten angesehen werden, seien Empfangsvertreter[13]. Die Vollmacht der gemeinhin als Empfangsboten angesehenen Personen - Familienangehörige, Hausangestellte... - ergebe sich aus deren Verhältnis zum Empfänger. Darin liege nach „Verkehrsauffassung und Lebenssitte“[14] eine Bevollmächtigung zur Empfangnahme. Dies habe auch der Gesetzgeber in §§ 174 f. ZPO so erkannt, der vom „Zustellungsbevollmächtigten“ spricht[15]. Im übrigen handle es sich um Erklärungsboten.

Ebenso sehen es *Hellwig*[16] und *Assmann*[17]. *Assmann* betrachtet genauer den Fall, wenn keine Vollmacht aufgrund der Verkehrsauffassung angenommen werden kann, wenn also der Erklärungsgegner die Mittlerperson als Erklärungsboten nutze. Diese Person werde vom Empfänger als Erklärungsbote vorgeschlagen und der Absender erklärt sich bei der Übermittlung der Gegenerklärung an diesen mit dem Vorschlag einverstanden. Der Zugang erfolge erst bei Vernehmung oder Entgegennahme durch den Empfänger. Das Risiko des Untergangs der Erklärung nach Entgegennahme durch den Empfangsboten geht nicht auf den Empfänger über. Unbilligkeiten sollen vermieden werden, indem der Vorschlag des Empfängers, den Übermittler einzusetzen, bei der Falschübermittlung ein Mitverschulden im Sinn des § 254 darstellen soll[18].

Diese Einschätzung wurde von *Vosswinkel* grundlegend kritisiert[19]: Die allzu großzügige Annahme einer Vollmacht verkenne das Wesen der Stellvertretung[20]. Ein völlig untergeordnetes Werkzeug könne kein Vertreter im Willen sein, vor allem im Hinblick auf die bedeutende Rechtsfolge des § 166. Die eigenständige Willensbildung sei ein elementares Kennzeichen des Stellvertreters. Ebenfalls nicht sachgerecht sei die Annahme eines Erklärungsboten, denn der Erklärende könne regelmäßig die Zuverlässigkeit der Übermittlungsperson nicht einschätzen. Deswegen könne der Absender dessen Fehler nicht verantworten und ihm nicht zugerechnet werden. Der Empfänger müsse die Gefahr

---

[13] Rosenberg, Stellvertretung im Prozeß, I (1906) 202. Dies ergebe sich auch schon aus sprachlichen Überlegungen, denn ein Bote könne nicht zum Empfang bestimmt sein, sondern nur zum Übermitteln. Ist aber das Übermitteln maßgeblich, so tritt die Wirkung erst danach ein. Mithin handelte es sich um Erklärungsboten. Trete die Wirkung sofort ein, könne nur eine Vertretung vorliegen.

[14] A.a.O., 206.

[15] A.a.O. 208; ebenso Assmann, Die Rechtstellung des Boten, 71.

[16] Hellwig, JW 1905, 357 ff.

[17] Assmann, a.a.O., 65 ff.

[18] A.a.O. 68.

[19] Vosswinkel, 386.

[20] Vosswinkel, a.a.O.; ebenso v.Tuhr, AT II/1, 434 f., Cohn, 8.

der unrichtigen Übermittlung tragen, da er die Zuverlässigkeit des Empfangsboten besser einschätzen kann als der Erklärende[21]. Aus dem gleichen Grund müsse der Erklärende die Willenserklärung bei einer Falschübermittlung nicht nach § 120 anfechten, denn es gelte der Inhalt, den der Erklärende der Übermittlungsperson erklärt hat[22].

Damit sind im großen und ganzen die Kennzeichen und der Zweck des Empfangsboten genannt. Die Rechtsfigur soll der unbefriedigenden Situation abhelfen, welche die Annahme eines Erklärungsboten einerseits, und die Überdehnung des Stellvertreters anderseits mit sich bringt.

Doch bis heute gibt es Stimmen, die den Empfangsboten prinzipiell ablehnen: *Dötzer* findet verschiedene Argumente, warum es beim Empfang nur einen Stellvertreter, nicht aber einen Boten geben könne. Zunächst widerlegt er die Spiegelbildlichkeit des Empfangs und des Erklärens, die eine parallele Rechtsfigur zum Erklärungsboten beim Empfang nahe legen würde[23]. Der Unterschied liege darin, dass die Empfangnahme nicht aktiver Natur ist, sondern eine „passive Tätigkeit“[24] sei. Dass eine Stellvertretung möglich ist, ordnet § 164 III ausdrücklich an. Daneben zieht er wie *Rosenberg* den Wortlaut des § 174 ZPO heran, der den „Zustellungsbevollmächtigten“ anspricht. *Dötzer* entnimmt dem allgemeinen überkommenen Begriff des Boten die Einschränkung, diesen nur für Übermittlungstätigkeiten anzuwenden, die sich außerdem auf eine bestimmte Willenserklärung beziehen muss und nicht auf eine unbestimmte Anzahl[25]. Die „Relativität des Botenbegriffs“ stehe der Annahme einer Empfangsbotenschaft entgegen. Allein aus der Billigkeit sieht *Dötzer* keine Notwendigkeit einen Empfangsboten anzuerkennen. Selbst wenn der Erklärungsgegner die Übermittlungsperson ausgesucht hat, sei es angemessen, dass der Erklärende dafür verantwortlich bleibe[26]. Insbesondere, weil der Erklärende nicht gezwungen sei, sich des Dienstes des Boten zu bedienen. Ebenso wenig überzeugt Dötzer ein Vergleich mit einem Briefkasten[27]. Aus dem Erfordernis der Abgabe als Teil des Zugangs leitet er ab, dass die Erklärung nur dem Empfänger oder einem Stellvertreter gegenüber abgegeben werden kann, nicht aber an einen anderen. Denn dabei fehle die für die Abgabe notwendige Möglichkeit der Kenntnisnahme[28]. Weiterhin sieht er keine Möglichkeit, § 130 auf mündliche Erklärungen anzuwenden. Damit fehle jegliche gesetzliche Grundlage für Empfangsboten bei mündlichen Erklärungen.

---

[21] Vosswinkel, 390.
[22] A.a.O.
[23] Dötzer, 42 ff.
[24] Dötzer, 42; die Spannung zwischen Passivität und Tätigkeit soll hier nicht näher dargelegt werden.
[25] Dötzer, 47f., 52 f.
[26] Dötzer, 44, 49 ff.
[27] Dötzer, 44.
[28] Dötzer, 45; gemeint ist wohl die Anforderung der Richtungsgebung bei empfangsbedürftigen Willenserklärungen, wofür die Entgegennahme durch einen Empfangsboten nicht ausreichen soll.

Für *Jung* ist der Empfangsbote ein Empfangsvertreter ohne Vertretungsmacht[29]. Er will den Stellvertretungsbegriff erweitern, indem er das Merkmal „Handeln in fremden Namen“ unbedingt vorliegen müsse, nötigenfalls durch eine Umdeutung gemäß § 140[30]. Damit ist der Weg frei, jeden Mittler als Vertreter zu sehen, wann Jung den Vorzug sieht, §§ 180, 177 anwenden zu können[31]. So könne die Wirksamkeit gegenüber dem „eigentlichen Empfänger“ am „wirksamsten und raschesten herbeigeführt“ werden[32].

Auch *Plettenberg* meint, mit der Annahme einer Empfangsvertretung einerseits und eines Erklärungsboten des Erklärenden andererseits zu sachgerechten Ergebnissen gelangen zu können[33]. Die Lehre vom Empfangsboten lehnt er ab, weil dem Empfang kein aktives Verhalten zugrunde liege, und so rechtslogisch kein Bote eingeschaltet werden könne. Den Empfangsvertreter will *Plettenberg* an der Möglichkeit der freien Willensbetätigung erkennen, wobei die Verkehrsüblichkeit eine maßgebliche Rolle spielen soll[34].

Wirths findet „die rechtlichen Grundlagen für einen Empfangsboten... in § 164, und zwar im Absatz 3“[35]. Er unterscheidet zwar zwischen Empfangsbotenschaft und passiver Stellvertretung, aber: „In der Praxis wird es sich so auswirken, dass der Empfangsbote zumeist passiver Stellvertreter sein wird, da er jeder Zeit in der Lage sein muss, kleine selbständige Handlungen erledigen zu können“[36]. Des weiteren kennt *Wirths* den Empfangsboten, „der mit einer wenig größeren Machtbefugnis ausgestaltet ist... der sogenannte Empfangsbote mit erweiterter Botenermächtigung“[37]. Damit meint er den passiven Stellvertreter, den er aus begrifflichen Gründen nicht so benennt. Denn für ihn ist ein Stellvertreter auch immer für das aktive Geschäft bevollmächtigt.

Wirths orientiert sich an tatsächlichen Problemlagen, die er zu lösen versucht. Seine Suche läuft auf eine Gleichstellung von Empfangsboten und Empfangsvertreter hinaus. In dem methodischen Vorgehen von *Wirths* zeigt sich, dass die strenge Positivierung der Stellvertretungsregeln in §§ 164 ff. erst den Anlass gibt, nach einer andersartigen Rechtsfigur beim Empfang zu suchen[38].

Jüngst hat *Brexel* dem Empfangsboten die Existenzberechtigung abgesprochen, auch wenn er die Rechtsfigur zunächst nicht ausdrücklich in Frage stellt, sondern sich der überkommenen Bestimmung des Personenkreises anschließt[39]. Allerdings ergibt sich nach seiner Zugangslehre, dass die Willenserklärung schon mit der Abgabe an den Empfangsboten wirksam werden soll. Der Emp-

---

[29] Jung, AcP 117, 73 ff.
[30] Jung, 82 f.
[31] Jung, 84 f.
[32] A.a.O.
[33] Plettenberg, , 46 ff., 49 ff.
[34] Plettenberg, 62 ff.
[35] Wirths, Die Empfangsbotenstellung, 5.
[36] Wirths, 9.
[37] Wirths, 11.
[38] Auf der Aktivseite stellen sich die gleichartigen Schwierigkeiten bei der Stellvertretung in der Erklärung. Dazu Hueck, AcP 152, 432 ff. mit weiteren Nachweisen.
[39] Brexel, 49 ff.

fangsbote sei eine personale Empfangseinrichtung im Einflussbereich des Empfängers, so dass nach dem Grundgedanken des § 130 dem Empfänger das Risiko aufzubürden ist. Doch dann besteht kein Unterschied mehr zur Empfangsvertretung, was aber nichts anderes bedeuten kann, als die Auflösung der Empfangsbotenschaft. Dies muss *Brexel* auch so erkannt haben, wenn er einen Vorzug seiner Lösung darin sieht, so die Abgrenzungsschwierigkeiten zwischen Empfangsboten und Empfangsvertreter umgehen zu können[40].

B. Der Empfangsbote aufgrund einer rechtsgeschäftlichen Ermächtigung

Viele knüpfen bei der Einordnung der Übermittlungsperson an eine Empfangsbotenermächtigung an. Es besteht aber keine Einigkeit über die Rechtsnatur und den Entstehungstatbestand dieser Ermächtigung. Eine Gruppe von Autoren verlangt eine rechtsgeschäftliche Ermächtigung, die aber keine Vollmacht im Sinn des §§ 167 oder Ermächtigung im Sinn des § 185 ist.

1. Das Ermächtigungsmodell von *Cohn*

Cohn sieht die Botenmacht als eine Ermächtigung, die von der zu übermittelnden Willenserklärung zu trennen, also abstrakt sei[41]. Wie und wann die Erklärung zugeht, sei nicht allein über § 130 zu lösen, also danach, ab wann die Möglichkeit der Kenntnisnahme besteht. Dies sei eine Leerformel, denn es bedarf vor allem der Erwartung, dass die Kenntnisnahme auch erfolge[42]. Allein die Zugangsdefinition verschaffe keine Legitimation zu empfangen und damit auch keine gerechtfertigte Erwartung der Kenntnisnahme der Willenserklärung durch den Empfänger. Vielmehr legitimere der Empfänger den Empfangsboten durch eine Ermächtigung, die *Cohn* als ein einseitiges Rechtsgeschäft des Empfängers begreift[43].

Die Ermächtigung werde regelmäßig gegenüber dem Absender oder dessen Erklärungsboten erteilt. Der Hausgenosse sei immer ein ermächtigter Empfangsbote, da in der Aufnahme der Person in den Haushalt eine konkludente, externe Ermächtigung liege[44]. Bei Angestellten liegt diese Ermächtigung im Anstellungsvertrag[45]. Neben dieser rechtsgeschäftlichen Ermächtigung soll es auch den Rechtsschein der Ermächtigung geben. Die dazu erforderliche stillschweigende, externe Erteilung kann aus dem Verhalten geschlossen werden, aus dem nach der Verkehrssitte zu folgern ist, er wolle eine Ermächtigung erteilen[46]. Dabei muss der Empfänger den Empfangsboten in eben eine solche Posi-

---

40 Brexel, 56.
41 Cohn, Der Empfangsbote, 36 ff.
42 Cohn, 100.
43 Cohn, 39.
44 Cohn, 107.
45 Cohn, a.a.O.
46 Cohn, 84.

tion gebracht haben, die auf eine konkludente, externe Ermächtigung schließen lasse[47].

Cohn sieht diese Ermächtigung nicht als eine Art Vollmacht, so dass das Handeln eines nicht Ermächtigten auch nicht im nachhinein genehmigungsfähig sei, weil § 177 gerade keine Anwendung finde[48]. Auch Geschäftsunfähige sollen Willenserklärungen empfangen können. Andererseits sei aber § 120 nicht entsprechend anzuwenden, da es sich dabei um eine spezielle Ausnahmevorschrift handle[49].

Cohn findet die rechtsgeschäftliche Ermächtigung, indem er tatsächlichen Umständen die rechtserhebliche Bedeutung beimisst, die zur Bewältigung der rechtlichen Probleme erforderlich erscheinen. Dabei verzichtet er nicht auf die Anforderungen der Willenserklärung, schränkt also nicht deren Voraussetzungen ein, sondern liest in einen „nicht finalen Verhalten" diese Ermächtigung als Nebenfolge hinein. *Stoll* attestiert *Cohn* in einer Rezension deswegen sich „noch ganz in den Bahnen konstruktiv-begrifflicher Jurisprudenz" zu bewegen[50]. Methodisch gesehen, ist dieses Vorgehen tatsächlich im Einklang mit der Rechtslehre des 19. Jh., wird aber auch in diesem Jahrhundert „vor allem von *Flume* in seiner Lehre vom rechtserheblichen Verhalten" propagiert[51].

2. Andere

Dressen erkennt die Notwendigkeit des Empfangsboten ebenfalls aus dem praktischen Bedürfnis an[52]. Vom passiven Stellvertreter sei dieser wegen § 164 III über sein Auftreten zu unterscheiden. Neben der ausdrücklichen Ermächtigung erkennt er aber auch die bloße familienrechtliche Beziehung oder der Anstellungsvertrag als für die Botenmacht konstituierend an. Diese beinhalte, ebenso wie bei *Cohn*, eine stillschweigende Ermächtigung. Im übrigen sieht er auch die Möglichkeit einer Scheinbotenmacht.

Auch bei *Köhler* ist die Ermächtigung wesentlich. Empfangsbote sei, „wer vom Empfänger zur Empfangnahme von Erklärungen ausdrücklich oder durch schlüssiges Handeln ermächtigt wurde"[53]. Daneben sei die Verkehrsauffassung unbedeutend, vielmehr will er ergänzend die Grundsätze der Duldungs- und Anscheinsvollmacht entsprechend anwenden[54]. Allerdings könne dies nicht schematisch beurteilt werden, denn entscheidend sei allein, ob eine zuverlässige Weiterleitung der Erklärung zu erwarten ist.

---

[47] Ein solch typisches Verhalten, das nach der Verkehrssitte diesen Erklärungswert erhalte, sei entgegen der h.M. zur Rechtsscheinhaftung anfechtbar, also genauso zu Behandeln wie ein Rechtsgeschäft, vgl. Cohn, 84.

[48] Cohn, 96.

[49] Cohn, 94.

[50] Stoll, AcP 131, 228 ff., 229.

[51] Flume, 161, 52 ff.

[52] Dressen, Bote und Botenmacht, 29.

[53] Köhler, AT, 120.

[54] A.a.O.

Nach *Medicus* ist zumindest bei mündlichen Erklärungen notwendig, dass „der Adressat diese Person zur Annahme solcher Erklärungen bestellt hat (Empfangsbotenermächtigung)“[55].

Mir verlangt für den Empfangsboten eine Bevollmächtigung, die aber keine Vertretungsmacht i. S. der § 167 ff. sei, so dass keine Stellvertretung vorliege[56]. Er meint eine übergeordnete Ermächtigung, eine Rechtsmacht, welche die Befugnis verleihe, durch die Übermittlung der Willenserklärung auf die Rechtsverhältnisse des Machtgebers einzuwirken[57]. Folgerichtig ist dann zwischen Außen- und Innenverhältnis zu unterscheiden. Diese Ermächtigung mache den Empfangsboten mit einem Briefkasten vergleichbar. Die Tätigkeit des Empfangsboten geht aber über diese bloße faktische Beihilfe der Entgegennahme der Erklärung hinaus, denn seine Tätigkeit - die Übermittlung - hilft beim Wirksamwerden einer Willenserklärung. Hierbei sei § 130 maßgeblich. Des weiteren gelte die Willenserklärung nicht schon bei Abgabe an den Boten zu, denn dann wäre diese schon voll wirksam und es bedürfte keiner Botentätigkeit mehr, die beim Wirksamwerden hilft[58].

C. Der Empfangsbote aufgrund Verkehrssitte oder Verkehrsanschauung

Viele Stimmen halten an der Notwendigkeit der Empfangsbotenmacht fest, ohne allerdings dafür unbedingt einen Willensakt des Empfängers zu verlangen. Schon eine qualifizierte, tatsächliche oder rechtliche Beziehung des Mittlers zum Empfänger soll die Empfangsbotenschaft begründen. Dadurch kann der Empfangsbote ermächtigt sein, ohne dass dies auf eine Ermächtigung des Empfängers zurückzuführen sein muss. Diese Konstruktion ergänzt in ihrer Anlage die Lehre von der Empfangsbotenermächtigung, wenn keine willensgetragene Ermächtigung des Empfängers vorliegt beziehungsweise nachgewiesen werden kann[59]. So erklärt sich die Anknüpfung an eine „Ermächtigung“, wobei teilweise auch von „Befugnis“ gesprochen wird[60].

Brox sieht den Empfangsboten als „eine Person, die als zur Entgegennahme der Erklärung geeignet und ermächtigt anzusehen ist“[61].

Dilcher entwickelt den Empfangsboten aus dem allgemeinen Botenbegriff, in Abgrenzung zur Stellvertretung - parallel zur Abgrenzung der passiven zur ak-

---

[55] Medicus, AT, Rn. 286.

[56] Mir, Die unrichtige Übermittlung einer Willenserklärung durch den Boten, 13.

[57] Damit ist auch nicht die Ermächtigung im Sinn des § 185 gemeint, sondern die Ermächtigung im weiten Sinn.

[58] Mir, 34.

[59] Inwieweit sich diese Lehre lediglich stillschweigend als eine Vermutungsregelung versteht, kann dahinstehen. Auseinandergesetzt werden kann sich nur mit den Theorieaussagen. Eine denkbare verdeckte Intention, lediglich eine Beweisregel zu schaffen, bleibt unerkannt.

[60] Diese unterschiedliche Terminologie weist freilich auf verschiedene Wirkungsrichtungen dieses „Rechtes" hin: „Ermächtigung" zielt nach Außen, also gegenüber dem Erklärenden, wenn auch möglicherweise nur mittelbar, „Befugnis" dagegen nach Innen, gegenüber der Empfangsperson, was möglicherweise reflexartig nach Außen wirkt.

[61] Brox, AT, Rn. 155.

tiven Vertretung[62]- und verbindet dies mit seiner Lehre von den Empfangsanstalten[63]. Danach sind Empfangsboten - genauso wie Empfangsvertreter – eine Empfangsvorkehrungen des Adressaten[64]. Der Empfangsbote ist jemand, der nach seinem äußeren Auftreten Bote ist, verbunden mit der „Berechtigung zur Botentätigkeit“[65]. Näheres zur Berechtigung wird nicht mitgeteilt. Die Wirksamkeit einer unverkörperten Erklärung tritt nach *Dilcher* mit der Vernehmung durch den Empfangsboten ein, nicht erst nach der prognostizierten Übermittlungszeit.

Eisenhardt knüpft auch an Empfangsvorkehrungen an, die der Empfänger erkennbar getroffen hat, wozu auch gehöre, „dass der Empfänger eine oder mehrere Personen mit der Absicht bestimmt, dass in dem Augenblick, in dem die Willenserklärung diese Person erreicht, der Erklärungszugang mit Wirkung ihm gegenüber eintritt“[66]. Daraus erschließt er abstrakt eine Personengruppe von Empfangsboten.

Flume geht davon aus, dass bestimmte Personen, wie etwa Hausgenossen Empfangsboten seien, wenn sie für die Übermittlung geeignet sind[67]. Diese Personen seien als hierfür bestellt anzusehen, zumindest hinsichtlich Erklärungen die „verkehrsgewohnheitlich üblich“ an solche abzugeben gepflegt werden. Gleiches gilt für Angestellte in ihrem geschäftlichen Bereich. Auf den Bestellungsakt geht er nicht ein. Der Zugang sei ebenfalls bewirkt, wenn der Bote außerhalb der Räumlichkeiten die Erklärung entgegennimmt. Dadurch sei aber noch nicht über den Zugangszeitpunkt entschieden, die Rechtzeitigkeit wird durch den Zugang allein nicht gewahrt.

Nach *Förschler* ist Empfangsbote, „wer nach der Verkehrsauffassung als geeignet und ermächtigt zu gelten hat, Erklärungen für den Empfänger entgegenzunehmen.“[68] Dabei handele es sich nicht um eine rechtsgeschäftliche Ermächtigung, sondern die Person werde zur Empfangsstelle bestimmt[69]. Bei schriftlichen Erklärungen reiche die Übergabe an der Adresse des Empfängers an bestimmte, diesem nahestehende Personen aus; eine besondere Ermächtigung bedürfe es hierfür nicht[70]. Bei mündlichen Erklärungen fordert *Förschler* noch ein besonderes Maß der „zur pflichtgemäßen und richtigen Weitergabe erforderlichen geistigen Fähigkeiten und die nötige Zuverlässigkeit“[71]. Wird der Empfangsbote nicht an der Adresse, sondern außerhalb des Machtbereichs angetrof-

---

[62] Dilcher/Staudinger, Vorbem zu § 164, 73 am Ende.
[63] Dilcher hat die der Lehre von den Empfangseinrichtungen begründet.
[64] Dilcher/Staudinger § 130, 24.
[65] Dilcher/Staudinger § 130, 33.
[66] Eisenhardt AT, Rn. 69.
[67] Flume, AT, 236.
[68] Förschler/Müko § 130, 16.
[69] A.a.O.
[70] Förschler/MüKo § 130, 17.
[71] Förschler/MüKo § 130, 17a.

fen, sei beim Wirksamkeitszeitpunkt noch die zu erwartende Übermittlung nach Hause hinzuzurechnen.[72]

Nach *Hefermehl* ist Empfangsbote, wer nach der Verkehrsauffassung als geeignet anzusehen ist, bei flüchtigen Erklärungen die Kenntnis des Erklärungsinhalts an den Empfänger zu vermitteln können[73]. Empfangsbote sei entweder ein Beauftragter oder eine nach Verkehrssitte als Beauftragter anzusehende Person[74].

Hübner fordert ebenfalls eine Empfangsbotenermächtigung, aber Mitbewohner und Geschäftsangestellte sollen genauso den Zugang vermitteln können[75].

Nach *Jauernig* ist Empfangsbote „wer vom Empfänger dazu bestellt oder (aus Mangel an besonderer Anhaltspunkte: nach Verkehrsanschauung) zur Übermittlung bereit und geeignet ist.“[76]. Bei unverkörperten Erklärungen seien aber an die Boteneignung erheblich höhere Anforderungen zu stellen[77].

Nach *Kramer* darf die Erklärung an Boten abgeben werden, wenn dies zwischen dem Erklärenden und dem Adressaten vereinbart sei oder sich dieses aus den „Gepflogenheiten des Rechtsverkehrs“ ergebe[78]. Dabei spiele auch die Kompliziertheit und die Wichtigkeit der Erklärung eine Rolle.

Für *Larenz* ist wesentlich, wie sich die Person gegenüber dem Erklärenden darstellt. Empfangsbote sei der, der als dazu geeignet und als dazu ermächtigt anzusehen ist[79]. Er vergleicht diesen mit einem Briefkasten: Sofortiger Zugang sei nur dann anzunehmen, wenn der Empfangsbote im Haus des Empfängers angetroffen wird. Im übrigen sei die zu erwartende Übermittlungszeit hinzuzurechnen.

Weil der Empfangsbote den Empfänger nicht repräsentiere, sollen nach *Marburger* die §§ 164 ff. nicht anwendbar sein. „Die Legitimation des Empfangsboten beruht auf einer ausdrücklichen Ermächtigung durch den Empfänger. Unabhängig hiervon gelten erwachsene Hausangehörige, ferner Geschäftspersonal, soweit dies zu seinen dienstlichen Pflichten gehört, nach der Verkehrsanschauung als zur Entgegennahme rechtsgeschäftlicher Erklärungen ermächtigt“[80].

---

[72] Anhand der Bearbeitung innerhalb eines Kommentas zeigt sich schon formal das Profil der Rechtsfigur: An drei Stellen wird der Empfangsbote behandelt - bei § 120 durch Kramer, bei § 130 durch Förschler und bei § 164 durch Schramm. Dabei ist zwar der Grundtenor der gleiche, aber eine gemeinsame Formel ist nicht zu erkennen. Die kanonisierte Meinung profiliert sich anhand des jeweils vorgegebenden Fragestellung: Abgrenzung zum Erklärungsboten (Kramer), Abgrenzung zum Empfangsvertreter (Schramm), Risikoverteilung bei Einschaltung von Mittlerpersonen (Förschler).

[73] Hefermehl/Soergel § 130, 15.

[74] Hefermehl/Soergel § 120, 9.

[75] Hübner, AT, 1. Aufl. 1984, Rn. 418.

[76] Jauernig/Jauernig § 130, 2.b)bb).

[77] Jauernig/Jauernig, .2.c)aa).

[78] Kramer/ MüKo § 120, 6.

[79] Larenz, AT, 592.

[80] Marburger AcP 173, 140.

Nipperdey lässt für die Wirksamkeit die Abgabe an den Empfangsboten ausreichen[81]. „Sind Hausgenossen (ausdrücklich oder stillschweigend) zum Empfang von Willenserklärung ermächtigt, so wird es sich meist um Empfangsboten handeln. Sind sie nicht ermächtigt, so wird die an sie abgegebene Willenserklärung doch schon meist vollendet sein, weil sie bereits in die Macht des Adressaten gekommen ist“[82].

Peters meint, zum Empfangsboten könne man „ausdrückliche bestellt sein“ oder man könne „nach der Verkehrsanschauung als bestellt gelten“[83]. Dem Empfangsboten setzt er den Erklärungsboten gegenüber, wobei er die Abgrenzung als eine Frage der Risikotragung ansieht.

Schramm verlangt für die Empfangsbotenschaft ebenfalls eine entsprechende Ermächtigung, die er nach der Verkehrsauffassung bei allen Personen findet, die sich in der Wohnung oder Geschäftslokal aufhalten und zur Weiterleitung geeignet sind[84]. Nehmen diese Personen außerhalb der Wohnung die Erklärung entgegen, wird die Erklärung mit Eintreffen in der Wohnung wirksam[85].

D. Der Empfangsbote aufgrund einer tatsächlichen Ermächtigung

Wolf. unterteilt die Ermächtigung in die Erteilung einer Rechtsmacht und in die Erteilung einer tatsächlichen Macht[86]. Um eine tatsächliche Machterteilung soll es sich bei der Erteilung der Botenmacht handeln, die durch eine einseitige, nicht rechtsgeschäftliche Erklärung erteilt werde und nicht durch ein Rechtsgeschäft[87]. Damit kann es auch nicht mehr auf die Eignung als Bote ankommen[88]. Der Erklärende oder der Adressat willigt entweder in die Übermittlung ein, § 185, oder dem Boten wurde eine allgemeine Ermächtigung erteilt, die ihm eine Botenmacht vermittelt. Diese kann auch stillschweigend oder schlüssig erteilt werden. Allerdings bedarf es einer Erteilung der Botenmacht, „nach der Verkehrsauffassung als ermächtigt gelten“ sei keine Ermächtigung[89].

Sandmann nimmt ebenfalls eine tatsächliche Ermächtigung als Grundlage für den Empfangsboten[90]. Unklar bleibt welche Rolle die von ihm erwähnten weiteren Faktoren und „zuverlässige Kriterien“[91] der Risikoverteilung spielen. Einerseits soll „eine hinreichend enge Verbindung zum Lebenskreis... des Adressaten“[92] wesentlich sein, um einen Gleichlauf zur Rechtslage zu schaffen, wenn

---

[81] Enneccerus-Nipperdey AT II, 1094.
[82] Nipperdey a.a.O.
[83] Peters, AT, 85.
[84] Schramm/MüKo Vor § 164, 52f.
[85] Schramm/MüKo Vor § 164, 54.
[86] Wolf, AT, 326, Fn. 93.
[87] Wolf, 326.
[88] A.a.O.
[89] A.a.O.
[90] Sandmann AcP 199, 455 ff., 476. Eindeutig ist diese Zuordnung nicht, denn an anderer Stelle spricht er von rechtsgeschäftlicher Ermächtigung und Rechtsscheingrundsätzen (473), wobei er vorher die Anwendung dieser Grundsätze kritisiert hat (460).
[91] Sandmann, 467.
[92] Sandmann, 465

keine Mittlerperson eingesetzt wird. Andererseits soll dies nur Auswirkungen auf die Beweislastverteilung haben so dass die Risikotragung unbenutzt bleibt[93].

E. Der Empfangsbote aufgrund einer Risikozurechung (*Brinkmann*)

Brinkmann übernimmt die Lehre von der tatsächlichen Ermächtigung als Grundlage des Empfangsboten, entwickelt diese weiter und ergänzt sie mit seiner Methode der Fallgruppenbildung[94]. Rechtstheoretisch sieht er den Empfangsboten als „Zweckschöpfung der Rechtsdogmatik", um eine Regelungslücke zu füllen[95]. Konturen gibt er der Rechtsfigur in negativer Abgrenzung zum Empfangsvertreter. Es fehle die Vollmacht, allein die Betrauung mit der Aufgabe der Entgegennahme und Weiterleitung der Erklärung sei konstitutiv für den Empfangsboten[96]. *Brinkmann* begreift den Empfangsboten als eine „menschliche Empfangseinrichtung"[97]. Mit der tatsächlichen Ermächtigung meint er, „dass die Empfangstätigkeit irgendwie auf den tatsächlichen Willen des Adressaten zurückzuführen sein muss. Dieser muss die Hilfsperson willentlich damit betraut haben, für ihn Willenserklärungen entgegenzunehmen"[98]. Allein die Verkehrsanschauung reiche nicht aus, eine Person als ermächtigt anzusehen. Die Betrauung mit der Aufgabe, Willenserklärungen entgegenzunehmen und weiterzuleiten, beinhalte die tatsächlichen Ermächtigung, die sich auf einzelne, auf bestimmte Arten oder auf alle entgegenzunehmenden Willenserklärung beziehen kann[99]. Die Stellung des Empfangsboten muss aber auf einen tatsächlichen Willen des Adressaten zurückzuführen sein[100].

Daneben will er das Vertrauen des Erklärenden schützen, indem er die Grundsätze von der Duldungs- und Anscheinsvollmacht anwendet. Dazu muss „nach den äußeren, dem Erklärenden erkennbaren Umständen der objektive Anschein einer Einsetzung des Empfangsboten bestehen", was der Adressat „in zurechenbarer Weise veranlasst hat"[101]. Darauf muss der Erklärende vertraut haben. Folglich soll ein anscheinend tatsächlich Ermächtigter ebenfalls Empfangsbote sein.

Darüber hinaus behandelt *Brinkmann* auch die Fallgruppe, bei denen die Mittelsperson nicht einmal durch eine „Rechtsscheinermächtigung" dem Empfänger zuzurechnen ist[102]. Um dabei das Übermittlungsrisiko gerecht zu verteilen, besinnt er sich auf eine „Risikozurechnung aufgrund der vom Adressaten getroffenen oder unterlassenen Empfangsvorkehrungen"[103]. Die Risikozurechung konkretisiert er anhand verschiedener Fallgruppen, die sich an *Dilchers* Lehre

---

[93] Sandmann, 476.
[94] Brinkmann, Der Zugang von Willenserklärung, 108 ff.
[95] Brinkmann, 115.
[96] Brinkmann, 119.
[97] Brinkmann, 126.
[98] A.a.O.
[99] A.a.O.
[100] A.a.O.
[101] Brinkmann, 131 f.
[102] Brinkmann, a.a.O., 133 ff.
[103] Brinkmann, 140.

von den Empfangseinrichtungen anlehnt. Besteht eine Empfangsvorrichtung wie üblicherweise ein Briefkasten, sollen alle Personen, die diese Einrichtung nutzen oder auch nur auf sie zugreifen können, wie Empfangsboten zu behandeln sein[104]. Besteht keine Empfangsvorrichtung, so soll das Risiko mit der Entgegennahme durch eine dritte Person auf den Empfänger übergehen, wenn sich diese in der Wohnung des Empfängers befindet. Dies alles soll aber nicht für mündliche Erklärungen gelten und ebenfalls nicht für Entgegennahmen außerhalb der Wohnung.

Im Ergebnis sind nach *Brinkmann* Empfangsboten die in der Wohnung anwesenden Personen, soweit sie nicht durch eine Empfangsvorkehrung ausgeschlossen sind, weil ihnen der Zugriff auf diese verwehrt ist; unabhängig davon, die zur Entgegennahme tatsächlich Ermächtigten und die scheinbar tatsächlich Ermächtigten. Nicht die Instrumente der Vertrauenshaftung - Duldungs- und Anscheinsvollmacht – werden mit Überlegungen zur Risikotragung begründet, sondern *Brinkmann* versucht, deren Unzulänglichkeiten mit rechtsschöpferischen Überlegungen zur Risikoverteilung zu ergänzen, ohne sich aber von diesen Instrumenten zu lösen. Dadurch entsteht ein dreistufiger Vertrauens- oder Verkehrsschutz: Ermächtigung - Rechtsschein - Risikozurechnung.

F. Der Empfangsbote als rechtliche Einordnung einer tatsächlichen Erscheinung

Diese Gruppe von Autoren erkennt den Empfangsboten lediglich als eine tatsächliche Erscheinung an, die als Teil des dem Empfänger zugeordneten Machtbereichs gesehen wird. Die Problemfälle sollen schon auf dem Boden der allgemeinen Zugangslehre lösbar sein.

1. Der Empfangsbote als Verzicht auf Zugangsvoraussetzungen (*Titze*)

In Abgrenzung zum Empfangsvertreter entwickelt *Titze* den Empfangsboten. Er erkennt, dass der Empfangsbote, wie der Empfangsvertreter, nicht Adressat der Erklärung ist, „sondern nur das Gelangen der Erklärung zum Adressaten... vermittelt“[105]. Eine weitere Definition gibt er nicht. Bei der Einordnung sei an Umständen anzuknüpfen, aus denen der Verkehr die Qualifikation der Mittlerperson entnimmt, worüber er aber keine allgemeine Auskunft erteilen könne[106]. In der Abgrenzung zum Empfangsvertreter sieht er als maßgeblich an, inwieweit der Mittler eigene Dispositionen anlässlich der Wirksamkeit der Willenserklärung treffen kann, was auf eine Empfangsvertretung hinweise. Die ZPO-Regelungen, insbesondere § 181 ZPO sollen nicht entsprechend herangezogen werden können[107]. Aufgrund seiner Lehre vom Missverständnis nimmt *Titze* der Rechtsfigur allerdings zum großen Teil ihren risikozuweisenden Charakter: Denn hat der Empfangsbote die Erklärung falsch weitergeleitet, so werde das dem Empfangsboten Erklärte nicht wirksam; die weitervermittelte Willenserklärung soll nach *Titze* nichtig sein. Unterlässt der Empfangsbote die Unterrich-

---

[104] Brinkmann, 140, 142.
[105] Titze, Missverständnis, 292.
[106] Titze, a.a.O., 295.
[107] Titze, a.a.O., 98 Fn51.

tung des Empfängers gänzlich, trete auch keine Wirksamkeit ein. Was von der Gefahrtragung des Empfänger bleibt, ist, dass der Erklärende von der Anfechtung nach § 120 entlastet wird. Daneben soll ein so gescheiterter Übermittlungsversuch eine mögliche Frist erhalten[108]. Zum Wirksamwerden bedarf es zwar einer erneuten Übermittlung der Erklärung. Diese Willenserklärung könne aber nicht verfristet sein, wenn der durch den Empfangsboten gescheiterte Übermittlungsversuch fristgerecht gewesen war[109].

Eine Ausnahme dieser eingeschränkten Gefahrtragung gelte nur, wenn der Empfänger durch Willenskundgabe auf Gültigkeitsvoraussetzungen des Zugangs verzichte und die Gefahr der Weiterübermittlung durch den Empfangsboten erweiternd mit übernehme[110]. Allerdings sei in der Bestellung eines Empfangsboten allein noch nicht ein solcher Verzicht zu sehen[111].

Die Verbindung zwischen Verzicht und der Rechtsfigur des Empfangsboten ist ein origineller Ansatz, wie die Rechtsfigur des Empfangsboten in die allgemeine Rechtsgeschäftslehre zu integrieren sein könnte.

2. Der Empfangsbote als Gefahrenübernahme (*v. Tuhr*)

v. Tuhr sieht die Funktion des Empfangsboten, „im Gegensatz zum Empfangsvertreter als eine rein tatsächliche"[112]. Eine allgemeine Definition gibt er nicht. In der Sache unterscheidet er zwischen schriftlichen und mündlichen Erklärungen. Eine schriftliche Erklärung gehe zu, wenn sie „in der Wohnung des Adressaten an eine Person abgegeben ist, welche Briefe für den Adressaten entgegenzunehmen pflegt"[113]. Maßgeblich ist dabei für ihn, dass diese Personen Besitzdiener des Empfängers sind und somit der Empfangsbesitzer des Briefes wird[114]. Bei mündlichen Erklärungen hingegen seien diese Personen aber regelmäßig nur als Erklärungsboten des Absenders anzusehen. Allerdings stehe es dem Empfänger frei, auch für den Empfang mündlicher Erklärungen sich eines Empfangsboten zu bedienen. Wer somit dem Erklärenden erlaubt, eine mündliche Erklärung an einen Empfangsboten abzugeben, „übernimmt damit die Gefahr, dass die Erklärung nicht, oder zu spät oder mit unrichtigem Inhalt ausgerichtet wird"[115].

Begreift man den Empfangsboten als eine Gefahrenübernahme durch den Empfänger gegenüber dem Erklärenden, ist die Konstruktion einer Ermächtigung überflüssig.

---

108 Titze, a.a.O., 300.
109 Titze, a.a.O., 301.
110 Titze, a.a.O., 303. Zur Verzichtbarkeit von Gültigkeitsvoraussetzungen des Zugangs allgemein Titze, 274, auch in Abwägung zur tatsächlichen Verkürzung des Widerrufrechts.
111 Titze, a.a.O., 303 f.
112 v. Tuhr, AT II/2, 359.
113 v. Tuhr, AT II/1, 434.
114 v. Tuhr, AT II/1, 434 Fn. 102.
115 v. Tuhr, II/2, 360.

3. Der Empfangsbote als Ausdruck eines Kooperationsverhältnisses (*John*)

Auch nach *John* kommt es nicht auf eine Ermächtigung an, denn wesentlich sei lediglich, ob die Erklärung im den für den Empfänger zugängliche Bereich gespeichert sei[116]. Natürliche Voraussetzung für die rechtliche Anerkennung des Empfangsboten ist die Annahme, das menschliche Gedächtnisses se leistungsfähig - entgegen aller sozialwissenschaftlicher Erkenntnisse. So könne auch eine Willenserklärung unter Abwesenden mündlich gegenüber dem Empfangsboten so erklärt werden, dass diese dem Empfänger zugeht. Hierzu sei freilich eine ausreichende geistige Kapazität des Empfangsboten notwendig, die Mitteilung aufnehmen zu können[117]. Damit die Erklärung mit zumutbarem Aufwand abrufbar ist, hat der Empfangsbote zum Empfänger in einem Verhältnis zu stehen, bei dem typischerweise ein Übermittlungskontakt hergestellt wird, was er ein „bestehendes institutionalisiertes Kooperationsverhältnis“[118] nennt, das die Weitergabe typischerweise und nicht nur Gefälligkeit einschließt.

Für rechtliche Einordnung der Mittlerperson ist nach *John* also dessen soziale Beziehung zum Empfänger entscheidend. Maßgeblich ist danach die Ordnung, die der Empfänger seiner Sphäre gegeben hat beziehungsweise gegeben zu haben scheint. Der Empfangsbote müsse sich folglich im räumlich betrachteten Machtbereich des Empfängers befinden. Trifft man ihn außerhalb dieses Bereiches, beispielsweise auf der Straße, sei er nicht mehr als Empfangsbote anzusehen. Dieser typische Übermittlungskontakt ergibt sich nicht, wenn die Person nicht im Machtbereich angetroffen wird. Dann ist die Weitergabe eine Gefälligkeit gegenüber dem Erklärenden. Das gelte ebenso für den bloßen Hausgenossen oder Vermieter, der in der Wohnung angetroffen wird. Auch bei diesen Personenbeziehungen sei es untypisch, dass Willenserklärungen entgegengenommen und weitergeleitet werden[119].

John sieht folglich in der faktischen Beziehung die Grundlage für die Verteilung des Zugangsrisikos. Dies wird auch nicht zu einer eigenartigen Ermächtigung in Bezug gesetzt, sondern die Ermächtigung wird als Voraussetzung ersetzt. Der Ansatz, der auf exakten Beobachtungen des Tatsächlichen aufbaut, mangelt es aber an Konsistenz: Kriterien wann diese Typik vorliegt, nennt *John* nämlich nicht.

4. Der Empfangsbote als Abgrenzung zum Empfangsvertreter (*Richardi*)

Richardi definiert die Rechtsfigur des Empfangsboten in Abgrenzung zum passiven Stellvertreter und kommt zum Schluss, dass der Empfangsbote keine Rechtsmacht habe[120]. Die einschlägigen Problemlagen seien ausschließlich mit der allgemeinen Zugangslehre zu lösen[121]. Dabei sieht er schon die Bezeichnung „Empfangsbote“ als unglücklich an, denn für die Abgrenzung gegenüber dem

---

[116] John, AcP 184, 385, 406 f.
[117] Dies soll sich aus der Sicht des Erklärenden beurteilen.
[118] John 406 f.
[119] John, 407.
[120] Richardi, AcP 169, 386, 399.
[121] Richardi, 386, 398.

Empfangsvertreter versagen die Kriterien, die den Boten vom Stellvertreter trennen. Es könne nicht drauf ankommen, wie jemand auftritt, denn beide Empfangspersonen verhalten sich passiv. Ebenfalls sei das Innenverhältnis für die Abgrenzung unergiebig, also inwieweit der Person Raum zur eigenen Entscheidung belassen worden sei[122]. Maßgeblich sei, dass die Empfangnahme durch den Empfangsboten Zugang beim Empfänger bewirke, bei der Stellvertretung hingegen, Zugang beim Stellvertreter selbst. Deswegen sei nach den Voraussetzungen wie eine Erklärung zugeht zu bestimmen, ob die Erklärung in den Machtbereich des Empfängers gelangt. Wer lediglich als eine Empfangsvorrichtung anzusehen ist, sei Empfangsbote, der so an den Machtbereich des Empfängers gebunden sei[123]. Eine eigene Zuständigkeit des Empfangsboten bestehe nicht[124]. Demgegenüber wird der passive Stellvertreter durch die Vertretungsmacht über den Machtbereich des Empfängers hinaus zu einem „Zuordnungsmittler“ erhoben, der den Geschäftsherrn „repräsentiert“[125].

Die maßgebliche Einordnung soll sich aus der Verkehrsanschauung ergeben. Der Konstruktion einer eigenartigen Ermächtigung bedarf es daher nicht. Die Betrauung mit einer bestimmten Aufgabe schließt die Empfangszuordnung ein. Die Berufung auf das Gegenteil sei selbstwidersprüchlich und falle unter das Verbot des venire contra factum proprium[126].

Methodisch grundlegend zu kritisieren ist das Vertauschen von Ursache und Wirkung. Denn wem die Willenserklärung zugeht, soll gerade auch durch die Einschätzung der Mittlerperson ermittelt werden[127]. Im übrigen läuft die Anwendung dieser Meinung darauf hinaus, dass nur eine Vollmacht gesucht wird. Absurd wäre aber, alle Personen, die nicht Stellvertreter sind, als Empfangsboten einordnen zu wollen. Eingrenzende qualifizierte Kriterien für den Empfangsboten nennt *Richardi* aber nicht. Ungeklärt bleibt auch die Fallgestaltung des Bevollmächtigten, der die Erklärung im Machtbereich entgegennimmt sowie umgekehrt der Unzuständige, der außerhalb des Machtbereichs nach Anweisung handelt.

5. Andere

Bieber meint, der Empfangsbote sei eine bloße tatsächliche Erscheinung[128]. Der Empfangsbote besorge lediglich ein Geschäft des Empfängers in dessen Machtbereich; sein Tätigwerden reiche für den Zugang aus.

Moritz sieht den Empfangsboten als Teil des Einflussbereichs des Empfängers, der sich aus typischen Empfangseinrichtungen zusammensetzt und im übrigen jeweils im Einzelfall abzustecken sei[129]. Dabei sei auch auf die Verkehrssitte abzustellen. Die Empfangsberechtigung erschließt er aus der Pflicht zur

---

[122] Richardi, 398.
[123] Richardi, 400.
[124] A.a.O.
[125] Richardi, 401.
[126] Richardi, 402.
[127] Entscheidungserheblich ist dies beispielsweise im Rechtsprechungsfall (9).
[128] Bieber, Der Zugang von Willenserklärung, (1905).
[129] Moritz, BB 1977, 401

Organisation des Empfangbereichs. So kommt er dazu, alle im Einflussbereich befindliche Personen als Empfangsboten zu sehen, soweit dies die Verkehrssitte nahe legt[130].

Für *Pawlowski* ist der Empfangsbote eine „Zugangsstelle"[131] innerhalb des Organisationsbereichs des Empfängers. Tragend soll dabei die Verantwortlichkeit des Empfängers für den normalen Zustand der Empfangsorganisation sein[132].

Rüthers diskutiert das Problem nur bei mündlichen Erklärungen. Dabei sei entscheidend „dass die mündliche Erklärung gegenüber einer Mittelsperson nur dann dem Empfänger zugeht, wenn der Inhalt einfach und leicht verständlich ist und die Mittlerperson erkennbar die geistige Fähigkeit zur Übermittlung besitzt"[133].

Die von *Scherner* als „Empfangsbefugnis"[134] bezeichnete Voraussetzung des Empfangsboten soll zum einen von der Fähigkeit abhängig sein, eine Willenserklärung weitergeben zu können und „zum anderen muss Zuordnung zum Erklärungsempfänger vorliegen... oder er ist vom Empfänger dazu bestellt"[135]. Unter „Zuordnung" versteht er beispielsweise Familienangehörige, die im gleichen Haushalt wohnen.

Schwung meint, ohne auf die Voraussetzungen der Empfangsbotenschaft einzugehen, dass der Empfangsbote Teil des Machtbereichs sei[136].

G. Der Empfangsbote in der Rechtsprechung

Das Reichsgericht löst das Problem auf dem Boden der allgemeinen Zugangslehre über eine wertende Zuordnung zum Machtbereich. Doch bildet es dabei weder den Empfangsboten zu einer Rechtsfigur mit eigenartiger Ermächtigung aus, noch benennt es weitere Kriterien für den Machtbereich. Es wird als selbstverständlich angesehen, dass die Wohnungswirtin befugt ist, Briefe für den Mieter entgegen zu nehmen[137]. Allgemein geht das Reichsgericht davon aus, dass ein Brief zugehe, wenn dieser in die Wohnung gelange[138]. Dazu genüge die Übergabe an Angehörige oder Dienstbote in der Wohnung. Bei einer mündlichen Erklärung, die einer in der Wohnung des Empfängers angetroffen Person mitgeteilt wird, müsse die Mittelsperson darüber hinaus zur Übermittlung auch geeignet sein. Habe die Mittlerperson die erforderlichen geistigen Fähigkeiten

---

130 Moritz, 402

131 Pawlowski, AT, Rn. 753. Neben Empfangsboten und Empfangsvertreter erkennt Pawlowski weitere Personen an, welche mit Wirkung für den Empfänger Erklärungen entgegennehmen können, soweit die Entgegennahme in den "zum Empfang von Erklärungen bestimmten Räumen" geschieht. Dies sieht er als eine Fehlerzurechnung.

132 Pawlowski, AT, Rn. 374.

133 Rüthers, AT, Rn.272.

134 Diese andere Begrifflichkeit unterscheidet sich in der Sache nicht von einer „Ermächtigung".

135 Scherner, AT, 110.

136 Schwung, JA 1983, 12, 15.

137 RGZ 50, 195.

138 Durchgängige Rechtsprechung, RGZ 50, 191 bis RGZ 170, 288.

zur Weitergabe, gehe eine mündliche Erklärung bei Abwesenheit des Empfängers ebenso zu wie eine schriftliche[139]. Dies sei bei Hausgenossen regelmäßig anzunehmen, zumindest wenn die Erklärung richtig wiedergegeben wird.

Der BGH hat anfangs die Einordnung des RG übernommen[140]. Erst später wurde die Rechtsfigur des Empfangsboten ausgebildet. Die Grundlage wird in einem Empfangsauftrag gesehen, der auch ein Verhandlungsauftrag sein kann[141]. Die Erklärung gehe dem Empfänger zu, wenn nach dem regelmäßigen Verlauf der Dinge, mit der Weiterleitung zu rechnen sei[142]. Dem Empfangsvertreter hingegen gehe die Willenserklärung ohne weiteres zu.

§ 132 und damit die Regelungen der ZPO sollen nicht entsprechend angewendet werden können, wenn kein Gerichtsvollzieher zur Vermittlung eingeschaltet ist[143]. Eine Ausdehnung des § 132 sei aus Gründen der Rechtssicherheit nicht möglich. Nur der mit öffentlichem Glauben ausgestattete Gerichtsvollzieher, der sich durch öffentliche Beurkundung absichert, könne die Zugangsfiktion ermöglichen. Aus einer Postvollmacht könne eine rechtsgeschäftliche Vertretungsmacht nicht abgeleitet werden, da sie nur öffentlich-rechtliche Bedeutung hat[144]. Dadurch entfällt die Annahmebefugnis der Ersatzpersonen nach § 51 II PostO und geht nach § 51 I PostO auf die durch die Vollmacht ausgewählte Person über.

Häufig wird auch nur der Begriff des Empfangsboten verwendet um die Geltung der Erklärung darzulegen[145]. Die Bezeichnung ist dann Ausdruck einer vorweggenommenen Wertung, die aus Präjudizien gewonnen ist und einen bestimmten Mechanismus des Wirksamwerdens benennt.

Bei Entscheidungen des BAG ist eine klare Trennung zwischen Empfangsvertreter und Empfangsbote nicht immer zu erkennen. Wird die Erklärung einem Angehörigen in der Wohnung des Empfänger ausgehändigt, gelange sie in dessen Machtbereich[146]. Zugehen soll eine schriftliche Erklärung auch dann, wenn sie in die Verfügungsmacht einer Person kommt, die den Empfänger bei der Empfangnahme vertreten kann[147]. Dies sollen Personen sein, die nach der Verkehrsauffassung als ermächtigt angesehen werden, den Empfänger bei der Empfangnahme zu vertreten. Eine besondere Vollmachtserteilung oder Ermächtigung bedürfe es hierzu nicht[148]. Empfangsbote beziehungsweise empfangsberechtigte Vertreter sei, wer nach der Verkehrsauffassung als ermächtigt anzusehen ist[149]. Dies seien Familienangehörige, auch Hausangestellte, Zimmervermie-

---

139 RGZ 60, 334; 337; JW 1905, 317.

140 BGH, NJW 1951, 313.

141 BGH, NJW 1965, 966.

142 BGH NJW-RR 1989, 757.

143 BGHZ 67, 271, 275.

144 BGH NJW 1986, 2826.

145 So beispielsweise in zwei Entscheidungen zur Wirksamkeit der Aufklärung über die Risiken von Termingeschäften, BGH MDR 1995, 488; BB 1996, 1904.

146 RAG DR 1941, 1796.

147 BAG DB 1976, 1018.

148 BAG, DB 1977, 546.

149 BAG NJW 1993, 1093.

ter und Büroangestellte. Daneben wird eine gewisse räumliche Beziehung für erforderlich gehalten. Die PostO, insbesondere § 51 PostO sei nicht maßgeblich, doch sollen die Vorschriften über die Ersatzzustellung helfen können, wenn sie aus einer Verkehrssitte erwachsen sind oder darauf beruhen[150]. Maßgeblich sei, dass die Erklärung in den, „Lebenskreis" des Empfänger gelange[151].

Bemerkenswert ist eine Rechtsfolgeeinschränkung des BAG[152]: Lehnt der Empfänger die Annahme grundlos ab, muss er sich nach § 242 behandeln lassen, als sei der Zugang erfolgt. Anders bei einem Empfangsbote, wenn der Empfänger hierauf keine Einfluss hatte, denn dann soll ihm das Handeln des Empfangsboten nicht zugerechnet werden können.

Das LAG Berlin will die Postordnung heranziehen, um zu bestimmen, ob mit der Entgegennahme durch einen Empfangsmittler die Erklärung zugeht[153]. Dies soll nicht zwangsläufig mit der Einordnung als Empfangsbote einhergehen, obwohl die Entgegennahme die gleiche Wirkung haben soll.

Das OLG Frankfurt hält für wesentlich, ob der Empfangsbote sich als solcher gegenüber dem Erklärenden zu erkennen gibt[154].

---

150 A.a.O.

151 BAG JZ 1981, 632.

152 NJW 1993, 1093.

153 LAG Berlin, BB 1988, 484.

154 OLG Frankfurt, VersR 1951, 99.

2. Kapitel
Die tatsächlichen und rechtlichen Umgebungsbedingungen

I. Zum Begriff „Empfangsbote"

„Empfangsbote" ist ein rechtswissenschaftlicher Begriff, in anderen Wissenschaftsdisziplinen hat er keine Bedeutung. Eine soziologische oder psychologische Erscheinung des Empfangsboten gibt nicht. „Empfangsbote" ist aber kein gesetzlicher Begriff. Sein Inhalt erschließt sich nur aus seiner Verwendung in Rechtsprechung und Literatur.

Danach hat der Begriff die Funktion, eine Person innerhalb des tatsächlichen Verlaufs einer als Willenserklärung zu wertende Kommunikation einzuordnen, die für die Wirksamkeit der Erklärung erheblich ist. Die Beteiligung dieser Person ist die Entgegennahme der Erklärung zu dem Zweck, diese an den Empfänger weiterzuleiten. Die Art der Entgegennahme richtet sich nach dem Ziel der Weiterleitung[155]. Für diese Person hat der Empfänger insoweit einzustehen, als dass deren Fehler oder Unterlassung bei der Weiterleitung keine Auswirkungen auf das Wirksamwerden der Willenserklärung hat, wenn die Person Empfangsbote war[156]. Die Qualifikation als Empfangsbote ist eine retrospektive Entscheidung im Rahmen der Prüfung der Wirksamkeit einer Willenserklärung. Letztlich ist die Benennung die Entscheidung selbst. Eine andere Funktion hat der Begriff nicht, denn andere Wirkungen hat der Empfangsbote nicht.

Ob mit der Einordnung als Empfangsbote eine Befugnis oder eine persönliche Qualifikation verbunden ist, ist fraglich. Grundlage ist ein Realakt, die Entgegennahme der Erklärung. Das ist ein faktischer Vorgang in der sozialen Wirklichkeit. Tatsächlich kann jedermann jede Erklärung entgegennehmen, falls die Gelegenheit dazu besteht. Inwieweit die entgegennehmende Person als Empfangsbote zu klassifizieren ist, ist eine rechtliche Wertung. Empfangsbote ist somit keine der Person anhaftende Fähigkeit, er entspricht nicht einer bestimmten Person oder einer bestimmten persönliche Eigenschaft in der Lebenswelt. Der Begriff ist eine Abstraktion, die bestimmte, vielfach auftretende tatsächliche Erscheinungen in der Lebenswelt verkürzend abbilden soll. Die dogmatische und systemkonforme Begriffsbildung dient der Vereinfachung. Der Begriff wird so im dogmatischen System operational. Inwieweit diese nicht nur begriffliche Abstraktion die Flexibilität der Innenbeziehung fördert und Verkehrsschutz ermöglicht, ist noch zu klären[157]. Der Empfangsbote steht, wie jede rechtliche Kategorie, im Spannungsfeld zwischen Normativität und Faktizität[158].

---

[155] Entweder leitet der Empfangsbote ein Speichermedium weiter oder der reproduziert die Erklärung aus seiner Erinnerung.

[156] Die Einschätzung als Fehlverhalten setzt einen Maßstab des idealen Empfangsboten voraus, von dem abgewichen wird.

[157] Müller-Laube sieht die Empfangszuständigkeit gemäß § 362 II als eine solche Abstraktion mit den genannten Wirkungen, ders., 88.

[158] Wie alles Rechtliche knüpft die Rechtsfigur an Tatsächlichem an, hat in der Wirklichkeit aber selbst keine Erscheinung. Die tatsächliche Erscheinung wird von Kategorien außerhalb der Rechtsgeschäftslehre geprägt, in erster Linie als Teil allgemein Kommunikation.

„Empfangsbote" ist folglich ein Funktionsbegriff im normativen Raum. So sieht *Canaris* zwischen dem Normalfall des Wirksamwerdens einer Willenserklärung unter Abwesenden nach § 130 und dem Ersatz dieses Wirksamwerdens durch Zustellung nach § 132 eine Lücke, die der Empfangsbote zu schließen vermag[159]. So verstanden wäre die Rechtsfigur Empfangsbote ein Schutzinstrument, eine dogmatische Figur der Lückenschließung.

„Empfangsbote" ist Tatbestand und damit subsumtionsfähig. Im Sachverhalt müssen bestimmte Voraussetzungen erfüllt sein, um die Person als Empfangsboten einordnen zu können. Immer gehört dazu, dass die Person mit einer Willenserklärung in Berührung kommt und dies für die Wirksamkeit oder zumindest der Zeitpunkt der Wirksamkeit der Erklärung erheblich ist.

„Empfangsbote" ist aber auch Rechtsfolge. Der Tatbestand „Empfangsbote" beinhaltet nur eine Rechtsfolge, nämlich die Entscheidung über die Wirksamkeit einer Erklärung, ansonsten hat er keine rechtliche Relevanz.

Die Ambivalenz erklärt sich aus der Natur als dogmatischer Begriff. Wäre der Empfangsbote vollkommen im positiven Recht abgebildet, wären zwei Normen notwendig: Eine Definition, welche die Voraussetzungen des Empfangsboten benennt und eine weitere Regelung, welche die Bedeutung des Empfangsboten auf die Wirksamkeit der Willenserklärung normiert. Beides ist vereint im dogmatischen Begriff „Empfangsbote", der durch seine Ausformung auch als ein rechtliches Institut gesehen werden kann.

Über die Rechtsfolge der Rechtsfigur besteht Einigkeit. Der Empfangsbote wird als Lösung eines Problems verstanden, das bei der Risikoverteilung im Rahmen des Wirksamwerdens einer Willenserklärung besteht, wenn eine dritte Person beteiligt ist[160]. Diese Funktion verbindet den Empfangsboten mit dem Erklärungsboten, der die gleiche, ausschließliche Funktion hat. Beide Rechtsfiguren befinden sich somit auf derselben logischen Ebene[161]. So kann der Empfangsbote auch als Begrenzung des Risikos des Erklärenden gesehen werden, das sich aus der vorläufigen Zurechnung des Handelns des Erklärungsboten durch § 120 ergibt.

Undeutlich ist hingegen die rechtliche Grundlage des Empfangsboten, also ob diese eine abstrakte Macht oder Ergebnis einer normative Zuordnung ist. Es fehlt ein Tatbestand, der sich ohne weiteres aus der Rechtsordnung unter Beachtung der Interessen der Beteiligten entwickeln ließe. Zu weiterer Rechtsunsicherheit führt die Meinungsvielfalt. Wird die Verkehrsanschauung rekrutiert, darf dies nicht eine subjektiv billige Meinung des jeweiligen Bearbeiters meinen. Insofern besteht keine vorhersehbare Risikoverteilung. Überdies macht die Anerkennung dieser Rechtsfigur eine Abgrenzung zum Übermittlungsboten und zum Empfangsvertreter notwendig.

---

159 Canaris, Vertrauenshaftung, 326

160 Gleichzeitig ist dies auch die Ausgangslage für die Ablehnung der Rechtsfigur.

161 Die Rechtsordnung interessiert sich nur für diese Wirkung des Erklärungsboten. Insoweit bewegt sich Empfangsbote auf der gleichen Begriffsebene wie Bote. Allerdings ist Bote ein tradierter Rechtsbegriff und auch Teil der Alltagssprache.

darf dies nicht eine subjektiv billige Meinung des jeweiligen Bearbeiters meinen. Insofern besteht keine vorhersehbare Risikoverteilung. Überdies macht die Anerkennung dieser Rechtsfigur eine Abgrenzung zum Übermittlungsboten und zum Empfangsvertreter notwendig.

Die verschiedenen Dimensionen des Problems gebieten eine Untersuchung auf verschiedenen Ebenen. Eine Dimension ist das Wirksamwerden einer Willenserklärung, der rechtsgeschäftliche Kontakt[162]. Eine weitere ist die Auswirkung von Verhalten eines Dritten auf die Relation zwischen dem Erklärenden und dem Erklärungsgegner bei der Entstehung eines Rechtsgeschäfts, ein allgemeines Problem bei Drittinterventionen. Inhaltlich bilden sich folgende Fragestellungen heraus: Hat der Empfangsbote eine eigenartige Rechtsmacht? Wenn nicht, was ist seine Konstitution?

II. Die Bildung von Ordnungsgruppen der tatsächlichen Umstände

Um die Rechtsfigur des Empfangsboten als eine institutionalisierte Lösung von Problemen beim Wirksamwerden einer Willenserklärung greifbarer zu machen, ist zunächst das tatsächliche Geschehen darzustellen. Die Bildung von Fallgruppen soll als erste Stufe einer Abstraktion vom Tatsächlichen ausgehend, ohne Informationsverlust Komplexitäten auflösen und so vereinfachen und besser verstehbar machen. Dieses Vorgehen gebietet schon die Eigenart des Empfangsboten, als Produkt der Wissenschaft und Rechtsprechung[163].

Die tatsächliche Situation der Entgegennahme der Erklärung durch eine dritte Person wird dabei in verschiedene Dimensionen zerlegt. Innerhalb der Dimensionen werden dann Gruppen gebildet. Dabei wird von tatsächlichen Merkmalen ausgegangen, die aber rechtlich relevant sind. Gruppenbildend und -prägend ist eine eigenartige, abgrenzende rechtliche Beurteilung des Sachverhalts[164].

Wesentliche Bedeutung haben die gruppenbildenden Merkmale. In diesen muss die Verantwortlichkeit gesucht werden, aus der sich der Empfangsbote ableitet. Die Entscheidung ob eine Person in einer Situation als Empfangsbote anzusehen ist, gilt dann für alle Gruppenmitglieder. Über die endgültige Tauglichkeit der Merkmale als Ansatzpunkt der Verantwortlichkeit ist noch nicht zu entscheiden.

A. Die Beziehungen zwischen Empfänger und Empfangsmittler

Bei den denkbaren Beziehungen zwischen dem Empfänger und der die Erklärung entgegennehmende Person wird zunächst an einen Akt der Selbstbestim-

---

[162] Diese Umgebung ist bestimmt durch die Dogmatik des Wirksamwerdens von Willenserklärungen und die Position als die Aufnahme des rechtsgeschäftlichen Kontaktes.

[163] Ähnlich Frotz, 33 ff., der Ordnungsgruppen hinsichtlich der Vertretung bildet.

[164] Dies heißt nicht nach gesetzlichen oder dogmatischen Begriffen zu unterscheiden. Denn dann wäre nur eine Gruppenbildung innerhalb des Rechtssystems möglich, die zur Konfliktlösung nicht ausreichend hilfreich wäre. Aber rechtlich unbedeutende, möglicherweise tatsächlich erhebliche Merkmale sind zu ignorieren. Dies gebietet die Zielsetzung, eine Lösung auf dem Boden tatsächlicher Umstände in das Rechtssystem zu transformieren. Ein solches, hier eingeschränktes Vorverständnis ist bei der Rechtsanwendung allgegenwärtig, ist lediglich eine Verkürzung ohne Informationsverlust.

entgegennehmen soll. Es bedarf folglich einer Kommunikation, welche die Entgegennahme der Erklärung zum Inhalt hat. Die Entgegennahme und Weiterleitung der Erklärung ist in dieser Gruppe vom Empfänger vorhersehbar, denn die entgegennehmende Person ist hierfür ausgewählt. Insoweit ist die Entgegennahme Ausfluss einer Selbstgestaltung des Empfängers.

Da das Privatrecht grundsätzlich an Akten der Selbstbestimmung anknüpft, erscheint es naheliegend, innerhalb dieser Gruppe unter rechtlich relevanten Momenten zu ordnen, wie nach einer bestehenden Rechtsbindung, etwa einem Vertrag. Dies führte aber vom Ziel weg, tatsächliche Sachverhalte zu ordnen und nicht rechtliche Würdigungen. Zum anderen wäre dies aussagelos, wie sich im folgenden zeigen lässt:

Die Entgegennahme kann Gegenstand einer konkreten Beauftragung oder Geschäftsbesorgung sein, aber auch nur Teil eines weitergespannten Rechtsverhältnisses, etwa im Rahmen eines Arbeitsverhältnisses oder ähnlichem[165]. Dann ist die Entgegennahme, regelmäßig aber auch die Weiterleitung, eine vertragliche Pflicht. Rechtlich besehen anders soll dies sein, wenn die Entgegennahme lediglich als eine Gefälligkeit anzusehen ist[166]. Denn dann bestehen grundsätzlich gerade keine vertraglichen Pflichten. Die Weiterleitung der Erklärung wäre dann bloße Gefälligkeit. Wollte man nun anhand einer schuldrechtlichen Verpflichtung differenzieren, führte dies zu Absurdem, denn die Entgegennahme kann auch als Gegenstand einer Geschäftsführung ohne Auftrag betrachtet werden. Mit der Entgegennahme der Erklärung wird die Geschäftsführung übernommen, das zu führende Geschäft ist ihre Weiterleitung. Dabei entstehen beim Geschäftsführer Schuld und Haftung nach §§ 681, 667, PVV in Verbindung mit § 677. Dies ist ebenso bei einer rechtsgeschäftlichen Verbindung, aber anders als beim Gefälligkeitsverhältnis. Die Frage nach der Rechtsverbindlichkeit macht nur als Differenzierung nach Schuld beziehungsweise Haftung Sinn, was anhand objektiver Kriterien zu beantworten ist. Es leuchtet aber nicht ein, dass ein Geschäftsführer bei gleicher Interessenlage schlechter stehen soll als eine aus Gefälligkeit handelnde Person. Damit erweist sich eine Gruppierung unter rechtlichen Aspekten, also schuldrechtliche Verpflichtungstypen, als untauglich, die Interessenlage unverkürzt abzubilden.

Gruppenprägend ist die Gemeinsamkeit der vertraglich verpflichteten Entgegennahme und Weiterleitung und der erbetenen, gefälligen. Beide geschehen mit Wissen und Wollen des Empfängers, auch wenn die Entgegennahme im

---

[165] Die Anknüpfung an Rechtsverhältnisse ist rein tatsächlich zu verstehen. Ob man jemanden beauftragt oder einem Arbeitnehmer eine Weisung gibt, ist nicht nur im Rechtssystem unterschiedlich.

[166] Die Abgrenzung von Gefälligkeit und Rechtsgeschäft soll nach h.M. anhand eines erkennbaren Rechtsbindungswillens der Beteiligten zu ziehen sein. Dazu sollen verschiedenartige Indizien herangezogen werden. Inwieweit richtigerweise bei Gefälligkeiten mit rechtlicher Relevanz die Regeln der Gefälligkeitsverträge anzuwenden sind, soll hier nicht weiter verfolgt werden (dazu Scherner, AT, 301 ff. mit weiteren Nachweisen). Denn dabei geht es um Abwicklungsprobleme und Folgeansprüche.

Rahmen eines Gefälligkeitsverhältnisses nicht durchsetzbar ist[167]. Die Gruppe ist bestimmt von einem Akt der Selbstbestimmung, der einer anderen Person die Tätigkeit als Empfangsbote aufgibt.

Die zweite Gruppe erfasst alle Personen, bei der eine Kommunikation zwischen dieser Person und dem Empfänger fehlt. Diese Gruppe beinhaltet alle Personen, abzüglich denen, die von der ersten Gruppe erfasst werden. Gruppenbildend ist zunächst das Fehlen eines Beteiligungsaktes des Empfängers, was aber noch keine Aussage beinhaltet. Weiter kann anhand einer bestehenden tatsächlichen Nähebeziehung zum Empfänger differenziert werden, die aber auch rechtliche bedeutend sein soll. Die Entgegennahme der Willenserklärung wird als Teil einer Verbundenheit zu sehen sein, deren rechtliche Maßgeblichkeit in Frage steht[168].

Die Nähe kann einer familiären Beziehung entspringen. Diese Beziehungen haben verschieden intensive Ausformungen und im positiven Recht sind sie unterschiedlich intensiv abgebildet. Stark ausgeprägt ist die Regelung des Verhältnisses der Ehegatten durch §§ 1353-1588. Ebenso regelungsintensiv ist das Verhältnis der Eltern zum Kind durch §§ 1616-1718. Allerdings ist bei dem Großteil der Regelungen, das Alter des Kindes entscheidend. Unabhängig davon sind lediglich die allgemeinen Regeln der §§ 1616-1625. Auch weitere Verwandtschaftsgrade anerkennt das Recht in §§ 1589 f., die für das Unterhaltsrecht maßgeblich sind.

Weiter kann man danach differenzieren, inwieweit die Person mit dem Empfänger in derselben Wohnung zusammenlebt. Das Zusammenleben ändert zwar grundsätzlich nichts an der familienrechtlichen Bindung, doch bei zusammenlebenden Verwandten oder Eheleuten liegt eine qualitativ andere Nähebeziehung vor als bei getrennt lebenden. Bei Ehegatten anerkennt das Gesetz diesen Unterschied, indem es besondere Regeln bei Getrenntlebenden aufstellt[169] und die Ehewohnung unter besonderen Schutz stellt. Ebenso bei der Dienstleistungspflicht des Kindes gemäß § 1619, die nur besteht, wenn sie „dem elterlichen Hausstand" angehören. Dies rechtfertigt neben der familiären Bindung, auch die Bindung durch gemeinsames Wohnen zu berücksichtigen.

Die nichtehelichen Lebenspartner, leben qua Definition zusammen und führen einen gemeinsamen Haushalt[170]. Dies wird im Sozialrecht anerkannt[171] und genießt als tatsächliches Phänomen auch besondere Behandlung in der zivilrechtlichen Rechtsprechung und Rechtswissenschaft[172]. Bei der Lebenspartnerschaft

---

[167] Die Weiterleitung ist jedenfalls durchsetzbar, spätestens aus § 810.

[168] Dass die gruppenbildenden Merkmale nicht auf einer Ebene liegen - einmal ein subjektiver Akt, einmal eine objektive Wertung des sozialen Umfelds der Person - ist kein Hindernis. Zwar sind dadurch Überschneidungen, also doppelte Mitgliedschaften denkbar; aber diese Unschärfe kann ohne weiteres aufgelöst werden. Im übrigen hat die Gruppenbildung nicht das Ziel einer perfekten Klasseneinteilung.

[169] Dass man auch in einer Wohnung - rechtlich besehen - getrennt leben kann, hat seinen Sinn im Rechtsystem, das bei bestimmten Rechtsfolgen, ein Getrenntleben voraussetzt.

[170] BverfG FamRZ 1993, 164.

[171] Vgl. § 122 BSHG.

[172] Diederichsen/Palandt, Einl v. § 1297, 8 ff. mit weiteren Nachweisen.

steht die persönliche Beziehung im Vordergrund, die das gemeinsame Wohnen einschließt. Die Sonderstellung der nichtehelichen Lebenspartner wird bei gleichgeschlechtlichen Lebenspartnern in seiner Gesamtheit noch verwehrt. Doch auch hier führt die persönliche Beziehung zum gemeinsamen Wohnen und ist Bestandteil der Partnerschaft.

Als nächste Untergruppe werden alle Personen erfasst, die in derselben Wohnung leben, ohne Lebenspartner zu sein. Eine solche Wohngemeinschaft entsteht aus der dauerhaften gemeinsamen Wohnen und der gemeinsame Nutzung von Funktionsräumen wie Bad und Küche. Das gemeinsame Wohnen, ist nicht nur ein beiläufiger Teil einer umfassenden persönlichen Beziehung, sondern Selbstzweck[173].

Eine besondere Ausgestaltung des gemeinsamen Wohnens ist die Untervermietung. Diese lässt sich aber besser in die obige Ordnungsgruppe der selbstgewählten Beziehung einordnen. Dann ist zu fragen, ob die Entgegennahme einer Willenserklärung als Teil des Untermietverhältnisses anzusehen ist, was von der Ausgestaltung der Untermiete abhängt.

Hausangestellte die in der selben Wohnung leben sind ebenfalls unter der ersten Gruppe zu behandeln. Die Beziehung ist von Akten der Selbstbestimmung geprägt, nicht durch persönliche Verbundenheit oder durch gemeinsames Wohnen.

Die Nachbarschaft im weiten Sinn ist keine Untergruppe. Das Zusammenleben in verschiedenen Wohnungen, die sich in räumlicher Nähe befinden, hat keine Besonderheit in der sozialen Realität. Die Ausgestaltung des Verhältnisses ist durch die Nachbarschaft nicht, auch nicht als Rahmen vorgegeben, sondern ist konkret völlig verschiedenartig. Die räumliche Nähe kann den Inhalt des Verhältnisses prägen, allerdings ist dies nur ein Reflex, eine Bedingung, aber keine Qualifikation der Nähebeziehung. Auch die Rechtsordnung würdigt die Nachbarschaft nicht[174]. Die rechtliche Bedeutungslosigkeit zeigt sich auch im Mietrecht: Der Mitmieter wird als ein Dritter jedwedem gleichgestellt, der nicht am Vertrag beteiligt ist[175].

Als dritte Gruppe können alle Personen erfasst werden, die keine, die Entgegennahme von Erklärungen erfassende Aufgabenzuweisung haben, die nicht mit dem Empfänger verwandt oder verheiratet sind und die nicht mit ihm in derselben Wohnung leben. Dabei gibt es natürliche Differenzierungen in der Verbundenheit und Nähe. Für eine rechtliche Klassifizierung ist die persönliche Verbundenheit unerheblich, denn die Zuneigung zu einer Person ist ungeeignet, zivilrechtliche Zuordnungen zu bilden. Das Ehrenwort, das gentlemanagreement usw. steht gerade außerhalb der Rechtsordnung.

---

[173] Rechtlich wird dieses Verhältnis als Gemeinschaft oder, wenn ein weiterer Zweck neben dem Wohnen besteht, als Gesellschaft gewertet.

[174] Das Nachbarschaftsrecht im BGB hat nur sachenrechtliche Relevanz.

[175] Mietvertragliche Regeln können dies abändern. Doch dies gehört zur ersten Gruppe und es stellt sich die Frage, ob in solch einer vertraglichen Gestaltung ein Akt liegt, der die Entgegennahme von Willenserklärung erfasst.

bundenheit unerheblich, denn die Zuneigung zu einer Person ist ungeeignet, zivilrechtliche Zuordnungen zu bilden. Das Ehrenwort, das gentleman-agreement usw. steht gerade außerhalb der Rechtsordnung.

B. Die Beteiligungen des Erklärenden

Allein die Beziehung zwischen Empfänger und Empfangsmittler ergibt noch keine Vertrauensgrundlage für den Erklärenden vor.

Der Erklärende kann beteiligt sein oder nicht. Ist er beteiligt, erfährt er vom Empfänger, dass die Person die Erklärung entgegennehmen soll. Diese Information verschafft ihm eine Gewissheit, die sich auch auf das Wirksamwerden auswirken kann. Dies kann als ein Vertrauen verstanden werden, dessen Schutz nahe liegt.

Der Erklärende kann die Umstände kennen oder nicht. Die Information ist dabei nicht auf ihn ausgerichtet, vielmehr erfährt er beiläufig, dass die Person eine Stellung inne hat, welche die Weiterleitung der Erklärung erwarten lässt. Ob hier ein gleichwertiges Vertrauen besteht, ist nicht eindeutig, denn erzeugt wird das Vertrauen nicht absichtlich.

C. Die persönlichen Merkmale des Empfangsmittlers

Rechtlich relevante persönliche Merkmale beim Empfangsmittler sind das Alter und die Zurechnungsfähigkeit. Dem entspricht die Geschäfts- und Deliktsfähigkeit[176]. Der zivilrechtliche Einstufung der Geschäftsfähigkeit liegt die Bewertung zugrunde, inwieweit eine Person am rechtlichen Verkehr verantwortlich teilnehmen kann, also die Folgen rechtsgeschäftlich erheblichen Verhaltens abschätzen kann. Die Deliktsfähigkeit knüpft ebenfalls an der Verantwortlichkeit an, bezieht sich aber auf die allgemeine Verantwortung für Handlungen. Diese rechtlich ausgebildete Einstufung kann übernommen werden. Insbesondere zeigt sich bei der Herabstufung der Volljährigkeit von 21 auf 18 Jahre, dass ein sozialer Wandel von der Rechtsordnung nicht übergangen wurde[177].

Personen unter sieben Jahre und pathologische Fälle sind nach §§ 104, 828, 827 nicht geschäfts- und deliktsfähig, Personen zwischen dem siebten und dem achtzehnten Lebensjahr nach §§ 106, 828 mit den bekannten Einschränkungen. Die Einschränkung der Deliktsfähigkeit knüpft an die Einschätzung der konkreten Einsichtsfähigkeit an. Das scheint für den Rechtsverkehr wenig tauglich, weil diese Verantwortungszuweisung nicht vorhersehbar ist[178].

Ist die entgegennehmende Person ausgewählt, scheinen die persönlichen Merkmale in den Hintergrund zu treten. Die Selbstbestimmung geht vor, was sich auch in § 165 zeigt, wonach ein Stellvertreter nicht voll geschäftsfähig sein muss. Einschränkungen wären allein aus einem Paternalismusgedanken heraus zu rechtfertigen. Ist die Person nicht selbstbestimmt ausgewählt, ist dieser Pa-

---

[176] Die Strafmündigkeit ist ähnlich, vgl. § 19 StGB, § 3 JGG.

[177] Dass das Wahlrecht bei Kommunalwahlen in verschiedenen Bundsländern schon mit 16 Jahren gegeben ist, ist noch kein Indiz für einen sozialen Wandel, der die allgemeine Volljährigkeit betrifft.

[178] Beim Deliktsrecht ist dies keine Erschwernis, denn dabei geht es nur um eine retrospektive Lastenverteilung, deren Vorhersehbarkeit keine Rolle spielt.

ternalismus tragend für die Eingrenzung auf zurechnungsfähige Personen. Das Recht würde sich in einen Selbstwiderspruch begeben, wenn es persönliche Zulassungskriterien für die Teilnahme am Rechtsverkehr (Geschäftsfähigkeit) verlangt, andererseits nicht daran anknüpft, obwohl dem verantwortungszuweisenden Handeln tragende rechtsgeschäftliche Bedeutung zukommt. Empfangsboten ohne Wissen und Wollen müssen dem Empfänger zugemutet werden. Mutet das Recht dem Rechtsverkehr grundsätzlich keine geschäftsunfähige Teilnehmer zu, liegt es nahe, sie auch nicht dem Empfänger zuzumuten.

D. Die Transportarten der Erklärung

Zwei Gruppen von Formen der Erklärung, die den Transport vorgeben, lassen sich sinnvoll unterscheiden: einmal die flüchtige Erklärung, prototypisch mündliche, zum anderen die gespeicherte Erklärung, prototypisch schriftliche[179]. Die Anforderungen an die Empfangsperson haben bei beiden Übertragungsarten eine unterschiedliche Qualität. Die flüchtige Erklärung ist gegenüber dem Empfänger zu reproduzieren. Der Erklärungsinhalt entstammt dann originär vom Empfangsmittler, erschlossen aus dessen Gedächtnis. Ist dagegen der Erklärungsinhalt gespeichert, ist die Erklärungsspeicherung dem Empfänger zugänglich zu machen. Den Erklärungsinhalt kann der Empfänger selbst abrufen, der Empfangsmittler hat nur das Speichermedium zugänglich zu machen.

E. Die Orte der Entgegennahme

Beim Ort des Geschehens ist wegen der Empfangsbedürftigkeit anhand des Bestimmungsortes zu differenzieren. Dies ist zwar ein rechtliches Moment, gibt aber als Aufgabenstellung an den Erklärenden, nämlich die Richtungsgebung, die tatsächlichen Anforderungen für die Abgabe der Erklärung vor. Da die Willenserklärung zur Kenntnisnahme des Empfängers bestimmt ist, ist dies zuerst dessen Aufenthaltsort. Doch die Anwesenheit des Empfängers macht die Einschaltung eines Empfangsboten regelmäßig überflüssig[180]. Der Aufenthaltsort des Empfängers ist somit grundsätzlich keine relevante Gruppe.

Nach § 130 reicht bei Willenserklärungen unter Abwesenden der Zugang der Erklärung aus. Für die räumliche Orientierung ist der Bestimmungsort der Machtbereich des Empfängers, was sich aus der Dogmatik des Zugangs ergibt. Diese örtliche Qualifikation erscheint auch beim Empfangsboten sinnvoll. Die Entgegennahme der Erklärung kann unmittelbar an oder in der Wohnung beziehungsweise des Geschäftslokals vonstatten gehen oder davon entfernt.

Ob auch für flüchtige Erklärungen der Machtbereich der Bestimmungsort sein kann, ist nichts anderes als die Frage nach der Empfangsbotenschaft bei flüchtigen Erklärungen überhaupt. Grundsätzlich ist bei diesen Erklärungen der tatsächliche Aufenthaltsort des Empfängers der Bestimmungsort. Dies ergibt sich aus den Anforderungen der Vernehmungstheorie, die bei flüchtigen Erklärungen Anwendung finden soll[181]. Will man bei flüchtigen Erklärungen überhaupt einen Empfangsboten zulassen, muss das relevante Merkmal ebenfalls der

---

[179] Dies wird im folgenden Abschnitt näher betrachtet.
[180] Ausnahme ist der Dolmetscher.
[181] Siehe dazu unter III.A.4.

Machtbereich sein. Dieser erscheint als Bezugspunkt sinnvoll, denn hier kann der Empfangsbote vereinfacht für die Weiterleitung der Erklärung sorgen. Bei Auslegung des § 130 hat sich dieser Ort bewährt.

F. Die inhaltlichen Arten der Erklärungen

Tatsächlich gibt es eine allgemeine Willenserklärung nicht, nicht einmal rechtstatsächlich. Vielmehr zielt die zivilrechtliche Bewertung eines kommunikativen Verhaltens des Erklärenden, die der Annahme einer Willenserklärung vorausgeht, immer auf eine bestimmte Art einer Erklärung ab. Diese lassen sich in verschiedene rechtstatsächliche Gruppen ordnen - Antrag, Annahme, Widerruf, Rücktritt, Kündigung, Anfechtung, Mahnung, sachenrechtliche Erklärungen, familienrechtliche Erklärungen u.s.w. Diese Erklärungen sind in unterschiedliche rechtliche Umstände eingebettet und haben vor allem verschiedenartige Wirkungen.

Die verschiedenen Arten der Willenserklärung zu ordnen würde dann Sinn machen, wenn unterschiedliche Folgen zu beobachten wären, die für den Empfangsboten bedeutend wären. Zu klären, was „Wirksamkeit“ im Allgemeinen meint, erscheint daher entbehrlich, denn das Erfordernis des Wirksamwerdens und die daraus entstehende Wirksamkeit ist jeder Erklärung zu eigen, eine Gruppenbildung anhand der Wirksamkeit kann es daher nicht geben[182].

Botz unterteilt die Wirksamkeitsfolgen unter funktionalen Gesichtspunkten in Haupt- und Nebenwirkungen der Willenserklärung[183]. Hauptwirkung ist danach die Wirksamkeit an sich, also das rechtsverbindliche Ingeltungsetzen des Willens. Nebenwirkungen sind verschiedenartige, die gesetzlich entstehen oder an den Tatbestand der Willenserklärung anknüpfen. Die Nebenwirkungen hängen von der Art der Erklärung ab und sind unterschiedlich[184]. Die Rechtsfolgen der Hauptwirkung werden als Nebenwirkungen geregelt, sind also von der Anerkennung durch das Gesetz abhängig[185].

Ob eine Ordnung der Nebenwirkungen gewinnbringend ist, ist aber zuerst zu begründen. Mit eine solchen Ordnung könnte die Bedeutung des Wirksamkeitszeitpunktes im Rahmen der Interessen der Beteiligten bei den einzelnen Erklärungsarten bloßgelegt werden. Die Intensität des Eingriffs in die Rechtssphäre des Empfängers und des Erklärenden könnte durch die Untersuchung der ein-

---

182 Die empfangsbedürftige Willenserklärung wirkt auf die Rechtssphäre des Erklärenden und des Empfängers durch ihre Geltung. Diese Wirkung ergibt sich aus der rechtlichen Anerkenntnis der Willenserklärung. Abweichende Formulierungen ergeben sich je nach dem, ob man der Willens-, Erklärungs- oder Geltungstheorie nahe steht (im Überblick, Schapp, Grundfragen der Rechtsgeschäftslehre, 1 ff.).

183 Botz, 6.

184 So entsteht mit der Annahmeerklärung ein Vertrag, mit der Kündigung endet ein Schuldverhältnis, mit einer Rücktrittserklärung wird ein Schuldverhältnis umgewandelt, mit der Anfechtung ein Rechtsgeschäft zerstört, mit Einreden die Durchsetzung gehemmt, mit der Ablehnung der Leistung beziehungsweise der Mahnung eine Schadensberechnung, mit bestimmten sachenrechtlichen Erklärungen die Eigentumszuordnung verändert u.s.w.

185 Dies ist vor dem Hintergrund des Art 2 GG zwingend, da ansonsten allein aus dem eigenen Selbstbestimmungsrecht heraus ein anderes eingeschränkt wäre.

tatsächlich ist eben nicht tatsächlich. Eine lebensweltliche Abbildung dieser unterschiedlichen "Umstände" gibt es nicht.

Davon unabhängig gebieten systematische Vorgaben die unterschiedlichen Nebenwirkungen zu ignorieren und eine allgemeine Lösung zu suchen. § 130 ist eine allgemeine Regel. Eine Differenzierung nach der Art der Erklärung ist rechtlich unbedeutend. „Empfangsbote“ befindet sich auf demselben Abstraktionsniveau wie „Willenserklärung“. Es gibt keinen Empfangsboten des Antrags oder der Anfechtungserklärung. Besonderheiten aus dem jeweiligen rechtlichen Umfeld sind, soweit sie erheblich sind, als Ergänzungen zu behandeln, die möglicherweise den Schluss der Subsumtion verändern. Diese Besonderheiten können aber nicht in die Rechtsfigur integriert werden. Mit einer Differenzierung verlöre die Rechtsfigur ihre Konsistenz und damit ihre Existenz. Die Lösung - Konkretisierung der Rechtsfigur des Empfangsboten - muss allen Arten von Willenserklärung gleichermaßen gerecht werden. Die Frage nach den Interessen der Beteiligten ist folglich allgemein und undifferenziert beantwortet.

Mit der Allgemeinheit geht die Isolation des Wirksamwerdens von weiteren rechtlichen Momenten einher. Auszugehen ist von der ungebunden Relation zwischen Erklärendem und Empfänger. Ein das Wirksamwerden der Willenserklärung umrahmendes Schuldverhältnis hat außer Betracht zu bleiben. Die Grundlage des Empfangsboten kann nicht erst in einer schuldrechtlichen Nebenpflicht zu suchen sein.

Ohne Verstoß gegen die Systematik lässt sich nur in empfangsbedürftige und nicht empfangsbedürftige Willenserklärungen gruppieren. Inwieweit ein Zugänglichmachen auch bei nichtempfangsbedürftigen Willenserklärungen zu fordern ist, ist hier nicht weiter zu verfolgen[186]. Jedenfalls bedarf es für diese Erklärungen keines Empfangs. Damit ist das Problem des Empfangsboten bei nicht empfangsbedürftigen Willenserklärungen nicht virulent. Ansonsten verbietet die Allgemeinheit der Rechtsfigur des Empfangsboten eine Gruppenbildung nach den Arten der Willenserklärungen.

III. Das Wirksamwerden der Willenserklärung

A. Die allgemeinen Wirksamkeitsanforderungen

1. Die Zugangsformel

Ausgehend vom Wortlaut des § 130 unterscheidet die Rechtsprechung zwischen dem Wirksamwerden gegenüber Abwesenden und dem Wirksamwerden gegenüber Anwesenden. Bei Willenserklärungen unter Abwesenden beurteilte das RG den Zugang anfangs nach der tatsächlichen Verfügungsmacht an der Erklärungsverkörperung[187]. So kam es etwa in einer Entscheidung von 1904 zur Ablehnung des Zugangs, weil der die Erklärung beinhaltende Brief nur vorgezeigt, nicht aber überreicht wurde[188]. Später verlor das Merkmal der Verfügungsgewalt an Bedeutung. Maßgeblich wurde, dass, wenn die Erklärung in den Macht-

---

[186] Dazu Manigk, Willenserklärung und Willensgeschäft, 309 ff.

[187] RGZ 50, 191; 56, 262; 58, 406.

[188] RGZ 56, 262.

bereich gelangte, der Empfänger die Möglichkeit bekommen hatte, vom Erklärungsinhalt Kenntnis zu nehmen[189]. Dafür wurde dann präzisierend gefordert, dass die Kenntnisnahme auch erwartet werden konnte[190]. Schließlich wurde 1934 erstmals die auch noch heute gängige Zugangsformel formuliert: „Zugegangen ist eine Willenserklärung, wenn sie derart in den Machtbereich des Empfängers gelangt ist, dass dieser unter Zugrundelegung normaler Verhältnisse ohne weiteres die Möglichkeit hat, vom Inhalt der Erklärung Kenntnis zu nehmen“[191]. Damit war die Entwicklung einer allgemeinen Definition des Zugangs in der Rechtsprechung im Großen und Ganzen abgeschlossen[192]. Der BGH benutzt diese Formel bis heute[193], ebenso das BAG[194]. Die Instanzgerichte entfernen sich nicht wesentlich von diesen höchstrichterlichen Vorgaben[195].

Da eine Regelung für die Wirksamkeit unter Anwesenden fehlt, orientiert sich die Rechtsprechung an § 130 und unterscheidet zwischen verkörperten und unverkörperten Willenserklärungen. Bei verkörperten Willenserklärungen, prototypisch schriftlichen, wird auf den Zugang im Sinn des § 130 abgestellt[196]. Bei nicht verkörperten Erklärungen hingegen, prototypisch mündlichen oder durch schlüssiges Verhalten erklärte, soll zur Wirksamkeit die Wahrnehmung des Empfängers vom Erklärungsinhalt erforderlich sein, was der Vernehmungstheorie entspricht[197].

In der Literatur wird überwiegend ebenfalls nach verkörperten und unverkörperten Willenserklärungen unterschieden und die Wirksamkeit nach den gleichen Kriterien bestimmt[198]. Am Beginn der Ausbildung der Zugangsformel wurde allein auf die abstrakte Möglichkeit des Adressaten abgestellt, von der Erklärung Kenntnis zu erlangen[199]. Später wurde der Zugang noch durch ein weiteres Element erweitert, wonach nach der Verkehrsanschauung die Erwartung erforderlich ist, dass die Erklärung tatsächlich zur Kenntnis genommen

---

[189] RGZ 60, 334; 61, 125; 105, 255 142, 402.

[190] RGZ 99, 20; 142, 402.

[191] In RGZ 144, 289, 291. BGH NJW 1951, 313; BGHZ 67, 271, 275; BGH NJW-RR 1989, 757, 758. In den Kommentierungen: Brox/Erman § 130, 6f; Jauernig/Jauernig § 130, Anm. 2a; Hefermehl/Soergel § 130, Rn. 8; Heinrichs/Palandt § 130, 3. Nur Titze, JhJ 47 (1904), 379, 387, versteht den Begriff rein sachenrechtlich als Besitz an der Urkunde.

[192] Ebenso das RAG, RAG JW 1932, 2565; RAG HRR 1940 Nr. 1427; RAG DR, 1941, 1796.

[193] BGHZ 67, 275; BGH NJW-RR 1989, 758; BGH VersR 1994, 586..

[194] BAG NJW 1963, 554; BAG 1981, 1030. Das Merkmal des Gelangens in den Machtbereich wird vom BAG allerdings schwankend gebraucht. Hin und wieder wird auch die Erlangung der tatsächlichen Verfügungsgewalt verlangt. Vgl. BAG DB 1976, 1018; DB 1977, 546 und 1195.

[195] Nachweise bei Brinkmann, 30 f.

[196] RGZ 61, 415; BAG NJW 1985, 824.

[197] BGH WM 1989, 652; BAG ZIP 1982, 1467.

[198] Brox/Ermann § 130, Anm. 6; Jauernrig/Jauernig § 130, Anm. 2a; Heinrichs/Palandt § 130, 5, 13; Förschler/MüKo § 130, 12, 18: Dilcher/Staudinger § 130, 21 ff.; Flume, AT, 240; Larenz/Wolf, AT, 506, 510, Medicus, AT, 274.

[199] Nachweise bei Brinkmann, 24, Fn.1.

wird[200]. Schließlich bildeten sich die drei Elemente des Zugangsbegriffs heraus, die der von der Rechtsprechung verwendeten Formel entsprechen: das Gelangen in den Machtbereich des Empfängers, die Möglichkeit der Kenntnisnahme durch den Empfänger und die berechtigte Erwartung, dass der Erklärende vom Erklärungsinhalt Kenntnis nimmt.

Die Schwäche einer solch allgemeinen Definition ist schon in ihrer formelhaften Natur angelegt. Nur der Normalfall kann erfasst werden, ableitende Aussagen für die Lösung von Problemfällen können schwerlich gefunden werden. Die Formel gibt beispielsweise keine Antwort, wie und wann eine Einschreibesendung zugeht oder eine postlagernde Sendung. Allein aus den Begrifflichkeiten kann darüber nicht entschieden werden. Mit der möglichen technischen Subsumtion unter diese Definition werden die Sachprobleme häufig nur verlagert oder gar verschleiert. Daneben wird wegen des hohen Grades der Abstraktion einer solchen Definition, die Entscheidung unvorhersehbar, was die Verwirklichung von Gleichbehandlung erschwert. Bei einer solch grundlegenden Frage der Organisation des Rechtsverkehrs haben Rechtssicherheit und Rechtsklarheit aber eine herausragende Bedeutung.

Dilcher meint, die Wirksamkeit einer Willenserklärung sei von Blankettbegriffen abhängig, wodurch der Eintritt der Wirksamkeit unvorhersehbar sei und allein der nachträglichen Beurteilung des Richters überlassen werde[201]. Im Anschluss daran meint *Förschler*, dem Begriff „Zugang" fehle es an der aus Gründen der Rechtssicherheit erforderlichen Exaktheit[202]. Es sei somit der Rechtsprechung und Lehre aufgegeben, die Wirksamkeitsanforderungen zu konkretisieren. Insbesondere die Unbestimmtheit des Begriffs des „Machtbereichs" ist offensichtlich. *Looschelders* kann belegen, dass diese Unschärfe aber schon bei der Gesetzesentstehung erkannt wurde[203].

2. Konkretisierungen des Empfangsbereichs

Die abstrakte Beschreibung des Empfangsbereichs ist schwierig, denn dabei gilt es nicht, einen Bereich definierend vorzugeben, sondern umgekehrt die tatsächlichen Gegebenheiten adäquat abzubilden. Eine erschöpfende Beschreibung müsste den Wohnbereich und den Briefkasten erfassen genauso wie das eingerichtete Postfach und die vereinbarte Postlagerung. Die Rechtsprechung hat das Gelangen in den Machtbereich bejaht bei der postlagernden Sendung schon vor der Abholung und bei der Aushändigung an die Ehefrau oder auch an den mandatierten Rechtsanwalt[204]. Diese Beispiele zeigen die Weite und Unvorhersehbarkeit des Merkmals. *Brinkmann* bringt die Beliebigkeit auf den Punkt: damit kann sowohl ein räumlich-gegenständlicher Bereich oder auch eine von der Person beherrschte Organisationsform gemeint sein, als auch der gesamte Bereich, der von einer Person wahrgenommen werden kann[205]. Doch bliebe allein als

---

[200] Bünger, 15; Dötzer, 20; Flad/Planck § 130, 1.a.
[201] Dilcher, AcP 154, 121 f.
[202] Förschler/MüKo § 130, 5.
[203] Looschelders, VersR 1998, 1198, Fn. 4.
[204] Brinkmann, 51 ff. mit weiteren Nachweisen.
[205] Brinkmann, 50 ff.

Aussage, dass die Erklärung eine gewisse Nähe zum Empfänger haben muss, um wirksam zu werden, so wäre dies eine Selbstverständlichkeit. Ein Begriff, gleich wie er ausgebildet ist, kann dies kaum erfassen.

Das Element „Machtbereich“ steht aber mit den anderen Elementen des Zugangs in Wechselwirkung und hat daher nur eine begrenzte Bedeutung für die Entscheidung über das Wirksamwerden. So kann eine Unschärfe bestehen, die durch die anderen Elemente ausgeglichen werden kann. Eine Rangfolge der Elemente ist allerdings nicht auszumachen. Die anderen Elemente haben nicht nur die Aufgabe, eine Weite des Machtbereichs negativ einzuschränken. Für die Fragestellung nach der Bestimmung des Empfangsboten sagt der Begriff Machtbereich zunächst nichts aus.

a. Die Besitzlehre (Titze)

Einen ersten Versuch, den Zugangsbegriff zu konkretisieren, unternahm *Titze*, der die sachenrechtliche Zuordnung entscheidend nutzbar machen will[206]. Der Besitz an der Verkörperung der Erklärung verschaffe die zumutbare Möglichkeit, vom Erklärungsinhalt Kenntnis zu erlangen. *Westermann* schloss sich dieser Auffassung an, indem er die Verfügungsgewalt an der Erklärungsverkörperung als maßgeblich erachtet[207]. Auch das BAG konkretisiert den Machtbereich hin und wieder durch den Verweis auf die Besitzlage an der Erklärungsverkörperung.[208] Der Vorteil liegt in der Klarheit der rechtswissenschaftlich geklärten Inhaltsbedeutung des Besitzes[209].

Die Maßgeblichkeit des Besitzes wurde vor allem wegen des Erfordernisses des Besitzwillens als problematisch erkannt. *Brinkmann* weist nach, dass mit Berücksichtigung eines solchen Willens keine sachgerechten Ergebnisse zu erzielen sind[210]: Stellte man auf den unmittelbaren Besitz an der Verkörperung der Erklärung ab, so wäre der Zugang vom Willen des Empfängers abhängig. Willkürlich, durch das Fehlen des Besitzwillens, könnte der Zugang verhindert werden. Nach der Empfangstheorie soll aber, anders als bei der Vernehmungstheorie, die Wirksamkeit nicht in der freien Disposition des Empfängers stehen[211]. Dies widerspricht einer angemessenen Risikoverteilung, die den Erklärenden nur mit dem Transportrisiko belastet. Verlangt man keinen oder einen nur sehr schwach ausgeprägten Besitzwillen und lässt so im Ergebnis die tatsächliche Verfügungsgewalt ausreichen, kann man nicht die Fälle erfassen, bei denen die Erklärungsverkörperung nur zur Einsichtnahme vorgelegt wird.

Letztlich ausschlaggebend dürfte sein, dass die Besitzlage nur den Machtbereich eindeutiger macht, nicht aber den Zugang als solchen. Mit allgemeinem Besitzwillen besitzt der Empfänger alles in seiner Wohnung. Auch wenn der Brief durch den Kamin den Weg in die Wohnung fand und später verbrannte. Nicht irgendeine Örtlichkeit ist maßgeblich für den Zugang. Die Klarstellung

---

206 Titze, JJhB 47, 379.
207 Westermann/Ermann § 130, 6.
208 BAG DB 1976, 1018; DB 1977, 1195
209 Brinkmann, 53.
210 Brinkmann, 53 ff.
211 Zur Vernehmungstheorie siehe unter 4.

durch die sachenrechtliche Lage mag im Einzelfall helfen, bei dem der Machtbereich schwer einzugrenzen ist, für die Ermittlung des Zugangs im Allgemeinen und der damit verbundenen Risikoverteilung, ist damit wenig zu gewinnen.

b. Die Lehre von den Empfangsanstalten (Dilcher)

Dilchers Lehre von den Empfangsanstalten basiert auf der Überlegung, der Zweck des § 130 und damit des Zugangserfordernisses sei es, den Risikoübergang zu regeln[212]. Mit der Risikoverteilung nach Einwirkbereichen der Beteiligten nach § 130 soll erreicht werden, dass Absender und Empfänger genau die Gefahren tragen, die sie auch aus eigener Macht bekämpfen können[213]. *Dilchers* Suche nach Präzisierung der Voraussetzungen des Zugangs ist geleitet von dem Gebot der Rechtssicherheit, das verlange, den Zeitpunkt des Risikoübergangs erkennbar zu machen. Überdies habe der Absender ein schutzwürdiges Interesse daran, kalkulieren zu können, wann seine Erklärung wirksam wird[214]. Dies erfordere, den Zeitpunkt des Zugangs für den Absender erkennbar zu machen, wodurch auch eine Grundlage für Vertrauensschutz des Absenders geschaffen sei[215].

Der Zugang setzt nach *Dilcher* ein Verhalten des Empfängers voraus, worin sich objektiv manifestiert, wo die Grenze seines Machtbereichs ist. Überschreitet die Erklärung diese Grenze, hat der Empfänger das weitere Risiko zu tragen, das bis zur Kenntnisnahme vom Erklärungsinhalt besteht. Das zugrundeliegende Verhalten sieht er in erkennbaren, allgemeinen oder für den Einzelfall getroffenen Empfangsanstalten wie etwa die Installation eines Briefkastens, die Miete eines Postfachs, die Vereinbarung einer Postlagerung, aber auch die Bezeichnung einer Telefon- oder Faxnummer oder eines Empfangsboten[216].

Daneben hält *Dilcher* die Möglichkeit der Kenntnisnahme als Voraussetzung für den Empfang für entbehrlich. Kommt die Erklärung aufgrund der Anstalten des Empfängers in dessen Bereich, wird die Willenserklärung wirksam. Bei einseitigen Gestaltungserklärungen reiche dies für die Wirksamkeit aus. Bei anderen Erklärungen muss aber vom Absender eine Reaktion erwartet werden. Der Inhalt einer empfangsbedürftigen, nicht einseitig gestaltenden Willenserklärung muss dem Empfänger die Möglichkeit geben, darauf reagieren zu können, etwa ein Angebot anzunehmen oder einen nun geschlossenen Vertrag zu erfüllen. Die Erwartung einer solchen Reaktion muss über den Zugangsmoment hinaus eine Zeitspanne berücksichtigen, die üblicherweise vergeht, bis der Empfänger von der Erklärung Kenntnis nimmt. Diese Zeitspanne gehe nicht zu Lasten des Empfängers[217].

---

[212] Dilcher, Der Zugang von Willenserklärungen, AcP 154 (1955), 120, 128; ders./Staudinger § 130, Rn. 22 ff.

[213] Dilcher, AcP 154, 125.

[214] A.a.O.

[215] Dilcher, AcP 154, 127.

[216] Dilcher, AcP 154, 128; mit Empfangsanstalt meint Dilcher sowohl die Handlung des Empfängers, als auch das dadurch geschaffenen Objekt.

[217] Dilcher AcP 154, 140.

Förschler übernimmt für abrufbar gespeicherte Erklärungen, die dauerhaft beim Empfänger verbleiben, die Lehre von den Empfangseinrichtungen, zumindest als Ausgangspunkt[218]. *Enneccerus-Nipperdey* findet in der Konzeption von *Dilcher*, die sich insbesondere um die Erkennbarkeit des Risikoübergangs bemüht, eine zu einseitige Interessenwürdigung zugunsten des Erklärenden[219]. *John* sieht das Abstellen allein auf Empfangsvorkehrungen als zu eng an[220].

Daneben verbergen sich grundlegende rechtstheoretische und logische Mängel in *Dilchers* Lehre. Die Empfangsanstalten, an welche er anknüpft, sind Mitwirkungshandlungen des Empfängers, die den Zugang erleichtern. Damit gewinnt zentrale Bedeutung, inwieweit der Empfänger verpflichtet ist, beim Empfang mitzuwirken. Die Erleichterung des Zugangs wird bei *Dilcher* zum Normalfall. Empfangsanstalten zu errichten ist aber keine gesetzliche Forderung[221], sondern lediglich eine Beobachtung der tatsächlichen Verhältnisse. Ob auf eine solche abstrahierende Beobachtung der sozialen Realität eine normierende Dogmatik aufgebaut werden kann, ist zweifelhaft. Der Zugang kann nicht von einem Verhalten des Empfängers abhängig sein. *Dilcher* selbst erkennt, dass die Einrichtung von Empfangsvorkehrungen keine allgemeine Verpflichtung ist und damit seine Lehre keine allgemeine Lösung sein kann. Die Lehre von den Empfangsanstalten ist meines Erachtens trotzdem der Beginn eines Irrweges, der die gesetzliche Konzeption aus den Angeln hebt[222].

c. Die Lehre vom Speicherbereich (John)

John erkennt unabhängig von den begrifflichen Streitigkeiten als maßgebliche Differenzierung die je nach Fallgestaltung verschiedenartige Möglichkeit des Empfängers, den Erklärungsinhalt zu kontrollieren[223]. Diese Kontrollmöglichkeit sieht er als tragend für die Wirksamkeit an. Besteht ein direkter Übermittlungskontakt, so könne der Empfänger nachfragen und so das von ihm Verstandene auf seine Richtigkeit überprüfen, um ein Missverständnis zu verhindern. Deswegen sei für die Wirksamkeit notwendig, dass der Erklärende den Eindruck der Kenntnisnahme durch den Empfänger habe[224]. Dies steht im Einklang mit der eingeschränkten Vernehmungstheorie[225]. Auch unter dem Ideal der Kenntnisnahme kann nicht mehr verlangt werden, da die Wirksamkeit Teil einer

---

[218] Förschler/MüKo § 130, 12 f. Das schon räumliche Übergewicht der von *Förschler* im Anschluss dargestellten Einzelfälle, weist wohl auch auf ein fehlendes Vertrauen gegenüber dieser abstrakten Konzeption.

[219] Enneccerus-Nipperdey AT II, 977, Fn.13.

[220] John, 404, Fn.48.

[221] OVG Berlin ZMR 1972, 141, wonach insbesondere die Post keinen öffentlich-rechtlichen Anspruch auf die Unterhaltung eines ordentlichen Briefkastens hat. Nach OLG Düsseldorf, NJW RR 1995, 1341, besteht im Allgemeinen keine Verpflichtung, den Posteingang ordentlich zu organisieren.

[222] Dazu näher unten, 3. Kap. IV.D.

[223] John, 390 f.

[224] John, 391 ff.

[225] Dazu unter 4.b.

Kommunikation ist, wobei von objektiv erkennbaren Gegebenheiten ausgegangen werden muss.

Fehlt der direkte Übermittlungskontakt, so besteht bei Zweifeln keine Kontrollmöglichkeit des Empfängers durch Rückfragen. Dann werde wesentlich, dass die Erklärung so gespeichert ist, dass er sie jederzeit abrufen kann und sich so den Erklärungsinhalt vergegenwärtigen kann[226]. Diese Speicherung ersetze die Möglichkeit der Nachfrage und soll ihr ebenbürtig sein. Deswegen könne schon vor der erkennbaren Kenntnisnahme die Erklärung wirksam werden, denn es liege allein am Empfänger, von der Erklärung Kenntnis zu nehmen. Die Speicherung des Erklärungsinhalts ist danach prinzipielle Voraussetzung der Empfangstheorie. Nicht wie der historische Gesetzgeber meinte, pauschal der Verkehrsschutz verwehre das Erfordernis der Kenntnisnahme[227], sondern auf die Kenntnisnahme könne verzichtet werden, weil sie jederzeit vom Empfänger nachgeholt werden kann. Durch die Abrufmöglichkeit sei dem Kenntnisnahmeinteresse des Empfängers ausreichend genüge getan.

Aufgrund des erkannten Zusammenhangs zwischen der Art des Übermittlungskontakts und der Speicherungsmöglichkeit kann *John* den Empfangsbereich genauer erfassen. Nur konsequent ist es, bei Fehlen eines direkten Übermittlungskontakts den maßgeblichen sachlich gegenständlichen Empfängerbereich als Speicher- oder Abrufbereich zu definieren. Dem Empfänger muss es möglich sein, mit zumutbarem Aufwand den Erklärungsinhalt abzurufen. Die Speicherung muss folglich „hinreichend zugänglich und zuverlässig" sein[228]. Dabei hat der Erklärende eine Speicherungsmethode zu wählen, die dem Empfänger diese Abrufmöglichkeit bietet. Ist diese Speicherungsmethode auch vom Empfänger aus gesehen typisch für diese Art der Kommunikation, verhindern vom Erklärenden unerkennbare Schwierigkeiten der Speicherung oder die fehlende tatsächliche Kenntnisnahme durch den Empfänger nicht mehr das Wirksamwerden der Willenserklärung[229].

Das Kriterium der Speicherung wird von *Medicus* übernommen[230], aber auch in anderen Konzepten wird es wegen der sprachlichen Genauigkeit verwendet[231]. *Burgard* kritisiert die nach seiner Meinung nur begriffliche Veränderung vom Macht- zum Speicherbereich durch das Merkmal der Speicherung, ohne dass dies zu einer sachlichen Verbesserung geführt hätte[232]. Jedenfalls hat *John* mit „Speicherung" und „Übermittlungskontakt" Begrifflichkeiten gefunden, welche die Gruppenbildung der gleich zu behandelnden Erklärungsmodi leisten können, indem das Wesentliche ausgedrückt wird.

---

[226] John, 401 ff.
[227] Mugdan I, 439 f.
[228] John, 403.
[229] John, 405.
[230] Medicus, AT, Rn.274.
[231] So bei Förschler/MüKo § 130, 12.
[232] Burgard, AcP 195, 91 f.

d. Die Fallgruppenbildung (Brinkmann)

In Auseinandersetzung mit den bisherigen Verbesserungsversuchen erkennt *Brinkmann* die Unmöglichkeit einer abstrakten, formelhaften Umschreibung der Zugangsvoraussetzung, die allen Fallgestaltungen gerecht werden kann[233]. Seine Konsequenz ist die Bildung von Fallgruppen. *Brinkmann* unterscheidet grundsätzlich zwischen dem Übergang des Übermittlungsrisikos und dem Wirksamkeitszeitpunkt. Beides sieht er als erforderliche Momente für die Wirksamkeit, die aber nicht zusammentreffen müssen, sondern auch nacheinander erfüllt sein können. Maßgeblich ist der gewählte Zugangsmodus, der wiederum vom Bestehen einer Empfangseinrichtung geprägt ist. Bei der Gruppenbildung lehnt er sich an die Lehre von den Empfangsanstalten an und unterscheidet drei Möglichkeiten, den Zugang zu erwirken.

Das Übermittlungsrisiko gehe auf den Empfänger über, wenn die Erklärung in eine Empfangseinrichtung des Empfängers eingeht[234]. Für den Zeitpunkt des Wirksamwerdens sei aber die Kenntnisnahme erforderlich, spätestens, wenn dies erwartet werden kann.

Daneben soll die Willenserklärung auch zugehen können, ohne dass eine Empfangseinrichtung genutzt wird[235]. Nach der dem § 130 zugrundeliegenden Risikoverteilung nach Einwirkbereichen sei dann zu bestimmen, wann der Zugang erfolgt[236]. Dabei sei danach zu unterscheiden, ob eine taugliche Empfangseinrichtung besteht, diese vom Erklärenden aber nicht genutzt wurde oder ob eine solche Einrichtung nicht vorhanden ist. Fehlt eine geeignete Empfangseinrichtung, ist der Erklärende gezwungen, den Zugang in sonstiger Weise zu bewirken. Dies ist möglich, indem die Willenserklärung in die Wohnung oder einen „anderen räumlich-gegenständlichen Einwirkbereich" des Adressaten so eingebracht wird, „dass sie vom Adressaten ohne weiteres als solche aufgefunden werden kann" [237]. Das tatsächliche Auffinden der Erklärung durch den Adressaten sei nicht erforderlich. Das Risiko, dass die Erklärung nicht alsbald entdeckt wird und somit die Möglichkeit der Kenntnisnahme fehlt, sei dem Empfänger allerdings nur aufzubürden, wenn die Erklärung so abgelegt ist, dass sie ins Auge fallen muss[238].

Besteht eine taugliche Empfangseinrichtung, wird diese vom Erklärenden aber nicht genutzt, sei zum Wirksamwerden erforderlich, dass der Adressat die Erklärung tatsächlich auffindet[239]. Das Übermittlungsrisiko allerdings gehe schon vorher, mit dem Einbringen in den Machtbereich auf den Empfänger über. Nur der Wirksamkeitszeitpunkt richtet sich nach dem Auffinden.

Die entscheidende Bedeutung des Vorhandenseins einer Empfangseinrichtung erscheint auf den ersten Blick plausibel. Denn angeknüpft wird an die Wahl-

---

233 Brinkmann, 64.
234 Brinkmann, 65.
235 Brinkmann, 65 ff.
236 Brinkmann, 68.
237 Brinkmann, 67.
238 Brinkmann, 68.
239 Brinkmann, 66.

möglichkeit des Erklärenden. Allerdings wird der gleiche tatsächliche Vorgang unterschiedlich bewertet, je nach dem ob eine Einrichtung besteht oder nicht. Zur Veranschaulichung der von *Brinkmann* untersuchte Fall[240]: Der Brief wurde vom Erklärenden unter der Tür durchgeschoben und ist dabei unter den Teppich geraten. Deswegen konnte der Empfänger diesen nicht auffinden. *Brinkmann* unterscheidet danach, ob ein Briefkasten vorhanden war. War dies der Fall, soll die Willenserklärung erst zugehen, wenn der Brief entdeckt wird. War aber kein Briefkasten vorhanden, soll die Willenserklärung schon dann zugehen, wenn mit dem Auffinden zu rechnen gewesen wäre. Dabei sei nicht zu beachten, dass der Brief unter dem Teppich gelangt ist; dieses Hindernis für die Wahrnehmbarkeit sei ohne Belang, denn dem Erklärenden war keine andere Möglichkeit geboten, die Erklärung dem Empfänger nahe zubringen[241].

Diese unterschiedliche Beurteilung wäre dann gerechtfertigt, wenn die Empfangseinrichtung eine rechtserhebliche Bedeutung hat. So meint denn auch *Brinkmann*, der Briefkasten schütze den Empfänger vor zugehenden Erklärungen auf unkonventionellem Weg[242]. Geht man vom rechtlichen Normalfall aus, der keinen Briefkasten verlangt, ist nach *Brinkmann* in diesem Fall die Erklärung wirksam, obwohl objektiv keine Möglichkeit der Kenntnisnahme bestand[243].

Unabhängig davon genüge auch, dass der Erklärende die Überlassung der Erklärungsverkörperung tatsächlich anbiete[244]. Die Übergabe ist entbehrlich, genauso wie die Kenntnisnahme, denn es liegt allein am Empfänger, das Angebot anzunehmen. Die Zugangsvoraussetzungen müssen sich im Rahmen dessen bewegen, was der Absender zu leisten im Stande ist. Der Absender kann aber die tatsächliche Annahme der Erklärungsverkörperung nicht erwirken. Deswegen sei der Zugang von einer Mitwirkung des Empfängers unabhängig[245].

Letztlich könne eine Willenserklärung auch zugehen, wenn sie außerhalb des vom Adressaten beherrschten räumlich-gegenständlichen Bereichs niedergelegt wird, allerdings erst, wenn der Empfänger die Verfügungsmacht über die Erklärungsverkörperung erlangt. Dazu zählt insbesondere die nach fehlgeschlagenem Zustellungsversuch beim Postamt niedergelegte Einschreibesendung[246]. Außerhalb seines Machtbereichs hat der Empfänger keine Einwirkmöglichkeit; so könne die Erklärung auch nicht wirksam werden. Dabei sei es unerheblich, ob der Empfänger eine Empfangseinrichtung unterhält oder nicht. Würde man al-

---

[240] AG Elze, ZMR 1968, 13.

[241] M.E. tritt auch in dieser Fallgestaltung die Wirksamkeit erst ein, wenn der Brief aufgefunden wird. Dann kann ihn der Empfänger lesen, erst dann ist die Kausalität des Verständnisses höchstpersönlich und unbeeinflussbar und damit erst dem beherrschbaren Risikobereich des Erklärenden entzogen. Auch Sandmann ordnet die Risikoerhöhung dem Erklärenden zu (vgl. ders. AcP 199, 471).

[242] Brinkmann, 69.

[243] Dies wird noch unter Kap.3, Risikozurechung eingehend untersucht.

[244] Brinkmann, 64 f. Dies will er mit der Entscheidung des historischen Gesetzgebers für die Empfangs-, gegen die Vernehmungstheorie belegen.

[245] Brinkmann, 33.

[246] Dazu unter B.1.c.

lein darauf abstellen, dass bei einer Niederlegung nur eine Mitwirkung seitens des Empfängers erforderlich ist, der Erklärende seinerseits aber alles getan hat, so würde man den Empfänger entgegen der Risikoverteilung nach § 130 gegenüber dem Erklärenden übervorteilen. Daneben würde man die mit der Konkretisierung des Empfängerbereichs erreichte Rechtssicherheit und Rechtsklarheit aufgeben.

Insgesamt handelt sich bei der Fallgruppenbildung um die Dogmatisierung von Einzelfällen. Der Bereich der Verbesserungsversuche zur Zugangsformel wird eigentlich schon verlassen.

3. Der Schutz des Interesses des Empfängers an der Kenntnisnahme

a. Die Möglichkeit und die Erwartung der Kenntnisnahme als variable räumliche Qualifikation und Ausdehnung in der zeitlichen Dimension

Allein durch das Gelangen in den Machtbereich sind die Interessen des Empfängers nicht ausreichend berücksichtigt. Deswegen ist als weiteres Element die objektive Möglichkeit der Kenntnisnahme beibehalten worden[247]. Die Möglichkeit der Kenntnisnahme erscheint als eine grundlegende Anforderung, die mit der Empfangsbedürftigkeit verbunden ist[248]. Gerade in Auseinandersetzung mit *Titzes* Besitzlehre wurde erkannt, dass die Möglichkeit der Kenntnisnahme unverzichtbar für den Zugang zu sein scheint. Wird die Erklärungsverkörperung heimlich zugesteckt oder irgendwo im Einwirkbereich abgelegt, hat der Empfänger aus tatsächlichen Gründen kaum die Möglichkeit, vom Erklärungsinhalt Kenntnis zu nehmen. Dies gewährleistet eine abstrakte Betrachtung der Kenntnisnahmemöglichkeit.

Das Moment der abstrakten Möglichkeit der Kenntnisnahme ist aber nicht ausreichend, um die Fälle lösen zu können, bei denen die Erklärung zur Unzeit in den Machtbereich gelangt und sie bis zum Zeitpunkt, in dem mit der Kenntnisnahme zu rechnen ist, verschwindet. Dies scheint eine vergleichbare Problemlage zur räumlichen Qualifikation zu sein, bei der ebenfalls die Interessen des Empfängers zu berücksichtigen sind. Denn genauso wenig wie eine Verantwortung des Empfängers für die Überwachung seines gesamten Besitztums besteht, um eine eintreffende Erklärung aufzufinden, genauso wenig besteht eine Verantwortung für den Eingang von Erklärungen zur Unzeit. Zum Interesseschutz bedarf es nicht nur einer räumlichen, sondern einer zeitlichen Qualifikation der Zugangsformel. Dies sollen Formulierungen leisten, wie „ wenn die Kenntnisnahme erwartet werden kann“ [249] oder „wenn unter Zugrundelegung normaler Verhältnisse mit der Kenntnisnahme zu rechnen ist“ [250]. Damit wird der entscheidende Moment fixiert. Dieses Element des Zugangs hat auch verschiedenen Angriffen aus der Rechtswissenschaft standgehalten[251].

---

[247] Beibehalten, weil anfangs nur diese Anforderung wesentlich war. Zur älteren Literatur siehe Brinkmann, 24, Fn.1.

[248] So Brinkmann, 36.

[249] RGZ 99, 20. Brexel, 33 f., ortet hier den Ursprung dieses Elements in der Zugangsformel.

[250] RGZ 99, 23; 142, 407; BGHZ 67, 275.

[251] Zur Kritik am Element der Erwartung der Kenntnisnahme siehe unter 7.a).

Diese Anforderung bewirkt, dass der Zugang erst vollendet ist, wenn die Kenntnisnahme möglich ist. So wird das Zugehen zu einem gestreckten Tatbestand. Der Wirksamkeitszeitpunkt wird so nach hinten verschoben[252]. Das hat Auswirkungen, zum einen auf die Gefahrtragung bis zu diesem Zeitpunkt; zum anderen ist der Wirksamkeitszeitpunkt maßgeblich für fristgebundene Erklärungen.

Somit könnte man zwischen dem Beenden und dem Vollenden des Zugangs unterscheiden[253]. Die Vollendung umfasst einen Erfolg, der sich aus der Beendigung ableitet. Das Problem ist die Verteilung des Verlustrisikos, das während der Zwischenzeit besteht. Geht eine Erklärung zur Unzeit ein, so wird der Moment des Zugangs hinausgeschoben, bis die Kenntnisnahme erwartet werden kann. Eine postalisch übermittelte Willenserklärung wird häufig zur Unzeit in den Briefkasten eintreffen. Der Zugang ist zeitlich fixiert auf den Moment der zu erwartenden Leerung. Darin drückt sich schon der Zwischenzeitraum aus, denn einer Leerung bedürfte es nicht, wenn der Briefkasten nicht der Speicherung diente. Für diesen Speicherungszeitraum ist aber gerade eine angemessene Risikoverteilung zu finden. Vom Transportrisiko kann nicht mehr gesprochen werden, denn zum Zugang bedarf es keiner örtlichen Veränderung mehr. Vielmehr handelt es sich um das „Speicherungsrisiko" im Gefahrenbereich des Empfängers vor dem Zugang.

Maßgeblich für die Hemmung des Zugangs ist die Unzumutbarkeit, jederzeit Willenserklärungen gegen sich wirksam werden zu lassen. Die Folgen einer Willenserklärung sollen nur dann eintreten, wenn der Adressat davon wissen kann. Andererseits ist offensichtlich, dass nicht der Absender dafür Sorge zu tragen hat, wie die Speicherung in der Empfangseinrichtung gestaltet ist.

b. Sind Zugang und Wirksamkeitszeitpunkt zu trennen? (Coing, Flume)

Um die unbillige Belastung des Erklärenden zu vermeiden, weil dieser die Verhältnisse im Empfängerbereich nicht beherrschen kann, wollen *Coing* und *Flume* den Zugang schon mit Eintreffen der Erklärung bejahen[254]. Für die Frage der Rechtzeitigkeit der Willenserklärung soll aber auf den Zeitpunkt der zu erwartenden Kenntnisnahme abzustellen sein. Der Vorteil dieser Auffassung liegt in der Klarheit der Risikoverteilung. Der Zugang bestimmt sich nur nach objektiven Kriterien, die nachweislich und zuverlässig sind[255]. Das Verlustrisiko geht mit Eintreffen der Willenserklärung auf den Empfänger über. Die unabhängige Beurteilung der Rechtzeitigkeit vermeidet unbillige Fristverkürzungen. Damit wird die Verantwortlichkeit nach Gefahren- oder Einflusskreisen verwirklicht, andererseits das Idealziel der Kenntnisnahme nicht vernachlässigt. Der Zeitpunkt soll auch keinen Einfluss auf die Risikoverteilung haben. Die Trennung sieht *Flume* lediglich als eine von Tatbestand und Wirkung und deswegen als

---

[252] Ohlshausen JZ 1981, 633.
[253] Ähnlich v. Tuhr AT II/1, 432.
[254] Coing/Staudinger § 130, 4 (11.Aufl.); Flume, AT, 231 f.
[255] Coing, a.a.O.

natürlich an[256]. Dem haben sich, *Hefermehl* und jüngst *Brexel* angeschlossen, ohne freilich neue Gesichtspunkte hinzuzutragen[257].

Diese Trennung zwischen Zugang und dem Zugangszeitpunkt hat sich nicht durchgesetzt[258]. Dogmatische Bedenken sind vor allem von *Larenz* und im Anschluss von *Brinkmann* vorgetragen worden[259]. Die Wirksamkeit ist das zentrale Moment einer Willenserklärung, das auch den Fristbeginn bestimmen muss. Das BGB kennt kein spezielles Moment, das den Fristverlauf abweichend vorgibt. Als eindeutige Normaussage des § 130 ist die Wirksamkeit Folge des Zugehens. Sich darüber zu erheben, hieße, den letzten Rest einer Gesetzesanbindung aufzugeben. *Förschler* sieht diese Trennung überdies nicht als verkehrsgerecht an[260]. *Medicus* findet diese Lösung „kompliziert" und als Überziehung des Empfängerschutzes[261].

Nach *Brinkmann* ergeben die Merkmale „Gelangen in den Machtbereich" und „Zeitpunkt der Kenntnisnahmemöglichkeit" selbstständig und unabhängig voneinander die Wirksamkeit[262]. Die Erklärung muss im Zeitpunkt, wenn die Kenntnisnahme möglich ist, nicht mehr im Machtbereich sein. Es genüge, wenn die Erklärung vorübergehend im Machtbereich war. Die Elemente des Zugangs sollen nicht gleichzeitig vorliegen müssen, sondern es sei ausreichend, wenn sie nacheinander erfüllt sind. Damit wird der Risikoübergang vom Wirksamkeitsmoment losgelöst und gleichzeitig der einheitliche Zugangsbegriff bewahrt. Begründen kann er die Lösung mit einer Interessenabwägung.

c. Muss die Erwartung der Kenntnisnahme auch subjektiv berechtigt sein? (Corts)

Die Erwartung der Kenntnisnahme vom Erklärungsinhalt kann objektiv verstanden werden, vom Standpunkt eines durchschnittlichen Erklärenden. Man könnte die Erwartung aber auch subjektiv verstehen und ein Sonderwissen des Erklärenden über Verzögerungen bei der Kenntnisnahme beim Empfänger negativ berücksichtigen. Diese subjektive Betrachtung will *Corts* anwenden[263]. Anlass seiner Überlegungen ist das Problem der Kündigung während urlaubsbedingter Abwesenheit des Arbeitnehmers. Im Grunde geht es dabei um den Beginn der Ausschlussfrist des § 4 KSchG, die mit der Wirksamkeit der Kündigung zu laufen beginnt. Um zu angemessenen Lösungen zu kommen, hält es *Corts* für entbehrlich, auf § 242 zurückzugreifen. Das spekulative Element der

---

256 Flume, a.a.O.

257 Hefermehl/Soergel § 130, 8, 10. Brexel, will allerdings den Wirksamkeitsmoment nur ausnahmsweise verschieben (Brexel, 31 ff.).

258 Brox, AT, Rn.153; Heinrichs/Palandt § 130, 4; Larenz, AT, 411; Medicus, AT, 27; Scherner, AT, 107.

259 Brinkmann, 41.

260 Förschler/MüKo § 130, 10; Brexel verkehrt dies in das Gegenteil und nimmt ihn als Gewährsmann für seine Meinung (34).

261 Medicus, AT, Rn.275. Er stellt dabei wohl auf die Verkürzung des Widerrufsrechts ab, weil die Erklärung zwar zugegangen ist, aber noch nicht wirkt.

262 Brinkmann, 43 f.

263 Corts, DB 1979, 2081 ff.

Erwartung der Kenntnisnahme könne so fruchtbar ausgelegt werden, dass ein Rückgriff auf § 242 überflüssig wird, um sachungerechte Ergebnisse zu vermeiden.

Theoretische Rechtfertigung ist für ihn die allgemeine rechtsstaatliche Funktion von Normen, Gerechtigkeitsfragen im Einzelbereich „juristisch operational" zu machen und Rechtssicherheit zu gewährleisten, was die gleichlautende dogmatische Aufgabenstellung vorgibt[264]. Unter dem Postulat, lediglich eine „Umformulierung" der Zugangsdefinition vornehmen zu wollen, welche die überragende Bedeutung der Erwartung der Kenntnisnahme besser herausstellt, ergänzt *Corts* die allgemeine Formel um die Berechtigung der erwarteten Kenntnisnahme[265]. Diese begriffliche Änderung bewirkt in der Sache die Berücksichtigung der Umstände des Einzelfalls.

Die Berechtigung der Erwartung der Kenntnisnahme soll unbegründet sein, wenn die konkreten Umstände, welche dem Erklärenden bekannt sind, das Gegenteil erwarten lassen. Der Wirksamkeitszeitpunkt einer Kündigungserklärung hängt dann beispielsweise davon ab, ob der Arbeitgeber die urlaubsbedingte Abwesenheit des Arbeitnehmers kennt. Weiß der Arbeitgeber um die Abwesenheit, soll die Kündigung erst nach dem Urlaub zugehen[266]. Da es nur einen einheitlichen Zugangsbegriff gibt, sind die Ausführungen verallgemeinerbar. Die Wirksamkeit soll folglich von den Kenntnissen des Erklärenden abhängen.

Das BAG zog *Corts'* Überlegungen im Jahr 1982 entscheidungserheblich heran[267]. Es begründete damit, dass die Kündigung erst nach Rückkehr des Arbeitnehmers von seinem Urlaub wirksam werde, weil der Arbeitgeber über die urlaubsbedingte Abwesenheit informiert war. Dazu wurde die Berechtigung der Erwartung individuell ausgelegt[268]. Eine Veränderung der Zugangsformel wurde dabei nicht erkannt.

Die Reaktion auf die Urteilsbegründung in der Literatur war nahezu einstimmig negativ[269]. *Ohlshausen* hält das Urteil für bedenklich, weil es nicht auf die überkommene Zugangsdefinition zurückgreife[270]. Er entlarvt, dass die angewandte Definition nicht nur eine Umformulierung ist, sondern dass aus dem objektiven Verständnis der Kenntnisnahmemöglichkeit, ein subjektives wurde[271]. Mit Beispielen, wie zu entscheiden wäre, würde man die Definition allgemein

---

[264] Dieses Normenverständnis geht auf Esser zurück (Esser AcP 172, 97, 113).

[265] Corts, 2082.

[266] Verschiedentlich wurde dies im Ergebnis schon vorher von Arbeitsgerichten ebenso gesehen. Dabei wurde dem Erholungsurlaub ein entscheidender Stellenwert eingeräumt, dessen Zweck die Kündigungsmöglichkeit zeitlich einschränkt. Allerdings wurde dies nicht über eine Auslegung des § 130 erreicht. Vgl. ArbG Rheine DB 1966, 1975; LAG München AMBL 1975, C14.

[267] BAGE 34, 305.

[268] BAGE 34, 308.

[269] Lediglich Neumann hat sich dem BAG für den Fall der Kündigung des urlaubsbedingt abwesenden Arbeitnehmers angeschlossen (vgl. ders/Staudinger, Vorbem. § 620, 45).

[270] Ohlshausen JZ 1981, 633.

[271] RGZ 60, 336; RAG JW 1932, 2566; RAG ARS 40, 181, 183; BAG AB § 130 BGB Nr. 7 und Nr. 8.

anwenden, offenbart er die Untragbarkeit dieses Verständnisses, da es zu absurden Ergebnissen führt. Auch *Wenzel* erkennt den Bruch mit der überkommenen Auslegung des § 130[272]. Der rechtsgeschäftliche Verkehr erfordere einen auf „objektive und generelle Merkmale ausgerichteten Zugangsbegriff"[273]. Die Individualisierung des Zugangsbegriffs sei dabei funktionswidrig, weil die Bedürfnisse des Rechtsverkehrs zu kurz kämen. *Wolf* sieht in der Kündigung während des Urlaubs ein vertragsrechtliches Problem, wobei die Fürsorgepflicht des Arbeitgebers eine tragende Rolle spiele[274]. Mit den Zugangsvoraussetzungen könne dieses Problem nicht gelöst werden. *Brinkmann* entnimmt die Antwort der Risikoverteilung, welche die Empfangstheorie vorgibt[275]. Danach sollen die Gefahren dem auferlegt werden, der sie am ehesten beherrschen kann. Dies könne nur generell zu verstehen sein, individuelle Kenntnisnahmehindernisse verändern diese Risikoverteilung nicht. Eine Bestätigung findet *Brinkmann* in § 131, wonach, anders als bei der Abgabe einer Willenserklärung durch § 105, der Bewusstlose nicht geschützt wird[276].

Aufgrund dieser Kritik rückte der gleiche Senat im Jahr 1988 ausdrücklich von dieser Rechtsprechung ab[277]. Im Einzelfall könne nur § 242 weiterhelfen.

Insoweit hat sich der Streit erledigt. Die Möglichkeit der Kenntnisnahme ist objektiv zu bestimmen. Damit bleibt die Konsistenz der Zugangsformel, die auch für ein gewisses Maß an Rechtssicherheit bürgt, erhalten. Wenn die BAG Entscheidung aus dem Jahr 1988 nicht alle zufriedengestellt hat, liegt das an den besonderen Umständen im Arbeitsrecht. So soll dem Arbeitgeber zugemutet werden, die Kündigung an die Urlaubsadresse zu richten, um die Wirksamkeit während der urlaubsbedingten Abwesenheit zu erreichen[278].

4. Das Wirksamwerden flüchtiger Willenserklärungen

Ausdrücklich regelt § 130 nur Erklärungen unter Abwesenden. Der historische Gesetzgeber meinte, wie im übrigen zu entscheiden sei, könne der Rechtsanwendung überlassen werden, da sich die Antwort „aus der Natur der Sache" entwickle[279]. Hinsichtlich gespeicherter und abrufbarer Erklärungen unter Anwesenden ist dies insoweit geklärt, als dass entweder § 130 darauf direkt oder entsprechend anzuwenden ist, die Erklärung also zugehen muss[280]. Doch für flüchtige Erklärungen bringt § 130 ohne weiteres keine Erkenntnis. Die höchstrichterliche Rechtsprechung hatte noch keine Gelegenheit, sich hierzu entscheidungserheblich zu äußern. In der Rechtswissenschaft standen sich lange Zeit die

---

272 Wenzel, BB 1981, 1031.
273 Wenzel, 1032.
274 Wolf, EzA Nr.10 § 130.
275 Brinkmann, 38 f., 77 f.
276 Brinkmann, 36.
277 BAG JZ 1989, 296.
278 Kritisch Popp, DB 89, 1137 und Nippe, JuS 91, 288. Nippe will grundsätzlich den Wirksamkeitsmoment der Kündigung nach der Rückkehr aus dem Urlaub verlegen, auch wenn der Arbeitgeber die Urlaubsadresse nicht kennt. Seine Begründung bleibt aber unklar.
279 Motive I, 156; Protokolle I, 69. Dazu Brinkmann, 88 mit weiteren Nachweisen.
280 Scherner, AT, 108; MüKo/Förschler § 130, 19;

Empfangstheorie und die Vernehmungstheorie gegenüber. Mittlerweile hat sich eine vermittelnde Auffassung entwickelt, die „abgeschwächte" oder auch „modifizierte" Vernehmungstheorie.

a. Die Vernehmungs- und Empfangstheorie

Nach lange vorherrschender Meinung in der Literatur wird eine flüchtige Willenserklärung wirksam, wenn der Empfänger den Erklärungsinhalt vernommen hat[281]. Die Regelung des § 130 könne schon begrifflich nicht auf flüchtige Erklärungen angewendet werden, denn ein Handlungsakt, der sich in der Äußerung erschöpft, könne nicht zugehen. Andererseits verlange die Schutzbedürftigkeit des Empfängers, dass die Erklärung erst mit der Kenntnisnahme wirksam wird, da ein späteres Nachholen der Kenntnisnahme grundsätzlich nicht möglich ist[282].

Uneinigkeit besteht aber darüber, was unter der Vernehmung zu verstehen ist. Einige meinen, die sinnliche Wahrnehmung des Erklärungszeichens genüge für die Wirksamkeit[283]. Dabei erscheint schwierig, zwischen der sinnlichen Wahrnehmung und der geistigen Verarbeitung zu differenzieren. Dies wäre in letzter Konsequenz nur möglich, wenn die Unterscheidung zumindest für den Erklärungsempfänger nachvollziehbar wäre und so rechtlich berücksichtigt werden könnte. Er müsste sich dahingehend einlassen können, in welchem Stadium des kognitiven Prozesses ein möglicher Fehler aufgetaucht ist. Dies ist für niemanden möglich[284]. Auch die Wahrnehmung ist kein sinnvolles Differenzierungsmerkmal, weil die Kommunikation nicht auf der Akustik beruht, sondern auf dem Sprachverständnis. Ein Geräusch, das auf einer geflüsterten Erklärung beruht, kann keine rechtliche Relevanz haben. Der innere Zusammenhang zwischen Sprache und Wirksamkeit zeigt sich auch bei Erklärungen in einer für den Empfänger unbekannten Sprache[285]. Weiß der Erklärende, dass der Empfänger die Sprache nicht versteht, wäre das Wirksamwerden offensichtlich unbillig[286]. Ebenso ergeben sich Bedenken, wenn man die Auslegungslehre berücksichtigt. Denn gelten kann nur die abgegebene Erklärung, diese aber auch nur, wenn sie als solche vernommen werden konnte[287].

Andere verlangen demgegenüber, dass der Empfänger den Erklärungsinhalt zur Kenntnis nimmt, also nicht nur durch seine Sinne wahrnimmt, sondern auch kognitiv als Erklärung verarbeitet hat[288]. Hier stellt sich das Problem, dass der Erklärende zur Wirksamkeit einen Erfolg erreichen müsste, der allein in der Gedankenwelt des Empfängers eintreten kann. Dies würde nicht nur zu Beweisschwierigkeiten beim Empfänger führen, denn für die gedankliche Verarbeitung

---

281 Zitiert aus Brinkmann, 85, Fn. 3.
282 Für eine gespeicherte Äußerung gilt dies nicht.
283 Dilcher/Staudinger § 130, 14; Diederichsen AT, Rn. 254; Flume, AT, 241; Förschler/MüKo § 130, 20.
284 Diese Unsicherheit erkennt auch Brinkmann, 91 f.
285 Siehe dazu unten (individuelle Hindernisse).
286 So auch Brinkmann, 92.
287 Flume, AT, 241.
288 Hefermehl/Soergel § 130, 21; Jauernig/Jauernig § 130, Anm 3b.

gibt es kein geeignetes zulässiges Beweismittel[289]. Mindestens genauso bedeutend wäre die Missachtung der Auslegungslehre von Willenserklärungen. Denn würde die Erklärung wie wahrgenommen wirksam, hätte der Auslegungsmaßstab des objektivierten Empfängerhorizonts keine Bedeutung mehr. Der Auslegung könnte nur die tatsächlich wahrgenommene Erklärung zugrunde gelegt werden.

Demgegenüber wird versucht, die Einheitlichkeit der Wirksamkeitsvoraussetzungen zu wahren und § 130 auch auf flüchtige Erklärungen anzuwenden. Für die Wirksamkeit soll die Möglichkeit der Kenntnisnahme ausreichen. *v.Tuhr* meint, es könne nicht zu Lasten des Erklärenden gehen, wenn der Empfänger aus in seiner Person liegenden Gründen die Erklärung nicht verstanden habe[290]. Es reiche, wie bei § 130, wenn die objektive Möglichkeit bestehe, dass der Empfänger die Erklärung zur Kenntnis nehmen kann. *Krückmann* hält die Empfangstheorie für sachgerecht, weil die Anforderungen einer Vernehmung der Erklärende nicht erfüllen könne[291].

Gegen diese Auffassung wurde vorgebracht, dass die Interessenlage nicht mit der Situation der verkörperten Erklärungen vergleichbar ist und damit die Risikoverteilung wie beim Zugang unangemessen ist[292]. Der Erklärende kann die fehlende Kenntnisnahme nicht nachholen. Kenntnisnahmehindernisse sind damit grundsätzlich endgültig und unüberwindbar. Bei verkörperten Willenserklärungen wird im vergleichbaren Fall die Kenntniserlangung hinausgeschoben. Im übrigen sei der Erklärende bei flüchtigen Erklärungen weniger schutzbedürftig. Er hat jederzeit die Möglichkeit, das Verständnis beim Erklärungsgegner durch Rückfragen zu überprüfen. Bei Erklärungen unter Abwesenden kann er die Kenntnisnahme nicht überwachen, er müsse sich auf die objektive Möglichkeit der Kenntnisnahme verlassen[293].

b. Die abgeschwächte Vernehmungstheorie

In Vermittlung zwischen den beiden gegensätzlichen Theorien und um den Interessenschutz der Beteiligten zu optimieren, wurde die Vernehmungstheorie durch *Titze* eingeschränkt, was sich immer mehr durchsetzt[294]. Danach ist nicht die Vernehmung erforderlich, sondern es genügt, wenn der Erklärende den Eindruck der Vernehmung gewinnen konnte. Damit werde nicht nur das Interesse an der Kenntnisnahme hinreichend berücksichtigt, sondern auch eine Risikoverteilung erreicht, die innere Umstände des Empfängers unberücksichtigt lässt.

---

[289] So auch John, 394. Ein taugliches Beweismittel wäre die freilich überwundene Inquisition. Entscheidend wäre deswegen allein die Einlassung des Empfängers, dessen Glaubwürdigkeit regelmäßig zu bezweifeln wäre.

[290] v.Tuhr, AT II/1, 439. Ebenso Burgard, AcP 195, 94. und E.Wolf, AT, 338 f., der allerdings die subjektive Kenntnisnahmemöglichkeit verlangt.

[291] Krückmann, DR 1911, 56 f.

[292] Brinkmann, 90.

[293] Brinkmann, 90 f.

[294] Titze, Missverständnis, 226; Brinkmann, 93 ff.; Brox, AT, 159; John, 392 ff.; Medicus, AT 289; Larenz, AT, 415 f.; Pawlowski, AT, Rn. 376; Scherner, AT, 108 f.

In *Johns* Systematik, in der nach der Speicherung der Erklärung differenziert wird, liegt die Begründung der Wirksamkeit in der typischen Zweiseitigkeit des direkten Übermittlungskontakts[295]. Es fehlt zwar die Möglichkeit, die Kenntnisnahme nachzuholen, aber der Erklärende kann sich durch Rückfragen versichern, ob der Empfänger den Erklärungsinhalt vernommen hat. Diese Kontrollmöglichkeit erübrige es, auf die abstrakte Kenntnisnahmemöglichkeit abzustellen. Andererseits könne über diese Versicherung des Verständnisses hinaus nicht mehr verlangt werden. Die tatsächliche Kenntnisnahme ist als innere Tatsache unüberprüfbar. Für *John* ist die Rückfragemöglichkeit wesentlich für die Wirksamkeit, wenn der Eindruck der Vernehmung besteht. Deswegen sind die Fälle des einseitigen direkten Übermittlungskontakts, bei denen diese Kontrollmöglichkeit fehlt, differenziert zu beurteilen: Hat sich der Erklärungsgegner auf diese Art der Kommunikation eingelassen, reiche zur Wirksamkeit die Möglichkeit der Vernehmung. Ist die Kommunikationsart nicht abgesprochen, wird die Erklärung erst wirksam, wenn sie wirklich zur Kenntnis genommen wurde[296].

Nach *Scherner* soll der Erklärungsempfänger sein Unverständnis gegenüber dem Erklärenden zum Ausdruck bringen, um nicht den objektiven Erklärungsinhalt gegen sich gelten lassen zu müssen[297]. Andererseits treffe den Erklärenden die Pflicht, den Erklärungsinhalt zu erläutern, insbesondere wenn aus der Situation der Eindruck entsteht, die Erklärung wurde nicht verstanden.

Brinkmann legt seinen Überlegungen zugrunde, dass der Erklärende alles tun muss, um den Adressaten die Kenntnis vom Erklärungsinhalt zu verschaffen[298]. Danach obliegt es dem Erklärenden, das Verständnis beim Erklärungsgegner auch durch ergänzende Erläuterungen zu verschaffen. Dies entspreche der dem § 130 zugrundeliegenden Risikoverteilung nach Einwirkbereichen der Beteiligten, denn der Erklärende trage nicht die außerhalb seines Einflussbereiches liegenden Risiken. Daneben argumentiert *Brinkmann* mit dem schützenswerten Vertrauen des Erklärenden auf die Wirksamkeit seiner Erklärung, wenn er keine Zweifel an der Kenntnisnahme haben kann. Im Konflikt mit dem Interesse an der Kenntnisnahme habe dann das Vertrauen Vorrang, weil der Erklärungsgegner durch „seine (fehlende) Reaktion das entsprechende Vertrauen veranlasst hat“[299]. Eine vertrauenszerstörende Reaktion könne erwartet werden, da der Mangel der Vernehmung in der Sphäre des Adressaten liegt. Eingehend untersucht *Brinkmann* das dann denkbare Dilemma, wenn der Erklärende aufgrund objektiver Umstände davon ausgehen konnte, die Erklärung sei verstanden worden, der Erklärungsgegner aber subjektiv nicht in der Lage war zu verstehen, zum Beispiel wegen Schwerhörigkeit. Seine Lösung ist differenziert: Kann der Erklärungsgegner zumindest erkennen, dass ihm eine Willenserklärung zugetragen wird, hat er Anlass, dem Erklärenden seine fehlende Vernehmungs-

---

[295] John, 393.
[296] John, 394.
[297] Scherner, AT 109.
[298] Brinkmann, 36.
[299] Brinkmann, 94.

möglichkeit mitzuteilen. Fehlt auch diese Möglichkeit, kann die Erklärung nicht wirksam werden. Dies leitet er aus den gesetzlichen Schutzvorschriften für Geschäftsunfähige, den §§ 104 ff., 131, her[300]. Personen, denen die Wahrnehmungsfähigkeit fehlt, seien in ihrer Schutzbedürftigkeit den Geschäftsunfähigen vergleichbar. Der Verkehrsschutz stehe hinter dem Schutzbedürfnis dieser Personen.

Konsequent die eingeschränkte Vernehmungstheorie zu Ende gedacht, zeigt sich die Möglichkeit des Empfängers, bei Unverständnis nachzufragen, als eine Last beziehungsweise Obliegenheit. Deren Ursprung kann nur in der rechtserheblichen Kommunikation zu finden sein. Möglicherweise ist die Obliegenheit als gesellschaftliche Konvention zu sehen.

B. Ausgewählte Einzelprobleme

1. Zugangshindernisse

Zitelmann schlug folgende Ergänzung für den heutigen § 130 vor: „Dem Zukommen steht es gleich, wenn der Andere das Zukommen vorsätzlich oder fahrlässig verhindert hat“[301]. Dieser Vorschlag, der wohl auf eine Abhandlung von *Thiele* zurückgeht und sich auf die Rechtsprechung im 19. Jh. berufen konnte[302], wurde aber nicht berücksichtigt. Abhelfen soll nach dem Willen des Gesetzgebers § 132[303].

Liegen die Hindernisse auf dem Transportweg, sind diese vom Erklärenden zu überwinden. Es ist seine Aufgabe, die Willenserklärung so abzugeben und ihr die Richtung zu geben, dass sie den Bereich des Empfängers erreicht. Problematisch sind nur Zugangshindernisse im Einwirkbereich des Empfängers. Die Möglichkeit der den Zugang ersetzenden Zustellung nach § 132 löst das Problem nicht. Der Aufwand für den Erklärenden erscheint unangemessen und wenig praktikabel, insbesondere unter dem Zeitdruck eines Fristlaufs[304]. Deswegen werden zwei Lösungsmöglichkeiten angeboten – einerseits die Fiktion des Zugangs, andererseits der Ausschluss der Einwendung des Empfängers, die Erklärung sei verspätet. Im öffentlichrechtlichen Verwaltungsverfahren ist die Fiktionslösung zur Regelung geworden: Nach § 4 VwZG wird beim Einschreiben die Wirksamkeit drei Tage nach der Absendung angeordnet.

a. Die Teillösung des § 149

Eine Differenzierung der Zugangshindernisse nimmt § 149 hinsichtlich einer verzögert transportierten Annahmeerklärung vor. Die Annahme gilt als nicht verspätet, sondern rechtzeitig, falls der Empfänger die Verspätung nicht unverzüglich dem Erklärenden anzeigt. Diese Sonderregelung ist aus dem schutzwürdigen Interesse des Annehmenden zu erklären, wenn er aufgrund der rechtzeiti-

---

300 Brinkmann, 96 f.

301 Zitelmann, Zusammenstellung der gutachtlichen Äußerungen zu dem Entwurf des Bürgerlichen Gesetzbuchs, Bd. I, (1890), 133.

302 RGZ 95, 317; OLG Hamburg SeuffA 50 (1895), 136 f.

303 Mugdan, I, 440.

304 v.Tuhr, AT, II/1, 445; Burgard AcP 195, 112 und weitere.

gen Absendung von einem rechtzeitigen Zugang ausgehen konnte, also vom Regelfall des unverzögerten Transports. Dies hätte einen Vertrag begründet und er konnte sich redlicherweise auf die ihn dadurch treffenden vertraglichen Pflichten und Rechte einstellen. Um diese unrichtige subjektive Bindung so gering wie möglich zu halten, ist der Erklärende vom Fehlschlagen des Annahmeversuchs zu unterrichten.

Diese Obliegenheit des Antragenden lässt sich als Ausdruck von Treu und Glauben als Folge der Vertragsanbahnung ableiten[305]. *Canaris* meint, § 149 sei nicht systemkonform, denn der Gesetzeszweck könne nicht aus dem allgemeinen Vertrauensgedanken erklärt werden[306]. Dieser Gedanke verhelfe nicht zur Erfüllungshaftung, sondern regelmäßig nur zum Schadensersatz. Anscheinend sei das Rechtsinstitut der culpa in contrahendo vom Gesetzgeber nicht richtig verstanden worden und das Vertrauen des Erklärenden auf die unverzögerte Beförderung überbewertet worden. Eine erweiternde oder analoge Anwendung verbietet sich daher.

Jedenfalls ist § 149 keine Regelung des Zugangs von Willenserklärungen im Allgemeinen, sondern eine eng auszulegende Sonderregelung, die nur auf die Entstehung eines Vertrages bezogen ist. Insoweit ist hieraus keine allgemeine Lösung für die Behandlung von Zugangshindernissen zu entnehmen.

b. Die Fiktionslösung und der Einwendungsausschluss

Schon unmittelbar nach der Kodifizierung wurde die Fiktionslösung propagiert[307]. Die aufgrund des Zugangshindernisses im Empfängerbereich nicht zugegangene Willenserklärung soll behandelt werden wie eine wirksame. Bis heute wird die Fiktion von vielen angenommen, wenn der Empfänger absichtlich den Zugang vereitelt[308]. Aus der Absichtlichkeit soll zu schließen sein, dass der Empfänger sich den Erklärungsinhalt vorgestellt habe. Zum anderen erscheint die Fiktion des Zugangs der einzig gangbare Weg, wenn nicht nur die Rechtzeitigkeit der Erklärung zu konstruieren ist, sondern der Zugang insgesamt, weil der Empfänger den Zugang gänzlich verhindert. Aber auch bereits bei der unabsichtlichen aber fahrlässigen Zugangsverweigerung wird die Fiktionslösung für sachgerecht gehalten[309]. Zumindest die allgemeine Rechtsidee des § 162 kann als Stütze für diese Fiktionslösung herangezogen werden[310].

Zur Verwirklichung des Interesses des Empfängers, vom Erklärungsinhalt Kenntnis zu nehmen, geht *Burgard* von einer Pflicht zur unverzüglichen Wiederholung der Erklärung aus.[311] Dabei soll aber allein der Empfänger wegen

---

[305] So schon in den Motiven I, 171.

[306] Canaris, Vertrauenshaftung, 327 f.

[307] Habicht, DJZ 1901, 265; Krückmann, DR 1911, Sp. 56.

[308] BGHZ 67, 271, 278; BGH NJW 1983, 929, 930; BAG NJW 1993, 1093, 1094; Brox/Erman, § 130, 23; Dilcher/Staudinger § 130, 56 ff.; Larenz/Wolf, AT, 513; Medicus, AT, 282; Heinrichs/Palandt § 130, 16 ff.

[309] Krückmann, DR, 1911, 56 ff.; Klingmüller, VersR 1967, 1109, 1112; Burgard AcP 195, 74, 114 ff.

[310] Dazu Herbert, NJW 1997, 1830.

[311] Burgard, AcP 195, 120 f.

seines unredlichen Verhaltens das gesamte Risiko der Wiederholungserklärung tragen. *Burgard* kann aber keine Lösung anbieten, wenn der Empfänger auch den Zugang der Wiederholungserklärung vereitelt.

Die Fiktion hat freilich den Nachteil, dass sie auch gegenüber dem Erklärenden wirkt. Dadurch wird ihm die Widerrufsmöglichkeit des § 130 I, 2 genommen. Er wird an die Erklärung gebunden, obwohl ein Obliegenheitsverstoß des Empfängers Grundlage für die Wirksamkeit ist und dieser deswegen eigentlich nicht schutzwürdig ist. Daneben ist bei der Fiktion denkbar, dass der Empfänger nie die Erklärung erhält und folglich den Inhalt nie kennen kann. Dies schießt über das Ziel hinaus.

Dogmatisch bedenklich ist überdies die interessenbewertende Begründung der Fiktionslösung von *Burgard*[312]. Er zerlegt die Empfangstheorie in die Bewertung der Interessen der Beteiligten. Bei der Betrachtung der Risikoverteilung des § 130 findet er in historischer Auslegung, der Gesetzgeber habe erkannt, dass zum Zugang die Kenntnisnahme nicht erforderlich ist, sondern dass das Gelangen in den Bereich des Empfängers genügt. Damit lehnt er das Merkmal der „Möglichkeit der Kenntnisnahme" als mit § 130 unvereinbar ab. Darauf verweist er später um die Vereinbarkeit seiner Fiktionslösung mit der gesetzlichen Wertung zu begründen. Dabei verkennt er, dass der Gesetzgeber, auch nach seinem ausdrücklichen Zitat, zwar nicht das Vermögen des Empfängers zur Kenntnisnahme als konstitutiv sah, aber nur gegen das Erfordernis, dass die Erklärung in den Empfängerbereich gelangt ist. Dabei ist wohl ohnehin das Vermögen zur Kenntnisnahme allein subjektiv zu verstehen. Eine Fiktion kann damit nicht begründet werden. Vielmehr ist die Kenntnisnahme dem Gesetzgeber so wichtig gewesen, dass darauf nur verzichtet werden kann, wenn die Erklärung im Empfängerbereich ist. Das ist sie bei der Fiktion aber gerade nicht. Damit löst *Burgard* den Zugang bei Hindernissen vollkommen auf. Kein Zugangselement verbleibt, allein das Zugangshindernis führt zur Wirksamkeit der Willenserklärung.

Im übrigen ist eine Fiktion ein wesentlicher Eingriff, der nur der Gesetzgeber vornehmen kann. Mit einer Fiktion wird gerade keine Gleichheit und damit Gerechtigkeit verwirklicht, indem auf alle Beteiligte größtmögliche Rücksicht genommen und um einen Ausgleich gerungen wird. Vielmehr ordnet die Fiktion eine Rechtsfolge an, ohne dass der Tatbestand mit der gewünschten Rechtsfolge besteht. Über den Weg der Gesetzesauslegung kann man kaum zu einer Fiktion kommen. Bei der absichtlichen Vereitelung ist dies hinnehmbarer, denn in der Absichtlichkeit des Empfängers zeigt sich, dass er den Inhalt kennt.

Letztlich erachtet *Burgard* das Interesse des Empfängers an der Kenntnisnahme selbst als so wichtig, dass er die Pflicht zur Erklärungswiederholung schafft. Wie kann aber eine Obliegenheitsverletzung des Empfängers eine Pflicht des Erklärenden verschaffen? Anknüpfen kann man eine Verpflichtung des Erklärenden nur daran, dass zur Wirksamkeit seiner abgegebenen Willenserklärung der Zugang notwendig ist. Ist die Willenserklärung aber schon durch die Fiktion wirksam, ist dies erfüllt.

---

[312] Burgard, AcP 195, 95.

Diese Nachteile vermeidet die Lösung, die dem Empfänger lediglich versagt, sich auf die Verspätung zu berufen[313]. Dadurch wird der Nachteil der vorzeitigen Bindung des Erklärenden vermieden[314]. Allein der Empfänger wird von den Folgen seiner fehlenden Mitwirkung betroffen. Ebenso bleibt maßgeblich, dass die Erklärung den Empfänger erreicht, wenn auch später. Die Wirksamkeit ohne dass die Erklärung jemals in den Bereich des Empfängers kommt, wird vermieden.

c. Die niedergelegte Einschreibesendung

Nach den Allgemeinen Geschäftsbedingungen der Deutschen Post AG können Briefe als Einschreibesendung verarbeitet werden, wobei die Auslieferung erst nach Empfangsbestätigung erfolgt. Dadurch kann nicht wie bei gewöhnlichen Briefen die für den Briefempfang gewidmete Empfangseinrichtung, Briefkasten oder Postfach, genutzt werden. Vielmehr ist der Brief an eine zum Empfang befugte Person zu übergeben[315]. Ist keine empfangsbefugte und –bereite Person anzutreffen, ist ein Benachrichtigungszettel zu hinterlassen, in dem der Empfänger aufgefordert wird, die Einschreibesendung ab einem bestimmten Zeitpunkt bei dem Postamt abzuholen. Zweck dieser Postzustellungsform ist die Beweisbarkeit der Ablieferung eines Zustellungsstücks. Die Empfangsbestätigung wird bei der Post archiviert und auf Antrag kann der Absender diese herausverlangen.

Andererseits liegt auf der Hand, dass die Einschreibeform den Zugang im herkömmlichen Sinn erschwert, weil die Empfangseinrichtung nicht zum Belassen der Sendung genutzt werden kann. Um den Zugang im herkömmlichen Sinn zu ermöglichen, ist die Mitwirkung des Empfängers notwendig, der die Sendung beim Postamt abholen soll. Damit ist das Problem offenbar: Der Empfänger kann verhindern, dass die Sendung in seinen Machtbereich gelangt, indem er den Brief nicht beim Postamt abholt.

Seit 1997 bietet die Deutsche Post AG neben dem Übergabe-Einschreiben, das dem bisherigen Einschreiben entspricht, das Einwurf-Einschreiben an. Dabei wird die Sendung mit der normalen Hauspost zugestellt, also nicht zwangsläufig übergeben, sondern auch im Briefkasten des Empfängers oder in dessen Postfach abgelegt. Dieser Vorgang wird vom Postboten protokolliert. Mit diesem Dokument kann der Zugang bewiesen werden. Ob es sich dabei um eine öffentliche Urkunde im Sinn des § 418 ZPO handelt, der eine gesteigerte Beweiskraft beigemessen wird, oder um eine Privaturkunde im Sinn des § 416 ZPO, ist nicht abschließend geklärt[316]. Davon unabhängig ist zu vermuten, dass das Einwurf-Einschreiben das Übergabe-Einschreiben im privatrechtlichen

---

[313] BGH LM § 130, Nr.1; Medicus, AT, 282; Larenz; Flume, AT, 238; Scherner, AT, 111.

[314] Medicus, AT, Rn. 279.

[315] Neuerdings besteht daneben die Möglichkeit des Einwurf-Einschreibens, das wie die normale Briefpost zugestellt werden kann, worüber eine Dokumentation anzufertigen ist.

[316] Dübbers, NJW 1997, 2503 f., will § 418 ZPO anwenden, Looschelders, VersR 1998, 1198 ff., 1204, dagegen nicht, weil es sich nicht um eine förmliche Zustellung handelt.

Verkehr weitestgehend ersetzt, denn auch die Beweiskraft einer privatrechtlichen Urkunde ist nicht ohne weiteres zu erschüttern[317].

Neben der Fiktion des Zugangs und des Einwendungsausschlusses ergibt sich beim Einschreiben als eine weitere Lösungsmöglichkeit, den Zugang anzunehmen, wenn die Einschreibesendung beim Postamt zur Abholung bereitliegt. Dazu müsste der Zugangsbegriff so erweitert werden, dass schon die abstrakte Abholmöglichkeit genügt, wenn der Empfänger nur ordentlich benachrichtigt wurde. Vom Empfänger wäre dann eine Mitwirkungshandlung zu verlangen, die außerhalb des Empfangsbereichs vorzunehmen wäre.

Dass dies nicht zur Wirksamkeit genügen kann, scheint festzustehen, wo doch schon die Kommission forderte, dass die Willenserklärung „in den Bereich des Empfängers gelangt"[318] sein müsse. Zugehen kann eine Erklärung zwar auch, wenn sie in das Postfach des Empfängers gelangt[319] oder postlagernd im Postamt verbleibt[320]. Aber dies hat der Empfänger selbst so gestaltet, indem er das Postfach angemietet beziehungsweise die Postlagerung vereinbart hat und darüber den Erklärenden informiert hatte. Insoweit ist das Postfach und die Postlagerung dem Empfangsbereich gleichwertig, auch wenn eine besitzrechtliche Beherrschung nur eingeschränkt gegeben ist.

Behn betrachtet das Problem des Einschreibens aber unter einem anderen Blickwinkel und will die seines Erachtens unbillige Differenzierung zwischen einer normalen Briefsendung und einer Einschreibesendung auflösen[321]. Er sieht schon die Benachrichtigung, ergänzt durch die abstrakte Möglichkeit der Abholung beim Postamt als für den Zugang ausreichend an[322]. *Behn* legt bei der Begründung *Huecks* Zugangsbegriff zugrunde, wonach der Erklärende alles getan haben muss um die Erklärung kundzutun, andererseits zur Kenntnisverschaffung nur noch Momente des Erklärungsgegners erwartet werden können[323]. Bei der Benachrichtigung findet er diese beiden konstitutiven Elemente wieder, denn die weiteren erforderlichen Momente, die zur Kenntnisnahme führen können, liegen allein im vom Empfänger beherrschten Gefahrenbereich, sogar in seinem Belieben. Die Abholung des Einschreibens beim Postamt sei überdies zumutbar, so dass das Risiko der Nichtabholung ohne weiteres dem Empfänger zugeordnet werden kann. Verlangt man darüber hinaus die gegenständliche Entgegennahme durch den Empfänger, wäre dies ein überschießendes Merkmal,

---

[317] Insofern ist die dargestellte Diskussion, die sich auf die nun überholte Form des Einschreibens bezieht, als eine historische zu werten. Für das Übergabe-Einschreiben sind die Ausführungen nach wie vor aktuell. Looschelders, a.a.O., mißt auch dem Übergabe-Einschreiben eine Existenzchance zu, da das Einwurf-Einschreiben nicht den förmlichen Anforderungen entspreche.

[318] Prot. II 540; Mugdan II 664.

[319] Dilcher/Staudinger § 130, 31; Flume, AT, 232 f. jeweils mit weiteren Nachweisen.

[320] Flume, AT, 234; RGZ 144, 289 ff.

[321] Behn, AcP 178, 505 ff.

[322] Üblicherweise wäre dann der Zugang einen Werktag nach dem Zurückbelassen der Benachrichtigung anzunehmen.

[323] Behn, 524 mit weiteren Nachweisen.

das der Vernehmungstheorie nahe komme, aus der geltenden Empfangstheorie aber nicht abzuleiten sei[324].

Die Abholung der Einschreibesendung wäre danach eine erforderliche Mitwirkung des Empfängers, die nicht im Bereich des Absenders liegt, dieser nicht besorgen kann und somit nicht Teil der Wirksamkeit sein kann. Die Bedeutung des räumlich-gegenständlichen Machtbereichs des Empfängers für den Wirksamkeitseintritt würde mit dieser Auslegung aufgegeben. Diese Auffassung hat verschiedentlich Anhänger gefunden, vereinzelt auch in der Rechtsprechung[325]. So sieht auch *Larenz* in der Abholung eine abstrakte Möglichkeit der Kenntnisnahme, ohne zu begründen, warum dies normal sein soll und damit zu erwarten sei[326].

Letztlich hat sich die Rechtsprechung dieser Ausdehnung des Zugangsbegriffs aber nicht angeschlossen[327]. Höchstrichterlich ist erstmals 1932 entschieden worden, dass das Zurücklassen des Benachrichtigungszettels und die Niederlegung der Sendung beim Postamt noch nicht für den Zugang genügt[328]. Daran wurde festgehalten[329]. Begründet wird dies mit dem fehlenden Besitz an der Sendung[330] oder der fehlenden Verfügungsgewalt des Empfängers[331], dem deswegen die Kenntnisnahme nicht möglich sei, weil die Willenserklärung eben nicht in den Machtbereich des Empfängers gelangt. Dies erscheint im Vergleich zur normalen Briefsendung gegenüber dem Absender als unbillig. Die Einschreibesendung gewinnt ihren Wert in erster Linie, weil die Zusendungsform dem Absender einen Vorteil bringt. Die Möglichkeit für den Empfänger, den Zugang zu hemmen oder gänzlich zu verhindern ist eigentlich nicht Sinn der Einschreibesendung.

Zwar hat *Singer* gewichtige Bedenken gegen diese Rechtsprechung vorgebracht[332]. Insbesondere sieht er unter den Aspekten der Risikoverteilung keinen Unterschied zwischen einer Einschreibesendung, die abzuholen ist und einer Sendung des Gerichtsvollziehers, die dieser im Zuge einer Zustellung gemäß § 132 I bei der Post niederlegt. Die damit verbundene Belastung des Empfängers scheint das Gesetz hinzunehmen, was als Wertung auch bei der Einschreibesendung bedeutend sein kann[333]. Trotzdem kann der Streit als erledigt gelten. Ein gewichtiges Moment für die Annahme des Zugangs ist das schutzwürdige Interesse des Erklärenden an der Beweissicherung der Wirksamkeit. Dies verschafft

---

[324] Behn, 525.

[325] Förschler/MüKo § 130, 13, mw. Nachw. Bei den belegten Rechtsprechungsfundstellen ist nicht immer eindeutig, ob der normale Zugangstatbestand angenommen wurde oder eine Fiktion wegen treuwidrigen Verhaltens des Empfängers.

[326] Larenz, AT, 385.

[327] Vgl. BAG NJW 1997, 147; OLG Hamm VersR 1982, 1070; Herbert, NJW 1997, 1829. Nicht eindeutig Brinkmann, 176.

[328] RAG JW 1932, 2565.

[329] BAGE 13, 313; OLG Celle NJW 1974, 1386; BGHZ 67, 271; BAG NJH 1997, 146.

[330] BAG NJW 1963, 555; OVG Münster MDR 1977, 1049; LAG Düsseldorf, BB 1962, 880.

[331] BSGE 27, 239.

[332] Singer, LM § 130, Nr. 27.

[333] Daneben probagiert Singer die Anwendung des § 242 zu Lasten des Empfängers.

ihm nun aber auch das Einwurfeinschreiben, die Sendung per Übergabeeinschreiben ist dazu nicht erforderlich. Entscheidet sich der Erklärende trotzdem für diese Variante, geht das erhöhte Risiko zu seinen Lasten[334].

Dass nur noch eine Mitwirkung des Empfängers notwendig ist, genügt noch nicht zum Zugang. Die Kenntnisnahme ist nur zumutbar, wenn ein räumlicher Bezug zum Empfängerort hergestellt ist. Die Richtungsgebung hängt von der Adresse ab, daran ändern die vertraglichen Leistungen der Deutsche Post AG nichts. Wäre Zugang schon anzunehmen, wenn der Erklärende innerhalb seines gewählten Zugangsmodus nichts mehr weiter tun kann, wäre eine Vereitelung des Zugangs gar nicht möglich und eine Fiktion oder ein Einwendungsausschluss überflüssig. Auch beim niedergelegten Einschreiben bleibt nichts anderes, als die Wirksamkeit zu fingieren oder die Einwendung der Verspätung auszuschließen.

d. Zur Rechtfertigung einer Fiktion beziehungsweise eines Einwendungsausschlusses

Sowohl bei Annahme einer Fiktion als auch eines Einwendungsausschlusses ist es erforderlich, die jeweilige Wirkung zu rechtfertigen. Dies kann aber nur ein Pflicht- oder ein Obliegenheitsverstoß des Empfängers sein. Dazu müsste aber eine Verpflichtung bestehen, Willenserklärungen zugehen zu lassen. Herzuleiten wäre diese aus einem Schuldverhältnis, aus § 242, wenn mit einer Willenserklärung zu rechnen sein muss[335]. Der Empfänger handelt entgegen Treu und Glauben, wenn er die erforderliche Mitwirkung beim Zugang von Willenserklärungen innerhalb des Schuldverhältnisses unterlässt. Dies erscheint plausibel, denn ein Vertragspartner soll sich nicht dem Rechtsverkehr mit dem anderen entziehen können und so die Gestaltung durch seinen Vertragspartner unmöglich machen. Zweifel daran hegt *Looschelders*, der einen pauschalen Verweis auf § 242 für ungenügend hält und keinen spezifischen Rechtsgrundsatz findet, der dieses Problem erfasst[336]. Dies ist aber ein schuldrechtliches Problem, keines der Rechtsgeschäftslehre.

Betrachtet man den Fall der niedergelegten Einschreibesendung, die nicht beim Postamt abgeholt wird, zeigen sich die Schwierigkeiten, eine Verpflichtung zu begründen im Detail: Der Benachrichtigungszettel enthält keinen Hinweis auf den Absender. Woher soll der Empfänger wissen, um welche Sendung es sich handelt und wogegen soll er dann treuwidrig gehandelt haben? Die Obliegenheit müsste folglich soweit gehen, bei jeder an den Empfänger adressierte Sendung zu prüfen, ob es sich gerade bei dieser um die zu erwartende, nach § 242 anzunehmende Willenserklärung handelt.

2. Der Zugang gegenüber individuell gehinderten Empfängern

Da die Willenserklärung als Mittel der rechtsgeschäftlichen Kommunikation das allgemeine Instrument des Rechtsverkehrs ist[337], ist es fundamental, wie un-

---

[334] Im übrigen ist dies zunächst ein Problem des Leistungsangebotes der Deutsche Post AG.
[335] Nachweise bei Looschelders, VersR 1998, 1200, Fn. 35.
[336] Looschelders, a.a.O., 1200 f.
[337] Scherner, AT, 87.

verschuldete, individuelle Kommunikationsstörungen beim Empfänger zu behandeln sind. Das ist die Kardinalfrage, die aus den zugrundeliegenden Prinzipien der Empfangstheorie zu beantworten ist.

Das Problem, dass die Willenserklärung vom Empfänger nicht ohne weiteres sinnlich aufgenommen oder verstanden werden kann, hat rechtlich zwei Dimensionen. Die individuelle Schutzbedürftigkeit könnte mit der grundsätzlichen Risikoverteilung des § 130 in Konflikt stehen. Daneben und scharf davon zu trennen besteht das Auslegungsproblem des Verständnisrisikos.

Im Tatsächlichen kann man zwei Arten von Störungen unterscheiden: Einerseits körperliche Mängel beim Empfänger wie die Taubheit und Blindheit. Gegenüber Tauben entsteht das Problem bei mündlichen Erklärungen, gegenüber Blinden liegt das Problem bei schriftlichen. Andererseits entstehen Kommunikationsstörungen aufgrund fehlenden Sprachverständnisses. Etwa wenn gegenüber dem Empfänger eine in deutscher Sprache gefasste Erklärung abgegeben wird, dieser aber der Sprache nicht mächtig ist.

a. Willenserklärungen gegenüber Blinden und Tauben

Früher wurde teilweise angenommen, die geistige und physische Fähigkeit des Adressaten, Erklärungen wahrnehmen zu können, sei eine Grundbedingung für die Teilnahme am rechtsgeschäftlichen Verkehr und damit notwendig für das Wirksamwerden einer Willenserklärung[338]. Daraus wurde gefolgert, der Erklärende müsse im konkreten Einzelfall ein taugliches Erklärungsmittel einsetzen, ansonsten könne die Willenserklärung nicht wirksam werden. Dies sei eine gesteigerte Anforderung aus der Empfangsbedürftigkeit. Nicht „schlechthin“ sei „zu erklären, sondern dem Adressaten insbesondere“[339]. Gegenüber einem Tauben könne man keine mündliche, gegenüber einem Schwerhörigen keine leise und gegenüber einem Blinden keine schriftliche Willenserklärung abgeben[340]. So verstanden stellt sich das Problem nicht erst beim Zugang oder bei der Vernehmung, sondern schon vorher, bei der Abgabe der empfangsbedürftigen Erklärung, dem „Anerklären“[341].

Nie vertreten wurde aber, dass gegenüber einem Blinden generell keine schriftlichen Erklärungen abgegeben werden könnten. Dies wurde hergeleitet aus den denkbaren gesetzlichen Schriftformen, wobei die Blinden dann vom Rechtsverkehr ausgeschlossen wären, was nicht gewollt sein kann. Vielmehr wurde das Problem regelmäßig im kurzfristigen Vorzeigen eines Schriftstücks gegenüber einem Blinden geortet[342]. Ausdrücklich wurde schon von *Titze* anerkannt, dass eine schriftliche Erklärung, die einem Blinden zugeht, wirksam

---

[338] Gottschalk; Breit, SächsArch 15, 690; Planck § 130, Anm 2; Ritzler/Staudinger Einl §116, 21. Deswegen meinen Ritzler und Breit, für diese Personen müsste ein Pfleger nach § 1910 a.F. bestellt werden. Das Paradoxe dieser Schlussfolgerung liegt darin, dass dann die Erklärung dem Pfleger zugehen müsste.

[339] Crome (1900), 392.

[340] Ritzler/Staudinger Vorbem § 116, 14.

[341] Begriff aus Crome, 392.

[342] Crome, 392: „Vorlegen einer Schrift"; Ritzler/Staudinger Vorbem § 116, 14: „Vorzeigung der Urkunde".

wird, indem die Erklärungsverkörperung auf Dauer übergeben wird[343]. Dabei stellt er entscheidend auf die Möglichkeit des Blinden ab, sich die Erklärung vorlesen zu lassen, was, wenn auch nicht jederzeit, so doch aber grundsätzlich möglich sei. Damit könne sich der Blinde nachträglich Kenntnis vom Inhalt verschaffen.

Das LAG Hamm hatte zu entscheiden, ob und wann eine Kündigung gegenüber einem blinden Arbeitnehmer zugeht[344]. Das Gericht sah kein Erfordernis, wegen der Blindheit des Empfängers zu differenzieren und nahm den Wirksamkeitsmoment an, als die Erklärung in den Machtbereich gelangt ist. Die Entscheidung stützt sich unter anderem darauf, dass der Arbeitnehmer schon längere Zeit der Arbeitswelt angehörte. Dies kann nur als Indiz verstanden werden, das auf eine gewisse Gewandtheit und Übung im rechtsgeschäftlichen Verkehr schließen lässt. Ob dies entscheidungserheblich war, ist nicht zu ermitteln.

Die richtige Lösung ergibt sich aus der Anwendung der Empfangs- beziehungsweise der eingeschränkten Vernehmungstheorie und bestätigt die Entscheidung. Die speicherbare Erklärung wird gegenüber einem Blinden wirksam, wenn sie zugeht. Die flüchtige Erklärung wird gegenüber einem Tauben oder Schwerhörigen wirksam, wenn der Erklärende den Eindruck erlangen konnte, der Erklärungsinhalt wurde vernommen.

Damit wird das Differenzierungsmerkmal der Speicherbarkeit bestätigt. Auch sind keine Änderungen an der abstrakten Risikoverteilung der Empfangstheorie notwendig. Dies wurde bei den geschilderten früheren Überlegungen nicht ausdrücklich berücksichtigt[345]. Auch *Ladas* übersieht die Notwendigkeit, nach der Art der Erklärung zu differenzieren und so über die Anforderungen der Wirksamkeit zu entscheiden[346]. Er sieht in der Tauglichkeit des Erklärungsmittels eine notwendige Voraussetzung des Wirksamwerdens von Willenserklärungen[347].

b. Willenserklärungen gegenüber Sprachunkundigen

Versteht der Empfänger einer empfangsbedürftigen Willenserklärung die Sprache nicht, in der sie verfasst ist, wird darin teilweise ein Zugangsproblem gesehen[348]. Die Überlegungen setzen an der für den Zugang erforderliche Möglichkeit der Kenntnisnahme an.

Schlechtriem meint, die ausfüllungsbedürftige Zugangsformel ermögliche durch ihren Bezug auf die „gewöhnlichen Verhältnisse“[349] beziehungsweise auf die „Verkehrsüblichkeit“, Einzelumstände wie die verwendete Sprache zu be-

---

343 Titze, 64: „die dem Blinden in die Hand gegeben wird".

344 LAG Hamm, ARBl D, Nr. 231.

345 Diesen Mangel der älteren Literatur erkennt in ähnlichem Zusammenhang auch Schlechtriem, der sich aus diesem Grund gar nicht mit diesen Meinungen auseinandersetzt. Vgl. Schlechtriem, FS Weitnauer, 129 ff., 137.

346 Ladas, Die Wirksamkeit der Willenserklärungen gegenüber Sprachunkundigen (1993). Er erkennt zwar die Unterscheidung (S. 37 ff.), zieht daraus aber keine Schlüsse (93 ff.).

347 Ladas, 8 ff., 11, 13.

348 Schlechtriem, FS Weitenauer, 136; Flume, AT, 250; Heinrichs/Palandt § 130, 3.

349 RGZ 99, 20, 23.

rücksichtigen[350]. Dabei sei zwischen einer gängigen Sprache, die man sich mit zumutbarem Aufwand übersetzen lassen kann und einer ungewöhnlichen Sprache, bei der die Übersetzung wesentlich schwieriger zu erlangen ist, zu differenzieren. Dies gelte insbesondere bei fristgebundenen Erklärungen, die kurz vor Fristende in den Machtbereich gelangten. In diesem Fall müsse noch eine angemessene Zeit hinzugerechnet werden, in der eine Übersetzung zu besorgen ist[351].

Corts[352] und *Jancke*[353] meinen, der Zugang müsse scheitern, wenn für den Erklärenden die Sprachunkundigkeit des Empfängers erkennbar war. Dann könne mit der Kenntnisnahme durch den Empfänger nicht gerechnet werden.

Brinkmann meint, mit der Berücksichtigung der Sprachfähigkeit würde man sich über die Risikoverteilung des § 130 hinwegsetzen[354]. Das Prinzip der abstrakten Risikoverteilung dürfe nur aufgrund einer besonderen Schutzbedürftigkeit des Empfängers durchbrochen werden. Doch die Sprachunkenntnis sei gegenüber anderen Hindernissen wie Krankheit oder zeitweiliger Abwesenheit nicht höher zu bewerten, insbesondere, weil das Hindernis durch eine Übersetzung zu überwinden ist. Daneben könnten, vor dem Hintergrund des rechtsgeschäftlichen Verkehrs, die damit einhergehenden Unsicherheiten nicht hingenommen werden[355]. Die Sprachkenntnisse seien regelmäßig für den Erklärenden nicht offenkundig. Daneben entstünden erhebliche Schwierigkeiten bei der Fristberechnung, bei der die übliche Dauer einer Übersetzung anzusetzen wäre.

Ebenso kommt auch *Ladas* zum Ergebnis, dass die Berücksichtigung einer Übersetzungszeit nicht mit der Empfangstheorie in Einklang zu bringen sei[356]. Allein die Parteien können nach *Ladas* bestimmen, in welcher Sprache ihre Kommunikation durchgeführt wird[357]. Deswegen könne man nicht ohne weiteres die deutsche Sprache als Standard definieren.

Diese Überlegung kann aber nur im Rahmen einer bestehenden Rechtsbeziehung zwischen Erklärendem und Empfänger begründet werden. Im Allgemeinen und als dispositives Recht muss von der deutschen Sprache ausgegangen werden.

Aus den Entscheidungsgründen der einschlägigen arbeitsgerichtlichen Urteile ergibt sich nicht eindeutig, ob die Übersetzungszeit allgemein beim Wirksamkeitszeitpunkt zu berücksichtigen ist oder nur im besonderen Fall der Fristberechnung für die Kündigungsschutzklage[358]. Überwiegend wird der Sprachun-

---

[350] Schlechtriem, 137.

[351] Zum gleichen Ergebnis, die Berücksichtigung der Übersetzungszeit bei der Ermittlung des Zugangszeitpunkts, kommen auch Hohn, BB 1963, 273, 275, Brill, BB 1976, 1276, 1278, Jauernig/Jauernig § 130, Anm 2 b aa. und Lepke, Rn. 195.

[352] Corts b+p 1986, Fach 4, 255 (zitiert nach Janke).

[353] Jancke, 238.

[354] Brinkmann, 81.

[355] Brinkmann, a.a.O.

[356] Ladas, 64 ff.

[357] Ladas, 50f.

[358] BAG 1977, EZA § 130, Nr.8, Rn. 101; LAG BW, BB 1964, 86; LAG Hamm 1979, ARBL D, Nr.19; LAG Köln NJW 1988, 1870. Dahinter steckt das methodische Problem, dass

kenntnis keine entscheidende Bedeutung bei der Beurteilung des Zugangs beigemessen. Als individueller Umstand im Empfängerbereich sei dies im Rahmen der generellen Risikoverteilung des § 130 unbedeutend. Nach *LAG Hamm* trifft den Arbeitnehmer die arbeitsvertragliche Obliegenheit, sich die Erklärung übersetzen zu lassen[359]. Das *BAG* erkennt ausdrücklich, dass bei der Ermittlung des Zugangs allein auf die abstrakte Möglichkeit der Kenntnisnahme abzustellen ist[360].

Im Allgemeinen bleibt die Sprachkundigkeit des Empfängers also außer Betracht. Dies ist im Einklang mit der allgemeinen Geschäftsfähigkeit, deren Grenze § 105 vorgibt, die ansonsten aber keine partielle Beschränkung kennt.

3. Der Zugang bei der Verwendung moderner Kommunikationsmittel

Die jüngste Herausforderung ist die Einordnung moderner Telekommunikationsmittel in die Zugangslehre. Dazu zählen die Datenfernübermittlung mittels eines Computers oder Telefax.

Entgegen der herkömmlichen Übermittlung durch die Post, bei der ein Briefkasten nicht unbedingt erforderlich ist, hängt der Erfolg der Kommunikation mittels Telefax davon ab, dass der Empfänger ein Telefaxgerät in Betrieb hat. Vor allem muss der Erklärende dies wissen und die Durchwahl kennen, um das Gerät überhaupt anwählen zu können. Ein weiteres wesentliches Moment für die Zugangsfrage ist der Transport des Erklärungsinhalts in verschlüsselten Signalen. Erst im Empfangsgerät wird aus diesen Signalen eine lesbare Erklärung reproduziert.

Die Kommunikation mit E-Mail ist der mit Telefax vergleichbar. Einziger Unterschied ist, dass die E-Mail nicht unbedingt im Computer des Empfängers gespeichert wird, sondern in einem Zwischenspeicher beim sogenannten „Server“, der den Speicherplatz dem Empfänger zur Verfügung gestellt hat.

Auch bei den Vorläufern des Telefax, dem Fernschreiber, Telex und Teletex, boten sich vergleichbare Problemlagen[361]. Erstmals befasste sich *Greulich* erst-

---

nach § 4 KSchG eindeutig der Zugang maßgeblich für den Fristbeginn ist. Trotzdem ergeben sich aus der Schutzbedürftigkeit des Arbeitnehmers Besonderheiten, die zu einer Ausdehnung der Frist führen können. Diese Überlegung kann aber nicht auf die Auslegung des § 130 durchschlagen. Zum einen geht es nicht nur um privatrechtlichen Verkehr, sondern um eine gerichtliche Ausschlussfrist. Zum anderen knüpft die Frist möglicherweise an mehr als nur an die Wirksamkeit der Kündigung an, nämlich an erkennbare Umstände, welche die Kenntnis der Kündigung verlangen, wie etwa bei der Mahnung und dem Verschuldenserfordernis des Verzuges nach § 285. Dies wurde arbeitsgerichtsverfahrensrechtlich noch nicht ausreichend untersucht.

[359] LAG Hamm 1979 ArbBl D 137.

[360] BAG EZA § 130 Nr. 16 (1988).

[361] Neben Unterschieden in der Übertragungsart und -geschwindigkeit ist wesentlich, dass bei jeder Kommunikation die jedem Endgerät eigene Kennung ausgetauscht wird und dies neben dem Zeitpunkt und Erfolg der Verbindung protokolliert wird. Diesen Dokumentationswert bietet ein Telefaxgerät nicht unbedingt, der übliche Sendebericht protokolliert nicht den Erfolg der Übertragung. Bei der neusten Generation der Telefaxgeräte kann aber ebenfalls eine Telematikprotokollierung verwendet werden, was, von der Manipulations-

mals mit der rechtlichen Einordnung des Fernschreibers[362]. Er meint der Empfänger habe die Gefahr zu tragen, dass das Empfangsgerät die Erklärung nicht richtig aufnimmt. Dies leitet er aus der gesetzlichen Risikoverteilung her, die nach § 120 dem Absender das Übermittlungsrisiko zuweist, aber dieses, durch die Rechtsfigur des Empfangsboten begrenzt, nicht mehr in den Empfängerbereich hineinreicht.

Um *Buckenbergers* Ausführungen zum Teletex richtig einordnen zu können, ist der Unterschied zwischen Teletex und Telefax bei der Protokollierung entscheidend[363]. Er sieht im Zugang eine Risikoverteilung nach Bereichen, die abstrakt und damit unabhängig von den Umständen des Einzelfalls ist[364].

Rechtstatsächlich steht nach der Verbreitung des Telefax das Problem des Wirksamkeitszeitpunkts von fristwahrenden Prozesserklärungen im Vordergrund[365], doch auch über die Wirksamkeit von Willenserklärungen im Privatrechtsverkehr ist schon diskutiert und entschieden worden[366].

a. Die Einordnung der Datenfernübertragung in die Systematik von Empfangs- und Vernehmungstheorie (Köhler)

Setzt man im Rahmen einer „konstruktiven Jurisprudenz“[367] bei den zu subsumierenden Begriffen an, so ist die erste Frage, ob bei der Datenfernübertragung verkörperte oder unverkörperte Erklärungen transportiert werden. Mit einem begrifforientierten Rechtsverständnis entschiede dies über die Anforderungen an die Wirksamkeit.

Mit diesem Ansatz kommt *Köhler* zur Differenzierung danach, ob die Erklärung in einem körperlichen Träger gespeichert ist und so in den Machtbereich des Empfängers gelangt oder ob die Erklärung unkörperlich, beispielsweise über Telefonleitung, übermittelt wird[368]. Im ersten Fall erfolge die Wirksamkeit durch Zugang, bei der unkörperlichen Übermittlung durch Vernehmung. Allerdings geht er dabei von einer „eingeschränkten Vernehmungstheorie“ aus, nach

---

möglichkeit abgesehen, zur Übertragungssicherheit beitragen kann. Dazu Conrads, Datenkommunikation, 233.

362 Greulich, BB 1954, 491.

363 Buckenberger, DB 1982, 634, 636.

364 Tragend für seine Bestimmung des Empfangsrisikos, das dem Übermittlungsrisiko gegenübersteht, und den Zugang nicht gefährden kann, ist die Quittierung des Empfangs, also die Aufzeichnung im Empfängerspeicher, durch das Teletexgerät. Erfolgt diese Quittierung, sei die Willenserklärung zugegangen. Wegen dieser technischen Besonderheit ist dies nicht auf den Sendebericht des Telefaxgerätes zu übertragen.

365 BGHZ 105, 40; BGH NJW 1992, 244; BGH NJW 1993, 1655; BGH NJW 1994, 1881; BGH BB 1994, 1457; BGH NJW 1994, 2097; BGH VersR 1995, 1073; OLG Darmstadt NJW 1993, 2448; LG Dortmund NJW 1996, 1832.

366 BGH BB 1995, 221; OLG Rostock NJW 1996, 1831; Bunkenberger; Teschentscher CR 1991, 141; Ebnet NJW 1992, 2985; Heun CR 1994, 595; Burgard BB 1995, 222.

367 Heck, Begriffsbildung und Jurisprudenz, 33.

368 Köhler AcP 182, 126 ff., 140.

der den Empfänger das Risiko der Lesbarmachung trifft[369]. Ein Defekt der Datenverarbeitungsanlage des Empfängers verhindert danach die Wirksamkeit nicht. Dem stehen Störungen bei der Datenübertragung gegenüber, die als Transportrisiko entsprechend der Risikoverteilung des § 120 der Erklärende zu tragen habe. Nur konsequent ist *Köhler,* wenn er die Möglichkeit zur Anfechtung nach § 120 entsprechend bejaht, wenn die Erklärung durch einen Übertragungsfehler inhaltlich verändert wurde.

Sein Verständnis von der eingeschränkten Vernehmungstheorie weicht wesentlich vom herkömmlichen Verständnis ab[370]. Der Absender bekommt bei der Datenvermittlung über eine Telefonleitung grundsätzlich keinen Eindruck vom Verständnis des Empfängers. Regelmäßig ist der Moment der Vernehmung zeitlich nach der Übermittlung. Die Übermittlungsart ist üblicherweise einseitig, so dass keine Antwort vom Empfänger erfolgt. Würde man aber aufgrund dieser Unschärfe folgern, die Erklärung werde erst mit tatsächlicher Vernehmung wirksam, würde man die sachlichen Überlegungen *Köhlers* zur Risikoverteilung übergehen. Indem er das Risiko der Verarbeitung der eingegangenen Signale bis zur Lesbarmachung auf den Empfänger überträgt, wendet er eigentlich nicht die Vernehmungstheorie, gleich welcher Einschränkung, an, sondern die Empfangstheorie. *Köhler* löst das Problem inhaltlich plausibel, nur gebraucht er den Begriff Vernehmungstheorie zu unrecht. Dieses, lediglich begriffliche, Missverständnis ist anscheinend aber der Grund für *Tschentschers* Annahme der eingeschränkten Vernehmungstheorie beim „Zugang“ von Telfaxdokumenten. Das Missverständnis offenbart sich deutlich, wenn *Tschentschers* ausführt, dass eine Erklärung „nach der eingeschränkten Vernehmungstheorie... durch Signalzugang in den Herrschaftsbereich... gelangt“[371].

b. Die Risikoverteilung bei der modernen Telekommunikation (Kuhn, Burgard)

Kuhn sieht den Zugang einer Willenserklärung, die mittels Datenfernübertragung transportiert wird, als ein Zurechnungsproblem an[372]. Das Risiko eines Übermittlungsfehlers könne anhand der gesetzlichen Wertung der §§ 130, 120 gerecht verteilt werden. Die Differenzierung nach der Verkörperung der Erklärung hält er für unbefriedigend, insbesondere, wenn ein elektronischer Zwischenspeicher benutzt wird[373]. Aber auch die von *John* vorgeschlagene Differenzierung nach der Speicherung und Abrufbarkeit einerseits und des direkten Übermittlungskontaktes andererseits sei unzureichend, da nicht berücksichtigt werde, „von wem und wann die Speicherung erfolgt ist“[374]. *Kuhn* meint, bei einer dauerhaft gespeicherten Erklärung gehe das Risiko auf den Erklärungsempfänger über, sobald die Erklärung so in den Empfangsbereich gelangt ist, dass ihm in zumutbarer Form die Möglichkeit der Kenntnisnahme vermittelt wird.

---

[369] Er vergleicht dies mit einem Anrufbeantworter, bei dem das Tonband die Erklärung nicht aufzeichnet.

[370] Siehe oben, A.4.

[371] Tschentscher, CR 1991, 148.

[372] Kuhn, Rechtsgeschäft mittels Datenfernübertragung (1995), 91 ff.

[373] Kuhn, 92 f.

[374] Kuhn, 93.

Technische Störungen am Empfangsgerät berühren danach die Wirksamkeit nicht mehr.

Erklärungen in flüchtiger Form hingegen sollen erst mit der Vernehmung oder mit der dauerhaften Speicherung wirksam werden. Durch die Speicherung steht die Erklärung dem Empfänger auf Dauer zur Verfügung, eine weitere Kenntnisnahme sei nicht erforderlich. Die Empfangseinrichtung, also das Telex-, Teletext-, Telefaxgerät oder der Computerspeicher, sieht *Kuhn* als Teil des „Macht- beziehungsweise Empfangsbereichs“[375] des Empfängers. Mit dem Betrieb dieses Gerätes hat der Empfänger Risiken geschaffen, die er zu beherrschen hat. Es gehe zu seinen Lasten, wenn die Erklärung zunächst richtig gespeichert und dann in der Empfängersphäre verloren geht.

Wenn anfänglich keine richtige Speicherung erfolgt ist, sei der Zugang nicht erfolgt. Eine Ausnahme soll aber bestehen, wenn der Erklärende den Eindruck gewinnen konnte, die Speicherung sei erfolgreich erfolgt, beispielsweise durch Rückfragen. *Kuhn* sieht diesen Eindruck von der richtigen Speicherung als zentral an und untersucht, ob dieser Eindruck auch durch eine systemeigene, automatische Fehlersicherung redlicherweise entstehen könnte[376]. Die Fehlersicherung überprüft die zustandegekommene Verbindung derart, dass ein Sendeprotokoll den Schluss zulässt, dass die Signale vom Empfangsgerät vollständig aufgenommen wurden. Die Tauglichkeit des Sendeberichts als Beweismittel für den Zugang ist die Kardinalfrage in der Praxis.

Burgard meint, unter dem Eindruck der modernen Telekommunikation mit dem „Aufnahmebereich“ eine neue Begrifflichkeit entwickeln zu müssen, um die Risikoverteilung des § 130 deutlich zu machen[377]. Dieser Bereich ist eine Qualifikation des Speicherbereichs, denn die Speicherung ermöglicht nicht zwingend auch die Kenntnisnahme. Bei der verschlüsselten Übermittlung ist nicht die Speicherung der Verschlüsselung wesentlich, sondern die Möglichkeit der Decodierung, wenn die Daten nicht verstümmelt sind[378]. Dazu notwendig ist eine sachgemäße Speicherung und Abrufung der Daten, was allerdings die Aufgabe des Empfängers sei. *Burgard* sieht die Konkretisierung des Risikoübergangs und damit den Beginn der Verantwortlichkeit des Empfängers in dem Zeitpunkt, wenn die Daten ordnungsgemäß in das Aufnahmegerät gelangen und dort objektiv speicherbar und abrufbar sind.

Damit ist für *Burgard* der Weg frei, dem „OK“ Vermerk beim Sendebericht eines Telefaxgerätes eine erhöhte Beweiskraft zuzumessen[379]. Denn der Erfolg der Übermittlung, also die Speicherung oder der Ausdruck beim Empfängergerät, ist nach seinem Verständnis nicht mehr Teil des Zugangs. Die Funktionstüchtigkeit des Empfangsgerätes habe der Empfänger zu verantworten[380].

---

[375] Kuhn, 98
[376] Kuhn, 99 f.
[377] Burgard, AcP 195, 74 ff., 100 ff.
[378] A.a.O., 98 f.
[379] Burgard, BB 1995, 221 ff., 224.
[380] a.a.O., 223

Der BGH sieht das freilich anders[381]. Das Sendeprotokoll sei nicht beweiskräftig für den Nachweis des Zugangs, weil es über den Erfolg der Übermittlung und das Ausbleiben von Störungen nichts aussagt. Dies ist konsequent, wenn man zum Zugang nicht nur die Aufnahme, sondern auch die Speicherung beim Empfänger verlangt. Dies sieht ebenso ein großer Teil der Literatur, der auf die Verschlüsselung der Signale abstellt[382]. Dies verhindere die Möglichkeit der Kenntnisnahme durch den Empfänger beim Signaleingang.

c. Der Wortlaut des § 130: Der Empfangsbote als Auslegungsproblem oder als Gesetzeslücke?

Im Programm des klassischen Auslegungskanons hat die Wortlautauslegung eine zentrale Bedeutung. Diese konzentriert sich im hiesigen Zusammenhang auf die Wendung des § 130 „sie[die Willenserklärung] ihm[dem Empfänger] zugeht". Hieraus etwas Gewinnbringendes für den Empfangsboten abzuleiten, erscheint kaum möglich.

Allerdings könnte die Untersuchung des Normtextes eine Vorentscheidung auf die Qualität der Rechtsgrundlage des Empfangsboten bringen. Dabei geht es um die Frage, ob eine Gesetzeslücke besteht oder ob der Empfangsbote mittels einer Konkretisierung, Interpretation oder wie auch immer zu benennenden Auslegung des § 130 aus dieser Regelung abgeleitet werden kann.

Ist die Lückenfüllung eine Eigenwertung des Richters, so fungiert er als eine Art „Ersatzgesetzgeber". Die Auslegung hält sich hingegen im Rahmen der Gesetzgebung und kann sich aus deren Autorität rechtfertigen. Dies ist aber nur erheblich, wenn die Rechtsquelle unterschiedlich ist und damit das Ergebnis oder die Methodik zur Gewinnung dieses Ergebnisses maßgeblich beeinflusst werden würde.

Wert und Bedeutung der grammatischen Auslegung ist aber nicht offensichtlich. Zunächst erscheint es daher geboten, diese Auslegungsart allgemein auf ihre Tauglichkeit bei der Rechtsanwendung zu prüfen.

1. Das sprachliche Vorverständnis

Mit Überwindung der Begriffjurisprudenz ist die sprachliche Bedeutung kein Dogma mehr. Eine Grenze der Auslegung kann aus der Sprache nicht ohne weiteres ermittelt werden, denn sie kann, wie bei der extensiven Auslegung, überschritten, oder, wie bei der restriktiven Auslegung, unterschritten werden. Wenn *Larenz* meint: „Nur dem Text des Gesetzes kommt die Autorität des vom Gesetzgeber Angeordneten zu"[383], so wird damit nicht beantwortet, wie der Text zu verstehen ist. Ausgangspunkt soll das Wortverständnis sein, dass dem Gesetzgeber „vorschwebte"[384]. Der Inhalt dieses schwebenden Gebildes soll zum Verständnis führen. *Heck* sieht im Wortlaut eine Schranke, die zwischen mögli-

---

[381] Nachweise bei Burgard, BB 1995, 221 ff., insbes. Fn.7, 8.

[382] Nohadani, 50 ff. mit w. Nachw. Um zu sachgerechten Ergebnissen zu kommen will Nohadani die Grundsätze zur Überwindung von Zugangshindernissen anwenden (Nadoni, 57 ff.).

[383] Larenz, Methodenlehre, 243 f.

[384] Looschelders/Roth, 139, mit weiteren Nachweisen.

chen Vorstellungsbildern trennt, je nach dem ob sie nach Sprachregeln möglich sind oder nicht[385]. Damit will er aber nicht aus dem Wortlaut bindende Gebote ableiten, sondern in sprachlichen Regeln sieht er nur ein Hilfsmittel der Erkenntnis unter mehreren[386].

Das Sprachverständnis ist nicht gesetzlich definiert, der Sprachgebrauch und das Sprachverständnis beruhen auf Konvention. Die Sprache wird vom Gesetz vorverstanden und vorausgesetzt. Sie entwickelt und wandelt sich, außerhalb wie innerhalb des Rechtslebens. Das Sprachverständnis wandelt sich aber auch umgekehrt durch das Verständnis der Rechtsanwender, denn jede Auslegung kann auch die allgemeine Sprachentwicklung prägen. Insoweit ist die Grenze zwischen dem Wortlaut und der Extension beziehungsweise Restriktion variabel. Wie der Wandel im Sprachverständnis zu berücksichtigen ist, davon hängt die Wertzumessung des Wortlauts ab.

Hegenbarth bezweifelt die Wandelbarkeit des Sprachverständnisses prinzipiell[387]. Nach seinem „pragmalinguistischen" Ansatz erschließt sich die Textbedeutung allein aus dem Sprachgebrauch des „Textproduzenten"[388]. Diese Annahme führt zum subjektiv-historischen Auslegungsgrundsatz. Jede andersartige Auslegung sieht *Hegenbarth* als eine Rechtsfortbildung.

Looschelders/Roth haben den gleichen Ausgangspunkt, anerkennen aber auch den „dynamisch zu verstehenden Willen des Gesetzgebers", der die Berücksichtigung eines Bedeutungswandels zulassen kann[389]. So erklärt sich auch ihre grundsätzliche Einteilung in die textinterne, textexterne Auslegung und die Rechtsfortbildung. Die Konsistenz des Textes leiten *Looschelders/Roth* aus der Annahme des natürlichen Sprachgebrauchs des Gesetzgebers ab[390]. *Larenz* geht insofern weiter, als er empfiehlt, den heute möglichen Wortsinn heranzuziehen, falls dies angemessener erscheint[391].

Damit ist natürlich für die Kritiker die Tür geöffnet, die dem Sprachverständnis Beliebigkeit vorwerfen[392]. Die Sinnlosigkeit der grammatischen Auslegung sieht *Scherner* in der fehlenden Aussagefähigkeit über das Gemeinte, was aber das eigentliche Ziel der Auslegung sei[393]. So kommt er zu einem schon formalen Vorrang der telelogischen Auslegung: Nur der Zweck der Vorschrift kann es gebieten, den Wortlaut als rahmende Vorgabe zu sehen.

Den Wortlaut als axiomatischen, prinzipiellen Ausgangspunkt heranzuziehen, um eine Lücke aufzuspüren oder methodische Differenzen anzuzeigen, erscheint schon theoretisch zweifelhaft. Denn das Objekt (die Menge aller Normen) wird vom Betrachter (dem Rechtsanwender) durch die Betrachtung (der

---

385 Heck, Gesetzesauslegung und Interessenjurisprudenz, 99.
386 Heck, 101.
387 Hegenbarth, 179 ff.
388 Hegenbarth, 132 ff.
389 Looschelders/Roth, 139.
390 Looschelders/Roth, 146.
391 Larenz, Methodenlehre, 309.
392 Dazu Looschelders/Roth, 145 ff.
393 Scherner, AT, 8.

Auslegung) mitbestimmt. Diese Reflexivität nimmt dem Wortlaut seine Konsistenz. Begreift man den Wortlaut als Grenze der Auslegung, wäre Auslegung und Interpretation eine sprachwissenschaftliche und keine juristische Methode. Eine Problemlösung könnte aus dem positiven Recht nicht gefunden werden. Dies soll aber nicht die Untersuchung hindern, ob zwischen Lücke und Auslegung zu unterscheiden ist, denn nur dann bestünde ein zu findender Aussagewert.

2. Vergleich zwischen Auslegung und Lückenfüllung

Die Analogie soll nach weit verbreiteter Meinung eine Lücke voraussetzen[394]. Diese Methodik wäre danach versperrt, wenn das Gesetz hinsichtlich des Empfangsboten keine Lücke aufweist. „Zugehen" ist ein konkretisierungsbedürftiger Rechtsbegriff. Wegen der Unklarheit könnte man dies als eine Lücke erfassen[395]. Freilich würde dies den Lückenbegriff entleeren, denn dann wären im Gesetz „nicht weniger Lücken als Worte"[396]. Dieselbe Problematik stellt sich bei den sogenannten „Delegationslücken", bei denen der Gesetzgeber die Erkenntnis der Wertungsvorgaben an die Rechtsanwendung delegiert[397]. Die so gewonnenen Entscheidungen sollen nicht mit der Autorität des Gesetzgebers zu verteidigen sein, denn sie sind nicht im Normtext verankert[398]. *Canaris* will daher nicht von einer Lücke sprechen und die Planwidrigkeit zu einem konstitutiven Element des Lückenbegriffes machen[399]. Alles, was jenseits des möglichen Wortsinns liegt, kann danach eine Lücke sein, wenn die Auslassung planwidrig ist.

Dazu notwendig wäre die Feststellung eines gesetzgeberischen Plans. Dies könnte nur die Werteordnung sein, die das positive Recht vermittelt. Diese Wertungen sind aber nicht nur bei der Feststellung einer Lücke, sondern ebenso bei ihrer Ausfüllung zu beachten[400].

Unabhängig von den Grenzen des Wortlauts sind die Wertungen hinter der einzelnen Regelung, das innere System, nicht nur normative Argumentationshilfen, sondern vom Gesetzgeber autorisierte und daher beachtliche Prinzipien. So verstanden kann man extensiv und restriktiv auslegen, das vom Gesetz Gewollte ermitteln, einen „objektiven Geist" finden und ist sich letztlich nur diesem verbunden. Die Unterscheidung zwischen Lücke einerseits und Konkretisierung, Interpretation oder Auslegung andererseits verliert an Bedeutung[401]. Originäre Rechtsquelle bleibt immer der Gesetzgeber. Anerkannt ist die Vorgabe und der

---

[394] Canaris, Methode der Lückenfüllung, 25, mit weiteren Nachweisen.

[395] In diesem Sinn Betti, Heck, Zitelmann. Siehe mit weiteren Nachweisen Canaris, Lücken, 26.

[396] Kantorowicz, zitiert nach Canaris, Lücken, 26.

[397] Gemeint sind die Generalklauseln; dazu Canaris, a.a.O., 27.

[398] Es bedarf dann einer allgemeinen Überzeugung der Methodik, solche Lücken zu schließen. Das Verfahren legitimiere dann die Entscheidung. Das Richterrecht wäre dann als eine originäre Rechtsquelle zu sehen.

[399] Canaris, a.a.O.

[400] Zumindest im Zivilrecht birgt die Fragestellung schon die Beantwortung in sich.

[401] Möglicherweise kann damit die Entfernung vom Wortlaut begrifflich erfasst werden.

Hintergrund der Methode der Lückenschließung, die sich aus der Gesamtheit der Rechtsordnung ergibt. Je nach Überzeugung aus dem erkennbaren allgemeinen Willen des Gesetzesverfassers oder aus der aktuellen Werteordnung ist die Lücke zu schließen[402].

Nichts anderes bestimmt auch die Auslegung. Die systematische und teleologische Auslegung hat die gesamte Rechtsordnung im Blick, folgt man der subjektiven Theorie, ergänzt durch den historischen Gesetzgeberwillen. Löst man sich von der axiomatischen Natur des Sprachverständnisses, so ist auch eine Konkretisierung eine Lücke, eine Lücke „intra legem", eine „Deutlichkeits- oder Delegationslücke" oder eine „materielle Lücke"[403]. Auch die Analogie kann in die herkömmliche Auslegungsmethodik integriert werden, wenn man nicht versucht, aus der erwarteten, aber fehlenden Gesetzesaussage etwas abzuleiten, sondern umgekehrt von der Norm, die entsprechend angewendet werden soll. Als Auslegungsziel muss die Analogiefähigkeit und -notwendigkeit aus der positiven Regelung festgestellt werden.

Aus methodischer Sicht stellt sich die Frage nach dem Unterschied zwischen der extensiven Auslegung und der Analogie. Die Unterscheidung der Analogie von der extensiven Auslegung ist erstmals und anfänglich nur theoretisch in der Neuzeit erfolgt, deutlich erst bei *Thibaut*[404]. *Raisch* hält eine Abgrenzung aber nach wie vor für sehr schwierig, da auch die Analogie ein Verfahren der systematischen Auslegung sei[405]. Die Analogie ist eine Anwendung des Gleichheitssatzes, wenn man Lücken nicht mit Naturrecht schließen will[406]. Eine Extension soll dann vorliegen, wenn man aus der Rechtsordnung insbesondere aus der extensiv auszulegenden Rechtsnorm Grundwertungen entnehmen kann, die eine Lücke schließen können. Das Ziel beider Methoden ist die Richtigkeit der Normanwendung.

Ist die Rechtsfigur des Empfangsboten die Ausfüllung einer Lücke, ist ebenso wie bei der Auslegung eine sachgerechte Lösung zu finden. Die Frage nach der Rechtsquelle und nach der Legitimation richterrechtlicher Rechtsfortbildung, scheint sich erst mit einem hypostatisierten Sprachverständnis zu stellen, das zu einem metatheoretischen Problem führt. Den einzigen Unterschied könnte man darin sehen, dass sich bei der Lücke das Problem im tatsächlichen Bereich stellt, weil der Gesetzgeber den zu regelnden Lebenssachverhalt übersehen hat, demgegenüber bei der Auslegung sich die Frage bei der Gesetzesanalyse und Inhaltsgebung eines Begriffs stellt. Solche Erwägungen führen zur Geschlossenheit des Rechtssystems, zur Legitimation aus der „Natur der Sache". Eine methodische Vorgabe ist damit aber nicht verbunden. Beide Male gilt es, ein Problem nicht allein durch technische Gesetzessubsumtion zu lösen, weil das

---

402 Canaris, a.a.O.

403 Dazu Canaris, Die Feststellung von Lücken im Gesetz, 130 ff., mit weiteren Nachweisen. Er selbst schlägt eine Einteilung nach dem Maßstab ihrer Feststellung vor (140 ff.).

404 Dazu Raisch, Peter, Juristische Methoden, 33, 79.

405 Raisch, 153 ff.

406 Dazu Steinwenter, Prolegomena zu einer Geschichte der Analogie, FS Fritz Schulz II, 345 ff., 361.

Gesetz auf eine Frage keine offensichtliche Antwort bietet[407]. So sieht *Scherner* es auch als „letzten Endes gleichgültig", ob eine extensive oder restriktive Auslegung oder ein Analogieschluss oder argumentum e contrario zum Ziel führt, das Gemeinte zu ermitteln[408]. Der Lösungsweg wird nicht durch die Einordnung als Lückenproblem oder als Interpretation vorgegeben.

M.E. ist die Trennung von Analogie und Extension mit dem Aufkommen der Kodifikationen verbunden. Erst die Positivierung bietet eine Grundlage für eine Lücke. Die Einordnung ermöglicht eine Aussage über die Vollkommenheit der Kodifikation, mehr aber auch nicht.

D. Zum Empfang einer Willenserklärung

Mit der Dogmatik des Wirksamwerdens ist noch nicht die Empfangnahme der Willenserklärung in die allgemeine Rechtsgeschäftslehre eingeordnet. Hier soll nun ein Bild des Empfangs gezeichnet werden, das die weiteren Bedingungen der Wirksamkeit, neben denen, welche vom Erklärenden zu erfüllen sind, beinhaltet. Freilich behandeln die Regelungen zum Empfang, §§ 130, 131, 164 III, ihrem Wortlaut nach den Empfang vom Blickwinkel des Erklärenden aus: Normiert ist, was der Erklärende zu tun hat, um die Erklärung wirksam werden zu lassen.

Der Empfang ist bei allen empfangsbedürftigen Erklärungen notwendig. Die Art der Erklärung ist mit unterschiedlichen Beteiligungen des Empfängers verbunden. Hier interessiert nur der Empfang bei gespeicherten Erklärungen. Für die besonderen tatsächlichen Anforderungen bei den flüchtigen Erklärungen kann auf die oben dargestellte Ausbildung der eingeschränkten Vernehmungstheorie verwiesen werden[409]. Im übrigen gilt folgendes auch für die flüchtige Erklärung.

1. § 131

§ 131 ist eine Schutznorm für nicht voll Geschäftsfähige. Danach muss die Erklärung vom gesetzlichen Vertreter empfangen werden, damit sie gegenüber dem nicht Geschäftsfähigen wirkt. Eine Ausnahme sieht § 131 II, 2 vor, wenn die Erklärung gegenüber einer beschränkt geschäftsfähigen Person lediglich rechtlich vorteilhaft ist[410]. Dies entspricht spiegelbildlich dem Schutz der nicht voll Geschäftsfähigen der §§ 105 ff. hinsichtlich der Abgabe einer Erklärung[411].

---

[407] Logisch besehen: Wenn Tatbestand (A) dann Rechtsfolge (B). Sachverhalt(C) kann Tatbestand (A) sein oder nicht. Die Rechtsfolge (B) ergibt sich aus einer juristischen Wertung. Deren Zweck entscheidet über die Tatbestandlichkeit.

[408] Scherner, AT, 8.

[409] Ob man dieses Vernehmen ebenfalls als „Empfang" bezeichnet, ist eine unergiebige terminologische Frage. Sieht man Empfang als Folge der Empfangsbedürftigkeit, spricht nichts dagegen. Hält man hingegen Empfang als von der Empfangstheorie besetzten Begriff, wird damit die Abgrenzung zur Vernehmung deutlich.

[410] Dazu auch Bünger, 27.

[411] Förschler/Müko § 131, 1.

Mit der Wirksamkeit einer Willenserklärung soll der Empfänger die Möglichkeit haben, hierauf angemessen reagieren zu können[412]. Rechtsgeschäftlich reagieren kann nur der Geschäftsfähige. Damit ist § 131 erklärt: Normzweck ist die Vermeidung der Wirksamkeit, wenn der Empfänger nicht in der Lage ist, das aufgrund der Erklärung Erforderliche zu leisten. *Manigk* sieht die Möglichkeit einer Reaktion als notwendig an, weil der Empfänger von der Willenserklärung betroffen wird[413].

Daneben verlangt das Recht die gleiche Verantwortlichkeit beim Empfang wie bei Erklären. Eine allgemeine Regel wie § 105 II für die Geschäfts- und Erklärungsfähigkeit, findet sich für die Wahrnehmungs-, Vernehmungs-, oder Empfangsfähigkeit nicht, was *Breit* bemängelt[414]. Weil Empfangen Ausdruck der Teilnahme am rechtsgeschäftlichen Verkehr ist, ergibt sich zwanglos die Notwendigkeit der Zulassung zu selbigen. Die Zulassungsbeschränkung soll Geschäftsunfähige schützen, gleich ob es um die aktive oder passive Teilnahme am rechtsgeschäftlichen Verkehr geht[415].

2. Abgabe und Empfang einer Willenserklärung als Elemente des Wirksamwerdens

Der Zugang und damit die Wirksamkeit ergibt sich aus der Kombination von Abgabe und Empfang der Erklärung. Diese Bausteine sind nicht gleichartig. Was notwendig für den Empfang ist, kann nicht aus den Anforderungen der Abgabe abgeleitet werden. Dies wurde früher zwar verschiedentlich angenommen, vor allem weil nach § 131 der Empfänger in gleicher Weise wie der Erklärende geschäftsfähig sein muss[416]. Dies könne nur dann Sinn machen, so *Endemann,* wenn der Empfänger beim Wirksamwerden ebenso mitwirke wie der Erklärende. Ähnliches könnte man auch aus der Möglichkeit der Empfangsvertretung folgern, wenn man von einem einheitlichen Wesen der Vertretung ausginge[417]. Die beiden Bestandteile des Zugangs sind aber grundsätzlich verschiedenartig. Zur Abgabe bedarf es einer adäquaten Verursachung durch den Erklärenden[418], der Empfang hingegen bedarf keiner aktiven Beteiligung durch den Empfänger.

Der Unterschied erklärt sich aus den Funktionen und Zwecken der Abgabe und des Empfangs. Die Abgabe ist die Willenserklärung, das in die Welt setzen des Willens. Eine nicht abgegebene Willenserklärung gibt es nicht. *Husserl* erkennt, dass die Geltung einer Privatrechtsnorm eine willentliche Unterwerfung erfordert, die erst dadurch intersubjektive Geltung erlangt, insbesondere für den sich Unterwerfenden, der gleichzeitig der Unterwerfer ist[419]. Dazu gibt es die

---

[412] Dilcher/Staudinger § 131,1.

[413] Manigk, Willenserklärung und Willensgeschäft (1907), 339.

[414] Breit, SächsArch, 641.

[415] Motive I, 139.

[416] Friedeberg, 18; Endemann, Lehrbuch des bürgerlichen Rechts I (1903) § 28,1 und § 66,3.

[417] Dazu unter IV.

[418] Scherner, AT, 103, nennt dies „ ein Ingangsetzen eines adäquaten Kausalverlaufs, der zum Zugang führt“.

[419] Husserl, 50.

Willenserklärung, die sich an die soziale Außenwelt richtet und aus dem Willensakt einen sozialen Akt macht. Soziale Wirksamkeit und somit überhaupt Rechtserheblichkeit erlangt der Willenssachverhalt durch Erklärung des Aktvollzugs an eine intersubjektive Adresse. Die Sozialität bedingt die Abhängigkeit von innerem Willen und intersubjektiver Verlautbarung. Die Willenserklärung ist keine bloße Naturerscheinung, wesentlich ist auch ihre Geistigkeit[420]. Ist die Erklärung eine Geltungsverschaffung des Willens, bedarf es einer Zurechnung an den Erklärenden, um den Anforderungen der Selbstbestimmung zu genügen. Die Abgabe ist die intendierende Teilnahme am Rechtsverkehr. Die Notwendigkeit des sozialen Aktes birgt die Gefahr für die Rechtssicherheit in sich, die aber durch die generelle, auf soziale Tradition gegründete Zuordnung von Akt und Zeichen, also der Semiotik, verringert ist[421].

Neben dem Entäußern ist die Richtungsgebung wesentlich für die Abgabe. Die empfangsbedürftige Willenserklärung wird nur wirksam, wenn sie ihren Adressaten beziehungsweise dessen Empfangsbereich erreicht. Die Richtungsgebung ist somit eine Qualifikation der Abgabe[422].

Die Gruppe der nichtempfangsbedürftigen Willenserklärungen, bei denen eine Richtungsgebung nicht erforderlich ist, könnte als Wegweiser des Zwecks des Empfangs dienlich sein. Auch nichtempfangsbedürftige Erklärungen sind Akte der Kommunikation. Sie wirken aber als Rechtsgeschäfte, schaffen also eine Rechtslage gegenüber demjenigen, den die Wirkung trifft, unabhängig von dessen Möglichkeit der Kenntnisnahme[423]. *Manigk* sieht als wesentlich für die Willenserklärung, dass zur Wirksamkeit die Erklärung nach außen dringen muss, was gleichermaßen für nichtempfangsbedürftige Willenserklärungen gelten soll[424].

Mit *Beckers* „Zellenspaltung bei der Genetik des Rechtsgeschäfts"[425] kann man die Entstehung des Rechtsgeschäfts in die Erteilung und in die Zuteilung unterteilen[426]. Die Erteilung ist der Entstehungstatbestand, verwirklicht durch Verhalten von Rechtssubjekten - die Abgabe. Dadurch wird die Wirksamkeit im natürlichen und legalen Sinn durch Private erschaffen, geregelt in §§ 130-132. Die Zuteilung ist die Legalisierung der Wirkung, also ihre rechtlichen Folgen, welche in §§ 145-153, 125-129 geregelt sind[427]. Der Empfänger ist bei der Er-

---

420 Husserl, 59.

421 Husserl, 61. Darauf baut die Geltungstheorie von Larenz auf. Vgl. dazu Schapp, Grundfragen der Rechtsgeschäftslehre, 44 ff.

422 Zur Richtungsgebung Staudinger/Dilcher § 130, 4f. Es ist nur eine terminologische Frage, ob man die Richtungsgebung neben der Abgabe verlangt oder sie als Teil dieser sieht.

423 Dilcher/Staudinger § 131, 1.

424 Manigk, Willenserklärung und Willensgeschäft (1907), 309 ff. Deswegen will er § 130 auch auf nichtempfangsbedürftige Willenserklärungen anwenden, was sich aber nicht durchgesetzt hat.

425 Becker, 184.

426 Becker, 144-148, 183,199,205.

427 Dem entspricht die Zweiteilung in Tatbestand und Rechtsfolge und in Handlung und Erfolg.

teilung nicht rechtsgeschäftlich beteiligt. Das „Partner-Einverständnis“[428] sieht *Becker* als eine Zwangsläufigkeit, weil die Willenserklärung ein Sozialakt ist[429]. Die Kundgebung bedarf eines Adressaten. Daraus leitet er ein „rechtsnotwendiges Partnerprinzip“[430] ab, denn alle Erklärung bedürfen einer sozialen Akzeptanz, was aber noch nicht die Zustimmung einer bestimmten Person meint. Die erforderliche Richtungsgebung bei § 130 schließe diese soziale Akzeptanz mit ein[431]. Ein beidseitiges Einverständnis sieht *Becker* nicht mehr als Teil der Erteilung, sondern ein solcher Vertrag sei ein Zuteilungsmodus.

Die Wirksamkeit als legale Zuteilung ist eine heteronome Komponente, außerhalb der Selbstbestimmung[432]. Damit wird den Anforderungen der Kommunikation Rechnung getragen, die für eine erhebliche Handlung einen Partner verlangt. Diese Anforderung steht außerhalb der Disposition des Einzelnen. *v.Hippel* sieht die Willenserklärung als ein „Rechtsgeschäft im Naturzustand“[433], das nicht schon die legale Wirkung einschließt.

Die Wirksamkeit ist nicht konstitutiv für das Rechtsgeschäft. Dies ist ebenso mühelos wie plausibel mit den nichtigen und unwirksamen Rechtsgeschäften zu begründen, welche ebenfalls Objekte des Gesetzes sind. Auch nichtige Willenserklärungen können zugehen. Somit ist der Empfang auch nicht Bestandteil der Willenserklärung. Die Trennung zwischen dem konstitutiven Akt und dem Rechtserfolg ist systemtragend. Dies sowohl für das Erklären als auch das Empfangen[434].

Das in die Welt setzen bedarf immer eines kommunikativen Aktes. Ein Empfang bei einer bestimmten Person ist nicht notwendig, wohl aber überhaupt irgend eine intersubjektive Adresse und zwar nicht nur der Empfang, sondern sogar die Vernehmung. Wesentlich bei der Empfangsbedürftigkeit ist dann nicht das nach Außen dringen, sondern der bestimmte Partner, der Empfänger. Nur gegenüber ihm tritt die Wirksamkeit ein. Die Empfangsbedürftigkeit ist eine Qualifikation, weil eine bestimmte Person beteiligt sein muss. Die Richtungsgebung ist die Anforderung auf Seiten des Erklärenden. Umgekehrt ist der Empfang eine Qualifikation auf Seiten der Person, gegenüber der die Willenserklärung wirken soll.

Der Empfang ist „die Aktualisierung der Partnerrolle“[435], die latent jedes Rechtssubjekt immer trifft. Setzt die Wirksamkeit einen Partner voraus, kann man diese Partnerrolle nicht frei wählen und man kann sich ihr auch nicht ent-

---

[428] Becker, 199 ff.
[429] Becker, 201 f.
[430] Becker, 202.
[431] Becker, 205.
[432] Becker, 204.
[433] v.Hippel, Privatautonomie, 91.
[434] Dies hat Hölder schon in seiner Stellungnahme zum Entwurf des BGB erkannt. Er will die Entscheidung für die Empfangstheorie bestätigen, indem er die Existenzbedingung der Willenserklärung von der Kenntnis einer anderen Person isoliert. Dies begründet er mit dem einheitlichen Begriff der Willenserklärung, der auch die nichtempfangsbedürftigen umfasst (vgl. Hölder, AcP 73, 68 f.).
[435] Thiele, 113.

ziehen – unter rechtstechnischer Sicht letztlich wegen § 132 II[436]. Insoweit ist sie dem Rechtssubjekt mit der Zuteilung seiner Rechtssphäre aufgegeben[437].

Der fremdbestimmende Charakter der Aktualisierung durch den Erklärenden ist kein Eingriff in die Rechtssphäre des Empfängers. Es gibt kein Recht, sich dem Empfang einer Willenserklärung und damit der Betroffenheit durch eine Willenserklärung zu entziehen. Die passive Teilnahme am Rechtsverkehr des Empfängers ergibt sich schon aus seiner Stellung als Rechtssubjekts, sie ist Teil der Sozialordnung[438].

Die Gestaltungsfreiheit des Empfängers bleibt gewahrt, weil im Ergebnis ohne seine Mitwirkung eine Änderung seiner Rechtssphäre nicht eintreten kann. Allein die Wirksamkeit einer Willenserklärung ist kein Eingriff in die Rechtssphäre. Die rechtlichen Nebenfolgen greifen zwar ein, doch selbst eine einseitige Gestaltung wird erst durch die vorherige Schaffung eines Vertrages unter Beteiligung des Empfängers möglich: Bei einseitigen Rechtsgeschäften und der Annahmeerklärung ist der Eingriff durch eine eigene Erklärung, die das Schuldverhältnis vorher geschaffen hat, vorweggenommen worden.

Der Unausweichlichkeit der Partnerrolle des Empfängers steht die Freiheit gegenüber, Empfangsvorkehrungen treffen zu können[439]. Macht er hiervon keinen Gebrauch, so kann er sich wegen § 132 seiner Partnerrolle zwar nicht entziehen, deren Aktualisierung aber wesentlich erschweren. Trifft der Empfänger aber Empfangsvorkehrungen, so ist er an diese gebunden, indem die damit verbundenen Gefahren auf ihn übergehen. Der Absender kann sich auf den Eintritt der Wirksamkeit verlassen. Es steht allein in der Verantwortung des Empfängers, den Erklärungsinhalt zur Kenntnis zu nehmen. Für die Entstehung des Rechtsgeschäfts hat dies keine Erheblichkeit.

Das sich an der Selbstbestimmung des Einzelnen ausrichtende Privatrecht gewährleistet gerade, den Willen willkürlich rechtswirksam zu erklären. Bedarf es zur Wirksamkeit des Empfangs, muss die Rechtsordnung gewährleisten, dass dies kein unüberwindbares Hindernis ist. Ansonsten wäre zur Erklärung des Willens das Einverständnis des Empfängers notwendig. Eines solchen Einigseins bedarf der Vertrag, nicht aber dessen Bestandteile, die einzelnen Erklärungen. Jedes rechtsgeschäftliche Handeln verlöre sich in einer unendlichen Spirale von Einigungen. Den notwendigen Schutz des Empfängers sichert die Rechtsordnung durch die Anforderungen des Zugangs und der Zulassung zum rechtsgeschäftlichen Verkehr, der Geschäftsfähigkeit.

Dass im Empfang kein gestaltendes Moment liegt, bestätigt sich bei der Ausgestaltung der Gesamtvertretung: Zur Abgabe einer Willenserklärung müssen alle Vertreter beteiligt sein. Beim Empfang hingegen genügt, die Erklärung nur einem Vertreter zugänglich zu machen. Aus den entsprechenden Vorschriften

---

436 Thiele, 113 f.

437 Thiele, 112.

438 Zur Sozialordnung s. v.Hippel, Privatautonomie, 131 ff.

439 Thiele, 112.

meint *Schramm* sogar einen dahingehenden allgemeinen Rechtsgrundsatz entnehmen zu können[440].

3. Der Unterschied zwischen der Empfangnahme und der Entgegennahme

„Empfangen“ und „entgegennehmen“ liegen auf verschiedenen logischen Ebenen. Die Entgegennahme bezeichnet einen Vorgang in der Lebenswelt, ein Verhalten, das sich auf eine Erklärung bezieht, bezeichnet nach seiner rechtlichen Wirkung. *v.Tuhr* sieht darin eine Mitwirkungshandlung des Adressaten[441]. Gleiches gilt für die Vernehmung.

Die Empfangnahme hingegen ist ein normativer Begriff, der nicht ein Verhalten beschreibt, sondern die Beteiligung des Empfängers als Adressat einer Erklärung zuordnet. Dies gilt ebenso bei der Empfangszuständigkeit nach § 362[442]. Aus der Dogmatik des Zugangs ist zu erkennen, dass zum Empfang keine Handlung, auch kein kognitiver Vorgang erforderlich ist, vielmehr liegt eine Art Verantwortlichkeit vor. Die Entgegennahme ist nicht zwingender Bestandteil des Empfangs.

Der Empfangsbote nimmt nicht in Empfang, sondern er nimmt entgegen. Die Entgegennahme ist eine tatsächliche Handlung, die Teil des Empfangs sein kann.

Der Unterschied zeigt sich bei der Annahmeverweigerung: Erfolgt der Empfang durch eine Entgegennahme, ist eine Annahmeverweigerung einfach: Der Empfänger oder der Empfangsbote kann seine Mitwirkung einfach unterlassen. Schwieriger ist die Annahmeverweigerung beim Empfang ohne eine Entgegennahme. „Nicht Empfangen“ ist nicht ohne weiteres denkbar, wenn eine dauerhafte Empfangseinrichtung besteht. Wird diese für den Zugangsversuch genutzt, auch wenn die Einrichtung nicht für diese Erklärung installiert wurde und keine spezielle Verpflichtung besteht, den Zugang dieser Erklärung zu erleichtern, stellt sich die Frage, wie der Empfänger die Annahme verweigern kann. Eigentlich ist eine Verweigerung nur bis zum Zugangszeitpunkt möglich, eine rückwirkende Verweigerung erscheint konstruiert. Ist der Brief im Briefkasten und ist auch mit dessen Leerung zu rechnen, so ist dieser eigentlich zugegangen. Verweigern kann aber der Empfänger frühestmöglich, wenn er erkennen kann, ob er die Annahme verweigern darf und möchte. Die Annahmeverweigerung ist also regelmäßig nicht möglich, nur ausnahmsweise, wenn der Zugang persönlich erfolgt. Verweigert der Empfänger nicht, wird die Willenserklärung wirksam, auch wenn ein Verweigerungsrecht bestanden hätte.

E. Das Wirksamwerden nach § 132

Bei der Zustellung nach § 132 I, die dem Wortlaut nach den Zugang ersetzt, wird die Willenserklärung nach den Regeln der ZPO durch einen Gerichtsvollzieher zugestellt. Dies macht dieser entweder selbst durch Übergabe der Erklärung, § 170 ZPO, oder er ersucht die Post, dies zu tun, §§ 193 f ZPO. Möglich

---

[440] Schramm/MüKo § 164, 87.
[441] v.Tuhr, AT II/1, 440.
[442] Müller-Laube, 88.

ist auch die Ersatzzustellung[443]. Nach § 181 ZPO kann diese Ersatzzustellung an „einen zur Familie gehörenden erwachsenen Hausgenossen oder an eine in der Familie dienende erwachsene Person" oder nach Abs.2 an „den in demselben Hause wohnenden Hauswirt oder Vermieter" erfolgen. Letztlich ist auch die Ersatzzustellung durch Niederlegung bei der Post oder beim Amtsgericht nach § 182 ZPO möglich. Dabei muss aber eine Benachrichtigung der Niederlegung zugestellt werden, die am Wohnort verbleiben muss, beispielsweise mittels der Befestigung an der Wohnungstür oder der Aushändigung an den Nachbarn.

Die öffentliche Zustellung nach § 132 II ist dann möglich, wenn die Person oder der Aufenthaltsort des Adressaten unbekannt ist. Diese Unkenntnis des Erklärenden muss unverschuldet sein, was amtlich zu prüfen ist um einem Missbrauch zu begegnen.

Die Zustellung gemäß § 132 ist zulässig, unabhängig davon, ob der Empfänger verpflichtet ist, die Willenserklärung entgegenzunehmen[444]. Damit kann jemandem eine Erklärung aufgedrängt werden, folglich die Wirkung des Zugangs erzwungen werden. Allerdings wird es als beschwerlich angesehen, den Zugang durch die Zustellung nach § 132 zu bewirken[445].

Ob die Zustellung nach § 132 insgesamt als eine Fiktion des Zugangs anzusehen ist, ist nicht einfach zu beantworten. *Dilcher* und *Hart* sehen § 132 insgesamt als eine Zugangsfiktion, weil die Zustellung den Zugang bewirkt, „auch wenn dieser gemäß § 130... nicht eintreten kann"[446]. *v. Tuhr* und *Förschler* bezeichnen zwar die öffentliche Zustellung nach § 132 II als Zugangsfiktion, § 132 I hingegen nicht[447].

Die öffentliche Zustellung nach § 132 II ist ohne weiteres als eine Fiktion zu sehen. Bei der Zustellung nach § 132 I ergibt sich dies nicht offensichtlich. Für den Charakter als Fiktion spricht die Wendung in § 132 I, „gilt als zugegangen", die eine angeordnete Gleichstellung ausdrückt. So kann in § 132 I keine andere Möglichkeit gesehen werden, die Wirksamkeit zu erreichen, die als gleichwertige Alternative neben § 130 besteht. Denn § 132 I orientiert sich am untergeordneten Merkmal „Zugang". § 132 II ist wiederum eine spezielle Art der Zustellung. Damit zeigt sich eine logische Rangfolge: Wirksamwerden, Zugang, Zustellung, öffentliche Zustellung.

Andererseits verlangt § 132 I keine weitergehenden Voraussetzungen. Es genügt die Beantragung. Ein besonderes Interesse muss nicht dargelegt werden[448]. Somit könnte der Erklärende nach seinem Belieben entscheiden, ob er die Erklärung durch Zugang oder durch eine Fiktion wirksam werden lassen will.

---

443 Förschler/MüKo, § 132, 4; Hefermehl/Soergel § 132, 1.

444 Protokolle, 688; Dilcher/Staudinger § 132, 3.

445 Wohl auch deswegen sieht Canaris, Vertrauenshaftung, 326, den Empfangsboten als die Schließung der Lücke, die zwischen § 130 und § 132 bestehe.

446 Hart/AltKo § 132, 1; ebenso Dilcher/Staudinger § 132, 7. Im ersten Vorschlag zum heutigen § 132 wurde eine Verpflichtung zum Empfang noch verlangt. Vgl. Mugdan, 439 f.

447 v.Tuhr, ATII/1, 441 f.; Förschler/MüKo § 132, 5, 3 f.

448 Eine andere Frage ist, ob die Zustellung nach § 132 I auch eine Schädigung nach § 826 darstellen kann. Dazu v.Tuhr, AT II/1, 441, Fn. 221a.

Daneben ist offensichtlich, dass eine Zustellung nach § 132 I häufig auch die Anforderungen des Zugangs nach § 130 erfüllt[449]. So hat der Gesetzgeber schon erkannt, dass die Zustellung, auch in Form der Ersatzzustellung, wesentliche Garantien für die Erlangung der Kenntnisnahme bietet[450]. Insbesondere, wenn der Zustellungsadressat die Erklärung vom Gerichtsvollzieher entgegennimmt, spricht nichts gegen diese Annahme[451].

Dies muss aber nicht immer gegeben sein. Ob die Anforderungen erfüllt sind, hängt auch davon, welche Voraussetzungen für den Zugang verlangt werden. Dazu gehört auch die Ausgestaltung des Empfangsboten, was hier gerade in Frage steht. Jedenfalls kann die Zustellung die Anforderungen erfüllen, muss es aber nicht. Sind die Anforderungen nicht erfüllt, ist die Zustellung eine Fiktion des Zugangs.

Nach *Esser* kann eine Fiktion die Aufgabe einer verkürzten Verweisung haben[452]. Dies hieße bei § 132, alle zugestellten Erklärungen sollen wie zugegangene behandelt werden. Als ein Beispiel einer solchen Kurzverweisung nennt *Esser* die Verurteilung zur Abgabe einer Willenserklärung nach § 854 ZPO, die durch das Urteil ersetzt wird[453]. Freilich ist dies zwangsläufig, weil das Urteil nicht vom Abgebenden erstellt wird. Insofern liegt die Sache bei § 132 I anders, denn den Gerichtsvollzieher könnte man auch als Erklärungsboten sehen.

Eine weitere Art der Fiktion ergibt sich aus dem Zweck, Zweifelsfragen abzuschneiden[454]. Dies dient der Ökonomie und der Rechtsklarheit, weil sich weitere Erläuterungen erübrigen. Dies trifft für § 132 I zu. Denn möglich wäre auch gewesen, mittels des Gerichtsvollziehers den Zugang bewirken zu lassen und nur, falls dies nicht möglich ist, die Regeln der Zustellung heranzuziehen. Dann gäbe es keine rechtslogische Überschneidung. Die Zustellung würde nie die Anforderungen des Zugangs erfüllen und würde diesen fingieren. Freilich wäre eine solche Regelung unnötig kompliziert und brächte keinen Gewinn. Der Gesetzgeber interessiert sich nicht dafür, ob mit der Zustellung auch die Anforderungen des Zugangs erfüllt sind. In jedem Fall soll die Erklärung so wirksam werden. Ist man sich über die Überschneidung von Zugang und Zustellung im klaren, ist es nur noch eine terminologische Frage, alle Fälle des § 132 I als Fiktion zu bezeichnen oder nicht.

---

449 v.Tuhr, AT II/1, 441.

450 Mugdan, 440.

451 Der Gerichtsvollzieher ist insoweit wie ein Erklärungsbote zu sehen. Relevant wird dies, wenn die Zustellung formal mangelhaft ist, beispielsweise aus Gründen die in der Person des Gerichtsvollziehers liegen. Dann spricht nichts dagegen, trotzdem die Wirksamkeit anzunehmen, weil auch die Erfordernisse des § 130 erfüllt sind.

452 Esser, Rechtsfiktion, 26 ff.

453 Esser, a.a.O., 39 ff.

454 Esser, a.a.O., 45 ff.

F. Die historische Ausbildung des Rechtsgeschäfts unter Abwesenden

1. Die Entwicklung vor dem 19. Jh.

Das römische Recht, ebenso dessen theoretische Fortführung durch die Postglossatoren, behandelte das Problem des Wirksamwerdens einer Willenserklärung unter Abwesenden nicht. Das römische Recht kannte das Rechtsgeschäft unter Abwesenden nicht.[455] Grundlegend war die Vorstellung der Einheit des Rechtsgeschäfts. Diese Vorstellung entwickelte sich ursprünglich aus der geographischen Überschaubarkeit des Reichs, so dass Regeln für einen gestreckten Tatbestand eines Rechtsgeschäfts nicht erforderlich waren. Auch nach der Ausdehnung des Reichs wurde die Einheit des Rechtsgeschäfts beibehalten. Dieser Grundsatz der Einheit bezog sich auch auf den Ort der Vornahme des Rechtsgeschäfts.[456] Dadurch fehlte den Postglossatoren und den Vertretern des Usus Modernus Pandectarum schon die Grundlage zur theoretischen Aus- und Weiterbildung des Rechts in ihrem Verständnis. Nur vereinzelt findet man Auseinandersetzungen mit dem Problem des Wirksamwerdens der Willenserklärung, freilich als Anforderung der Einigung bei der Entstehung des Vertrages. Dabei stand die Notwendigkeit der Richtungsgebung der Willenserklärung im Mittelpunkt[457].

Auch in der Praxis ist das Rechtsgeschäft unter Abwesenden bis zur beginnenden Neuzeit kaum bekannt. Dies mag hauptsächlich mit dem bis dahin schlecht ausgebildeten Nachrichtensystem zusammenhängen[458]. Eine Änderung tritt mit Einführung des Postwesens zum Beginn des 16. Jh. ein. Daneben ist zu bedenken, dass die Mehrzahl der Bevölkerung bis zur Neuzeit Analphabeten waren. Rechtsgeschäfte wurden auf Märkten geschlossen, im Fernhandel durch autorisierte Personen vor Ort[459]. Dies alles stand einer Ausgestaltung einer Theorie von Rechtsgeschäften unter Abwesenden entgegen.

Vertiefter behandelten die Naturrechtler die Frage nach dem Wirksamwerden der Willenserklärung. Anlass dafür war aber weniger das gestiegene praktische Bedürfnis, als vielmehr die Methodik, alles Denkbare zu erfassen. Zum anderen ist auch die überragende Bedeutung des Vertrages im Naturrecht von Gewicht, die eine eingehende Untersuchung seines Zustandekommens gebot. Dadurch waren die Erörterungen immer vom Idealziel des Vertragsschlusses geleitet. Neben der Notwendigkeit der Richtungsgebung hat sich bei *Grotius* die Äußerungs- und die Vernehmungstheorie herausgebildet[460]. Dabei ging es ihm aber nicht um eine generelle Interessenbewertung, sondern die Interessen wurden

---

[455] Botz, 12 f.; 19 ff.

[456] Botz, 13.

[457] Botz, 48; mit weiteren Nachweisen. Gelangt die Willenserklärung zufällig zum Empfänger, ist dies nicht ausreichend, vielmehr muss der Erklärende diese bewusst in diese Richtung abgegeben haben.

[458] Aus Botz, 16 mit weitern Nachweisen.

[459] Botz, 17.

[460] Botz, 59; bei Hugo Grotius gefunden.

konkret, je nach Art der Erklärung und Schutzbedürfnis der Beteiligten, bewertet und so der Zeitpunkt des Wirksamwerdens bestimmt[461].

Chr. Wolf arbeitete klare, dem Wirksamkeitszeitpunkt zugrundeliegende Erwägungen heraus[462]: Es läge allein in der Disposition des Antragenden, die Erfordernisse der Wirksamkeit zu bestimmen. Fehlt es an Ausdrücklichem, müssten die Erfordernisse vermutet werden. Maßgeblich sei hierbei, inwieweit der Anbietende sicher sei, dass das Versprechen angenommen werde. Sei dieses ungewiss, bedürfe es der Vernehmung der Annahmeerklärung. Ist die Annahme zu erwarten, reiche die Äußerung des Annehmenden aus. Wesentlich wurde damit das Interesse des Erklärungsempfängers an der Kenntniserlangung[463]. *Chr. Wolf* differenziert weiter nach den Interessen an der Kenntniserlangung nach den Erklärungsinhalten, je nach dem ob eine Gläubiger- oder eine Schuldnerstellung eingeräumt wird[464].

Die Anfänge der Empfangstheorie sind im Anschluss in den Kodifikationen, erstmals im ALR 1794 zu finden. Der allgemeine Begriff der Willenserklärung ist ausgebildet, deren Wirksamkeit wird aber konkret, innerhalb der Regelungen zum jeweiligen Vertragstyp festgesetzt. Beim schriftlichen Vertragsschluss unter Abwesenden normiert § 96 ALR als Beginn der Annahmefrist einen hypothetischen Zeitpunkt, nämlich ab wann erwartet werden kann, dass die Erklärung beim Adressaten eingegangen ist[465]. Damit sollte eine objektive Berechnung ermöglicht werden, was den Rechtsverkehr leicht und sicher machen sollte[466]. Ausdrücklich wird damit nur der Beginn der Annahmefrist geregelt, also speziell bezogen auf die Annahmeerklärung und auch nicht der Zeitpunkt der Wirksamkeit. Allerdings ist die Annahmeerklärung der bedeutendste Fall bei der Frage nach der Wirksamkeit, genauso wie der Fristbeginn praktisch bedeutend ist. Andererseits verlangt das ALR in besonderen Fällen, insbesondere bei gestaltenden einseitigen Rechtsgeschäften, wie bei dem Widerruf einer Bevollmächtigung, §§ 164, f I 13 ALR, der Kündigung eines Darlehens, § 765 I, 1 ALR, oder eines Mietverhältnisses, § 348 I 21 ALR, die Vernehmung der Erklärung.

Die erste allgemeine Regelung des Wirksamwerdens einer Willenserklärung findet sich in § 815 des Sächsischen Bürgerlichen Gesetzbuchs. Danach wird eine Willenserklärung wirksam, wenn sie zum Empfänger gelangt.

---

461 Botz, 58-64. Ähnlich konkret begründet *Thomasius* die Unterschiede beim Erfordernis der Wirksamkeit, abhängig auch vom treuwidrigen Verhalten der Beteiligten (Botz, 68 f).

462 Botz, 69.

463 Botz, 91.

464 M.E. handelt es sich hierbei weniger um allgemeine Überlegungen zur Wirksamkeit, als vielmehr um das Erfordernis des Zugangs der Annahmeerklärung, das im BGB in § 151 besonders geregelt ist. Ähnliches liegt der Regelung § 516 II bei der Schenkung und § 333 beim Vertrag zugunsten Dritter zugrunde. Der altruistische Charakter lässt die Annahme als vermutet erwarten.

465 Botz, 84.

466 Bornemann, Systematische Darstellung des Preussischen Civilrechts, 2. Aufl.(1842), Bd.2, 243 Anm1.

2. Der Theorienstreit im 19. Jh.

Der Höhepunkt der Auseinandersetzung mit der Frage des Wirksamwerdens von Willenserklärungen war im 19. Jh., der zur Ausformulierung der verschiedenen Theorien führte. Dabei waren die Standpunkte eindeutig schon an ihren Bezeichnungen zu erkennen: die Äußerungs-, die Entäußerungs-, die Absendungs-, die Empfangs- und die Vernehmungstheorie. Nach wie vor wurde die Wirksamkeit aber als Problem des Zeitpunktes des Vertragsschlusses angesehen[467].

Die Äußerungstheorie beruht auf der Vorstellung des Vertrages als reine Willensübereinstimmung[468]. Einer Kenntnis vom Willen des anderen bedarf es nicht, die objektive Übereinstimmung ist ausreichend. Im übrigen habe der Anbietende die Annahme schon als möglich zu sehen[469].

Nach der Entäußerungstheorie oder Absendungstheorie muss der Erklärende neben der Äußerung auch noch das seinerseits Erforderliche für die Übermittlung an den Empfänger getan haben[470]. Zugrunde liegt auch hier die Auffassung vom Vertragsschluss durch Willensübereinstimmung. Doch für die Erklärung dieses Willens bedarf es mehr als einer Äußerung, die Richtungsgebung ist von wesentlicher Bedeutung. Ein Widerruf ist nach dieser Theorie nicht möglich, weder ein rechtlicher, noch ein tatsächlicher. Doch gerade das Leugnen der tatsächlichen Widerrufsmöglichkeit macht die Theorie unpraktikabel[471].

Die Empfangstheorie verlangt die Möglichkeit der Kenntnisnahme, nicht aber die Kenntnisnahme an sich. Im Mittelpunkt steht dabei nicht die Einigung als Willensübereinstimmung oder das gemeinsame Bewusstsein. Losgelöst vom Vertrag ist hier die Erklärung im Mittelpunkt, die sich erst im Machtbereich vollendet, da die Willenserklärung eine äußere Tatsache, bestimmt für den Empfänger, sei. Wesentlich sei die Bindung an die Erklärung, die erst eintrete, wenn diese vollendet sei.

Die Vernehmungstheorie verlangt mehr als zwei übereinstimmende Willenserklärungen, nämlich ein Zusammenwirken der Beteiligten[472]. Dies meint insbesondere das Bewusstsein der Willensübereinstimmung bei den Beteiligten, was die Kenntnisnahme der Erklärung des anderen voraussetzt. Dies sei Inhalt der Einigung, nur so könne das Festhalten am Vertrag erklärt werden.

3. Die Entstehung des § 130 durch die Kommissionen

Schon die erste Kommission hatte sich für die Empfangstheorie entschieden[473]. Die Vernehmungstheorie, die sich am Idealziel orientiert, wurde als unpraktikabel und nicht verkehrsgerecht angesehen. Der Rechtsverkehr verlange eine sicherere Erkennbarkeit des Moments des Wirksamwerdens. Es stünde im freien

---

467 Flume, AT, 223 f. mit weiteren Nachweisen.

468 Botz, 149; Köppen, Der obligatorische Vertrag unter Abwesenden, JJahrb 11 (1878), 315.

469 Scheurl, Vertragsschluss unter Abwesenden, JJahrb 2 (1858), 252.

470 Botz, 152 ff.

471 Botz, 154 f.

472 Der Begriff geht auf Regelsberger zurück. Vgl. ders., Die Vorverhandlungen in Verträgen, Civilistische Erörterungen 1 (1868), 24.

473 Motive I, § 74 E, 156; Brinkmann, 33.

Belieben des Adressaten, diesen Moment herbeizuführen oder zu verhindern indem er die Vernehmung unterlässt[474].

Die Äußerungs- und Absendungstheorie setzte sich nicht durch, weil sie nach Meinung der Kommission einseitig die Interessen des Erklärenden berücksichtigt. Auch sei diese nicht mit den Anforderungen an die Gerechtigkeit zu verbinden, da ungewollt der rechtliche Erfolg zu früh eintrete[475]. Im übrigen würde die Absendungstheorie nicht hinreichend verbürgen, dass der Empfänger den Erklärungsinhalt auch in Erfahrung bringen kann.

Die zweite Kommission nahm noch eine sprachliche Änderung vor. Aus „zukommt" wurde „zugeht". Dabei sollte der Bedeutungsinhalt aber keine Änderung erfahren, es war nur als redaktioneller Eingriff zu sehen[476]. Nicht durchsetzen konnte sich ein Schutz vor unverschuldeter Unkenntnis vom Erklärungsinhalt, der als Willenserklärung wirksam wurde[477]. In anderem Zusammenhang, bei der Beratung zu § 299, wurde die Konsequenz erkannt, dass eine Willenserklärung allein dadurch wirksam werden kann, dass sie in den Bereich des Adressaten gelangt, auch ohne dass der Absender in Lage sein müsse, hiervon Kenntnis zu nehmen[478].

Bei der Auseinandersetzung der verschiedenen Positionen darf aber nicht übersehen werden, dass die Empfangstheorie nicht die einzig denkbare gerechte Lösung ist. *v.Hippel* charakterisiert den Theorienstreit gar als unsinnig[479]. Damit meint er, der Mechanismus wie eine Willenserklärung wirksam wird, muss sich lediglich in das System der jeweiligen Rechtsordnung einfügen, stehe aber ansonsten im Belieben des Gesetzgebers. Eine Frage der Gerechtigkeit stelle sich nicht.

G. §§ 130 ff. als Teil der Organisation des Rechtsverkehrs

1. Das Idealziel des § 130: Kenntnisnahme oder interessengerechte Risikoverteilung?

Unvoreingenommen betrachtet, scheint die Wirksamkeit dafür zu bürgen, dass der Erklärungsgegner vom Erklärungsinhalt Kenntnis nehmen kann. Dies steht möglicherweise neben anderen Anliegen, wie den Verkehr zu entlasten, jedenfalls könnte die Kenntnisnahme „Idealziel"[480] der Wirksamkeit sein[481]. Dieses Ideal der Kenntnisnahme wird in der gebräuchlichen Zugangsformel auch berücksichtigt, allerdings objektiviert[482]. Ebenso ist man sich darüber einig, dass in jedem Fall die Willenserklärung mit der Kenntnisnahme vom Erklä-

---

[474] Motive I, 157.
[475] Motive I, 157.
[476] Protokolle I, 68 f.
[477] Protokolle I, 71.
[478] Protokolle I, 331.
[479] v.Hippel, Privatautonomie, 157, Fn.7.
[480] Medicus, AT, Rn. 276.
[481] So vom Gesetzgeber erkannt, siehe Mugdan, 439.
[482] Flume, AT, 230, meint, der Zugang sei nicht von der Kenntnisnahme zu lösen.

rungsinhalt wirksam wird[483]. *Brinkmann* sieht die Kenntnisnahme durch den Adressaten als Ziel der Empfangsbedürftigkeit[484]. Für *John* stellt sich nur noch die Frage, wie die Wirksamkeit auch ohne die Kenntnisnahme erreicht werden kann[485].

Marburger sieht den Zweck des § 130 in der sachgerechten Verteilung der Risiken unter den Parteien, die mit der Erklärung an einen Abwesenden verbundenen sind[486]. Die Risiken sind die unterlassene, verspätete und inhaltsentstellte Kenntnisnahme. Er meint, dies sei allgemein anerkannt und historisch zu belegen[487]. Der Beteiligte wird mit dem Risiko belastet, das er eher beherrschen kann[488]. Dabei sollen sich die Transportgefahr und die Vernehmungsgefahr gegenüberstehen. Über den Stellenwert der Kenntnisnahme ist damit aber noch nicht abschließend entschieden.

Krückmann meint, die Kenntnisnahme sei im gesetzlichen Modell nicht bezweckt und stehe somit außerhalb der Regelungsmaterie[489]. Dies gelte ebenso für die Erwartung dieser. Die Kenntnisnahme ist das Ziel der Vernehmungs-, aber nicht der Empfangstheorie. Die Empfangstheorie belastet den Erklärenden mit Handlungen, die zu leisten sind, die Abgabe und die Richtungsgebung. Zu einem Erfolg könne er nicht verpflichtet sein, insbesondere nicht zur Kenntnisnahme. Das Wirksamwerden sei eine Wertentscheidung, die vom Interesse des Empfängers an der Kenntnisnahme unabhängig sei. Den Stellenwert, welcher der Kenntnisnahme meist eingeräumt wird, erklärt *Krückmann* aus dem falschen Verständnis im gemeinen Recht, wonach die Vernehmung zur Wirksamkeit grundsätzlich erforderlich sei[490].

Dem schließt sich *Burgard* an. Er meint nachweisen zu können, dass das Erfordernis der „Möglichkeit der Kenntnisnahme" bewusst nicht zu Gesetz wurde[491]. Damit setzt er sich in Widerspruch zur überkommenen Zugangsformel. In der Sache sieht er in den geforderten Elementen, die sich an der Kenntnisnahme orientieren, eine Risikoverlagerung zuungunsten des Erklärenden. Nicht nur das Transportrisiko, sondern auch Risiken aus dem Empfängerbereich werden dem Erklärenden so aufgebürdet[492]. § 130 gewährleistet nach *Burgard* einen pauschalen Interessenschutz durch eine Risikoverteilung nach Gefahrenbereichen. Die Kenntnisnahme stehe außerhalb dieser Risikoverteilung[493].

---

[483] Flume, AT, 225.
[484] Brinkmann, 35 f.
[485] John, 390.
[486] Marburger AcP 173, 141.
[487] Mit Verweis auf Motive I, 156 f., Mugdan I, 438 f. Dort wird allerdings auch ausgeführt, dass die Kenntniserlangung als Wirksamkeitsmoment nahe liege.
[488] Burgard, AcP 195, 92; Dilcher, AcP 154, 125; Marburger, 142;
[489] Krückmann, DR, 1911, 56 f.
[490] Krückmann, 56. Dies kommt auch in den Motiven zum Ausdruck (vgl. Motive I, 156 f., Mugdan I, 438 f.).
[491] Burgard, AcP 195, 95.
[492] Burgard, AcP 195, 97.
[493] Burgard, AcP 195, 94.

Zwei Probleme verbergen sich in der Fragestellung. Einmal das Erfordernis der Willensübereinstimmung beim zweiseitigen Rechtsgeschäft, zum anderen die funktionale Rechtfertigung der Empfangstheorie: Da der Vertrag die bedeutendste Form eines Rechtsgeschäfts ist, liegt es nahe, die allgemeinen Erfordernisse der Willenserklärung daran auszurichten. Verlangte der Vertrag eine Willensübereinstimmung, müsste dies beim Wirksamwerden der Willenserklärung berücksichtigt werden. Zum Vertragsschluss ist die Kenntnis von Antrag und Annahme aber nicht erforderlich. Wesentlich ist die inhaltliche Übereinstimmung der einzelnen Regelungsakte beim Vertragsschluss[494]. Ein „gemeinsamer Wille“[495] der Vertragsschließenden ist nicht zu fordern[496]. Allerdings folgert *Thiele* dies umgekehrt aus der Statuierung der Empfangstheorie und aus der Entbehrlichkeit der Kenntnisnahme für die Wirksamkeit. Es wäre ein Zirkelschluss, daraus den Stellenwert der Kenntnisnahme zu ermitteln.

Vieles spricht dafür, den Stellenwert der Kenntnisnahme durch den Empfänger nach dem Stellenwert des Willens des Erklärenden bei der Abgabe zu bestimmen. Mit Überwindung des Willensdogmas und der Auslösung des Erklärungsbewusstseins aus der Konstitution der Willenserklärung ist der Stellenwert des Willens beim Erklären wesentlich geringer geworden im Operationsraum der Rechtsgeschäftslehre[497]. Verblieben ist der fehlende Wille als ein Anfechtungsgrund. Freilich gibt es keine Anfechtung bei einem Missverständnis des Empfängers. Anfechtungsberechtigt ist nur der Erklärende, bei der Stellvertretung auch Vertretene. Für die gebotene Waffengleichheit zwischen den Vertragspartnern wäre ein Anfechtungsrecht des Empfängers aber notwendig, wenn das Verständnis eine wesentliche Rolle spielten würde. Daraus folgert *Thiele*, dass die Kenntnisnahme rechtlich ohne Belang sei[498].

Ebenso lässt sich die Objektivität der Zugangsanforderungen nur mit dem Zweck der gerechten Risikoverteilung, nicht mit der Kenntnisnahme erklären. Das gleich gilt für die modifizierte Anwendung der Vernehmungstheorie, wenn ein direkter Übermittlungskontakt besteht[499].

Die Kenntnisnahme ist nicht nur entbehrlich für die Wirksamkeit, sondern das Gesetz und die Dogmatik interessieren sich nur für das Wirksamwerden unabhängig von der Kenntnisnahme durch den Adressaten. Dies erklärt sich aus dem natürlichen Ziel des Regelungsgebers, vor allem Lösungen für „pathologische“ Fälle zu schaffen. Unter diesem Paradigma ist die Kenntnisnahme eine unter mehreren Möglichkeiten des Wirksamwerdens, die nicht angeordnet werden muss. Eine systemimmanente Rangfolge der Möglichkeiten des Wirksamwerdens ist freilich nicht auszumachen.

Die theoretische Analyse der Risikoverteilung unter der Empfangstheorie zeigt deren Funktion: Der Zugangsmoment basiert auf einer naturwissenschaft-

---

[494] Thiele, 112.
[495] So aber Larenz, SchR I, 45.
[496] Thiele, 115.
[497] Eine endgültige Einschätzung des Stellwertes des Willens kann hier nicht geleistet werden.
[498] Thiele, 114.
[499] Siehe oben, A.4.

lichen Kausalität im Normalfall, die zur Kenntnisnahme führt, allerdings vom Empfänger und nur von ihm unterbrochen werden kann[500]. Deswegen ist sein Verhalten nicht mehr Teil des Wirksamwerdens. Diese Funktion ändert aber nichts daran, dass idealiter der Erklärungsinhalt kognitiv erfasst wird, genauso wie der Erklärende idealiter willens ist, die Willenserklärung abzugeben. Die Anforderungen des Wirksamwerdens sind diesem Ideal verpflichtet und haben über diese existenzielle Funktionsadäquanz Rechenschaft abzulegen.

Soweit *Krückmann* und *Burgard* den historischen Gesetzgeber heranziehen um die Unbeachtlichkeit der Kenntnisnahme zu beweisen, sind ihre Schlussfolgerungen unklar. Sah sich der Gesetzgeber noch den überkommenen Grundsätzen der Vernehmungstheorie verpflichtet, hat dies Bedeutung für die Auslegung der §§ 130 ff. Dann wäre die Empfangstheorie nach dem BGB nur eine verkehrsgerechte Vernehmungstheorie. Darin einen Mangel oder eine Widersprüchlichkeit zu sehen, hat für die Auslegung keine Relevanz. Denn die Empfangstheorie wird durch das Gesetz geprägt. Die vorpositiven, rechtswissenschaftlichen Ergebnisse hierzu sind demgegenüber nur nachrangig von Bedeutung, wenn auch hierauf Bezug genommen wurde.

2. Zur Allgemeinheit der Willenserklärung

Die Neuerung des BGB, das Bestreben nach verallgemeinernder Abstraktion, die den allgemeinen Teil und darüber hinaus prägt, erfordert allgemeine Begrifflichkeiten[501]. Im Allgemeinen Teil wird der Begriff „Willenserklärung" als Regelungsgegenstand aufgenommen, unter anderem um die Wirksamkeit aller Erklärungsarten zu normieren. Dadurch wird die Willenserklärung zu einem rechtstechnischen Baustein des begriffsjuristischen Systems. „Willenserklärung" ist der Gruppenbegriff für alle Arten von Willenserklärungen.

Die „Ausklammerung" des Allgemeinen kann verschiedenes bedeuten: einmal, dass alles folgende Besondere dieses Allgemeine beinhaltet. Mit diesem Verständnis ist die Allgemeinheit Produkt der Rationalisierung, um Wiederholungen zu vermeiden[502]. Andererseits kann die Allgemeinheit auch als allgemeine Geltung verstanden werden, die über das folgende Besondere hinausgeht.

---

[500] Das Problem der zur Unzeit eintreffenden Erklärung entsteht nur, wenn der Empfänger vorher eine Möglichkeit des Eintreffens geschaffen hat (Empfangseinrichtungen). Die Risikoverteilung in diesen Fällen weicht daher von dem dargestellten Grundsatz ab. Die vergleichsweise Belastung des Empfängers erklärt sich aus seiner Interessensexponierung, die in der Einrichtungen der Empfangsvorkehrung liegt.

[501] Ob die Abstraktion ein Gewinn ist, ist nicht offensichtlich. Schloßmann sieht darin die Gefahr, einer Dogmenbildung Vorschub zu leisten, die von der eigentlichen Aufgabe, die er das Auffinden des richtigen Rechts nennt, wegführt und für die Lösung von Sachfragen keinen Wert hat (Schloßmann, Willenserklärung und Rechtsgeschäft, FS Hänel (1907), 1 ff.). Zweigert hegt im Rahmen der Rechtsvergleichung Zweifel am Verdienst. Er sieht nur einen geringen Gewinn, der sich in einem Ordnungseffekt zeige. Einen Beitrag zur Konfliktlösung vermisst er (Zweigert, Rechtsgeschäft und Vertrag heute, FS Rheinstein (1969), 493 ff. 497).

[502] Lipp, 40 f.

Dies führt zum Fragenkomplex, ob mit dem BGB ein geschlossenes System vorliegt[503].

Die Willenserklärung ist auch konstitutives Element des „Rechtsgeschäfts“. Als solches hat es die Funktion, die apriorische Natur des Rechtsgeschäfts mit Außerrechtlichem zu verbinden und so zu legitimieren[504]. Die Willenserklärung ist so verstanden ein Akt der Kommunikation[505]. Die Abstraktion des äußeren Systems, das „vor die Klammer ziehen“, ist nicht aus noch abstrakteren fundamentalen Grundsätzen oder Prinzipien abzuleiten, die sinnstiftend sein könnten. Daran ändert eine Strukturanalyse des „inneren“ Systems der allgemeinen Privatrechtslehren nichts[506]. Vielmehr entsteht der allgemeine Teil aus einer stufenweisen Induktion vom Einzelfall über dessen rechtliche Qualifikation zum einschlägigen Vertragsrecht[507]. Insoweit sind die rechtstechnischen Bausteine des Allgemeinen Teils durch ihre tatsächliche Erscheinung in konkreter Form begründet. Allgemeine Privatrechtsbegriffe sind methodisch aus Seinstatsachen und psychologisch-philosophischen Kategorien hergeleitet, legitimiert allein durch ihre „organische Natur“ oder ihren „funktionsbestimmten“ Charakter[508]. Die „Axiome“ der Privatrechtslehre legitimieren sich nicht nur, sondern entstehen erst aus ihrer geprüften Zweckmäßigkeit innerhalb der Rechtsanwendung. Es sind somit eigentlich keine.

Will man der Abstraktion des Allgemeinen Teils des BGB mehr abgewinnen als eine induktive Leistung zur Vereinfachung, so verbleibt das Gebot der Gleichbehandlung. Diese Folge der Abstraktion ist ein Grundelement der Rechtsetzung, das sich in jedem Rechtssatz zeigt[509]. Der Tatbestand erfasst alle qualifizierten Sachverhalte. Viele Tatbestände aus dem Allgemeinen Teil haben als Sachverhalt aber nicht ein tatsächliches Geschehen zum Inhalt. Als abstraktere Zwischenstufe bilden konkretere Rechtsbegriffe den Sachverhalt. Die Subsumtion ist dann eine reine Rechtsfrage. „Mahnung“, „Bestätigung“ eines nichtigen oder anfechtbaren Rechtsgeschäfts sind nicht nur funktionsorientierte Sammelbegriffe des ihnen zugrundliegenden menschlichen Verhaltens, sondern Rechtsbegriffe[510]. Ob sie Willenserklärungen sind, ist eine Rechtsfrage, die sich bei der Subsumtion von Tatbeständen stellt, welche die Rechtsfolgen der Willenserklärung voraussetzen[511]. Die Antwort auf diese Rechtsfrage entscheidet über die Gleichbehandlung dieser Rechtsbegriffe: Werden sie als Willenserklä-

---

503 Lipp, 36, 40 f.

504 Darin sieht Lipp, 50 ff., einen „eminent logischen Bruch“, weil die normative Ebene verlassen wird und die „letzte Aussage im psychologisch-ethischen Bereich“ gesucht wird.

505 Scherner, AT, 87; Larenz, AT, 292.

506 Lipp, 46 ff.

507 Lipp, 48 mit Belege von Böhmer und Gysin.

508 Lipp, 52.

509 v.Tuhr II/1, 7.

510 Siehe §§ 284, 140, 141.

511 Damit ist nicht gesagt, dass diese begriffsorientierte Subsumtion abschließend darüber entscheidet, ob ein Rechtssatz anzuwenden ist. Doch in offenkundigen Fällen, sozusagen dem Stamm der Willenserklärungen wie Angebot und Annahme, Anfechtung usw., ergibt sich das "Wesen" dieser Erklärungen erst vor dem Hintergrund dieser Subsumtion.

rung anerkannt, sind alle Regeln der Willenserklärung anzuwenden, soweit keine Sonderregeln eingreifen, was der einzige Sinn der Frage überhaupt ist. Diese Gleichbehandlung liegt der Abstraktion „Willenserklärung“ als Zweck zugrunde. Das gilt in gleicher Weise für die konkreten Sachverhalte: Alle menschlichen Verhaltensweisen, die als Willenserklärungen zu werten sind, sind als solche gleich zu behandeln.

Aus der systematischen Stellung des § 130 ist kaum mehr abzuleiten. Insbesondere können keine fundamentalen Lehren zur Willenserklärung eine Vorgabe bieten. Allein das Verbot der Differenzierung zwischen Erklärungsarten bestätigt sich. Daneben besteht die Vorgabe, eine Lösung zu finden, die sich in die abstrakte Natur der Willenserklärung einpasst, also jenseits konkreter tatsächlicher Umstände liegt.

Dilchers Lehre von den Empfangseinrichtungen, welche die belastenden Erklärungen innerhalb eines Rechtsverhältnisses in den Mittelpunkt rückt, unterläuft die Allgemeinheit der Privatrechtslehren[512]. Zu lösen ist zunächst ein allgemeines Problem. Schuldrechtliche beziehungsweise handelrechtliche Probleme sind aus dem jeweiligen speziellen Regelungszusammenhang zu lösen.

3. Die Bedeutung des Empfangs bei vertragsbegründenden Erklärungen: Antrag und Annahme als Beispiel gesetzgeberischer Speziallösungen

Schon die Probleme auf der nächsten Stufe der Konkretion vermag die Empfangstheorie nicht ausreichend zu lösen. Die „Besonderheiten“ beim Vertragsschluss bedürfen Sonderregeln, welche die absolute Bedeutung des Wirksamkeitsmoments einschränken. Die Wirksamkeit der zum Vertragsbegründung erforderlichen Annahmeerklärung des Empfängers ist zeitlich durch die Annahmefrist begrenzt. Diese Beschränkung ist auf der anderen Seite die Belastung des Erklärenden. § 147 II definiert die Gebundenheit an die Erklärung[513]. Diese Selbstbindung besteht vor dem Zustandekommen des Vertrages. Der Empfänger wird dadurch nicht belastet. Insbesondere treffen ihn keine Obliegenheiten, in irgendeiner Art und Weise zu reagieren. Das Verstreichen der Annahmefrist, also bloßes Nichtstun, verhindert die Vertragsentstehung und belässt es damit beim ursprünglichen Zustand.

Die Zeitspanne des § 147 II beinhaltet die übliche Dauer des vom Antragenden gewählten Transportwegs der Erklärung zum Erklärungsgegner, eine angemessene Überlegungsfrist und die Dauer des Rücktransports der Annahmeerklärung. Der Beginn der Annahmefrist nach § 147 II bestimmt sich nicht erst ab dem Zugang des Antrags, sondern nach dem Datum der Absendung[514]. Trifft der Antrag verspätet beim Adressaten ein, „so ist es Sache des Antragsempfängers, den Zeitverlust durch beschleunigte Beförderung der Antwort einzubringen"[515]. Der Zugang des Antrags ist zwar notwendig für dessen Wirksamkeit, die Bindungsdauer bestimmt sich aber nicht danach.

---

[512] Vgl. oben, A.2.b.
[513] Ein freibleibendes Angebot ist kein Antrag gemäß § 145. Konstitutiv ist die Bindung.
[514] Heinrichs/Palandt § 147, 5.
[515] Motive I, 170; dazu Flume, AT, 651 ff.

Anscheinend vertraut der Gesetzgeber bei technischen Fragen der Vertragsanbahnung selbst nicht auf den Zugangsmoment. Die Gründe sind die Vorhersehbarkeit der Bindungsdauer für den Antragenden. Der Zugang ist mit Unwägbarkeiten behaftet, für die der Antragende nicht einstehen soll. Damit wird klar, dass der Zugangsmoment als im Bereich des Adressaten liegend keine Beschwerung für den Antragenden darstellen soll. Der Antragende ist nicht für den Zugang derart verantwortlich, als dass seine Selbstbindung davon abhinge. Vielmehr soll er abstrakt die Bindungsfrist erkennen können.

Für den Antrag unter Anwesenden bestimmt § 145, dass dieser sofort angenommen werden kann. Daraus ist die gesetzgeberische Intension zu entnehmen, die Bindungsdauer so gering wie möglich zu gestalten, nur so lange wie es für die Annahme unbedingt notwendig ist. Die Bindung ist ein gesetzlicher Eingriff in die grundsätzliche Ungebundenheit des Antragenden. Die Eingriffsintensität soll minimal sein[516]. Die Bindungsdauer des Antrags ist folglich nie ein Konflikt um den Zugang und damit auch nie ein Problem, das mit der Rechtsfigur des Empfangsboten zu lösen wäre.

Die Entstehung des Vertrages, hängt von der Einhaltung der Annahmefrist nach § 147 ab. Dafür maßgeblich ist der Zugang der Annahmeerklärung. Die Abgabe der Erklärung reicht nicht aus[517]. Der Annehmende ist im Vergleich mit dem Antragenden mit dem Zugang seiner Erklärung beim Erklärungsgegner belastet.

Die Unwägbarkeiten des Zugangs, die den Gesetzgeber möglicherweise veranlassten, den Beginn der Annahmefrist nicht an die Wirksamkeit anzuknüpfen, müssten kompensiert werden. Die Kompensation könnte den Empfänger treffen und sich aus dessen Bindung an das Angebot herleiten. Sein Antrag ist ein vorangegangenes Handeln, das verpflichtend wirken kann, denn die Erklärung der Annahme wird durch den Antrag bezweckt. Entsprechendes gilt für Gestaltungserklärungen. Deren Wirkung und Legitimation ergibt sich aus dem Gesetz und der vorher eingegangenen Selbstbindung des Erklärungsgegners. Dies gilt genauso für andere Erklärungen wie die Mahnung im Sinn des § 284 und die Abnahme nach § 640, welche von einem Schuldverhältnis umrahmt sind.

So könnte man unterscheiden zwischen dem Empfang eines Antrags, bei dem weniger Rechtsfolgen anknüpfen, und dem Empfang anderer Erklärungen. Eine solche Differenzierung liegt aber im vor- oder überpositiven Bereich. Die rechtstheoretische Betrachtung der Belastungslagen ist überdies nicht zwingend. Denn § 147 II kann auch als eine Klarstellung gesehen werden. Vom unklaren Zugangsmoment wollte der Gesetzgeber die Bindungsdauer nicht abhängig machen, sondern diese autark bestimmen. Es ist folglich von einer gemeinsamen Gewichtung der Wirksamkeit und damit Erheblichkeit des Empfangs auszugehen und nicht zwischen Antrag und anderen Erklärungen zu differenzieren.

---

[516] § 145 und § 147 II sind zwar nur dispositives Recht, das vom Antragenden, modifiziert werden kann. Diese Gestaltungsmöglichkeit nimmt der Regel aber nicht ihre Verbindlichkeit und damit ihren eingreifenden Charakter.

[517] RGZ 53, 60; OLG Frankfurt .a.M. VersR 1983, 529; Heinrichts/Palandt § 147, 5.

Der Empfangsbote ist wesentlich für die Wirksamkeit des Antrags, nicht aber für dessen Bindungsdauer, ebenso für die Wirksamkeit der Annahmeerklärung und damit für die Entstehung des Vertrages.

4. Die Willenserklärung als Anbindung an die tatsächliche Umwelt

§ 130 ist eine zentrale Organisationsnorm des privaten Rechtsverkehrs, welche die Anforderungen an die Rechtserheblichkeit vorgibt. Systemtheoretisch betrachtet ist die Wirksamkeit einer Willenserklärung der Übergang von der Lebenswelt der gesellschaftlichen Kommunikation in das System des rechtsgeschäftlichen Verkehrs. Die Willenserklärung ist das Bindeglied zwischen der abstrakten Begriffswelt des pandektistischen Rechtssystems und der sozialen Realität.

Unter einem anderen Blickwinkel beschreibt die Wirksamkeit auch die Entstehung, vor allem den Geltungsbeginn von selbstgeschaffenem Recht. *Fabricius* sieht in der Willenserklärung das Mittel, „das die Rechtsordnung dem Einzelnen an die Hand gegeben hat, um seine Angelegenheiten in Selbstgestaltung zu regeln“[518]. Hier muss man nur ergänzen, dass die Regelung rechtlich sanktioniert sein soll, was elementar für die Rechtsetzung ist[519].

Allein die Rechtserheblichkeit einer Willenskundgebung, also in der Terminologie von *Botz* die Hauptwirkung einer Willenserklärung[520], betrifft umgekehrt nicht die Rechtssphäre des Empfängers. Der Wirksamkeitsmoment als Eintritt in das Rechtsystem betrifft ausschließlich die Rechtssphäre des Erklärenden, der dann gebunden ist. Die Rechtsfolgen, in der Terminologie von *Botz* die Nebenwirkungen einer Willenserklärung, ergeben sich erst aus weiteren gesetzlichen Wertungen, die an die Willenserklärung anknüpfen[521].

5. Das Rechtsgeschäft unter Abwesenden als Garant der Privatautonomie

Es waren zunächst tatsächliche Umstände, die das Rechtsgeschäft unter Abwesenden für die Rechtsgestaltung interessant machten[522]. Seine Funktion reicht aber über die Normierung des geforderten Mechanismus hinaus.

---

[518] Fabricius, JuS 1966, 1, 7.

[519] Macaulay, aus W. Schmid, Zur sozialen Wirklichkeit des Vertrages, 47.

[520] Vgl. oben 2. Kap. II.F.

[521] Beispielsweise die Anfechtungserklärung: Jeder kann und darf gegenüber jedermann alles anfechten. Voraussetzung ist eine wirksame Anfechtungserklärung. Deren zerstörende Wirkung ergibt sich aber nur wenn verschiedene Bedingungen erfüllt sind: So muss als Gegenstand eine Willenserklärung vorliegen, als Motiv gelten nur rechtlich beachtliche Anfechtungsgründe, die Erklärung muss gegenüber dem Anfechtungsgegner erklärt werden und in bestimmten Fristen erfolgen. Nur dann tritt die Nebenwirkung der Zerstörung eines Rechtsgeschäfts ein. In allen übrigen Fällen, bei denen eine Voraussetzung fehlt, hat die Erklärung keine Folgen - also in der theoretischen Betrachtung in nahezu allen Fällen. Was dabei bleibt, ist allein die Wirksamkeit der Willenserklärung, die aber ohne Konsequenzen bleibt. Die Wirkung ist kein Merkmal der Willenserklärung. Es gibt auch unwirksame und nichtige Willenserklärungen. Die vom Gesetz behandelten unwirksamen und nichtigen Willenserklärungen sind aber nur ein kleiner Teil aus der Gruppe der Willenserklärungen ohne Rechtsfolgen.

[522] Vgl. oben, F.

Die Ausgestaltung des Rechtsgeschäfts von Abwesenden durch §§ 130, 132 ist zur Verwirklichung der Privatautonomie notwendig. Nur damit wird das Wirksamwerden des Willens ohne Mitwirkung des Adressaten sichergestellt. Dies gewährleistet die Empfangstheorie, daneben die Zustellung nach § 132 I und § 132 II. Dabei werden tatsächliche Hindernisse überwunden. § 130 trägt dem durch die Ausgestaltung Rechnung, wonach zur Wirksamkeit keine Mitwirkung des Empfängers notwendig ist. Ansonsten könnte der Adressat die Entfaltung der Privatautonomie des Erklärenden verhindern, indem er sich seiner dann notwendigen Mitwirkung entzieht und so das Wirksamwerden unmöglich macht. Es stünde im Belieben eines anderen, des Empfängers, ob der Erklärende rechtsgeschäftlich relevant handeln kann. Dies wäre unvereinbar mit dem Selbstbestimmungsrecht, welches rechtsgeschäftliches Handeln gewährleistet, allein aufgrund der eigenen freien Entscheidung gegenüber jedermann.

Die Zulassung von Rechtsgeschäften unter Abwesenden ist durch die Privatautonomie bedingt. Die Garantie der rechtsgeschäftlichen Kommunikation ist wesentlicher Bestandteil der Einrichtung der Privatautonomie, freilich in den Grenzen der Zuständigkeit des Einzelnen. § 132 ist die Zentralnorm für das Verständnis der Bedeutung und der Funktion der rechtsgeschäftlichen Kommunikation. § 132 ist das Abbild der Grenzen der Rechtssphären von Erklärendem und Empfänger.

Mit der Anerkennung des Rechtsgeschäfts unter Abwesenden wird der Rechtsverkehr nicht nur erleichtert, sondern der Rechtsverkehr wird in seinem Bestand gesichert, in dem sich wiederum die persönliche Freiheit verwirklicht. Dessen Schutz ist dann immer auch Schutz des Einzelnen. Eine Möglichkeit des Schutzes wäre, eine allgemeine Verpflichtung zum Empfang zu schaffen.

6. Zur Pflicht beziehungsweise Obliegenheit des Empfängers, das Wirksamwerden zu ermöglichen

Durch § 132 I kann das Wirksamwerden einer Willenserklärung vom Erklärenden ohne weitere Voraussetzungen erzwungen werden, was als eine Sanktion für einen Pflichtverstoß anzusehen sein könnte. Mit der Annahme einer solchen Pflicht wäre eine allgemeine Grundlage für die Behandlung von Zugangshindernissen gegeben[523]. Daneben könnte so auch erklärt werden, warum beim direkten Übermittlungskontakt schon der Eindruck der erfolgreichen Vernehmung ausreicht[524]. Gäbe es eine solche Pflicht, müsste zur Pflichterfüllung ein bestimmtes Verhalten des Empfängers erforderlich sein. Der Zugang wäre dann insoweit von einer Mitwirkung des Empfängers abhängig. Die Fiktion beziehungsweise der Einwendungsausschluss wären dann Rechtsfolgen eines Pflichtverstoßes.

Der Ursprung dieser Verpflichtung beziehungsweise Obliegenheit ist aber nicht ohne weiteres zu finden. Aus § 132 lässt sich diese nicht ableiten, da es nur eine technische Regelung ist. Ein entsprechender weitergehenderer Normbefehl scheint zu fehlen. *Breit* sieht die Bereitschaft zur Entgegennahme einer

---

[523] Siehe oben, B.1.

[524] Siehe oben, A.4.b.

Willenserklärung ausdrücklich als eine „stillschweigende Norm" an[525]. *Klingmüller* spricht von einer „Rechtspflicht zur Kommunikation", die dem Empfang der Willenserklärung zugrunde liegen soll[526].

Zunächst gilt es, die rechtstheoretischen Grundlagen der Statuierung einer Pflicht zu erkennen. Dabei wird die Pflicht unter dem funktionalen Aspekt betrachtet. So soll geklärt werden, ob den Mechanismen, wie eine Willenserklärung auch gegen den Willen des Empfängers wirksam wird, eine Verpflichtung zugrunde liegt[527].

In der Pflicht sieht *Adomeit* eine Position eines Rechtssubjekts, an die eine entsprechende Verhaltensnorm adressiert ist[528]. *Raimer Schmidt* sieht die Pflicht als die Notwendigkeit, mit der menschlichen Unzulänglichkeiten zu begegnen ist[529]. Eine negative Rechtsfolge soll den Normadressaten nötigen, das Richtige zu tun[530]. *v. Tuhr* sieht die Pflicht als eine Motivierung, die sich an den Willen richtet[531]. Das erwünschte Resultat könne wegen der Subjektqualität des Adressaten nur erreicht werden, indem dieser willentlich die Pflicht erfüllt.

Einer privatrechtlichen Pflicht gegenüber einem Rechtssubjekt steht regelmäßig ein Anspruch des Begünstigten gegenüber, ein subjektives Recht[532]. Die Pflicht entsteht aus der Rechtsordnung, sie trifft einen Rechtsgenossen und begünstigt einen anderen[533]. Gekennzeichnet ist die Rechtspflicht durch ihre Sanktion, die im Privatrecht mindestens in Form des Schadensersatzes besteht[534]. Dieser kann auch die Form der Erfüllung haben, wie beispielsweise § 179 I zeigt.

Die Wirksamkeit könnte insofern Schadensersatz für die Behinderung des Wirksamwerdens sein, der den Erklärenden begünstigt. Bei ihm müsste also eine Rechtsposition bestehen, die sich aus der Belastung des Empfängers ableiten ließe. Diese Rechtsposition entstünde aber nicht erst mit der Pflichtverletzung, sondern müsste vorher nachzuweisen sein. Da aber grundsätzlich jedermann gegenüber jedem eine Willenserklärung wirksam werden lassen kann[535], müsste

---

525 Breit, SächsArch 15, 698.

526 Klingmüller, VersR 1967, 1112.

527 Pflicht kann unter verschiedenen Blickwinkeln betrachtet werden. Die Bedingtheit von ethischer und rechtlicher Pflicht sowie ihre philosophische Wurzel bleiben außer Betracht.

528 Adomeit, Rechtstheorie, 53.

529 R Schmidt, 21.

530 R Schmidt, 315, 53 f.

531 v.Tuhr, AT I, 96 f.

532 Henß kann den inneren Zusammenhang von Pflicht und Anspruch deutlich machen, insbesondere kann er die unklagbaren Nebenpflichten integrieren (vgl. ders., 82 ff., 85 ff.)

533 Adomeit, 53.

534 Raimer Schmidt, 36.

535 Zumindest kann man jedem gegenüber einen Antrag im Sinn des § 145 wirksam erklären. Ob auch rechtlich unerhebliche Erklärungen sozusagen natürlich wirksam werden können, also beispielsweise eine kraftlose Rücktritts- oder Anfechtungserklärung, d.h. eine Erklärung ohne ein entsprechendes Rücktritts- beziehungsweise Anfechtungsrecht, ist eine schwierige, ausschließlich theoretische Frage, die hier nicht beantwortet werden muss.

auch bei jeder Person eine entsprechende Anzahl von Rechtspositionen bestehen. Eine absurde Vorstellung.

Das Gesetz kann die Interessen der Rechtssubjekte auf verschiedene Arten schützen. Nur eine Möglichkeit ist die Statuierung von Pflichten und Obliegenheiten für andere Rechtssubjekte, deren Nichterfüllung Sanktionen nach sich ziehen. Die Annahme einer Pflicht macht nur Sinn, wenn man sie erfüllen kann und dagegen verstoßen kann. Dann kann das Subjekt entscheiden, ob es die Pflicht erfüllen will oder nicht. Fehlt diese Wahlfreiheit, ist eine Pflicht nicht nur ohne Bedeutung, der Zustand, der erzeugt werden soll, entsteht zwangsläufig, ein „Sollen" verändert daran nichts. Die Wahlmöglichkeit ist schon eine logische Voraussetzung einer Pflicht. Nur wer sich entscheiden kann, frei wählen kann, den kann auch eine Pflicht treffen[536]. Zweck der Pflicht ist ein erwünschtes Verhalten zu erzeugen, indem bei einer Abweichung negative Folgen entstehen. Funktional betrachtet ist die Pflicht der Versuch, die Kausalkette, deren Zwangsläufigkeit durch die Mitwirkung des in der Entscheidung freien Menschen nicht gegeben ist und so nur erschwert vorhersehbar ist, auszugleichen. Die Rechtspflicht macht den Unterschied zwischen menschlicher Zurechung aufgrund Verantwortlichkeit und der naturwissenschaftlichen Kausalität kalkulierbar. Das gebotene Verhalten kann bei der Planung zugrundegelegt werden, auch wenn bei der Verwirklichung ein anderes Verhalten möglich ist. Es fehlt somit an den rechtstechnischen Voraussetzungen für eine allgemeine Pflicht.

Bei der Wirksamkeit von Willenserklärungen hat das Gesetz nicht die Statuierung einer Pflicht, sondern eine andere Möglichkeiten gewählt, die Interessen des Erklärenden vor der Willkür des Empfängers zu schützen. Rechtsschutz gewährt § 132 durch die staatliche Mithilfe, die tatsächliche Hindernisse überwinden kann, und durch die Anordnung einer Fiktion, die rechtliche Hindernisse überwindet. Wird aber damit der Rechtszustand geschaffen, der dem Erfolg des in Frage stehend geforderten Handelns des Rechtsubjekts gleichsteht, ist eine Erzwingung des Handelns nicht mehr geboten. Die Erfüllung der Verhaltensanforderung ist unerheblich, die Rechtslage besteht so, als liege ein normgerechtes Verhalten vor. Die Statuierung weiterer Rechtsfolgen ist strukturell überflüssig. Dem Adressaten darüber hinaus Rechtsnachteile zukommen zu lassen, wäre eine unangebrachte Bestrafung.

Zum anderen werden die Interessen des Erklärenden schon ausreichend und überhaupt durch die Ausbildung des Rechtsgeschäfts unter Abwesenden geschützt, insbesondere in der Ausformung der Empfangstheorie: Der Adressat kann sich dem Wirksamwerden nicht entziehen. Dies gewährleisten nicht erst die Instrumentarien des § 132, sondern schon der objektive Charakter der Zugangsanforderungen beziehungsweise die Einschränkung der Vernehmungstheorie bei flüchtigen Erklärungen. An einer allgemeinen Pflicht, den Zugang zu ermöglichen, besteht kein Bedarf. Die Wirksamkeit kann auch nicht erschwert werden, da keine Anforderungen an die Redlichkeit des Empfängers zu stellen

---

[536] Das gilt natürlich auch umgekehrt, d.h. die Pflichterfüllung muss möglich sein.

sind. Maßstab für eine Erschwerung können nur die §§ 130 ff. sein, nicht irgendeine Übung oder Verkehrssitte.

Ob man den Umstand der Unentrinnbarkeit des Empfangs als eine „Obliegenheit“[537] sieht oder als eine „Last“[538] bezeichnet, führt nicht weiter. Denn deren Wirkungen erschöpfen sich in den Belastungen, die zu dieser Einordnung führen. Eine „allgemeine Obliegenheit“ oder „Last“, welche weitere allgemeine Folgen haben könnte, ist nicht denkbar. Rechtslogisch muss dem § 132 keine Verpflichtung des Empfängers zugrunde liegen. Das Problem der Zugangshindernisse besteht im Allgemeinen nicht.

Den Zugang und damit das Wirksamwerden zu erleichtern, kann dagegen theoretisch Pflicht beziehungsweise Obliegenheit sein. Denn dagegen kann der Empfänger verstoßen, indem er die geforderte Erleichterung unterlässt, er also eine Verhaltensanforderung nicht erfüllt.

Diese Pflicht beziehungsweise Obliegenheit kann entstehen, wenn man in einem Rechtsverhältnis steht, infolgedessen Willenserklärungen zu erwarten sind[539]. Gegeben ist dies zum einen bei einem schon bestehenden rechtsgeschäftlichen Kontakt, wie einem Mietvertrag[540], Arbeitsvertrag[541], Girovertrag oder Versicherungsvertrag[542]. Zum anderen entsteht eine solche Obliegenheit aufgrund einer bestimmten beruflichen Stellung des Empfängers[543]. Wird diese Pflicht beziehungsweise Obliegenheit verletzt, wird der Zugang fingiert[544] oder der präsumtive Empfänger darf sich zumindest nicht auf den fehlenden Zugang berufen[545].

Unter Berücksichtigung der Rechtsfolge kann nun auch entschieden werden, dass es keine Pflicht, sondern eine Obliegenheit ist. Der Pflichtbegriff setzt sich zusammen aus dem gegenüberliegenden Erfüllungsanspruch des Berechtigten, aus der Notwendigkeit des Verschuldens eines Pflichtverstoßes und aus der Rechtsfolge des Schadensersatzes[546]. Ohne die Konsistenz des Begriffs zu ver-

---

537 Dazu Henß mit allg. Überblick über die Literatur.

538 Esser, SchR, , 89.

539 Dazu allgemein Dilcher, AcP 154, 120, 129.

540 BGHZ 67, 278.

541 BAG, AP Nr.5, 10.

542 BGH VersR 1971, 263.

543 Dilcher a.a.O, 131. Dabei ist an Gewerbetreibende im weitesten Sinn zu denken, die Teil des Rechtsverkehrs sind. Einer Sonderbeziehung zum Erklärenden bedarf es in diesem Fall nicht.

544 RGZ 58, 408; 110, 36; erstmals Hölder, DJZ 1901, 340; heute diese Meinung darstellend: Medicus, AT, Rn.282, Larenz, AT, 413; dabei wird der Rechtsgedanke des §§ 162, 815 herangezogen.

545 BGH NJW 1952, 1169; VersR 1971, 263; Flume, AT, 238; Heinrichs/Palandt § 130, 5; Medicus, AT, 278; dabei muss jedenfalls der Zugang erreicht werden, nur der Zeitpunkt wird rückdatiert. Dies ist dem „estoppel“ im anglo-amerikanischen Recht ähnlich, vgl. dazu Nogossek, CR 1986, 353 ff.

546 Henß, 97 ff.

lieren kann man auf ein Element verzichten[547]. Bei der Erleichterung des Zugangs fehlen aber alle Elemente. Die Konstruktion, die Rechtsfolgen der erzwungenen Willenserklärung als gesetzlich pauschalisierten Schadensersatz zu begreifen, führt nicht weiter[548]. Die Obliegenheit als Pflicht gegen sich selbst zu begreifen oder sie als Last zu bezeichnen, führt zu keinem weiteren Gewinn. Diese besondere Obliegenheit, den Zugang zu erleichtern, leitet sich als Nebenpflicht aus einer andersartigen verpflichtenden Bindung ab, wurzelt aber nicht in der allgemeinen Rechtsgeschäftslehre.

Grundsätzlich ist es nicht möglich, mit einer interessenorientierten Auslegung des § 130 Probleme des Vertragsrechts zu lösen. Das Gewicht der Allgemeinheit der Regelung ginge dadurch verloren. So ist es zu begrüßen, wenn das BAG jüngst die Grundsätze der Verwirkung heranzieht um zu beurteilen, ob die Klagefrist des § 4 KSchG eingehalten wurde, wenn die Kenntnisnahme verzögert war, weil das Einschreiben nicht vom Postamt abgeholt wurde[549]. Denn so wird dort die Lösung gesucht, wo das Problem besteht. Die Integrität der allgemeinen Grundsätze bleibt so gewahrt. Damit entsteht auch kein Regel-Ausnahme System, sondern die Lösung ergibt sich aus Zusammenhängen, die auf einer anderen logischen Ebene liegen. Bei § 4 KSchG ist dies die Ebene des Prozessrechts unter Berücksichtigung des Arbeitsrechts.

H. Rechtsvergleichung: Die Empfangstheorie im Wettbewerb mit anderen Lösungen

§ 130 ist Ausdruck der gesetzgeberischen Entscheidung gegen die Entäußerungs-, Absendungs- und Vernehmungstheorie, die im Einklang mit der vorherrschenden Rechtsüberzeugung stand. Der Streit ist nach Gerechtigkeitserwägungen und praktischen Gesichtspunkten entschieden worden. Heteronome Gesichtspunkte, wie die Steuerung oder Planung des menschlichen Verhaltens, gingen damit nicht einher[550]. Die Regeln zum Wirksamwerden schaffen nicht erst Gerechtigkeit, bestimmen nicht den Status der Personen, sondern knüpfen daran an. Das Verhalten der beteiligten Rechtssubjekte wird bewertet, ohne dass sich das Verhalten erst an § 130 orientieren müsste. Bei der näheren Ausgestaltung des Zugangs sind die normalen Erwartungen der Menschen maßgebliche Anforderung der rechtserheblich Kommunikation, soweit diese von der gesetzlichen Wertung unterstützt werden. § 130 verschließt somit nicht offensichtlich und von vorn herein, auch außerrechtliche Erkenntnisse zu berücksichtigen. In der Normierung kann eine „Art von Hintergrundsicherheit“ für das soziale Handeln gesehen werden, die man nicht andauernd zu thematisieren braucht[551].

Freilich wären auch die anderen Lösungen denkbar gewesen. Nicht nur eine Lösung ist gerecht und damit zwingend. Diese Verfügbarkeit macht es zu einem

---

547 Der Erfüllungsanspruch fehlt beispielsweise bei den unselbständigen schuldrechtlichen Nebenpflichten. Das Verschulden fehlt bei der verschuldensunabhängigen Haftung.

548 Dazu Henß, 98 f.

549 BAG, NJW 1997, 146. Kritisch dazu Herbert, NJW 1997, 1829.

550 Zur Normativfunktion gegenüber der Steuerungs- und Planungsfunktion Pawlowski, Methodenlehre, 383 ff., 531 ff.

551 Rottleuthner, Rechtssoziologie, 82.

rechtsystemimmanenten, rechtstechnischen Problem. Die Empfangstheorie ist lediglich eine Möglichkeit der systemkonformen Abbildung von Gerechtigkeitspostulaten. Perfekt ist diese Abbildung nicht, wie die Schwierigkeiten bei den Einzelproblemen zeigen. Dass die anderen Lösungen gangbar sind, zeigt die Rechtsvergleichung.

Im italienischen Zivilgesetzbuch ist die Vernehmungstheorie statuiert, allerdings ohne die Abstraktion der „Willenserklärung“. Das Wirksamwerden wird als Teil der Vertragsentstehung behandelt[552]. Das Wirksamwerden des Antrags ist unerheblich. Aus der Sache ergibt sich dessen Annahmefähigkeit erst mit Kenntnis vom Erklärungsinhalt. Der Vertrag kommt nach Art. 1326 I cc Italien zustande, wenn der Anbietende von der Annahme Kenntnis genommen hat[553]. Die Annahme kann gemäß Art 1328 II bis zum Wirksamwerden widerrufen werden[554]. Bis dahin kann auch das Angebot noch widerrufen werden, Art. 1328 cc Italien. Der Zugangsmoment der Annahmeerklärung ist aber die Grundlage der gesetzlichen Vermutung aus Art 1335 cc Italien, dass die Erklärung auch zur Kenntnis genommen wurde. Allerdings ist ein Gegenbeweis möglich. Schwierigkeiten beim Nachweis der Vernehmung werden somit mit einer Beweislastumkehr begegnet; ausgelöst wird dies durch den Zugang.

Daraus lässt sich zweierlei folgern: Die Kenntnisnahme erschien den italienischen Gesetzgeber als eine natürliche und tatsächliche Folge des Zugangs zu sein. Die Beweisbarkeit des Zugangsmoments ist wesentlich einfacher als die der Kenntnisnahme. Davon abgesehen trägt der Erklärende der Annahme das Verlust- und Verspätungsrisiko bis zur Kenntnisnahme. Verwirklicht sich dieses Risiko durch die Mitwirkung eines „Empfangsboten“[555], ändert sich an dieser Risikotragung nichts, der Empfänger wird nur beweisbelastet.

Ganz anders das common law, das die „Willenserklärung“ ebenfalls nicht kennt. Im Mittelpunkt steht das Versprechen. Der Vertrag kommt aber auch durch Angebot und Annahme zustande. Ob das Versprechen schon vollkommen im Angebot besteht oder sich aus Angebot und Annahme zusammensetzt, wird als unerheblich gesehen[556]. Die Annahme ist möglich entweder durch die tatsächliche Erbringung der geforderten Leistung oder durch ein Gegenversprechen. Das Gegenversprechen wird schon wirksam, wenn die Erklärung auf den Weg gebracht wird, also abgesendet wird, soweit die erforderliche Sorgfalt nachgewiesen werden kann[557]. Diese „mailbox-rule“ des angloamerikanischen Rechtskreises entspricht der Absendungstheorie. Das Verlust- und Verspätungs-

---

552 Rudolf Schmidt, Der Abschluss des Vertrages nach dem italienischen Zivilgesetzbuch von 1942, FS Nipperdey (1965) I, 701 ff., 702.

553 Nicht immer ist eine Annahmeerklärung notwendig. Ergibt sich aus dem Vertragsinhalt, dass der annehmende Teil alsbald eine Leistung zu erbringen hat, reicht nach Art. 1327 cc Italien die tatsächliche Erbringung aus.

554 Der Widerruf muss aber vor der Annahmeerklärung vom Anbietenden zur Kenntnis genommen worden sein.

555 Übertrüge man die Rechtsfigur unverändert auf die italienischen Verhältnisse.

556 M.Reimann, Einführung in das us-amerikanische Privatrecht, (1997), 33.

557 Diese sog. „mailbox-rule“ geht auf Adams v. Lindsell, von 1818 zurück; Nachweis bei Reimann, 34 Fn. 55.

risiko während der Übermittlung der Annahme trägt der Empfänger. Davon ist auch abgewichen worden, so bei mündlichen Annahmeerklärungen, welche durch Zugang wirksam werden sollen[558]. Als Grundsatz wird die Absendung aber nach wie vor für ausreichend gehalten[559]. Zu erklären ist dies mit der geltenden consideratio-Lehre, weswegen das Angebot bis zur Annahme widerruflich ist[560]. Dieses Widerrufsrecht wird durch die „mailbox-rule" verkürzt, so dass der Annehmende erkennen kann, wann ein Widerruf nicht mehr möglich ist. Unter dieser Absendungstheorie kann grundsätzlich keine Problemlage bestehen, die zur Rechtsfigur des Empfangsboten führen könnte. Der Empfang ist unerheblich.

Die Lösung des BGB, die Empfangstheorie, steht im Wettbewerb mit den anderen Möglichkeiten. Funktionales Ziel ist es, dem wesentlichen Moment des Vertragsschlusses am ehesten gerecht zu werden. Die Empfangstheorie ist den anderen Lösungen nicht offenkundig überlegen. Zwar bestehen Unbilligkeiten bei der Vernehmungstheorie, die in Italien nur durch Beweisregeln ausgeglichen werden können. Und bei der Absendungstheorie scheinen Schwierigkeiten bei der Beurteilung von Erklärungen zu bestehen, die mit Telekommunikationsmitteln transportiert werden. Aber auch die Empfangstheorie ist nicht vollkommen. So ist der relevante Moment des Risikoübergangs sowohl in der Vernehmungs- als auch in der Absendungstheorie deutlicher zu erkennen. Ebenfalls ist der Problemfall der Zugangsvereitelung eine Schwierigkeit nur der Empfangstheorie.

Trotzdem scheint sich die Empfangstheorie gegenüber den anderen Lösungen durchzusetzen. *Zweigert/Kötz* halten die deutsche Lösung für die überlegene[561]. Eine solche Tendenz lässt sich mit ihrer Normierung im UN-Kaufrecht und im CISG belegen. Nach §§ 15-18 UN-Kaufrecht und Art. 24 CISG wird die Erklärung mit Zugang wirksam[562]. Aus politischen Gründen sind deutsche Lösungen nicht selbstverständlich bei der Ausgestaltung von internationalem Einheitsrecht favorisiert. Die Durchsetzung gegen das romanische Recht und das common law muss sich aus Sachgründen erklären lassen[563]. Die Empfangstheorie ist praktikabel, weil die Probleme sachnäher schon im materiellen Recht gelöst werden und nicht erst bei der Beweislastverteilung. Die „mailbox" rule wird modernen Möglichkeiten des Transports nicht gerecht.

I. Fazit

Die Anforderungen des Wirksamwerdens einer Willenserklärung sind elementar für die Organisation des Rechtsverkehrs. Die Willenserklärung ist ein kommunikativer Akt und der Empfänger hat ein beachtliches Interesse daran, vom Er-

---

558 So bei Übermittlung durch Telefax; weiterführend bei v. Bernstorf, Einführung in das englische Recht (1996), 40.

559 Edward J. Murphy, Richard E.Speidel, Studies in Contract Law, 2. Aufl. (1977), 162.

560 Zweigert/Kötz, Einführung in die Rechtsvergleichung, 3.Aufl. (1996).

561 Zweigert/Kötz, 356.

562 Zum CISG siehe Brexel, 77 ff.

563 Wobei die Empfangstheorie auch als Ergebnis eines Kompromisses gesehen werden könnte.

klärungsinhalt Kenntnis zu erlangen. Dem steht das Interesse des Erklärenden gegenüber, der die Voraussetzungen der Wirksamkeit in zumutbarer Weise erfüllen können will.

Der freie Rechtsverkehr verlangt, dass der Empfänger sich dem Empfang nicht entziehen kann. Bei Rechtsgeschäften unter Abwesenden entsteht ein weiteres Schutzbedürfnis des Erklärenden, weil dabei das Wirksamwerden ein gestreckter Tatbestand ist. Daraus entwickelt sich die getrennte Beurteilung von gespeicherten, abrufbaren Erklärungen und flüchtigen.

Der Normtext des § 130 ist nicht ausreichend, um allgemeine Kriterien der Wirksamkeit der Willenserklärung zu formulieren, die der Rechtssicherheit genügen. Das Gebot Gleichbehandlung gebietet aber, abstrakte Merkmale und Anforderungen zu finden, auch um die Wirksamkeit vorhersehbar zu machen. Die Ausbildung der Zugangsdefinitionen kann dies nur bedingt leisten. Der Zugang wird von drei Elementen bestimmt: dem Machtbereich, der Möglichkeit der Kenntnisnahme und der objektiven Erwartung der Kenntnisnahme. Der Machtbereich bezeichnet eine tatsächliche Voraussetzung, welche durch die objektive Möglichkeit der Kenntnisnahme normativ qualifiziert ist. Die Erwartung der Kenntnisnahme ist eine zeitliche Qualifikation. Der Wirksamkeitszeitpunkt ist objektiv zu ermitteln. Individuelle, konkrete Momente werden vom Zugangserfordernis ferngehalten. Die Einschränkung der Vernehmungstheorie bei flüchtigen Erklärungen bestätigt die Notwendigkeit, die Anforderungen überindividuell auszugestalten.

Mit den Zugangsanforderungen und der eingeschränkten Vernehmungstheorie kann auch die Problemlage sachgerecht gelöst werden, wenn der Empfänger aufgrund individueller Umstände an einer unmittelbaren Kenntnisnahme gehindert ist. Die über individuellen oder absichtlichen Zugangshindernisse offenbaren freilich eine Schwäche der Empfangstheorie, die mit Sonderregeln auszugleichen ist.

Die moderne Telekommunikation aktualisiert die Frage nach der gerechten Risikoverteilung, insbesondere nach der genauen Bestimmung des Verantwortungsbereichs des Empfängers.

Das Rechtsgeschäft unter Abwesenden und die Zugangsanforderungen gewährleisten, dass der Erklärende sein Selbstbestimmungsrecht verwirklichen kann, denn eine Mitwirkung des Empfängers ist nicht erforderlich. Eine allgemeine Obliegenheit, Erklärungen zu empfangen, muss dazu nicht ausgebildet werden.

Die Lösung des BGB ist freilich nur eine unter mehreren denkbaren; sie ist keine zwingende Folge der allgemeinen Rechtsidee.

IV. Die Empfangsvertretung

In § 164 III wird für den Empfang einer Willenserklärung die entsprechende Geltung des § 164 I angeordnet. Für die passive Stellvertretung gelten die §§ 164-181, soweit dies wegen der Art dieser Vertretung möglich ist[564]. Insofern

---

[564] Diese Einschränkung zeigt sich schon bei § 164 III selbst: Auf Absatz § 164 II wird nicht verwiesen, denn ein Empfang in eigenem Namen ist rechtslogisch nicht denkbar.

ist § 164 III als Fiktion zu sehen: Der Empfang einer Willenserklärung ist kein Rechtsgeschäft, soll aber wie ein solches behandelt werden. Wendet man die Einteilung der Fiktionen von *Esser*[565] an, ist § 164 III als Kurzverweis zu verstehen: Nicht die einzelnen zur Geltung zu bringenden Regelungen werden aufgeführt, sondern durch die Gleichstellung mit der aktiven Stellvertretung gilt die ganze Gruppe der Regelungen zur Stellvertretung.

A. Die gesetzliche Ausbildung der Empfangsvertretung

Die Voraussetzungen und Wirkungen der Stellvertretung und ihrer spezifischen Problemlösungen sind mit dem Empfang der Willenserklärung in Beziehung zu setzen. Dadurch erschließt sich das „Wesen" der Empfangsvertretung, also der Tatbestand der anzuwendenden Vorschriften.

Nach § 165 können auch beschränkt geschäftsfähige Personen Empfangsvertreter sein. Die Empfangsfähigkeit wird so über die Vorgaben des § 131 hinaus ausgedehnt. Dies findet seine Rechtfertigung in der Selbstbestimmung des Vertretenen, der seinen Vertreter auswählt.

Weiterhin müsste der Empfangsvertreter die Willenserklärung „im Namen des Vertretenen" empfangen. Dieser Mechanismus, der an der Abgabe einer Willenserklärung ausgerichtet ist, beinhaltet eine Handlung, die zu einer Willensäußerung in Beziehung steht. Beim Empfang fehlt es aber an einer Handlung, und ein Willensmoment des Empfängers ist ebenfalls nicht erforderlich. Insofern entstehen schon hier Probleme, was den Empfangsvertreter konstituiert.

Würde man gleichwohl eine offenkundig fremdgerichtete Handlung verlangen, könnte mit einem Empfangsvertreter generell kein Rechtsgeschäft unter Abwesenden getätigt werden, ohne dass es vorher zu einem Kontakt zwischen dem Erklärenden und dem Empfänger gekommen wäre, bei dem die Vertretung offenbart worden wäre. Doch auch bei Rechtsgeschäften unter Anwesenden ist nach der modifizierten Vernehmungstheorie keine Vernehmung, erst recht keine Handlung notwendig[566]. Zwei Lösungen sind denkbar: Entweder man schafft einen eigenartigen Mechanismus des Wirksamwerdens einer Willenserklärung bei der Empfangsvertretung, oder man verändert das Merkmal der erkennbaren Fremdhandlung bei der Empfangsvertretung.

Für die wirksame Empfangsvertretung ist eine Vollmacht notwendig. Die Vollmacht für die aktive Vertretung dürfte meist auch die der passiven mit umfassen, zumindest, soweit eine Willenserklärung als Reaktion auf das aktive Vertretungsgeschäft zu erwarten ist. Dies ist aber kein Rechtsproblem, sondern eine Frage der Auslegung, die im Einzelfall zu beantworten ist: Bevollmächtigt wird beispielsweise zum „Kauf", nicht zur Abgabe eines Kaufantrags oder einer Kaufannahme. Kaufen hat in erster Linie einen Güteraustausch zum Zweck. Die Vollmacht umfasst dann den Empfang der zum Vertragsschluss erforderlichen Gegenerklärung, beim Barkauf auch die Abgabe und den Empfang der sachenrechtlichen Erklärungen. Regelmäßig wird so bei zweiseitigen Rechtsgeschäften

---

565 Esser, Fiktion, 37 ff. wobei er allerdings nicht § 164 III als Beispiel aufgeführt.

566 Umgekehrt, der Empfänger hat nur zu handeln, wenn er die Erklärung nicht vernommen hat. Vgl. dazu oben unter A.4.b.

die Vollmacht den Empfang der Gegenerklärung einschließen. Die Überlegenheit der Vertretungsregeln ergibt sich gerade aus der Möglichkeit der Außen- wie der Innenvollmacht. Dadurch wird der Empfangsvertreter entweder durch die Kommunikation mit dem Vertretenen oder mit dem Dritten zu einem solchen.

Aus dem Sachzusammenhang ergibt sich, dass die Willenserklärung an den Stellvertreter abgegeben wird. Erst im Anschluss stellt sich die Frage nach der Einordnung als Empfangsvertreter. Aus sich heraus kann der Empfangsvertreter seine Vollmacht nicht ohne weiteres aktivieren. Diese Richtungsgebung ist zwar in tatsächlicher Hinsicht nicht unbedingt eindeutig, denn die Umstände können bei Vermittlung durch einen Empfangsboten oder Erklärungsboten genauso sein. Trotzdem könnte man die Richtungsgebung als Ansatz für die Einordnung wählen. Dann entschiede der Erklärende mit der Richtungsgebung, ob es sich bei der Person um einen Empfangsboten oder um einen Empfangsvertreter handelt.

Die Subsumtion der Empfangsvertretung unter die Regeln der Stellvertretung bereitet Schwierigkeiten. Drei Momente sind zu erkennen, an denen man die Empfangsvertretung feststellen könnte: Das Auftreten der Person, insbesondere ein Deutlichmachen der Vertretung, die Bevollmächtigung und die Richtungsgebung durch den Erklärenden. Damit sind die Probleme bei der Einordnung der Empfangsvertretung offenbart: Der Empfang bedarf keiner Handlung, so kann schwerlich eine Erklärung im fremden Namen empfangen werden. Damit fehlt für eine Auslegung des Verhaltens der Entgegennahme, das auf eine Stellvertretung schließen ließe, eine ausreichende Grundlage. Ein Willensakt ist nicht erforderlich, so dass der Empfangsvertreter nicht den Vertretenen bei der Willensbildung und -äußerung repräsentiert. Überdies zeigt § 180,3, dass auch die Vollmacht nicht konstituierend ist, denn es gibt den Empfangsvertreter ohne Vertretungsmacht.

B. Meinungsstand

Stoll verneint die isolierte passive Vertretung überhaupt[567]. Er anerkennt die passive Vertretung ausschließlich als Teil einer aktiven, also bei zweiseitigen Rechtsgeschäften mit einem Stellvertreter.

Nicht eindeutig ist in diesem Zusammenhang *Brinkmann* zu verstehen. Er will eine isolierte Empfangsvertretung nur dann annehmen, wenn dies „dem eindeutig zum Ausdruck gebrachten Willen entspricht“[568]. Dies sieht er als eine seltene Ausnahme, woraus er folgert, dass die Empfangsvertretung regelmäßig mit der Aktivvertretung zusammentrifft. *Brinkmann* verfolgt trotzdem den Ansatz weiter, mit der Annahme einer Empfangsvertretung ohne Vertretungsmacht die einschlägige Problemlage des Empfangsboten zu lösen. Dabei werden alle Mittler als Empfangsvertreter angesehen, haben sie keine entsprechende Vollmacht, kann der vermeintlich Vertretene gemäß § 177 den Empfang genehmigen[569].

[567] Stoll, AcP 131, 231.
[568] Brinkmann, 106.
[569] Brinkmann, 107.

Diesen Lösungsweg hält *Brinkmann* aber für nicht gangbar. Zum einen seien die Sachverhalte, die dem Empfangsboten zugrunde liegen, nicht so gestaltet, dass eine Vollmacht angenommen werden könnte. Zum anderen hält er die Rückwirkung der Genehmigung für problematisch. Im Moment der Kenntniserlangung durch den Empfänger von der Genehmigungsmöglichkeit werde die Erklärung schon nach allgemeinen Regeln durch die Kenntnisnahme wirksam. Die Wirksamkeit darüber hinaus von einer Genehmigung abhängig zu machen, hält er für nicht mit § 130 vereinbar. Die Rückwirkung der Genehmigung sei nicht interessengerecht. Die Empfangsvertretung ohne Vertretungsmacht hält *Brinkmann* nur in Verbindung mit einer Aktivvertretung für denkbar[570].

Henle bestreitet die Existenz eines einheitlichen Wesens der Stellvertretung prinzipiell. Die Stellvertretung sei gekennzeichnet durch eine Handlung; diese fehle aber beim Empfang. Die aktive Stellvertretung wurzele im Erklärungsinhalt, die passive im Erklärungsvorgang[571]. Bei der aktiven Stellvertretung trete der „Rechtserfolg“ beim Vertreter ein[572]. Bei der Passiven hingegen bleibe die Erklärung unverändert, nur die Wirksamkeit kann durch Empfang einer anderen Person erreicht werden. Damit stehe der Empfangsvertreter dem Boten näher als dem aktiven Stellvertreter. Trotzdem differenziert *Henle* zwischen Empfangsvertreter und Empfangsbote[573]. Darüber entscheide nicht der Erklärende, sondern die Selbständigkeit der Person. Dazu sei keine Vollmacht notwendig, welche die aktive Stellvertretung erfasst. Dies ist schon wegen § 180,3 nicht zu verlangen. Allein aus dem Auftreten der Person muss sich ergeben, ob Stellvertretung vorliegt.

Oldenbourg kritisiert die Empfangsvertretung prinzipiell, weil ihr ein tatsächliches Verhalten zugrunde liegt. Er meint einen allgemeinen Grundsatz ausmachen zu können, nach dem sich die Rechtsnaturen des zurechnungsbegründenden Verhaltens und des zuzurechnenden Verhaltens entsprechen müssen[574]. Die Vollmacht ist ein Rechtsgeschäft, der Empfang einer Willenserklärung aber nicht.

Dilcher will an ein erkennbares Verhalten des empfangenden Vertreters anknüpfen, das für und gegen den Vertretenen wirken soll[575]. Allerdings verkennt er dabei nicht „gewisse Schwierigkeiten“, ein passives Verhalten in den Denkzusammenhang des Vertreterhandelns als Erweiterung der rechtlichen Möglichkeiten einer Person einzuordnen. Letztlich sieht er in der Empfangsvertretung eine notwendige Ergänzung der aktiven Vertretung[576].

---

570 Brinkmann, 108.
571 Henle, Das Wesen der Stellvertretung, Mecklenburgische Zeitschrift 1926, 693.
572 Henle, Lehrbuch des Bürgerlichen Rechts I, Allgemeiner Teil, 85.
573 Henle benutzt eine eigene Terminologie. Empfangsbote ist bei ihm Empfangsgehilfe, der Empfangsvertreter Empfangsmittler; Henle AT, 82 f.
574 Oldenbourg, Die Wissenszurechnung (1934), 19 ff.
575 Dilcher/Staudinger, Vorbem § 164, 20.
576 Dilcher/Staudinger, Vorbem § 164, 19.

Titze will den Empfangsvertreter an seiner Möglichkeit erkennen, „Dispositionen" treffen zu können[577]. Ob dies rechtliche oder tatsächliche Möglichkeiten meint, also ob er die Vollmacht meint oder schon das Auftreten eines Bevollmächtigten, ist unklar.

Richardi geht davon aus, dass der Empfangsvertreter nicht handelt und sein Wille für den Eintritt der Rechtsfolge irrelevant ist[578]. Das Stellvertretungsrecht benötige überhaupt nur die Rechtsfigur Empfangsvertreter, weil das BGB bei der Stellvertretung an die Willenserklärung - an deren Abgabe und deren Zugang - anknüpft und nicht an das Rechtsgeschäft selbst[579]. Wie *Stoll* sieht er die passive Vertretung als eine notwendige, ergänzende Begleiterscheinung zur aktiven.

Um zwischen Empfangsvertreter und -bote zu differenzieren, hält *Richardi* sowohl die Beurteilung des Innenverhältnisses, als auch des Auftretens der Person für untauglich. Er sieht den Unterschied „teleologisch" darin, wem die Erklärung zugeht[580]. Allein maßgeblich ist damit, wen der Erklärende als Erklärungsadressaten bestimmt. *Richardi* meint, einfacher ermitteln zu können, wer als Empfangsbote anzusehen ist, womit er diesen Personenkreis ausschließen kann[581]. Wenn die Voraussetzungen der Empfangsbotenschaft gegeben sind, gehe die Erklärung dem nicht anwesenden Dritten, der Geschäftspartei zu. Aus dieser Auslese folgert er nun aber nicht, den Rest der unbekannten Beteiligten als Empfangsvertreter zu bestimmen. Positives Kriterium auch des passiven Stellvertreters sei die Vertretungsmacht, die ihn über den Machtbereich des Empfängers hinaus zu einem „Zuordnungsmittler" erhebe. Der Geschäftsherr werde „repräsentiert"[582], der Vertreter habe die „Empfangszuständigkeit"[583]. Praktisch sei dies regelmäßig beim aktiven Vertreter in der gleichen Angelegenheit zu bejahen.

Schramm hält die Vertretungsmacht für entscheidend[584]. Diese will er wie *Richardi* anhand der „Selbständigkeit, ... eigener Verantwortung,... Entscheidungsgewalt" ermitteln. Die Notwendigkeit der Vollmacht sehen ebenso *Flad*[585] und *Scherner*[586].

Bettermann will ein allgemeines Wesen der Stellvertretung finden, indem er auch die passive Stellvertretung einbezieht[587]. Dabei konzentriert er sich auf das

---

577 Titze, Missverständnis , 299.

578 Richardi, 398.

579 Richardi, 400.

580 A.a.O.

581 Die Personen, die nach der Verkehrsanschauung lediglich als eine unselbständige Empfangseinrichtung anzusehen sind.

582 Richardi, 401.

583 Richardi, 402. Der Begriff ist auf den Empfang von Willenserklärungen, nicht von Leistungen im des § 362 bezogen.

584 Schramm/MüKo § 164, 111.

585 Flad/Planck Vorbem § 164 4.b). Dabei hat er die Fallgestaltung vor Augen, dass der Erklärende einen Übermittlungsboten nicht zu einem Empfangsvertreter machen kann.

586 Scherner, 242 f.

587 Bettermann, 4.

Erfordernis der Erkennbarkeit des Handelns in fremden Namen. Die Besonderheit des passiven Vertreters sei, dass er keine Erklärung abgibt, aus der sich erkennen ließe, für wen er handelt. Der Zugang ist ein Ereignis, das ohne den Willen des Empfängers stattfindet[588]. Der Fall des § 180, 3, bei dem eine Erklärung des empfangenden Vertreters notwendig ist, sieht er als einen Sonderfall an, aus dessen Umkehrung eine Bestätigung seiner These abzuleiten sei[589]. Ein fremdwirksames Handeln könne bei der passiven Vertretung daher nicht verlangt werden.

Die Offenlegung des Fremdbezugs erfolge vielmehr durch den Erklärenden, indem dieser erkennbar die Erklärung an den Vertreter richte[590]. Diese Richtungsgebung ist nach *Bettermann* durch normative Auslegung zu ermitteln. Bei zweiseitigen Rechtsgeschäften, bei dem der Vertreter den Antrag erklärt hat, sei dieser auch passiver Vertreter hinsichtlich der Annahmeerklärung[591]. Im übrigen bedürfte es einer Vereinbarung über die Fremdheit des Geschäfts. Fehlt dies, soll der objektive Charakter entscheidend für die Fremdheit sein[592].

Das Gemeinsame, das „Essentielle" der Stellvertretung liege in der Fremdheit der Wirkung. Die Anerkennung der Repräsentation ermögliche, dass Partei bei Abgabe und/oder beim Empfang der Willenserklärung allein der Stellvertreter ist[593]. Die Offenlegung der Fremdheit sei dagegen kein Wesensmerkmal. Die Stellvertretung definiere sich allein über die Wirkung und nicht über die Ursache.

Auch *Nipperdey* sieht die Richtungsgebung des Erklärenden als maßgeblich für die Einordnung an[594].

Müller-Freienfels sieht ebenfalls ein gemeinsames Element der aktiven und der passiven Vertretung, allerdings ist dies bei ihm das „rechtliche Verhalten"[595]. Damit will er Handeln und Unterlassen erfassen und somit auch den Empfang einer Willenserklärung, weil „der Mittler etwas erfährt"[596].

C. Zur historischen Ausbildung der Empfangsvertretung

Erstmals ausdrücklich wurde die Stellvertretung im Empfang einer Willenserklärung in § 788,2 des Zivilrechts des Königreichs Sachsen von 1865 statuiert: *„Ebenso gelten Willenserklärungen, die von anderen dem Stellvertreter als solchem gegenüber abgegeben worden sind, so, als ob sie dem Vertretenen abge-*

---

588 Bettermann, 3.

589 Bettermann, 4.

590 Bettermann, 4; 99; ebenso Scherner, 242f.

591 Bettermann, 99. Wer Antragende, wer Annehmende ist - was bei lebensnaher Betrachtung und vor dem Hintergrund des § 150 II nicht einfach zu entscheiden ist - soll nach einer wirtschaftlichen Betrachtung zu entschieden werden.

592 Bettermann, 102, f.

593 Bettermann, 108.

594 Enneccerus-Nipperdey § 178.

595 Müller-Freienfels, 56. Den Gedanken der Gleichsetzung von aktivem Tun und Unterlassen entnimmt er dem Strafrecht. Neben strafrechtlicher Literatur verweist er auch auf Felix Kaufmann, Logik der Rechtswissenschaft (1922), 63 ff.

596 A.a.O.

geben worden wären“[597]. Für die Einordnung in die Rechtsgeschäftslehre ist hieraus wenig abzuleiten, die passive Stellvertretung wird lediglich gesetzlich definiert.

Zur dogmatischen Ausbildung der Rechtsfigur des Empfangsvertreters kam es, soweit ersichtlich, erst danach durch *Schliemann*[598] und *Zimmermann*[599]. Ausgangspunkt war die rechtliche Bewältigung der Vertretung beim Vertragsschluss. Die Stellvertretung sollte die Perfektion des Vertrages mit einem in tatsächlicher Hinsicht Unbeteiligten, der in rechtlicher Hinsicht alleinig beteiligt sein soll, dem Vertretenen, ermöglichen. Beide Autoren sehen sich den Anforderungen des klassischen Willensdogmas verpflichtet, so dass für den Vertragsschluss die Übereinstimmung im Willen notwendig ist. Um diese Übereinstimmung bei der Stellvertretung zu erreichen, bedarf es der Empfangsvertretung. Die Aufspaltung ein und derselben Person in einen erklärenden, aktiven Stellvertreter und daneben in einen Boten, der die erforderliche Gegenerklärung entgegennimmt beziehungsweise weitergibt, galt es zu vermeiden, denn das wurde nicht als Stellvertretung angesehen[600]. Die Vertretung im Willen sollte auch den Empfang erfassen.

Schliemann erkennt dabei die „technische Bezeichnung Stellvertreter“ als problematisch[601]. Er begründet die Empfangsvertretung mit einem Erst-Recht-Schluss: Kann ein Bote eingesetzt werden, so erst recht ein Stellvertreter. Dies will er mit dem Fall belegen, wenn eine Person sowohl zum Stellvertreter als auch zum Boten bestellt ist. Beide Funktionen vereinen sich in der Person, was schon nach römischem Recht zulässig sei. Aber dies sei nicht im Einklang mit den Grundsätzen der Stellvertretung. Wird von einem Stellvertreter das Angebot gemacht, muss dieses auch ihm gegenüber angenommen werden, meint *Schliemann.* Denn der Stellvertreter vertritt vollständig beim Vertragsschluss, äußerlich und im Willen[602]. Nur so ergebe sich eine Willensübereinstimmung. „Entweder vertritt der Stellvertreter ...ganz oder gar nicht“[603]. Bei zweiseitigen Rechtsgeschäften ist der Vertreter folglich auch für den Empfang der Willenserklärung zuständig. Die Möglichkeit der alleinigen Empfangsvertretung sieht *Schliemann* nicht.

Zimmermann baut darauf auf, sieht aber die Notwendigkeit, die Stellvertretung auch bei der bloßen Entgegennahme gegnerischer Willenserklärungen anzuerkennen[604]. Er untersucht jeweils getrennt die Wirkung beim Angebot und bei der Annahme und erkennt, dass dadurch kein Defizit beim Übereinkommen

---

[597] Vgl. Bauer, 83.

[598] Schliemann, ZHR 16 oder JJAHRB Bd. 1 n.F. (1871), 26-29, insbesondere 25. Everding, 69, sieht in Schliemann als „einer der ersten“ bei der Entdeckung der passiven Stellvertretung.

[599] Zimmermann, Die Lehre von der stellvertretenden Negotiorum Gestio (1876), 47 f.

[600] Die Empfangsbotenschaft ist damit noch nicht ausgebildet.

[601] Schliemann, JhJb 1. n.F. (1871), 26 f.

[602] Schliemann, 26-29.

[603] Schliemann, 29.

[604] Zimmermann, 47 f.

im Willen entsteht. Mit dieser Konstruktion ist die reine Empfangsvertretung gegeben[605].

Brinz polemisiert gegen *Schliemann* und *Zimmermann*, weil er die Stellvertretung beim Empfang einer Willenserklärung rechtslogisch und rechtstechnisch für undenkbar hält[606]. Der Empfangsvertreter verhalte sich passiv, eine Unterscheidung zum Boten könne somit nicht getroffen werden. Auch sei die Entgegennahme kein fremdes Geschäft, es werde also nicht in ein fremdes Rechtsgeschäft interveniert. Somit müsse unter Umständen ein Vertragsschluss teils nach Vertretungsrecht, teils nach Botenrecht beurteilt werden, je nach dem, ob die Erklärung abgegeben oder empfangen wird, so *Brinz* Schlussfolgerung[607].

Die Motive und die Protokolle zum BGB äußern sich nicht zur dogmatischen Einordnung der Empfangsvertretung. Schon in § 111,2 des 1.Entwurfs zum BGB ist die Empfangsvertretung durch eine Gleichsetzung mit der aktiven Stellvertretung normiert[608]. Allein, ob der Empfangsvertreter die Möglichkeit hat, den Empfang abzulehnen, auch wenn er Vollmacht hat, wurde angesprochen, letztlich aber der „Doktrin und Praxis" überlassen[609]. Die Protokolle hatten keinen Änderungsvorschlag in der Sache[610], in der Denkschrift wurde die Empfangsvertretung nicht erwähnt.[611]

Die einschlägigen rechtswissenschaftlichen Arbeiten im 19. Jh. konzentrierten sich darauf, für die Stellvertretung eine theoretische Grundlage zu liefern, die den Anforderungen der Praxis genügte und in die allgemeine Privatrechtslehre zu integrieren war[612]. Ziel war, die gesamte rechtlich relevante Tätigkeit des Stellvertreters beim Vertragsschluss zu erfassen, auch in der Umgebung der rechtstechnischen Abstraktion der Willenserklärung. Dies führte zwangsläufig zur Empfangsvertretung, wenn man die zum Vertragsschluss notwendigen Willenserklärungen wirksam werden lassen will, ohne dass eine Beteiligung des Vertretenen notwendig ist. Dabei wurde die Spannung zwischen der aktiven Stellvertretung als willensgetragene Rechtshandlung einerseits und dem Empfang einer Willenserklärung andererseits nicht als Problem gesehen. Die Auflösung dieses Paradoxon schafft das Gesetz ohne weiteres, die Dogmatik überhaupt nicht.

D. Zur Tauglichkeit der drei Ansatzpunkte Richtungsgebung, Vollmacht und Auftreten des Vertreters

Eine befriedigende Antwort darauf, was den Empfangsvertreter kennzeichnet, kann bisher nicht ausgemacht werden. Dabei stellt sich schon die Vorfrage, ob

---

605 Zimmermann 48.

606 Brinz, Pandekten, Bd.4 (1892), 333.

607 Dazu auch Bauer, 131.

608 „Desgleichen gelten Willenserklärungen, welche von Dritten dem Stellvertreter gegenüber abgegeben worden sind, so, als ob sie dem Vertretenen gegenüber abgegeben worden wären" (Zitiert nach Schubert, II, 877).

609 Mugdan I, 477.

610 Mugdan I, 737.

611 Mugdan I, 837.

612 Dazu Everding; 51 ff.

eines der drei oben genannten Momente - Richtungsgebung, Vollmacht, Auftreten des Vertreters – für sich allein überhaupt tauglich ist, über die Anwendung der Regeln zur Empfangsvertretung zu entscheiden.

1. Die Bedeutung der Richtungsgebung

Ob die Richtungsgebung durch den Empfänger entscheidend ist, soll an der Fallgestaltung untersucht werden, wenn die Erklärung durch den Bevollmächtigten entgegengenommen wird, diese aber an den Vertretenen adressiert ist. Dabei will der Erklärende den Mittler nicht als Empfangsvertreter nutzen, sondern als Erklärungsbote oder Empfangsbote.

Die spiegelbildliche Fallgestaltung bei der Abgabe einer Willenserklärung ist das Auftreten eines Bevollmächtigten als Bote. Nach nahezu einhelliger Meinung entscheidet bei der Abgabe das Auftreten der Person über die Einordnung als Bote oder Stellvertreter[613]. Der Erklärungsbote mit Vollmacht handelt noch im Rahmen seiner Vollmacht, denn diese ist nicht an ein bestimmtes Auftreten gebunden, sondern an einen rechtsgeschäftlichen Erfolg. Nach *Flume* ist die Erklärung von der Vollmacht gedeckt[614], was für *Medicus* der Zurechnungsgrund ist[615]. Wesentlich ist die sich aus der Vollmacht ergebende Zuständigkeit, welche die Durchführung des Rechtsgeschäfts materiell ermöglichen soll.

Überträgt man dies auf die Situation des Empfangs einer Willenserklärung, wird die Unbeachtlichkeit der Richtungsgebung offenbar: Der Erklärende kann dem Bevollmächtigten nicht diese Zuständigkeit nehmen. Die Erklärung wird mit dem Empfang durch den Empfangsvertreter wirksam. Der Erklärende ist nicht Herr über die Bevollmächtigung.

2. Folgerung aus § 180,3

Die passive Stellvertretung nur in Verbindung mit der aktiven anzuerkennen, wäre für die Bestimmung des Empfangsvertreters vorteilhaft. Dessen Auftreten als aktiver Vertreter würde genügen, um die Fremdwirkung zu zeigen. Aus § 180, 3 ist aber mittelbar zu schließen, dass die Empfangnahme auch ausschließlicher Inhalt einer Vollmacht sein kann, denn bei einseitigen Rechtsgeschäften ist auf der Empfängerseite kein aktives rechtsgeschäftliches Handeln notwendig.

Des weiteren hat der Gesetzgeber selbst die bloße Empfangsvertretung im Handels- und Versicherungsvertragsrecht instrumentalisiert: Der Vermittlungsagent ohne Abschlussvollmacht ist ipso iure bevollmächtigt, Erklärungen für das Versicherungsunternehmen als Vertreter entgegenzunehmen[616]. Allein aus der Normierung ließe sich rechtslogisch zwar auch der Umkehrschluss ziehen,

---

613 Zur älteren Literatur Rosenberg, Stellvertretung im Prozeß, 175 ff., 178 Fn.1, der selbst aber nicht dieser Meinung folgt, sondern danach fragt, wer den Tatbestand setzt; Goetz Hueck AcP 152, 437; Dilcher/Staudinger Vor § 164, 27;Schramm/MüKo Vor § 164, 44 mit weiteren Nachweisen.

614 Flume, AT, 758.

615 Medicus, Bürgerliches Recht, Rn.79; ebenso Schramm/MüKo Vor § 164, 49 mit weiteren Nachweisen.

616 Dazu siehe im folgenden unter E.

für die isolierte Empfangsvertretung sei eine ausdrückliche gesetzliche Grundlage erforderlich. Doch letztlich findet sich die Antwort im Grundsatz der Privatautonomie: Es ist nicht verboten, jemanden zur Empfangnahme einer Willenserklärung und auch nur dazu, zu bestimmen. Eine Einschränkung der Selbstbestimmung ist dem Gesetz nicht zu entnehmen. Für den Schutz des Rechtsverkehrs erscheint eine Beschränkung nicht geboten, und ein Bedürfnis für ein Verbot aus paternalistischen Gedanken erscheint ebenfalls abwegig.

Grundsätzlich sind einseitige Rechtsgeschäfte unter Beteiligung eines vollmachtlosen Vertreters nicht wirksam. Nach § 180,2 soll das Rechtsgeschäft aber nach § 177 zumindest genehmigungsfähig sein, wenn der Geschäftsgegner das Fehlen der Vollmacht nicht beanstandet. Bei der Empfangsvertretung muss gemäß § 180,3 auch der vollmachtlose Empfangsvertreter mit dem Empfang der Erklärung einverstanden sein. Das Erklären gegenüber dem vollmachtlosen Vertreter wird regelmäßig schon die fehlende Beanstandung seitens des Erklärenden einschließen. Denn der Vertreter hat nicht ohne weiteres eine Aufklärungspflicht, inwieweit er bevollmächtigt ist.

Dabei ist fraglich, ob schon die Entgegennahme eine schlüssige Einverständniserklärung beinhaltet. Dann wäre zu folgern, dass sich jeder durch die Entgegennahme einer Willenserklärung zu einem vollmachtlosen Vertreter machen würde, wenn die Richtungsgebung durch den Erklärenden dies zulässt. Diese Lösung wäre aber nicht sachgerecht. Im übrigen ist zu berücksichtigen, dass § 180 nur für einseitige Rechtsgeschäfte gilt, nicht für die Vertragserklärungen. Umgekehrt kann wegen Anerkennung des Empfangsboten der bloßen Entgegennahme kein dahingehender Erklärungsinhalt beigemessen werden. Ebenso wird bei zweiseitigen Rechtsgeschäften dieses Einverständnis nicht gefordert. Bei Rechtsgeschäften unter Abwesenden ist das Einverständnis noch schwerer zu finden, denn der Empfang nach § 130 geschieht ohne die Beteiligung des empfangenden Stellvertreter ohne Vertretungsmacht. Eine Obliegenheit des vollmachtlosen Vertreters, das fehlende Einverständnis dem Erklärenden kundzutun, kann wohl kaum begründet werden. Die wichtigste Frage aber ist, welche Folgen der einverständige Empfang des vollmachtlosen Vertreters überhaupt hat. Die Empfangsvertretung ohne Vertretungsmacht ist legitim. Doch ist zu prüfen, welche Wirkung diese auf den vermeintlich Vertretenen haben kann.

3. Die Bedeutung der Vollmacht: §§ 177 ff. bei der Empfangsvertretung

Die Frage nach dem Empfangsvertreter ohne Vertretungsmacht ist nichts anderes, als die Prüfung der Anwendbarkeit der §§ 177, 179.

Der vermeintlich Vertretene kann den Vertrag nach § 177 genehmigen. Damit wird die Willenserklärung durch den Empfang beim Vertreter auch gegenüber dem Vertretenen wirksam. So ist der vermeintlich Vertretene Herr über die Wirksamkeit und den Wirksamkeitszeitpunkt. Möglicherweise kann er damit bei fristgebundenen Erklärungen wählen, ob die Erklärung fristgerecht oder verfristet wirksam wird. Bei fristgebundenen Erklärungen wird aber aus dem Zweck der Frist eine allgemeine Grenze der Rückwirkung der Genehmigung ermittelt[617]. Dient die Frist, wie regelmäßig, der Rechtssicherheit und Rechtsklarheit, muss die Genehmigung vor Fristablauf erfolgen. Die Genehmigung soll eine verfristete Erklärung nicht in eine fristgerechte verwandeln können. So hat beispielsweise die Genehmigung der Annahmeerklärung des vollmachtlosen Vertreters innerhalb der Annahmefrist zu erfolgen, wenn es zum Vertragsschluss kommen soll[618]. Dies muss dann ebenso für die Genehmigung des Empfangs der Annahmeerklärung gelten. *Brinkmann* hält die Rückwirkung der Genehmigung des Empfangs einer Willenserklärung allgemein für nicht interessengerecht[619].

Die Schwebezeit bis zur Genehmigung ist für den Erklärenden belastend. Um dieses hinkende Rechtsverhältnis erträglich zu machen, kann der Erklärende die Schwebezeit mit einer Aufforderung nach § 177 II auf zwei Wochen beschränken. Daneben kann er nach § 178 seine Erklärung bis zur Genehmigung widerrufen, wenn er den Mangel der Vertretungsmacht nicht kannte[620]. Genehmigt der Vertretene nicht, bleibt das Wirksamwerden der Willenserklärung durch den Empfang des Vertreters ohne Vertretungsmacht für den Vertretenen unbedeutend. Der Vertrag kommt nicht zustande beziehungsweise das einseitige Rechtsgeschäft bleibt ohne Folgen für den Vertretenen.

Allerdings ist zu fragen, ob nicht schon mit der Kenntnisnahme von der Genehmigungsmöglichkeit die Willenserklärung nach § 130 unmittelbar gegenüber dem Geschäftsgegner wirksam wird[621]. Zum Genehmigen ist das Wissen um den zu genehmigenden Zustand erforderlich. Das heißt beim Empfang einer Willenserklärung deren Erklärungsinhalt zu kennen. Dabei ist aber die Adressierung durch den Erklärenden zu beachten. Denn die Erklärung ist an den Vertreter gerichtet und nicht an den Empfänger. Die Möglichkeit des Zugangs ist wohl trotzdem zu bejahen, denn ansonsten wäre der Erklärende Herr über die Stellvertretung. Die neben der sekundären Zuständigkeit des Vertreters bestehende originäre Zuständigkeit des Vertretenen kann nicht durch eine Adressierung an den Vertreter ausgehebelt werden[622].

Die Wirksamkeit gegenüber dem Vertreter bringt dem Erklärenden nur die Rückversicherung des § 179. Dies alles deutet auf die Vollmacht als das Wesentliche der Empfangsvertretung hin. Dem steht freilich § 180,3 gegenüber.

---

617 Schramm/MüKo § 177, 40 mit weiteren Nachweisen.

618 BGH NJW 1973, 1789; Kramer/MüKo § 148, 7; Heinrichs/Palandt § 178, 8.

619 Brinkmann, 107.

620 Tatsächlich stellt sich das Problem nur dann, wenn der Erklärende vom Mangel der Vertretungsmacht auch nach der Abgabe der Erklärung nichts erfährt. Dies hindert ihn tatsächlich, die Voraussetzungen für das Widerrufsrecht und für die Aufforderung zur Genehmigung zu erkennen, was für die Rechtsausübung natürliche Voraussetzung ist. In dieser Situation stellt sich die Frage, ob die Regressmöglichkeiten des § 179 den Erklärenden ausreichend vor den Unklarheiten bis zur Genehmigung oder ihrer Verweigerung schützten

621 So Brinkmann, 107.

622 Dies gilt zumindest bei der willkürlichen Vertretung. Bei der Gesetzlichen ist anders zu entscheiden, doch dies liegt an der fehlenden Zuständigkeit des Vertretenen, wie beispielsweise bei Geschäftsunfähigen.

Ist es nicht die Vollmacht, nicht die Richtungsgebung des Erklärenden und auch nicht das Auftreten, was den Empfangsvertreter ausmacht, sondern dessen Selbständigkeit, so ist dies eine Wertung und nicht ein selbstbestimmter und so zu verantwortender Akt. Diese Wertung kann aber schwerlich zur Strafe des § 179 führen, wenn daneben nicht ein aktives „Aufschwingen" zum Vertreter vorliegt. Im übrigen ist die Lösung des § 179 - Erfüllung oder Ersatz des positiven Interesses - beim Empfangsvertreter nur eingeschränkt tauglich. Beim Antrag ist ein positives Interesse des Erklärenden schwerlich auszumachen; es gibt nur die Chance auf einen Vertragsschluss. Die Erfüllungshaftung ist ganz ausgeschlossen. Die Ersetzungslösung des § 179 ist augenscheinlich für den aktiven Stellvertreter geschaffen.

4. Die Auswirkungen der Empfangsvertretung auf den Vertretenen, insbesondere § 166

Beim Wirksamkeitszeitpunkt ist nicht eine weitere Zeitspanne bis zur denkbaren Übermittlung an den Vertretenen zu berücksichtigen, denn bei der passiven Stellvertretung wird die Erklärung dem Vertreter gegenüber wirksam. Welche erhebliche Folgen dies haben kann, zeigt der oben dargestellte Rechtsprechungsfall (10)[623]. Die Folgen der Wirksamkeit treffen den Vertretenen. Der Erklärungstransport samt seiner Risiken, die der Erklärende zu tragen hatte, ist vollendet.

Der Vertretene behält seine Zuständigkeit für den Empfang von an ihn gerichteten Willenserklärungen. Der Erklärende hat damit im Ergebnis zwei Empfangsadressen, die er nutzen kann. Dies ist eine Erleichterung, der eine Belastung auf seiten des Vertretenen gegenübersteht. Der Empfangsvertreter vermehrt das Risiko des Geschäftsherrn. Nicht nur sein Empfangsbereich ist zu kontrollieren, sondern die Delegation schafft ebensolche Belastungen bei diesem. Die Funktionsfähigkeit des Innenverhältnisses zwischen Vertreter und Vertretenem ist prinzipiell außerhalb des Risikobereichs des Erklärenden. Die weiteren Risiken, insbesondere der Verlust, die Verspätung und die Verstümmelung, die bis zur Kenntnisnahme vom Erklärungsinhalt durch den Vertretenen noch bestehen, trägt dieser selbst.

Nach § 166 sind persönliche Nebenfolgen der Wirksamkeit der Willenserklärung am Vertreter anzuknüpfen. Der Vertreter ist Empfänger der Erklärung, so dass die am Empfängerhorizont orientierte Auslegung an der Verständnismöglichkeit des Vertreters anknüpft. Wesentlich ist die Kenntnis und das Verhalten des Vertreters. Doch gerade die ausdehnende Auslegung des § 166 zeigt die Grenze der begrifflichen Einordnung als Empfangsvertreter oder Empfangsbote auf. § 166 wird als die allgemeine, grundlegende Norm der Wissenszurechnung gesehen, über die Stellvertretung hinaus[624]. Der Zweck der Vorschrift gebietet eine entsprechende Anwendung, wenn eine der Stellvertretung ähnliche Interessenslage besteht. Eine der Stellvertretung ähnliche Repräsentation durch den

---

[623] Siehe oben, 1.Kap. II.A.

[624] Richardi, 395 ff . Nachweise der Rechtsprechung und weiterer Literatur bei Koller, JZ 1998, 75 ff., 76, FN 15 ff.

Dritten genügt. *Richardi* hält einen Bestellungsakt zum „Wissensvertreter" als entbehrlich[625].Wesentlich ist die Eigenständigkeit des Auftretens, das auch neben dem Verhandlungsgehilfen andere Gehilfen trifft, die nach außen für den Geschäftsherrn auftreten. Hinter § 166 wird der Rechtsgrundsatz gesehen, dass wer andere mit der eigenverantwortlichen Erledigung eigener Angelegenheiten betraut, sich deren Kenntnisse zurechnen lassen muss [626]. Darunter können auch Vermittler, Verhandlungs- oder Abschlussgehilfen fallen[627]. *Koller* sieht eine pauschale Behandlung der Wissenszurechnung zwar als gefährlich an[628], das Wissen der Empfangsboten will er aber zurechnen[629].

Dieser Grundsatz greift aufgrund einer Wertung, die nicht unmittelbar auf dem Willen des Geschäftsherrn aufbaut[630]. Die „Wissensvertretung" ist nicht mit der Feststellung einer Empfangsvertretung verbunden. Mit der Einordnung als Empfangsbote ist somit nicht zwangsläufig über die Nichtanwendung des § 166 entschieden. Vielmehr ist als wesentlich zu beachten, inwieweit die Person eigenverantwortlich handelt. Die zentrale Frage bei der Wissensvertretung ist nicht die Vollmacht, sondern die Eigenständigkeit.

5. Ergebnis

Berücksichtigt man die historischen Wurzeln, wird der Zweck des § 164 III deutlich, nämlich die Ermöglichung des Vertragesschlusses allein durch den Stellvertreter. Die isolierte Empfangsvertretung ist daneben Ausdruck der Privatautonomie, ohne eine weitere wesentliche Funktion für das Institut der Stellvertretung zu haben. Der Empfangsvertreter ohne Vertretungsmacht ist nur denkbar, wenn ein Auftreten als Stellvertreter gegeben ist, regelmäßig auf der Aktivseite. Im übrigen ist nach dem Bestehen der Vollmacht zu unterscheiden.

Entscheidend ist folglich nicht eines der drei Momente, Richtungsgebung, Vollmacht, Einverständnis der Mittlerperson, sondern das Zusammenspiel dieser Elemente je nach Fallgestaltung. Danach liegt wirksame Empfangsvertretung vor, wenn (i) der Empfangsmittler bevollmächtigt ist, unabhängig davon, ob der Erklärende die Willenserklärung in Richtung des Empfangsvertreters oder des Empfängers abgibt. Ist der Empfangsmittler nicht bevollmächtigt, aber hat der Erklärende die Willenserklärung in Richtung des Empfangsmittlers abgegeben und erklärt sich dieser mit dem Empfang einverstanden, kann der Empfänger die Wirksamkeit durch eine Genehmigung ermöglichen.

E. Exkurs: Die Empfangsvertretung nach § 43 Ziff.1 VVG

Die Folgen der Empfangsvertretung können auch Motiv für eine gesetzliche Vertretung sein, wie § 43 Ziff.1 VVG zeigt. Die Behandlung des Versicherungsagenten war vor der Kodifikation des VVG unklar. Die Bezeichnung „A-

---

625 Richardi, 403.
626 Heinrichs/Palandt § 166, 3 mit weiteren Hinweisen.
627 Schramm/MüKo § 166 23 ff.
628 Koller, 77 ff.
629 Koller, 81f..
630 Richardi, 403.

gent" ließ keinen Schluss auf bestimmte Befugnisse und Vollmachten zu[631]. Die Befugnisse waren nicht gesetzlich geregelt. Allerdings waren es regelmäßig Agenten, die den Versicherungsvertrag zum Abschluss brachten. Dabei ist grundlegend zwischen Vermittlungsagenten, die nur den Antrag des Kunden entgegennehmen und Abschlussagenten, die den Antrag annehmen können, zu unterscheiden. Insbesondere wegen des Umfangs der Befugnisse des Vermittlungsagenten bestand ein gesetzgeberisches Bedürfnis zu handeln. Entscheidend war dabei, ob der Agent bei der Entgegennahme des Antrags vom Kunden als Bote oder als Stellvertreter anzusehen ist[632]. In der Sache ist dies wegen der Bestimmung des Zugangszeitpunkts bedeutend: Ist der Agent nicht Stellvertreter, wird der Antrag erst mit Zugang an den Versicherer wirksam.

Weil die Entgegennahme der Anträge ein wesentlicher Teil der Geschäftstätigkeit des Vermittlungsagenten darstellt, wurde dieser schon vor dem VVG als passiver Stellvertreter angesehen[633]. Der Vorentwurf zum VVG schloss sich dieser Überzeugung an[634]. Es kam zu einer gesetzlichen Vollmacht zur Entgegennahme von Anträgen und deren Widerruf, was unverändert in § 43 Ziff.1 zum Inhalt des noch gültigen VVG führte[635].

Damit soll ein angemessener Ausgleich zwischen den Interessen der Versicherer und der Versicherungsnehmer geschaffen werden[636]. Dies lässt sich in der Begründung nachvollziehen, in der die beschränkte Verantwortlichkeit der Versicherer für die Vielzahl der Agenten und die damit einhergehende, nur beschränkte Beherrschbarkeit ihrer eigenen Veranlassung gegenübergestellt wird[637]. Eine weitere Belastung des Versicherers wurde aus wirtschaftlichen Gründen unterlassen, denn dies wurde als ein Kostenfaktor in der Prämienberechnung gesehen[638]. Die gesetzliche Ausgestaltung der passiven Vollmacht des Vermittlungsagenten nach § 43 Ziff.1 VVG soll sich an der wesentlichen Aufgabe des Agenten orientieren. Die Auswirkung der Vertretung für den Fristenlauf und für die Risikotragung wurde ebenfalls gesehen[639].

Die Empfangsvertretung erweist sich somit als ein taugliches Mittel, die Risikoverteilung beim Wirksamwerden von Erklärungen zu Gunsten des Erklärenden zu verschieben. Der Rechtszustand vor der Entstehung des VVG zeigt, dass dies auch außerhalb einer gesetzlichen Anordnung, im Rahmen der Auslegung zu beachten sein kann.

---

631 Duvinage, 138.
632 Duvinage, 146.
633 Duvniage, 146 mit weiteren Nachweisen.
634 Motive zum Entwurf des VVG (1903), 93 mit weiteren Nachweisen.
635 Vgl. § 41 Ziff. 1 d. Entw. 1903.
636 Motive zum VVG, 163.
637 Begründung zum VVG, 52 f.
638 Duvinage, 169.
639 Begründung zum VVG, 54.

F. Die Aussagekraft des Verhältnisses zwischen aktiver, passiver Stellvertretung und des Erklärungsboten für den Empfangsboten

Der Empfangsbote wird als Pendant zum passiven Stellvertreter gesehen, zumindest was die Abgrenzung zum Erklärungsboten angeht[640]. So wie sich der passive vom aktiven Stellvertreter unterscheidet, soll sich auch der Erklärungsbote vom Empfangsboten unterscheiden lassen[641].

Methodisch ähnlich einem Dreisatz mit der Unbekannten „Empfangsbote“ könnte so etwas für dessen Bestimmung zu gewinnen sein. Der Stellvertreter gibt eine eigene Willenserklärung ab, der Bote übermittelt eine fremde. Dieses griffige Unterscheidungsmerkmal hilft bei der Einordnung der passiven Stellvertretung nicht weiter. Ein entsprechendes Abgrenzungskriterium fehlt bei der Entgegennahme einer Willenserklärung. Damit kann auch nicht das Verhältnis des Erklärungsboten zum aktiven Stellvertreter kann nicht auf die passive Seite der Entstehung eines Rechtsgeschäftes übertragen werden.

Umgekehrt, erst mit der Ausbildung der Empfangsvertretung ist eine Abgrenzung zum Empfangsboten überhaupt erforderlich geworden. Nicht mehr allein mit Judiz kann entschieden werden, ob und wann eine Erklärung wirksam wird. Schon vorher, im abstrakten Raum der allgemeinen Rechtsgeschäftslehre ist eine Abgrenzung zu finden. Die Empfangsvertretung beinhaltet keine Lösung, sondern ist eine Bestätigung der Aufgabenstellung.

V. Interventionen in anderen Bereichen des Zivilrechts

Der Empfangsbote interveniert in den Rechtsraum des Empfängers. Eine allgemeine Lehre, welche die privatrechtliche Drittintervention systematisiert, ist nicht ausgebildet. Umfassend stellte sich allein *Ihering* im Jahr 1857 dieser Aufgabe[642]. So bleibt nur die Betrachtung einzelner Mitwirkungen in verschiedenen Bereichen, beschränkt auf ausgewählte Problemlagen. Ziel ist, die Schwierigkeiten und die Technik der gesetzlichen Lösungen darzustellen.

A. Funktion und Stellung der Vollmacht und Ermächtigung

Zweck der Stellvertretung und der Ermächtigung ist es, den Rechtsverkehr zu erleichtern und der Arbeitsteilung beim rechtsgeschäftlichen Handeln Rechnung zu tragen[643]. Vollmacht und Ermächtigung sind gesetzlich fixierte Typen dieser Arbeitsteilung.

Begreift man den Vertrag als die Menge inhaltlich übereinstimmender Selbstbestimmungsakte, ist ein zulässiger Mitwirkungsakt, der zum Vertrag führen kann, die Ermächtigung[644]. Die Zustimmung ist das Instrument, mit dem andere Personen Regelungen treffen können, die in der Sphäre des Zustimmenden verbindlich werden[645]. Damit kann eine „rechtliche Neuordnung“[646] geschaffen

---

[640] Larenz, AT, 7. Aufl. 592.
[641] v.Tuhr, AT II,2, 359; Titze, Missverständnis, 288 ff. ; Larenz, AT, 7. Aufl. 592.
[642] Jhering, JJhb 1, (1857), 273 ff.
[643] Thiele, 117.
[644] Thiele, 115.
[645] Thiele, 145 f.
[646] Thiele, 121.

werden, bei der das erforderliche Einverständnis variabel, d.h. zeitlich und örtlich ungebunden ist. Ein einheitlicher Akt des Vertragsschlusses ist entbehrlich, die Beteiligung kann ausdifferenziert und organisiert werden.

Die Stellvertretung ist die Arbeitsteilung bei der Rechtsentstehung und Rechtsausübung, wodurch der „Aktionsradius" des Vertretenen erweitert wird[647]. Die Vertretungsmacht schränkt das Selbstbestimmungsrecht des Vertretenen ein, denn der Vertreter erhält die Entscheidungsgewalt, die ursprünglich nur dem Vertretenen zusteht[648]. Der Vertretungseffekt ist aber gleichzeitig Ausdruck des Selbstbestimmungsrechts und somit zulässig[649]. Die Stellvertretung ist das Instrument, das dem Einzelnen eine Selbstgestaltung ermöglicht, durch die er eine notwendige Willensbildung und Willenskundgebung einem Dritten überlassen kann.

Mit *v.Hippel* ist die Verkehrserleichterung als ein eigenständiger Problemkreis zu sehen, der nicht eine elementare Vorbedingung des privatautonomen rechtsgeschäftlichen Verkehrs ist[650]. Für die Lösung der damit verbundenen Probleme ergeben sich verschiedene Möglichkeiten. Es ist kein Gebot der Gerechtigkeit, die Stellvertretung überhaupt gesetzlich einzurichten, erst recht nicht die Vollmacht im Sinn des BGB auszuformen[651]. Aus dem Zweck der Arbeitsteilung ergibt sich nur das Motiv, die Stellvertretung und die Ermächtigung zu statuieren. Neben § 164 I und III sind die Regelungen der Stellvertretung Lösungen für damit vom Gesetzgeber als eng verbunden angesehene Probleme. Diese Regeln haben vor allem den Charakter, den Verkehr, insbesondere das Vertrauen anderer zu schützen, eine notwendige Folge der zugelassenen Drittbeteiligung beim Rechtsgeschäft[652].

1. Die Entstehungsgeschichte der Stellvertretung

Die Obligation ist im klassischen römischen Recht insoweit höchstpersönlich ausgestaltet, als Rechte und Pflichten nicht in einer anderen Person entstehen können[653]. Rechtshandlungen wirken somit nur in der Person, die handelt[654]. Doch schon in der Rezeption durch *Glossatoren* und *Commentatoren* ist dieser

---

[647] Müller-Freienfels, 53.

[648] Müller-Freienfels, 104 ff.

[649] Frotz, 26 ff.

[650] v.Hippel, Privatautonomie, 69; abweichend Frotz, 27, der allerdings nicht die Verkehrserleichterung, sondern die Störungsregelungen als notwendige Vorbedingung für den Rechtsverkehr ansieht. Die gewillkürte Stellvertretung ist aber keine Störungsregelung, etwa eines sonst anzuerkennenden Vertrages zu Lasten Dritter, sondern eine Erweiterung der Gestaltungsmöglichkeiten des Einzelnen.

[651] Frotz, 22.

[652] Pawlowski, JZ 1996, 126 ff.

[653] „alteri stipulari nemo potest" Ulpian, D45.1.38.17.

[654] Dazu Bauer, 2. Dieser Grundsatz kannte verschiedene Ausnahmen, wie etwa der mittelbare Besitzerwerb. Dabei wurde aber nicht exakt zwischen Stellvertretung und Vertrag zugunsten Dritter unterschieden. Im übrigen konnten Gewaltunterworfene -Sklaven und Haussöhne - nur für den Gewaltherrn verfügend handeln; eine Fremdverpflichtung war aber auch hier nicht möglich.

Grundsatz bis auf einen formalen Mantel ausgehöhlt worden[655]. Der Geschäftsherr musste sich die Klagebefugnis vom tatsächlich Handelnden zedieren lassen, was sehr erleichtert wurde. Wegen der formellen Beibehaltung des Vertretungsverbots wurde nicht zwischen Vertrag zugunsten Dritter und Stellvertretung unterschieden. Im Naturrecht wurden dann die Konturen der Stellvertretung geschaffen. *Chr.Wolff* kann erstmals klar die Voraussetzungen der Stellvertretung definieren. Danach bedarf es einer Ermächtigung, und der Ermächtigte muss erklärtermaßen fremdhandeln[656].

Die neuzeitlichen Kodifikationen behandeln die Stellvertretung unterschiedlich, anerkennen sie aber durchweg. So im Codex Maximilianeus in Cap. 9, § 7 und im ALR in I, 13[657]. Eine Trennung vom Grundgeschäft hat sich aber noch nicht herausgebildet. In der Forschung des 19. Jh. formulieren sich dann Streitpositionen zur Legitimation der Stellvertretung. Die Zessionstheorie bleibt in den Grundsätzen des römischen Rechts verhaftet. Die Geschäftsherrentheorie anerkennt die direkte Stellvertretung, also ohne Durchgang der Rechten und Pflichten beim Vertreter. Die Repräsentantentheorie löst sich vom paradigmatischen römischen Recht und versucht das Bedürfnis nach einer freien gewillkürten Stellvertretung zu begründen[658].

Die Vertretungsmacht als abstrakte Legitimation hat *Laband* ausgearbeitet, ausdrücklich nur für den Bereich des Handelsrechts[659]. Dabei sieht er den Sinn darin, „für den Verkehr,...wie er sich heute darstellt...eine Prüfung der materiellen Befugnisse durch formelle Kriterien zu ersetzen“[660]. Der Verkehrsschutz des Handels verlange nach einer losgelösten, vom römisch-rechtlichen Mandat zu unterscheidenden Berechtigung. An die Stelle der Berechtigung tritt die Legitimation. Diese soll unabhängig sein, wobei nicht eindeutig zu erkennen ist, inwieweit hier nur die Urkunde gemeint ist, die dann wegen der Verbriefung das Willensdogma unterlaufen kann.

In den Protokollen zum BGB zeigt sich die Abstraktheit nur sinngemäß, indem die Vollmacht als Mittel zur Durchführung eines Auftrags bezeichnet ist[661]. Sie lehne sich stets an ein anderes Rechtsgeschäft an und sei so von dessen Existenz abhängig.

Die Geschichte der Stellvertretung bestätigt die Neuorientierung im BGB. Ihre rechtliche Ausbildung entwickelte sich erst aus einer breiten Diskussion und der „Entdeckung“[662] der Abstraktheit der Vollmacht durch *Laband,* womit eine

---

[655] Dazu Buchka, 143 ff. mit weiteren Nachweisen.

[656] Dazu Everding, 24;

[657] Im ALR wird Auftrag und Vollmacht synonym benutzt. Siehe dazu Ogris, HRG Stichw. Vollmacht. Bei den neuzeitlichen Kodifikationen waren Verpflichtung und Verfügung nicht klar getrennt, aber auch noch nicht Vertrag und Rechtsgeschäft.

[658] Dazu Everding, 65 ff.

[659] Laband, Die Stellvertretung nach dem DHGB, ZHR 10 (1866), 183 ff. Die Begrenzung auf das Handelsrecht wird ebenso gesehen von Müller-Freienfels, und Frotz, 337.

[660] Laband, 240.

[661] Protokolle, 229.

[662] Dölle, Juristische Entdeckungen, in: Verhandlungen zum 42. deutschen Juristentag II (1959), B3 ff.

neue Lösung gefunden wurde. Ein vorpositives Wesen der Stellvertretung ist nicht auszumachen.

2. Verkehrs- und Vertrauensschutz im Stellvertretungsrecht

Der Verkehrs- und Vertrauensschutz im Stellvertretungsrecht ist offensichtlich. Streit gibt es nur über die Reichweite des Schutzes, so bei der Anscheinsvollmacht und bei der Kollusion. Allerdings ist nicht einfach zu erkennen, wo der für die Stellvertretung spezifische Verkehrsschutz beginnt. Denn die Stellvertretung bedient sich bei ihrer Entstehung und Durchführung dem allgemeinen Instrument der Willenserklärung. Die Verkehrsschutzprobleme der Willenserklärung sind somit ebensolche wie bei der Stellvertretung. So behandelt *Frotz* unter dem Kapitel „Gewillkürte Vertretung und Verkehrsschutz" auch den Verkehrsschutz durch Auslegung sowie Sachprobleme um die Willenserklärung und das missverständliche Verhalten ausführlich[663].

Natürlich lassen sich die Tatbestände der §§ 171 ff. und die Typisierung der handelsrechtlichen Vollmachten als wesentlich für die Stellvertretung erkennen. Doch auch dabei geht es nur um die Bewältigung allgemeiner Probleme der rechtserheblichen Kommunikation. Auch bei *Pawlowski* zeigt sich die enge Verknüpfung von Verkehrsschutz bei der Stellvertretung und bei der Willenserklärung[664]. Er versteht die Vollmacht als eine Legitimation, die ein Vertrauen in das Einstehen des Vertretenen schafft. Ist die Legitimation maßgeblich, kann es keinen Unterschied machen, ob diese durch Willenserklärung oder durch Mitteilung entsteht. Darin sieht *Pawlowski* den Vertrauensschutz, den die abstrakte Vollmacht bieten soll und eine ausreichende Grundlage für die Lösung der Fälle der Rechtsscheinvollmacht biete[665]. Die daneben aus der allgemeinen Lehre der Willenserklärung herrührenden Bedenken sieht er mit der Überwindung des Erklärungsbewusstseins als konstitutives Element der Willenserklärung als gegenstandslos an. Reicht für die Wirksamkeit nach § 105 II der Handlungswille aus, genüge die bloße Billigung der Vollmacht[666]. Im Handelsrecht bedürfe es noch weniger, nämlich nur des Vollzugs der Stellvertretung im Herrschafts- und Verantwortungsbereich. Tragend für diese Verantwortung sieht *Pawlowski* die Überwachungs- und Informationspflichten aufgrund der verkehrseröffnenden Organisation im Geschäftsverkehr[667].

Die Abstraktheit der Vollmacht gilt weithin als der spezifische Verkehrsschutz im Stellvertretungsrecht[668]. Dabei wird ein qualitativer Unterschied zwischen Innen- und Außenvollmacht gesehen, was aber das Prinzip nicht erschüttern soll[669].

---

[663] Frotz, 341 ff., 399 ff.

[664] Pawlowski, JZ 1996, 126 f.

[665] Pawlowski, a.a.O., 127-129.

[666] Pawlowski, a.a.O., 127; ebenso v.Craußhaar AcP 174, 21.

[667] Pawlowski, a.a.O., 129.

[668] Schramm/MüKo § 164, 90 ff. 93 mit weiteren Nachweisen.

[669] Die nur schwächliche Ausbildung des Verkehrsschutzes soll die Abstraktion einschränken.

Zur Abstraktheit hat *Müller-Freienfels* freilich eine andere Meinung[670]. Er sieht darin eine ungerechtfertigte Verkürzung auf die Kategorien des rechtlichen Könnens und rechtlichen Dürfens. Schon die Wahl dieser Kategorien missachte den prinzipiellen Gegensatz von Recht und Unrecht. Dies zeige sich im Fall des ausgeübten rechtlichen Könnens ohne des dazu korrespondierenden Dürfens, wie bei der Vollmachtsübertretung und bei Verfügungen eines Nichtberechtigten[671]. „Echte" und „scheinbare" Macht werde gleichgestellt und zwar schon in der Anlage der Macht. Dadurch werde versucht, „Nichtpassendes" zu vereinen[672]. Er will Bevollmächtigung und Vertretergeschäft als ein Rechtsgeschäft sehen[673]. Dazu entwickelt *Müller-Freienfels* einen Zuständigkeitsbegriff, den er als das kennzeichnende Merkmal der Stellvertretung begreift und das Können und Dürfen vereint[674]. Diese Zuständigkeit ist sekundär; an Stelle des eigentlich zuständigen Rechtssubjekts, aus dem sich die Zuständigkeit ableitet[675]. Ermöglicht das Gesetz diese abgeleitete Zuständigkeit, anerkennt es die Stellvertretung als „eigenartiges Rechtsinstitut"[676]. Inwieweit *Müller-Freienfels* die Ausbildung der Abstraktheit der Vollmacht in der gesetzlichen Ausgestaltung des BGB bestreiten will oder etwa contra legem diese Regeln nicht anwenden will, ist nicht eindeutig.

Frotz teilt die Kritik an der Abstraktheit, die, wie er meint, in der lex positiva der §§ 164 ff. „keine Stütze" finde[677]. Zunächst erkennt er das Interesse des Vollmachtgebers an einer Beschränkung auf pflichtgemäßes Handeln[678]. Dafür sei freilich das Verständnis des Verkehrsschutzes bei der Außenvollmacht als formale Legitimation sinnwidrig, denn eine solche pauschale Behandlung sei nicht interessengerecht und müsse entschärft werden. Eine befriedigende Lösung sieht *Frotz* nur in einer Differenzierung der Einstandspflicht, die am Handeln des Vollmachtgebers ansetzt. Dies sieht er aber als das allgemeine Problem der „verkehrsgerechten Ermittlung der konkreten Tragweite einer wirksamen rechtsgeschäftlichen Gestaltungserklärung"[679], begrenzt durch die Missbrauchlehre.

Auch ohne sich der Kritik anschließen zu müssen, zeigt sich die Abstraktheit als ein sehr pauschales Mittel des Verkehrsschutzes, das sich nicht organisch aus dem Privatrecht entwickeln lässt. Mit der Macht des Gesetzgebers kann dies zum Recht werden. Entscheidend ist der Nachweis von *Müller-Freienfels*, dass

---

670 Müller-Freienfels, 74 ff.

671 Die Abstraktheit kann Unrecht erzeugen. Dies ist aber nicht ihr Zweck, dieses Unrecht wird nur beiläufig in Kauf genommen um andere Zwecke, insbesondere den Verkehrsschutz über den konkreten Schutz des gutgläubigen Dritten hinaus, zu verwirklichen.

672 Müller-Freienfels, 79.

673 Müller-Freienfels 202 ff.

674 Müller-Freienfels, 79.

675 Müller-Freienfels, 83 ff.

676 Motive I, 228.

677 Frotz, 337 ff., 533 ff., 337.

678 Frotz, 338 f.

679 Frotz, 340 f.

die Abstraktheit nicht typisch für privatautonomen Verkehr ist[680]. Bei einer entsprechenden Anwendung oder einer Rückbesinnung auf wesentliche Grundgedanken ist daher Zurückhaltung geboten. Ansonsten würde die prinzipielle Systematik nicht ausreichend beachtet und eine außerordentliche Lösung über den Gesetzeszweck hinaus standardisiert werden. Damit kann dieser Lösungsweg, die Abstraktheit nicht ohne weiteres auf andere Problemlagen übertragen werden, bei denen ein Dritter interveniert. Es bedarf einer gesetzlichen Wertentscheidung. Aus dem Gebot der Gleichbehandlung ist dies nicht abzuleiten.

Weitere Merkmale, wie sie sich aus den BGB-Regelungen ableiten lassen, sind nicht zwingend mit der Anerkennung der Stellvertretung verbunden. So die Wissenszurechnung, die sich aus rechtspolitischer Wertung ergibt und nicht schon durch die Anerkennung der Stellvertretung erzwungen ist[681].

3. Die Zuständigkeitsbegründung als das gemeinsame Moment von Ermächtigung und Vollmacht

Der historische Gesetzgeber erkannte eine enge Verwandtschaft zwischen Einwilligung und Vollmacht, dem sich viele anschlossen[682]. Dabei wird die Ermächtigung als der allgemeine Ordnungsbegriff gesehen, die Vollmacht als eine Untergruppe der Ermächtigung[683]. Maßgeblich sei die Fremdwirkung, denn betroffen ist ein anderes Vermögen. Auch ist bei der Ermächtigung die Offenkundigkeit gewahrt. Offengelegt ist wie bei § 164 die Geschäftspartei, die bei der Ermächtigung eben der Ermächtigte ist.[684]

Fasst man so den Begriff „Ermächtigung" als einen übergeordneten Ordnungsbegriff auf, kann man die Vollmacht unter den Strukturtyp der Ermächtigung einordnen, bei der eine Rechtsmacht erteilt wird um auf eine fremde Rechtssphäre durch Rechtsgeschäft einzuwirken zu können[685]. Der Unterschied, dass der Vertreter im fremden Namen handelt, ist für hiesige Untersuchung ohne Belang[686].

Müller-Freienfels sieht in den beiden Formen der Fremdwirkung nur einen quantitativen und keinen qualitativen Unterschied[687]. Das Quantum erschließt er aus der erteilten Rechtsmacht: Bei der Ermächtigung bezogen auf ein bestimmtes Recht, bei der Vollmacht bezogen auf den gesamten Geschäftsabschluss. Legt man dann seine Vorstellung von Vertretung zugrunde, die abgeleitete Zuständigkeit[688], so ist die Ermächtigung eine engere, die Vollmacht eine weitere

---

680 Müller-Freienfels, 77.

681 Müller-Freienfels, 83. Siehe auch oben unter IV.D.4.

682 Motive I, 246. Enneccerus-Nipperdey § 184 II, 1129; Dilcher/Staudinger vor § 164, 63a; Eichler, Die Rechtslehre vom Vertrauen, 76; Heinemann, Die Formen der Rechtsausübung JJhb 81, 373, 377, 379; Raape AcP 121, 260, 267; Ludewig, 36.

683 So Müller-Freienfels, 100.

684 Raich, 11.

685 Doris, 10.

686 Ausführlich zu diesem Merkmal als Unterscheidungskriterium Doris, 25 ff.

687 Müller-Freienfels, 98 ff.

688 Müller-Freienfels, 102

Zuständigkeit, eben eine „Voll"-macht[689]. § 164 und § 185 liegen danach die gleichen Prinzipien zugrunde: Kein eigenes Recht wird ausgeübt, keine eigene Verfügungsmacht besteht, sondern eine Unterzuständigkeit besteht, geboren aus der Verfügungsmacht des Berechtigten, gekoren durch Bevollmächtigung oder Ermächtigung[690]. Maßgeblich ist allein die Fremdwirkung, die bei der Vollmacht das kausale Rechtsgeschäft, bei der Ermächtigung die Verfügung ist.

B. Die Abspaltung der Empfangszuständigkeit und der „Annahmegehilfe"[691] bei der Erfüllung eines Schuld

Nach § 362 Abs. 1 erlischt ein Schuldverhältnis, wenn die geschuldete Leistung „an den Gläubiger" bewirkt wird. Wird an einen Dritten geleistet, bestimmt § 362 II, dass § 185 anzuwenden ist. Wer außer dem Gläubiger noch „empfangszuständig"[692] ist und warum, ist eine der Problemlage des Empfangsboten ähnliche Fragestellung. Eine Betrachtung ist auch wegen der Fallgestaltung der geschuldeten Willenserklärung angebracht: Besteht die geschuldete Leistung in der Abgabe einer Willenserklärung, so fragt es sich, ob die Entgegennahme durch den Empfangsboten nicht nur für die Wirksamkeit genügt, sondern ebenso für die Erfüllung.

1. Voraussetzungen der abgespaltenen Empfangszuständigkeit

Wird tatsächlich die Leistung nicht an den Gläubiger persönlich erbracht, ist der Dritte zuerst innerhalb der beiden Absätze des § 362 einzuordnen. Erfüllt werden kann gegenüber einem Vertreter, einem im Sinn des § 362 II Ermächtigten oder unter Beteiligung einer anderen, bei der Annahme behilflichen Person.

Müller-Laubes Ausgangspunkt ist der fehlende rechtsgeschäftliche Charakter der Entgegennahme einer Leistung. Die abgespaltene Empfangszuständigkeit enthalte daher keine Legitimation zum Rechtsgeschäft, die Abspaltung sei also keine rechtsgeschäftliche Gestaltung[693]. Den Empfang sieht er lediglich als einen realen Vorgang, so dass der vom Gläubiger zu unterscheidende Empfangszuständige lediglich eine Abwicklungshilfe leiste. Den Unterschied zur rechtsgeschäftlichen Ermächtigung sieht er darin, dass diese eine Mitwirkungskompetenz darstellt, die zwischen zwei Drittbeteiligten wirke. Dagegen schaffe die ausgelagerte Empfangszuständigkeit kein neues Rechtsverhältnis[694]. Auszugehen sei von der Empfangszuständigkeit als Teil der allgemeinen Rechtszuständigkeit, die als Strukturbegriff die Kompetenz des Rechtsträgers „signifiziert"[695]. Die Empfangszuständigkeit sieht er als absolut an, also gegenüber jedem wirksam und abstrakt, unabhängig vom Innenverhältnis.

---

[689] Müller-Freienfels, 100 f.

[690] Ähnlich Doris, 103.

[691] Begriff aus Gernhuber, Die Erfüllung und ihre Surrogate, 499.

[692] Nach Terminologie der heute vorherrschenden Meinung der realen Leistungsbewirkung; vgl. Larenz SchR I, 242; Müller-Laube, 71 ff.; Gernhuber, Die Erfüllung und ihre Surrogate, 491; Taupitz, JuS 1992, 452.

[693] Müller-Laube, 115.

[694] A.a.O.

[695] Müller-Laube, 69.

Diese, dem Rechtssubjekt ureigene Zuständigkeit, kann auf eine andere Person ausgelagert werden. Dabei geht *Müller-Laube* davon aus, dass zur Autorisation ein willensgetragener Akt notwendig sei. Dies stelle die Legitimation dar, warum dann der Empfang für den Gläubiger wirkt. Die Autorisation sei aber keine Willenserklärung, sondern ein Willenskundgabeakt, der als eine geschäftsähnliche Handlung in das Gesamtsystem der erlaubten Handlungen einzuordnen sein soll[696]. Die Kundgabe könne sowohl nach innen als auch nach außen erfolgen. Berücksichtige man, dass die Zuständigkeit an den Rechtsträger gebunden ist, ergeben sich noch zwei Besonderheiten: Zum einen handelt es sich lediglich um eine Mitempfangszuständigkeit, d.h. der Gläubiger bleibt auch immer zum Empfang zuständig. Weiterhin entsteht diese Mitempfangszuständigkeit ausschließlich durch die Erteilung durch den Zuständigen und geht nach dem Empfang unmittelbar wieder unter. Darüber hinaus sei sie bis zur Ausführung frei widerrufbar[697].

Neben der allgemeinen Einordnung der Abspaltung einer Zuständigkeit ist noch die Betrachtung der möglichen mitwirkenden Dritten wegweisend. Neben dem Empfangszuständigen und dem Einziehungsberechtigten gibt es noch den „schlichten Annahmegehilfen“[698]. Dazu gehören nach *Gernhuber* „alle Personen, deren sich der Gläubiger faktisch bedient“[699]. Dazu zählt er ausdrücklich den Empfangsboten, den Erklärungsboten und den Besitzdiener.

2. Verkehrsschutz bei der Abspaltung

Müller-Laube anerkennt die Notwendigkeit des allgemeinen Verkehrsschutzes[700]. Dieser sei notwendig, wenn der Autorisationsakt mit einem Fehler behaftet sei und so der Rechtsschein einer Empfangszuständigkeit entstanden sei. *Müller-Laube* erkennt zwar grundsätzliche Unterschiede zwischen Empfangszuständigkeit und Vollmacht beziehungsweise Ermächtigung. Trotzdem wendet er bei der Frage des Verkehrsschutzes die dort entwickelten Rechtsscheingrundsätze der Duldungs- und Anscheinsvollmacht entsprechend an.

Gernhuber hingegen sieht die Rechtsscheinlehre als einen „Generalnenner“, der eine unzulässige Verkürzung darstelle[701]. Einen allgemeinen Rechtsscheintatbestand sieht er nicht[702]. Schon der Begriff „Legitimation“ suggeriere missverständlich einen allgemeinen Schutz, den es in dieser Form nicht gibt. So differenziert er zwischen dem Schutz bei Zession, Vertragübernahme usw. einerseits und den Fällen einer Scheinvollmacht und Scheinermächtigung andererseits[703].

---

[696] Müller-Laube, 115.
[697] Müller-Laube, 116.
[698] Gernhuber, Die Erfüllung und ihre Surrogate, 499.
[699] A.a.O.
[700] Müller-Laube, 197.
[701] Gernhuber, 495.
[702] Gernhuber, 495 f.
[703] Gernhuber, 496 ff.

3. Strukturelle Vergleichbarkeit

Neben der Ähnlichkeit, weil der Empfang einer Willenserklärung ebenso wenig ein Rechtsgeschäft ist wie der Empfang einer Leistung, bestehen erhebliche Unterschiede zwischen dem Empfang von Willenserklärungen und dem Empfang von Leistungen. Der erste ergibt sich direkt aus dem Gesetz. Nach § 362 Abs. 2 sind bei der Erfüllung an einen Dritten die Vorschriften des § 185 anwendbar.

Der Hauptunterschied liegt aber in der unterschiedlichen gesetzlichen Bewertung der Interessenlage der Beteiligten. Durch die Regeln des Annahmeverzuges gemäß §§ 293 ff. nimmt das Gesetz eine Risikobewertung und -verlagerung vor, die es beim Zugang der Willenserklärung so nicht gibt. Kann sich der Schuldner nicht durch Leistung erfüllungsweise befreien, obwohl er dem Gläubiger die Leistung angeboten hat, so entsteht nach § 300 I eine Haftungsminderung auf grobe Fahrlässigkeit und Vorsatz und nach § 300 II geht die Preisgefahr bei der Gattungsschuld auf den Gläubiger über. Nach § 304 kann der Schuldner darüber hinaus Ersatz der Mehraufwendung verlangen, die aus der Verzögerung entsteht. Demgegenüber ist die Folge, wenn eine Willenserklärung nicht zugeht, dass sie nicht wirksam wird. Nur bei der Zugangsvereitelung oder -verzögerung wird die Möglichkeit einer Fiktion oder eines Einwendungsausschlusses anerkannt[704]. Demgegenüber hat der Annahmeverzug keine subjektiven Voraussetzungen auf der Gläubigerseite. Auf ein Verschulden kommt es nicht an.

Dieser Unterschied ist so erheblich, dass von einer strukturellen Vergleichbarkeit nicht ausgegangen werden kann. Das Schutzbedürfnis des Absenders einer Willenserklärung ist andersartig als das des zur Leistung verpflichteten Schuldners. Der Empfangsbote funktioniert innerhalb der rechtsgeschäftlichen Kommunikation, es geht um das Ingeltungsetzen eines Willens durch Erklärung. Demgegenüber soll der Empfang einer Leistung eine Befriedigung und Schuldbefreiung verschaffen. Der Gläubiger soll dazu tatsächlich einen Gegenstand bekommen. Zur Wirksamkeit einer Willenserklärung ist dies nicht erforderlich.

C. Mittelbarer Besitz und Besitzdienerschaft beim Besitzerwerb

Beim Besitzrecht ist der Moment des Besitzerwerbs mit dem Empfang einer Willenserklärung vergleichbar. Der Erwerb begründet wie beim Wirksamwerden eine rechtserhebliche Veränderung der Zuständigkeit, denn es werden Rechte begründet. Der Besitzdiener erscheint mit dem Empfangsboten ähnlich, denn er übt den Besitz tatsächlich aus, steht erkennbar in Bezug zur Sache, ohne aber Besitzer zu sein. Der Empfangsbote nimmt die Erklärung entgegen, ist aber nicht Empfänger derselben. Dass ein Vergleich nicht fern liegt, zeigt auch *Titzes* Konkretisierungsversuch des Zugangbegriffs, bei dem er auf die Besitzlage an der Erklärungsverkörperung abstellen will[705]. Empfangsboten sind in *Titzes* Modell Besitzdiener.

---

[704] Siehe oben, III. B.1.

[705] Dazu oben unter III. A.2.a..

Die Betrachtung ist auf den derivativen Erwerb von unmittelbarem oder mittelbarem Besitz nach § 854 I unter Mitwirkung Dritter eingegrenzt. Dabei erhält der Eigenbesitzer ohne seine direkte Mitwirkung eine Rechtsposition. Nicht betrachtet wird der rechtsgeschäftliche Erwerb nach § 854 II und die Übertragung des mittelbaren Besitzes nach § 870. Dargestellt werden folglich der Besitzerwerb, indem der Besitzdiener die tatsächliche Gewalt über die Sache erlangt, zum anderen indem derjenige, welche die tatsächliche Gewalt erlangt, diese als unmittelbarer Fremdbesitzer ausübt[706]. Dabei kommt man zu zwei Problemkreisen: die Bestimmung des Besitzdieners und dessen Abgrenzung zum unmittelbaren Fremdbesitzer einerseits und die Anwendung der Zurechnungsnorm des § 166, wenn der Besitzdiener beim Erwerb bösgläubig war andererseits.

1. Besitzdiener und Fremdbesitzer beim Besitzerwerb

Mit dem Besitzdiener hat der Gesetzgeber eine Rechtsfigur geschaffen, die der Arbeitsteilung gerecht werden soll und die Drittbeteiligungen im Besitzrecht definiert. Der Besitzdiener übt die Sachgewalt nur im Verhältnis zu Dritten aus. Dem Besitzer selbst stehen Weisungsmöglichkeiten zu, welche die tatsächliche Beherrschung der Sache durch den Besitzdiener regulieren[707]. Dieses Verhältnis vermittelt die indirekte Sachherrschaft des Besitzers. Möglich ist diese Herrschaft, wenn der Besitzdiener allen Weisungen des Besitzers zu folgen hat[708].

Nicht entscheidend ist, ob der Besitzdiener für seinen Besitzherrn besitzen will. Das Abhängigkeitsverhältnis ist allein objektiv zu bestimmen[709]. Dieses endet aber, wenn der Besitzdiener es beenden will. Doch innerhalb des Verhältnisses bedarf es keiner subjektiven Bestätigung desselben durch ihn.

Welche Qualität das Abhängigkeitsverhältnis des Besitzdieners zum Besitzer ausmacht, ergibt sich nicht ohne weiteres. Unstreitig bedarf es dazu keines gültigen Rechtsverhältnisses[710]. *Müller-Erzberg* berücksichtigt die Interessenlage bei der Bestimmung des Besitzdieners[711]. Maßgeblich sei die Sachgewaltsausübung in fremdem Interesse. Interesse an der Sache habe allein der Besitzer, der auch das wirtschaftliche Risiko trage, woraus sich auch die Weisungsabhängigkeit erklärt. *Heck* versteht den Besitzdiener ähnlich[712]. *Enders* kann aber die Untauglichkeit der Interessenbetrachtung anhand der Abgrenzung zum Besitzmittler entlarven: § 868 nennt ausdrücklich den Verwahrer und den Beauftrag-

---

706 Beispielsweise ist der Mieter einer Wohnung zu nennen, der durch einen Dritten den Besitz an einer für die Wohnung dienende Sache erlangt.

707 Westermann, Sachenrecht I, 89 ff. Mit weiteren Nachweisen.

708 Keine wesentliche Abweichung ist die Bezeichnung der sozialen Abhängigkeit wie in BGH, LM § 1006 Nr.2. So sollen lediglich Grenzfälle erfasst werden, in denen jemand Weisungen unterworfen ist, aber trotzdem Besitzer ist, wie der Frachtführer nach § 433 I HGB, oder umgekehrt, wo keine Weisungsabhängigkeit besteht, gleichwohl aber kein Besitz anzuerkennen ist- der leitende Angestellte. Vgl. auch Enders, 144.

709 Bassenge/Palandt § 855, 1.

710 Westermann, Jus 1961, 80; Westermann, Sachenrecht § 10 II 3.; Seuffert/Staudinger § 855, 7.

711 Müller-Erzberger, AcP 142 (1936), 5, 21 ff.

712 Heck, Sachenrecht § 7 Nr.2 und 6.

ten, beides prototypisch gesehen gefällige Altruisten, die zumindest nicht ausschließlich im Eigeninteresse verwahren oder den Auftrag ausführen[713]. Dem gleichen Einwand ist der Teil der Lehre ausgesetzt, der neben der Weisungsabhängigkeit noch auf die Risikotragung bei einem möglichen Untergang abstellen will[714]. Auch hier kann *Enders* auf § 868 und damit u.a. auf den Verwahrer verweisen, der weder für Zufall, noch für einfache Fahrlässigkeit haftet[715].

Um den Besitzdiener befriedigend zu erfassen, sieht *Enders* den Ausweg der Typenlehre[716]. Dazu beruft er sich auf *Larenz*, der dem abstrakten Begriff den konkret-abstrakten gegenüberstellt, der wegen seiner Offenheit nicht subsumtionsfähig sein soll. Die Elemente Weisungsgebundenheit, soziale Abhängigkeit, fehlendes Eigeninteresse und Nichttragung der Untergangsgefahr will er beim Besitzdiener derart verknüpfen, dass diese Kriterien mehr oder weniger vorhanden sein sollen. Die Merkmale des „Besitzdienerwillens" und der „Erkennbarkeit" hält er hingegen für entbehrlich.

Ernst betrachtet den Besitzdiener vom Blickwinkel des Eigenbesitzes aus[717]. Diesbezüglich kann er keinen Unterschied zwischen Besitzdienerschaft und mittelbarem Besitz ausmachen: Beide Male fehlt die unmittelbare Sachgewalt und der Eigenbesitzer kann wie der Eigentümer über die Sache bestimmen[718]. Weder Besitzdiener noch Besitzmittler sind Eigenbesitzer, ein qualitativer Unterscheid zwischen unmittelbarem und mittelbarem Eigenbesitz bestehe nicht[719]. Der Besitzerwerb und -verlust durch diese Besitzgehilfen vollzieht sich folglich gleichartig[720], obwohl den Besitzdiener ein Statusverhältnis und den Fremdbesitzer ein Rechtsverhältnis mit dem Eigenbesitzer verbindet[721]. Die Unterscheidung mache lediglich Sinn für das Innenverhältnis, also wer welchen Schutz genießt beziehungsweise wer sich wie gegen Störungen wehren kann.

Konsequent hält er damit schon *Enders* Fragestellung für verfehlt[722], denn beim Erwerb und Verlust bestehe keine „Duplizität der Zwischenperson"; juristisch und lebenswirklich unterscheide sich diesbezüglich der Besitzdiener nicht vom Besitzmittler[723]. Entscheidend beim Erwerb sei allein, dass ein mittelbarer Stellvertreter handle, der mittels des antizipierten Besitzkonstituts den Besitz für einen anderen erwerben könne[724]. Dann genüge es für das Außenverhältnis, allgemein von einer Figur des Gehilfen beim Besitzerwerb, bei der Besitzveräu-

---

713 Enders, 47 f.
714 Eichler, Institutionen II, 31; Schwab SR, 21 ff.
715 Enders, 48.
716 Enders, a.a.O.
717 Ernst Eigenbesitz und Mobiliarerwerb, 25 ff.
718 Ernst, 105.
719 Ernst, 115 f.
720 Regelmäßig vollziehe sich der Besitzerwerb durch das antizipierte Besitzkonstitut oder Insichkonstitut. Damit könne der mittelbare Stellvertreter erwerben.
721 Ebenda.
722 Ernst, 118, Fn. 56.
723 Ernst, 310.
724 Ernst 115 ff., 153 ff., 208 ff.

ßerung und beim Halten auszugehen. Dass der Besitzmittler anders als der Besitzdiener Besitzer ist, sei dabei ohne Belang[725].

Auch *Wieling* kommt zum Ergebnis, den mittelbaren Besitz als echten, nicht nur als vergeistigten oder fingierten Besitz anzusehen[726]. Er geht davon aus, dass sich Besitzlagen allein aus tatsächlichen Umständen ableiten. Aus seiner Harmonisierung des mittelbaren Besitzes unter diesem Prinzip folgert er, dass der mittelbare Besitz nicht konstitutiv von einem Herausgabeanspruch geprägt ist. Wesentlich sei vielmehr der Fremdbesitzwille des Besitzmittlers[727], der bereit ist, die Sache gegebenenfalls an den mittelbaren Besitzer herauszugeben[728]. Daraus ergibt sich für *Wieling* weiter, dass § 870 systemfremd ist[729] und nicht als rechtsgeschäftliche Zession, sondern als tatsächliche Einigung über den Besitzübergang verstanden werden könne[730].

Eine strukturelle Ähnlichkeit zwischen dem Besitzerwerb und dem Empfang einer Willenserklärung ist nur dann auszumachen, wenn man verschiedene Arten von Eigenbesitz erkennen könnte, je nach dem ob an der Sache daneben noch Fremdbesitz besteht oder nicht. Dieser Streit um die Einstufung des mittelbaren Besitzes als vergeistigter beziehungsweise fingierter Besitz oder als tatsächliche Sachherrschaft ist nicht entschieden. Nur wenn man den mittelbaren Besitz als vom unmittelbaren wesensverschieden ansieht, kommt man zu einer Differenzierung zwischen Besitzdiener und Fremdbesitzer beim Besitzerwerb. Dies entspräche der Unterscheidung danach, ob eine Willenserklärung gegenüber dem Empfänger oder gegenüber dem Stellvertreter wirksam wird. Begreift man den Besitz als eine bestimmte Zuständigkeit für eine Sache, so wären zwei Arten der Drittbeteiligung zu erkennen: Der Besitzdiener ohne eigene Zuständigkeit, andererseits der Besitzmittler mit paralleler Zuständigkeit neben dem mittelbaren Besitzer. Für den Besitzerwerb ist dies aber nicht von Belang. Für eine Rechtsmacht der Intervenierenden besteht ohnehin kein Bedürfnis, weil der Besitzerwerb tatsächlich vonstatten geht.

2. Die Anwendung des § 166 auf den Besitzdiener

Mit der Anwendung des § 166 beim Besitzerwerb durch den Besitzdiener will man dessen Bösgläubigkeit bezüglich der Besitzberechtigung Rechnung tragen und dem Besitzer zurechnen[731]. Daraus hat sich eine Diskussion entwickelt, welche die Stellvertretung mit der Besitzdienerschaft allgemein vergleicht.

Offensichtlich ist, dass die §§ 164 ff. rechtsgeschäftliche Regeln sind, der Besitz aber von tatsächlichen Umständen geprägt ist. Zwar ist nach § 854 II auch ein derivativer rechtsgeschäftlicher Besitzerwerb möglich, aber gerade nicht für den Besitzdiener. Für die Einigung fehlt dem Besitzdiener die rechtsgeschäftli-

---

725 Ernst, 115 ff.

726 Wieling, AcP 184, 439 ff.

727 Wieling, 452.

728 Wieling, 448, 450.

729 Wieling, 457.

730 Wieling, 460f.

731 Hoche, JuS 1961, 73 ff.; Birk, JZ 1963, 354 ff.; Westermann, Jus 1961, 78 ff.

che Vertretungsmacht[732]. Möglich ist nur der Besitzerwerb durch die Begründung der tatsächlichen Gewalt. Dazu bedarf es des Donationswillens. Dabei zeigt sich der entscheidende Unterschied zur Stellvertretung: die Fremdwirkung hängt von dem „sozialen Abhängigkeitsverhältnis" zwischen Besitzer und Besitzdiener ab. Der Besitzdiener hat dabei keinen eigenen Willen im Rechtssinn[733]. Für die Fremdwirkung muss er nicht im fremden Namen handeln, sondern maßgeblich ist das Abhängigkeitsverhältnis, auf Grund dessen die Sache im Herrschaftsbereich des Besitzherrn gelangt. Entscheidend ist vielmehr der Wille des Übertragenden.

In zwei Fällen sollen aber subjektive Tatsachen beim Besitzdiener entscheidend sein: beim gutgläubigen Erwerb nach § 932 und beim Schadensersatzanspruch nach § 990[734]. Der erste Fall ist wenig problematisch, wenn der Eigentumserwerb insgesamt vom Besitzdiener durchgeführt wird. Regelmäßig bedarf es hierzu einer rechtsgeschäftlichen Handlung – der Einigungserklärung oder der Abtretungserklärung - für deren Durchführung die bloße Besitzdienerschaft nicht legitimiert. Dazu ist eine Vollmacht oder Ermächtigung notwendig, die dann zur Wissenszurechnung nach § 166 führt. Ansonsten stellt sich aber die Frage nach der Gerechtigkeit, wenn derjenige, welche die unmittelbare Gewalt über die Sache hat, bösgläubig ist, dies aber nicht berücksichtigt wird, weil er formalrechtlich als Besitzdiener nicht Besitzer ist.

Westermann erkennt den Regelungsbereich der Stellvertretung nur für Rechtsgeschäfte an, wobei entscheidend die materielle Rechtsmacht des Stellvertreters sei[735]. Dieser fundamentale Unterschied zum Besitzgehilfen, der sich allein aus tatsächlichen Momenten definiert, führt hier zur Ablehnung einer direkten oder entsprechenden Anwendung des § 166. Die Interessenlage stelle sich als grundsätzlich unterschiedlich dar.

Die Rechtsprechung will um den Preis dieser dogmatischen Unschärfe zu sachgerechten Ergebnissen gelangen und trotzdem § 166 entsprechend anwenden[736]. Dazu ist diese Norm als eine allgemeine gesetzliche Wurzel der Wissenszurechnung anzusehen. Dies soll zu einem allgemeinen Rechtsgedanken führen, der ebenso dem § 831 zugrunde liegt und als eine Art Rechtsinstitut des „Handelns für andere" zu begreifen ist[737].

Andere sehen die Anwendung des § 831 als systemkonform an[738]. *Medicus* begründet dies mit der Deliktsähnlichkeit des § 990, was ebenso auf § 932 zutrifft[739]. Schwierigkeiten ergeben sich aber, weil § 831 gerade nicht auf die

---

[732] Hoche, 74.

[733] Westermann, Jus 1961, 80.

[734] Westermann, Jus 1961, 73; Birk, 354.

[735] Westermann, JuS 1961, 80.

[736] BGHZ 16, 259; BGHZ 32, 53. ebenso Wolff- Raiser, Sachenrecht 10. Aufl. (1957), § 13 II; Hoche, JuS 1961, 76 f.; Kiefner JA 1984, 189.

[737] So versteht es Westermann, JuS 1961, 80. Richardi sieht die Wissenszurechnung als ein selbständiges Zurechnungsprinzip. S. ders. AcP 169, 395 ff.

[738] Westermann, Sachenrecht 4. Aufl. (1960), § 14, III; Baur, Sachenrecht (1960), § 8 II 3.

[739] Medicus/MüKo § 990, 12.

Schuld des Verrichtungsgehilfen abstellt, zu suchen ist aber gerade nach einer Zurechnung von subjektiven Momenten.

Das Besitzrecht, das auf tatsächlichem aufbaut, kann nur unter großen Schwierigkeiten rechtsgeschäftliche Normen adaptieren. Allein die Rekrutierung allgemeiner Rechtsgedanken vermag eine Anwendung zu eröffnen. Eine Übertragung von besitzrechtlichen Lösungen, etwa die Konkretisierung des Besitzdieners, auf die Rechtsgeschäftslehre, etwa zur Bestimmung des Empfangsboten, scheitert an der Verschiedenartigkeit Zielsetzungen der beiden Rechtsgebiete. Davon abgesehen sind die Voraussetzungen, aber auch die Bedeutung der Rechtsfigur des Besitzdieners in Abgrenzung zum Fremdbesitzer alles andere als eindeutig.

D. Der Erfüllungsgehilfe, insbesondere der „Scheinerfüllungsgehilfe"

Gemäß § 278 hat der Schuldner für das Verschulden des Erfüllungsgehilfen einzustehen. Dazu muss sich der Schuldner dieser Person „bedient" haben. Folglich haftet der Schuldner nur für Gehilfen, die mit seinem Willen bei Erfüllungshandlungen mitwirken. Bedeutend sind hierbei die Anforderungen an das Willenselement. Dessen Bedeutung lässt sich am Problem des „Sub-Erfüllungsgehilfen" verdeutlichen, also wenn der Erfüllungsgehilfe seinerseits einen Erfüllungsgehilfen einsetzt.

Wegen des Erfordernisses der willentlichen Einschaltung hat die Rechtsprechung ursprünglich gefolgert, dass die Einstandspflicht bei mittelbaren Erfüllungsgehilfen nur besteht, wenn dessen Einsatz mit dem Einverständnis des Schuldners erfolgte[740]. Dieses Erfordernis wurde später wenig streng angewendet. Der BGH hält ein generelles Einverständnis für ausreichend, das als eine allgemeine Ermächtigung des Erfüllungsgehilfen zu verstehen sei, weitere Personen einbeziehen zu dürfen[741]. Kenntnis von der konkreten Person ist dabei entbehrlich. Sogar ein stillschweigendes oder schlüssiges Einverständnis wurde als ausreichend angesehen. Schon die Übertragung einer bestimmten Aufgabe soll eine Bevollmächtigung enthalten, weitere Hilfskräfte heranzuziehen. „In einem solchen Fall wird die Bevollmächtigung...durch den Rechtsschein der Vollmacht ersetzt, der im Aufgabenbereich... lag und den dieser im Interesse der Rechtssicherheit gegen sich gelten lassen muss"[742]. Der BGH übertrug damit die zur Rechtsscheinvollmacht entwickelten Grundsätze auf diese Ermächtigung des Erfüllungsgehilfen, so dass eine Zurechnung für den Anscheinserfüllungsgehilfen begründet werden konnte.

Larenz meint, aufgrund dieser Entscheidung sogar von einem nach Verkehrsauffassung vermuteten Einverständnis ausgehen zu können[743]. *Canaris* sieht wie der BGH eine enge Verwandtschaft zur Vollmacht, denn „es geht um den Schein der Befugnis zur Aufnahme des rechtsgeschäftlichen Kontaktes", was kein Rechtsgeschäft sei, aber ebensolche Folgen nach sich ziehen könne[744].

---

[740] RGZ 102, 231; 142, 189.
[741] BGH NJW 1952, 317; BB 1952, 43, 67.
[742] BGH, BB 1952, 67.
[743] Larenz, SchR §19 VIII, 227.
[744] Canaris, Vertrauenshaftung, 77.

Frotz erhebt gegen die so entstandene Rechtsfigur des „Scheinerfüllungsgehilfen“ grundlegende Bedenken[745]. In seiner Systematik des Verkehrsschutzes unterscheidet er zwischen dem allgemeinen Schadensrisiko und dem spezifischen Schadensrisiko, das sich aus dem rechtsgeschäftlichen Kontakt entwickelt. Nur das spezifische Schadensrisiko, die „Betriebsgefahr des Privatrechts“ könne von der Rechtsscheinlehre geregelt werden. Denn der Schutz des Vertrauens auf Erklärungstatbestände in Form der Erfüllungshaftung könne nur aus der sozialen Verantwortung rechtsdogmatisch gewonnen werden, die Privatautonomie immanent sei[746]. Diese Verantwortung gelte nicht für das allgemeine Schadensrisiko. Prototyp für das „privatrechtsimmante spezifische Risiko“[747] sieht er in der Diskrepanz zwischen Erklärendem und Gemeinten, die Gefahr des Missverständnisses. Das ist aber nicht das Problem bei der Einschaltung einer dritten Person bei der Erfüllung. Der Verwirklichung des allgemeinen Schadensrisikos, auch wenn es durch den rechtsgeschäftlichen Kontakt womöglich erweitert oder verstärkt wurde, könne nur durch die Verpflichtung zum Schadensersatz, nicht aber durch eine „Erfüllungshaftung“ begegnet werden. *Frotz* sieht das Problem des dem Schuldner unbekannten Gehilfen des Erfüllungsgehilfen als die Frage nach dem Verschulden des unmittelbaren Erfüllungsgehilfen[748]. Das Einschalten einer weiteren Person müsse sich der Schuldner unmittelbar über § 278 als Verschulden zurechnen lassen.

Diese Lösung von *Frotz* überzeugt schon aus logischen Gründen. Der „Scheinerfüllungsgehilfe“ kann als Beispiel einer dogmatischen Erfindung gesehen werden, nach der einfache und richtige Lösungen durch komplizierte, allgemein kanonisierte Lösungswege verdunkelt werden.

E. Ergebnis

Die betrachteten Interventionen unterscheiden sich und haben eigenartige Problemlagen. Eine allgemeine Lehre ist nicht auszumachen. Insbesondere eine herausragende Stellung des Stellvertretungsrechts als Prototyp der Intervention kann nicht bestätigt werden.

---

[745] Frotz, 87 ff.
[746] Frotz, 237.
[747] Frotz, 238.
[748] Frotz, 88.

3. KAPITEL
PRÜFUNG DER VORGESCHLAGENEN LÖSUNGSANSÄTZE

Die Rechtsfigur des Empfangsboten hat sich als rechtlich eigenständige Zugangsklassifizierung aus der allgemeinen Zugangslehre emanzipiert[749]. Das Problemfeld des Empfangsboten wird durch § 130 bestimmt. Die Subsumtion unter den allgemeinen Zugangsbegriff ist unbefriedigend für die rechtliche Einordnung der tatsächlichen Gegebenheiten, wenn nicht der Empfänger selbst oder sein Stellvertreter die Willenserklärung entgegennimmt. Nicht erst im Einzelfall kann über diese Art des Wirksamwerdens entschieden werden. Denn dabei bestehen allgemeine rechtliche Probleme, die nicht durch eine Qualifikation des jeweiligen Sachverhalts zu lösen sind. Ansonsten würde das Kriterium der berechtigten Erwartung der Kenntnisnahme nicht mehr objektiv nachvollziehbar sein, sondern individuell[750].

Diese Unklarheit des Zugangs bei Einschaltung einer dritten Person, kann auf verschiedene Weise bereinigt werden. Eine Möglichkeit wäre, alle Empfangsmittler als Empfangsvertreter oder als Erklärungsboten einzuordnen. Dies ist aber noch keine Lösung, sondern beschreibt den gedanklichen Ausgangspunkt, der zur Ausbildung der Rechtsfigur führt. Ein endgültiges Ergebnis wäre dies nur, wenn kein Erklärungsmodell gefunden werden kann, das die Rechtsfigur des Empfangsboten tragend rechtfertigt.

I. Zur Empfangsbotenmacht

Die Grundlage des Empfangsboten wird überwiegend in einer Ermächtigung gesehen[751]. Die Terminologie ist nicht einheitlich, es wird auch von „Berechtigung“[752] „Befugnis“[753] oder „Bestellung“[754] gesprochen. Um den Rechtsverkehr zu schützen wird häufig schon pauschal ein Personenkreis als ermächtigt angesehen. Diesem Zweck dient auch der Einsatz verkehrsschützender Instrumente wie die Berücksichtigung der Verkehrssitte und Rechtscheingesichtspunkte[755]. Dabei verkümmert die Ermächtigung zum Ausgangspunkt, woran diese Instrumente anknüpfen, sogar soweit, sie gänzlich zu ersetzen. Trotzdem hat die „Empfangsbotenermächtigung“ als Implementierung dieser Instrumente tragende Bedeutung.

Soweit ersichtlich bauen die Formulierungen zur Empfangsbotenmacht weitestgehend auf *Cohns* Arbeit auf[756]. *Cohn* versucht zunächst das Bedürfnis nach einer Empfangsbotenmacht darzulegen und deren Inhalt zu ergründen. Zweck der Macht sei nicht, den Empfangsboten zum Empfänger zu erheben, denn dann

---

[749] Der Empfangsbote ist mehr als ein bloßer menschlicher Briefkasten (in diesem Sinn Dilcher/Staudinger § 130, 24). Sandmann erkennt ausdrücklich, dass Personen nicht als Objekte des Machtbereichs angesehen werden können, siehe ders. AcP 199, 458.

[750] Siehe oben, 2. Kap. III. A.3.c.

[751] Siehe oben, 1. Kap. IV.B.

[752] Dilcher/Staudinger § 130, 33.

[753] Scherner, 110.

[754] Jauernig/Jauernig § 130, 7; Flume, AT, 236.

[755] Siehe oben, 1. Kap. IV.C.

[756] Cohn 31 ff.

läge Empfangsvertretung vor. Nach *Cohn* bedarf es aber schon einer Machterteilung, damit die Zugangswirkung durch die Tätigkeit des Empfangsboten beim Empfänger eintritt. Die Empfangsbotenmacht sieht *Cohn* in der Fähigkeit, zum Wirkungseintritt beizutragen. Was diese Fähigkeit sein soll, ist nicht eindeutig zu erkennen: „Der Zugang wird durch den Empfangsboten bewirkt, setzt aber eine besondere Fähigkeit seinerseits nicht voraus. Die Vollendung der Willenserklärung tritt ein, ohne dass der Empfangsbote tätig zu werden braucht, sie erfordert aber in seiner Person eine besondere, ihm vom Adressaten der Erklärung zu verleihende Fähigkeit"[757]. Die Annahme dieser Macht stützt er auf die „innere Verwandtschaft des Empfangsboten-Begriffs mit der Stellvertretung und der Absendungsbotenschaft"[758], denen ebensolche Machterteilungen zugrunde lägen. Eine Nebenfolge dieser Ermächtigung sieht er in der Haftung des Empfängers für den Empfangsboten nach § 831. Den Akt der Machterteilung findet *Cohn* in Weisungen des Adressaten an den Empfangsboten[759]. Zur Bestimmung der Rechtsnatur der Ermächtigung greift *Cohn* auf den Meinungsstand zur Botenmacht des Erklärungsboten zurück. Dabei entscheidet er sich für *Hellwigs* Ansicht und sieht in der „Empfangsbotenermächtigung" ein Rechtsgeschäft[760]. Insbesondere, weil er die Handlungslehre nicht mit einer weiteren, besonderen Kategorie anreichern will. Dann verbleibe nur das Rechtsgeschäft, dessen Wesentlichkeit, der Eintritt einer Rechtsfolge, weil dies so gewollt ist, er beim Empfangsboten als gegeben sieht.

Nach *Cohn* ist der Empfangsbote durch einseitiges Rechtsgeschäft des Empfängers gegenüber dem Empfangsbote oder gegenüber dem Erklärenden ermächtigt, Willenserklärung entgegenzunehmen, die dadurch gegenüber dem Empfänger wirksam werden. Um zu prüfen, ob dies richtig sein kann, ist die Existenz einer solchen Ermächtigung, die eine Empfangsbotenmacht schafft, zu unterstellen um ihren Charakter und ihre Kennzeichen bloßzulegen.

A. Die Funktion einer Empfangsbotenmacht

Die Empfangsbotenmacht zu untersuchen, heißt zunächst, sie als eine Rechtsmacht zu erkennen[761]. Gibt es eine eigenartige Empfangsbotenmacht, ist sie unabhängig von dem sonstigen tatsächlichen und rechtlichen Verhältnis zwischen Empfänger und Empfangsbote. Nur dies rechtfertigt eine eigenständige Bedeutung und Benennung neben den grundsätzlich Zugangsvoraussetzungen ergänzt durch das zugrundeliegende Rechtsverhältnis zwischen Empfänger und Empfangsmittler. Insoweit ist auch „Berechtigung" oder „Befugnis" nicht als bloßer Reflex des Grundverhältnisses auf die Zugangsentscheidung zu verstehen, sondern als eigenständiges, konstitutives Element für die Empfangsbotenstellung. Die Empfangsbotenmacht ist nicht nur eine rechtliche Kategorie die der Ord-

---

[757] Cohn, 33.
[758] Cohn, 31.
[759] Cohn, 32.
[760] Cohn, 37, 35 mit weiteren Nachweisen.
[761] Müller-Freienfels meint, der Begriff „Rechtsmacht" sei tautologisch da ein Recht immer Macht gebe und Macht immer rechtens sein. Dem ist zuzustimmen, wenn man Macht nicht im tatsächlichen Sinn versteht (Müller-Freienfels, 84)

nung wegen bestimmte Verhältnisse erfasst. Damit ist noch nichts über die Abstraktheit der Empfangsbotenmacht ausgesagt. Die Trennung führt nicht zwangsläufig zu einer abstrakten Beurteilung[762].

Diese Empfangsbotenmacht muss Inhalt oder Ergebnis eines Rechtsgeschäfts sein können, denn das Mittel der privaten Rechtsetzung ist das Rechtsgeschäft. Sieht man die Ableitung einer Rechtsmacht als eine solche, muss die Empfangsbotenmacht folglich erteilt werden können. Die Empfangsbotenmacht ist somit das Ergebnis der Wertung eines Verhaltens des Empfängers gegenüber dem Empfangsboten. Der Empfänger „ermächtigt", „bestellt" die Person, verleiht die „Berechtigung" oder „Befugnis". Ergebnis dieses Vorgangs soll dann die Empfangsbotenmacht sein.

Eine rechtslogische Ableitung der Empfangsbotenmacht aus einer strukturellen Verwandtschaft zur „Botenmacht" beim Erklärungsboten, wie dies *Cohn* vollzieht[763], führt nicht weiter. Die Empfangsbotenmacht, als Pendant zur „Botenmacht" des Übermittlungsboten zu entwickeln ist zwar schon in der systematischen Dichotomie der Drittbeteiligungen bei Rechtsgeschäften, Stellvertreter – Bote, angelegt. Damit liegt nahe, für Erklärungs- und Empfangsboten eine Gemeinsamkeit, über die Abgrenzung zur Stellvertretung hinaus, zu finden; etwa wie bei der wirksamen aktiven und passiven Stellvertretung das Merkmal der Vollmacht. Die „Botenmacht" des Erklärungsboten ergibt sich aber ebenfalls nicht ohne weiteres aus dem positiven Recht. Auch sie ist Produkt der Dogmatik und damit ebenso begründungsbedürftig.

Die Fragestellung kann noch weiter differenziert werden, wenn man den möglichen Tatbestand, also die tatsächliche Anknüpfung anhand der oben vorgenommenen Gruppierung der als Empfangsboten in Frage kommenden Personen berücksichtigt[764]. Bei der Gruppe der vom Empfänger selbstbestimmt ausgewählten Personen, die also entweder rechtsgeschäftlich zum Handeln verpflichtet sind oder dies gefälligerweise übernehmen, ist zu fragen, ob in der Auswahl des Empfängers eine solche Ermächtigung zu sehen ist. Bei der Gruppe der Personen, die der Empfänger dazu nicht ausgewählt hat, die aber in einem qualifizierten Näheverhältnis zum Empfänger stehen, das möglicherweise die Entgegennahme der Erklärung mitumfasst, ist zu fragen, ob die rechtliche Wertung dieses Näheverhältnisses zu einer Ermächtigung führt. Zur Rechtsfolge Empfangsbotenmacht müsste dann der Tatbestand „Gründung einer Familie" und/oder die „Aufnahme in den Haushalt" oder ähnliches führen. Die Betrachtung der tatsächlichen Umstände offenbart eine grundsätzlich verschiedenartige Fragestellung: auf der einen Seite die Empfangsbotenmacht als Ergebnis eines Rechtsgeschäfts und auf der anderen Seite als Wertung eines Näheverhältnisses. Daran ändern die anderen Umstände, die möglicherweise qualifizierend heranzuziehen sind - Ort der Entgegennahme, persönliche Merkmale, Transportart -

---

[762] So sehen Müller-Freienfels und Frotz nicht einmal die Vertretungsmacht als abstrakt an. Vgl. dazu oben 2. Kap. V.A.2. Der Unterschied zwischen Trennung und Abstraktion ist Voraussetzung für die Regelung des § 139.

[763] Cohn, 32 ff.

[764] 2. Kap. II.

nichts. Gemeinsam ist die Wirkung einer solchen Empfangsbotenmacht als konstitutive Grundlage des Empfangsboten.

Durch die Unabhängigkeit der Empfangsbotenmacht könnte diese auch gegenüber Dritten, insbesondere gegenüber dem Absender erklärt und damit begründet werden. Diese Verkehrsfähigkeit wäre ein offensichtlicher Vorteil.

B. Die Ermächtigung und die Vollmacht als gesetzliche Vorbilder

Das Zivilrecht kennt eine abgeleitete Macht eines Dritten als Vollmacht und als Ermächtigung. Insofern liegt es nahe, die Empfangsbotenmacht daraus abzuleiten. Das heißt aber nichts anderes als die Anwendung der §§ 104 ff., insbesondere §§ 164 ff. zu prüfen. Richtige Rechtsanwendung heißt hier von der bestehenden Rechtsordnung auszugehen und die Anwendung der Norm aus den Grenzen des Tatbestandes zu entwickeln[765]. Die Tatbestandgrenzen ergeben sich aus dem Zweck der Vorschrift[766]. Ansatzpunkt der Untersuchung kann deswegen nur die Tatbestandseite einer Vorschrift sein, die den Akt, wie jemand zum Empfangsboten wird, erfassen könnte. Der Anwendungsraum einer gesetzlichen Vorschrift bestimmt deren Geltung, nicht nur direkt, sondern auch mittelbar bei der Analogie[767]. Die Einordnung als Rechtsmacht macht ausschließlich Sinn, um die Anwendung von Lösungsregeln vorzugeben. Darüber hinaus hat die Macht keinen Selbstzweck.

1. Die Empfangsbotenmacht als Ermächtigung

Die Ermächtigung ist in der Rechtsordnung verschiedenenartig ausgeprägt: Die Verfügungsermächtigung, umstritten die Verpflichtungsermächtigung, die Einziehungs-, die Prozessführungsermächtigung und die Legitimationsübertragung[768] als Ausübung oder Verwirklichung eines fremden Rechts[769]. Diese Einteilung ist eine dogmatische. Legt man den Gebrauch des Begriffs „Ermächtigung" im Gesetz zugrunde, so lassen sich folgende Gruppen erkennen [770]: „Ermächtigung" ist die Grundlage, auf eine fremde Rechtssphäre einzuwirken[771], beispielsweise in §§ 714f., §§ 125, 170 HGB als Ermächtigung zur Vertretung einer Gesellschaft, oder in §§ 49 ff HGB als Prokura und Handlungsvollmacht.

---

765 Scherner, AT, 291.

766 A.a.O.

767 Beim Analogieschluss geht es um die vergleichbare Interessenlage, bei der Anwendung der Regelung wegen der Natur der Sache um die Angemessenheit der Rechtsfolge, die sich aber ebenfalls aus dem Tatbestandsvergleich ergibt. Der gleiche Ansatzpunkt ergibt sich bei der Methode der extensiven oder restriktiven Auslegung, aufgrund normativer Wertung und auch bei der Typenbildung, welche die Normanwendung begründet. Die verschiedenen methodischen Wege der Lückenfüllung spiegeln die Entwicklung in der Methodenlehre von der Begriffs-, über die Interessen- zur Wertungsjurisprudenz wieder. Speziell zu dieser Entwicklung: Pawlowski, Einführung in die juristische Methodenlehre, 76 ff.

768 Beispielsweise die Ausübung eines Stimmrechts in einer Kapitalgesellschaft.

769 Raich, 3.

770 Übernommen aus Doris, Die rechtsgeschäftliche Ermächtigung bei Vornahme von Verfügungs-, Verpflichtungs- und Erwerbsgeschäften, 3 ff.

771 Doris, 4.

Daneben wird Ermächtigung auch als eine Formallegitimation verstanden[772]. Etwa in § 370, der Überbringer der Quittung, der zur Empfangnahme der Leistung „als ermächtigt gilt", oder die Ermächtigung des Anweisungsempfängers in § 783. Ermächtigung meint auch die Beseitigung eines Wirksamkeitshindernisses durch Einwilligung wie in §§ 112 f.[773]. In den allgemeinen Regelungen zur Zustimmung in §§ 182 wird der Begriff freilich nicht benutzt. Das Gesetz meint mit „Ermächtigung" auch die Zuständigkeit oder Verleihung einer Kompetenz[774], etwa § 37 II oder § 387 HGB. Dabei werden durch staatliche Machtverleihung Rechtshandlungen ermöglicht.

a. Die allgemeine Ermächtigungslehre

Die Vielgestaltigkeit des gesetzlichen Gebrauchs lässt auf ein Vorverständnis des Gesetzgebers schließen, das sich an einem allgemeinen, historisch gewachsenen Ermächtigungsbegriff orientiert. *Schloßmann* sieht in der „Ermächtigung" einen unscharfen Begriff, worunter die verschiedensten Erscheinungen zu verstehen sind[775]. Ob dies so ist und ob ein allgemeiner Ermächtigungsbegriff tragfähig ist, bleibt zu klären. Sinn eines allgemeinen Ermächtigungsbegriffs, wäre die Ausbildung einer aussagekräftigen, allgemeinen Lehre und einer systematischen Ordnung von Ermächtigungen. Eine Ermächtigung als Grundlage des Empfangsboten sehen zu können verlangt zunächst, einen solchen, über die gesetzlichen Fälle hinausreichenden allgemeinen Ermächtigungsbegriff.

Raich lehnt den Sammelbegriff „Ermächtigung" überhaupt ab[776]. Er kann sich dabei auf *Lehmann* stützen, der kein Bedürfnis für einen weiteren Begriff neben Einwilligung sehen will[777]. Ebenso *Nipperdey*, der die Vorschrift § 185 für die erschöpfende Regelung der Ermächtigung ansieht[778]. Die Überlassung der Ausübung eines Rechtes führt er zurück auf schuldrechtliche Verhältnisse zwischen Rechtsinhaber und Ausübenden. *Raich* meint, die Verleihung von Rechtsmacht sei dem Gesetz fremd, woraus er schließt, die Ermächtigung überhaupt verneinen zu können[779]. Damit meint er die Existenz eines „Ermächtigungsprinzips"[780], das alle Ermächtigungstatbestände verbindet. Im übrigen hält er sich an den Wortlaut des § 185. Dabei erkennt er in der „Zustimmung" lediglich das

---

[772] Doris, 7. Er meint, dieser Legitimation stehe ein Rechtschein zur Seite, der den Ermächtigten gegenüber Gutgläubigen zum Berechtigten mache. Dies erscheint fraglich, denn eine solche Legitimation berechtigt eben verbrieft. Der Zweck der Verbriefung verbietet dann aber eine ergänzende Prüfung der Gutgläubigkeit. M.E. entfällt damit auch jeglicher "Rechtsschein".

[773] A.a.O.

[774] Doris, 9f.

[775] Schloßmann, Die Lehre von der Stellvertretung I (1900), 295. Ob diese Erscheinungen immer nur rechtlich erhebliche sind, ist nicht eindeutig.

[776] Raich, 4.

[777] Lehmann, AT, 317.

[778] Enneccerus-Nipperdey, 1233, Fn.6.

[779] Raich, 27 ff., 33 f.

[780] Raich, 84.

Instrument um Wirksamkeitshindernisse zu beseitigen[781]. Eine eigenartige Berechtigung sei damit nicht verbunden[782].

Eine logisch begriffliche Abgrenzung zwischen Einwilligung und Ermächtigung nimmt *Doris* vor[783]. In der Terminologie von *Larenz* erkennt er in „Einwilligung" einen abstrakt allgemeinen Begriff, dessen Aussagekraft gering sei[784]. In der Ermächtigung sieht er eine besondere Art der Einwilligung. Diese sei durch den Zweck gekennzeichnet, Arbeitsteilung zu ermöglichen. Dabei stützt er sich auf *Thiele*, der in der Ermächtigung eine weitere Möglichkeit sieht, rechtsgeschäftlich zu handeln, neben der Vertretung und der unmittelbaren Beteiligung[785]. Die Rechtfertigung findet *Thiele* in der Privatautonomie, denn die „Angebot-Annahme Mechanik" sei keine zwingend vorgegebene Abschlusstechnik[786].

Diese Abgrenzung der Ermächtigung von der Einwilligung überzeugt. Die Dogmatik hat sich an Sachproblemen zu orientieren. Diese werden erst sichtbar, wenn der Zweck eines möglichen rechtsgeschäftlichen Handelns berücksichtigt wird. Bei der Ermächtigung ist dies die Entlastungsfunktion gegenüber dem Ermächtigenden. Insoweit ignoriert *Raich* den Bezug des rechtlichen Instruments zur sozialen Realität. Bestätigt wird die allgemeine Ermächtigungslehre durch den historischen Gesetzgeber, der die Einwilligung zur Verfügung als (nur) eine Art der Ermächtigung sieht[787].

b. Die Elemente der Ermächtigung

Die allgemeine Ermächtigungslehre hat verschiedene Definitionen hervorgebracht: Die Ermächtigung wird als Macht gesehen[788] oder als die tatsächliche[789] beziehungsweise rechtliche[790] Verfügungsmöglichkeit oder auch als Befugnis[791]. Teilweise wird sie auch Recht genannt[792]. Der historische Gesetzgeber sieht die Ermächtigung ausdrücklich als „Rechtsmacht"[793]. Letztlich entscheidend kann nur sein, inwieweit die Ermächtigung ein subjektives Recht darstellt. Dies lässt sich aus sprachlichen Konkretisierungen nicht ableiten.

Doris findet die Gemeinsamkeit aller Strukturtypen von Ermächtigungen in der die Gewährung von Rechtsmacht[794]. Dies leitet er aus dem Zweck der jeweiligen Gesetzesstellen her, in denen der Begriff verwendet wird. Danach ist auch

---

781 Raich, 5 ff.
782 Raich, 21.
783 Doris, 21 ff.
784 Doris, 22 mit weiteren Nachweisen.
785 Thiele, 117.
786 Thiele, 117.
787 Motive, II, 138.
788 Raape, 275; Nipperdey, 323; Ludewig, 26.
789 Siebert, 254.
790 Krückmann, FS, 584; AcP108, 321; Siebert, 235.
791 Krückmann AcP 108, 279; v.Tuhr, AT I, 166, Anm.22.
792 Ludewig, 35, 56; Heinemann, : 374; Tuhr II, 229; Hirsch 178; Raape, 275.
793 Motive I, 228..
794 Doris, 11.

jeweils der Inhalt der Rechtsmacht zu ermitteln. So bestätigt er den gemeinsamen Kern. Das Wesen der Ermächtigung besteht in ihrer rechtlich anerkannten Wirkung auf die Rechtssphäre des Ermächtigenden[795]. Bei der rechtsgeschäftlichen Ermächtigung wird die Rechtsmacht einer Person erteilt, um ihr zu ermöglichen, im eigenen Namen eine Rechtshandlung wirksam vorzunehmen, die sich unmittelbar auf einen dem Ermächtigenden gehörenden Gegenstand bezieht[796]. Sie ist also auf einem Vermögenswert des Ermächtigenden bezogen[797]. Dieser gegenständliche Inhalt ist einziger Bezug des Ermächtigenden zum Geschäft des Ermächtigten, denn Partei und Zurechnungssubjekt ist der Ermächtigte[798].

Dieser Gegenstandsbezug fehlt freilich bei der Vollmacht. Ob daraus zu schließen ist, sie sei etwas andersartiges, muss nicht geklärt werden. Jedenfalls ist das Vertretungsrecht ausreichend positiv ausgebildet, so dass eine Zusammenführung unter einen Begriff bei gleichzeitiger Aufgabe des Merkmals Gegenstandsbezug hier keinen Gewinn erwarten lässt[799].

c. Die Merkmale der rechtsgeschäftlichen Ermächtigung im Vergleich mit der Situation beim Empfangsboten

Bei der Subsumtion der Umstände bei der Entgegennahme durch den Empfangsboten steht das Merkmal der Gewährung von Rechtsmacht durch Willenserklärung noch nicht in Frage. Vielmehr wäre dies dann eine Anforderung an die Erteilung der Empfangsbotenmacht. Dass der Ermächtigte im eigenen Namen handelt, stellt auch kein offensichtliches Hindernis dar. Ebenso die unmittelbare Außenwirkung auf die Rechtssphäre des Ermächtigten.

Die Ermächtigung hat aber die Funktion eine Rechtshandlung zu ermöglichen, die sich auf einen Rechtsgegenstand aus der Rechtssphäre des Ermächtigenden bezieht. Dieser Gegenstandsbezug ist konstitutiv für die Ermächtigung und wird zur Abgrenzung gegenüber der Vollmacht herangezogen[800]. *Müller-Freienfels* hält dies zwar für einen quantitativen und nicht für einen qualitativen Unterschied zwischen Vollmacht und Ermächtigung[801]. Doch ändert die Beurteilung des Unterschiedes nichts an seiner Existenz. Der Geschäftspartner tritt in kein Rechtsverhältnis zum Ermächtigenden ein. Der Bezug zu diesem entsteht nur als Reflex, weil ein rechtlicher Bezug zu einem Gegenstand oder Recht entsteht, welcher beziehungsweise welches dem Ermächtigenden gehört. Wesentlich ist die Abspaltung dieses Rechtsobjektes von der Person des Ermächtigenden, dem Rechtssubjekt. Dessen Rolle bei der Handlung des Ermächtigten ist mit der (vorweggenommenen) Erteilung der Ermächtigung erledigt.

---

795 A.a.O., 155.
796 Doris, 20.
797 Eigentum, Forderung, Stimmrecht usw.
798 Doris, 19 mit weiteren Nachweisen.
799 Zur Gemeinsamkeit der Zuständigkeitsbegründung siehe oben, 2. Kap. V.A.3.
800 Doris, 27; Flume, AT, 904; Thiele, 146.
801 Müller-Freienfels, 100.

Eine weitergehende Beteiligung wäre der Ermächtigung fremd. Die Aufgabe dieses Merkmals würde das Verständnis der Ermächtigung sprengen[802].

Eine Begriffsausdehnung ist nicht zu erwägen. Die Bildung von Begriffen soll eine gemeinsame Aussage über eine durch den Begriff zur Einheit zusammengefasste Vielzahl von Phänomenen ermöglichen[803]. Die Begriffsbildung hat nur Wert, wenn sie Konsistenz und Aussagekraft bewahrt.

Entscheidend ist die Art der Beteiligung des Empfängers, auch wenn der Empfangsbote die Erklärung entgegennimmt: Eine Empfangsbotenmacht als Rechtsmacht würde die Relation zwischen Erklärendem und Empfänger sprengen. Der Empfänger würde mit einer Machterteilung dem Empfangsboten eine Position als Empfänger einräumen und seine Beteiligung wäre nicht erforderlich. Dies ist aber nicht der Zweck des Empfangsboten. Dieser vermittelt nur den Empfang durch den Empfänger. Ansonsten läge Empfangsvertretung vor. Dem Verhalten des Empfangsboten fehlt es an einem Gegenstandsbezug, der die Beteiligung des Ermächtigenden vermitteln könnte.

2. Die Empfangsbotenmacht als Vollmacht

Dass die Empfangsbotenmacht keine Vollmacht sein kann, ergibt sich schon aus der Empfangsvertretung gemäß § 164 III. Liegt eine Bevollmächtigung vor, handelt es sich um eine Empfangsvollmacht. Man könnte höchstens daran denken, die Empfangsvertretung als das Vollkommene zu sehen und die Empfangsbotenmacht als ein Minus davon. Dies führt zur im Anschluss zu beantwortenden Frage der strukturellen Verwandtschaft zwischen der Empfangsbotenschaft und der Stellvertretung. Erste rechtstechnische Bedenken ergeben sich aber, wenn man die nur beschränkte Anwendbarkeit der §§ 164 bei der Empfangsvertretung, insbesondere die oben dargestellten Schwierigkeiten bei der isolierten Empfangsvertretung vergegenwärtigt[804].

C. Entsprechende Anwendung der Vertretungs- und Ermächtigungsregeln

Nicht erst aus Art 3 GG ergibt sich das Gebot, Gleiches rechtlich gleich zu behandeln. Das Gleichheitsgebot könnte zur Anwendung von Vertretungsrecht führen, auch wenn eine Ermächtigung nicht nachzuweisen ist. Das Handeln des Empfangsboten ist wie die des Stellvertreters beziehungsweise Ermächtigten eine Drittintervention. Insofern ist zu untersuchen, bei welchen Interventionen der Dritte mit einer Rechtsmacht ausgestattet ist. Dagegen spricht ad hoc die Ausbildung der Empfangsvertretung. Der Empfangsbote muss sich in den Folgen, und nicht nur in den Voraussetzungen, davon unterscheiden. Denn Ungleiches ist ungleich zu behandeln.

---

[802] Doris, 112 ff., 133. An der Grenze ist die Verpflichtungsermächtigung. Bezieht sich die Verpflichtung auf einen Gegenstand oder Recht, also wird damit auf die bestehende Rechtssphäre eingewirkt, ist damit der Gegenstandbezug gegeben. Besteht dieser nicht, soll also eine Verpflichtung begründet werden, die nicht an eine bestehende Rechtsposition des Ermächtigenden ansetzt, ist die Ermächtigung systemfremd und ihre Geltung abzulehnen

[803] Adomeit, Gestaltungsrechte, 8 mit weiteren Nachweisen.

[804] Vgl. oben, 2. Kap. IV.

Will man Lösungen verwenden, die das Gesetz in diesem Bereich bereithält, so sind deren Voraussetzungen mit den Besonderheiten der zu bewältigenden Problemlage zu vergleichen. Mit den §§ 164 ff. hat der Gesetzgeber für eine bestimmte Problemlage eine bestimmte Lösung normiert. Allgemeiner besehen ist die einschlägige Problemlage die Drittintervention in der Relation des privatautonomen Handelns. Das macht sie mit der Empfangsbotenschaft vergleichbar, wenn man von der Relation Erklärender - Empfänger ausgeht. Doch auf diesem Abstraktionsniveau gibt es im Zivilrecht noch andere Drittinterventionen, die völlig andersartig ausgeformt sind[805]. Nicht überall wo Verkehrsschutz erforderlich ist, sind die spezifischen Verkehrsschutzregeln der Stellvertretung anzuwenden. Zu beachtet ist die Gesetzeswertung, vor allem die Ausdehnung der gesetzlichen Lösung: Soll mit der Normierung ein Prinzip statuiert werden oder soll damit nur ein begrenztes Sachproblem mit der Macht der Gesetzgebung gelöst werden? Sollte im rechtsgeschäftlichen Bereich regelmäßig bei Drittinterventionen das Repräsentationsprinzip gelten, läge die Anwendung der §§ 164 ff. für Folgeprobleme nahe.

Zur Prüfung der Ähnlichkeit erscheint daher eine Einordnung auf der höchst abstrakten Ebene der subjektiven Rechte angezeigt. Dass dies nicht fern liegt, zeigt schon der Verweis in *Creifelds* Rechtswörterbuch unter dem Stichwort „Rechtsmacht" auf das Stichwort „subjektives Recht"[806]. Der historische Gesetzgeber erkannte in der Vollmacht zwar eine Rechtsmacht, aber kein Recht[807].

Die abgeleitete Rechtsmacht der Vollmacht und der Ermächtigung ist in das System der subjektiven Rechte einzuordnen. Vor diesem Hintergrund ist dann zu beantworten, ob es überhaupt zulässig ist, von einer wie Vollmacht und Ermächtigung ausgestalten Empfangsbotenmacht auszugehen und wenn ja, ob dies die Funktion des Empfangsboten auch gebietet.

1. Ermächtigung und Vollmacht im System der subjektiven Rechte

Ist die Vollmacht mehr als das Grundgeschäft, bildet das Grundgeschäft nur die causa oder den Zweck, stellt sich die Frage nach der Art dieses „Mehr". Dabei könnte es sich um ein subjektives Recht handeln, das dem Vertreter zugeordnet ist.

Unter funktionalen Gesichtspunkten ergeben sich dabei mehrere Ansatzpunkte für Bedenken. Denn zwar kann der Vertreter den Vertretenen verpflichten, aber dies ist nur eine widerrufliche Position[808] und der Vertreter handelt grundsätzlich nicht im Eigeninteresse[809]. Insbesondere verliert der Vertretene nicht seine Befugnis zum rechtsgeschäftlichen Handeln. Deswegen wird die Zuständigkeit des Vertreters als eine sekundäre[810] oder als Mitzuständigkeit[811] erkannt,

---

[805] Siehe oben, 2. Kap. E.

[806] Creifelds, Rechtswörterbuch, 10. Aufl. 1990.

[807] Motive I, 228.

[808] Krückmann, Die Ermächtigung und der Rechtsbesitz nach dem BGB, FS RG, III, 1929, 79, 84; dazu auch Doris, a.a.O., 174.

[809] Larenz, AT, 539; Raich, , 21.

[810] Müller-Freienfels, a.a.O., 34, 83.

[811] Thiele, 75.

die lediglich auf einem Hilfsrecht[812] oder Gestaltungsrecht[813] beruhe. Allein diese Begrifflichkeiten sagen aber nichts endgültiges über die Einordnung in das System der subjektiven Rechte aus.

a. Die Entwicklung des Systems der subjektiven Rechte

Es ist streng zwischen der geschichtlichen Ausbildung des subjektiven Rechts als juristisches Denkmodell einerseits und dem subjektiven Recht als Messinstrument anderer, auch vergangener Rechtskulturen zu trennen. Dabei bestehen natürlich Wechselwirkungen. Das Denkmodell der subjektiven Rechte lässt sich jedenfalls vor dem Hintergrund seiner begrifflichen Ausbildung im nach individueller Freiheit drängenden 19. Jh. besser verstehen[814]. Es ist das Kernstück des im 19. Jh. ausgebildeten Systems von Rechtsbegriffes - der Begriffsjurisprudenz[815]. Das subjektive Recht ist der Baustein des privatrechtlichen Systems, getragen von der durch die Rechtsordnung zu verwirklichenden Idee einer freien und sittlichen Persönlichkeit und dessen Handlungsraum[816]. Einzelnen wurden Rechte definiert, die den Freiheitsraum bestimmen, das „Dürfen", die Menge der erlaubten Handlungen. Diese Idee ist schon strukturell im subjektiven Recht verankert, denn der Träger kann über das Halten, die Ausübung und der Durchsetzung des Rechts getrennt entscheiden.

Anfangs wird das subjektive Recht als die rechtliche Garantie der Willensmacht des Individuums formuliert, die zum Willenssubjekt gehört[817]. Später wird gelehrt, die Willensmacht sei nur eine verliehene, keine natürliche, es werden nur Befehle der Rechtsordnung in Befehle des Einzelnen verwandelt[818]. Wenn *Ihering* in Auseinandersetzung diesem Ansatz die subjektiven Rechte als „rechtlich geschützte Interessen" definiert, entsteht ein lebensweltlicher Bezug,

812Larenz/Wolf, AT, 874.

813Doris, 177.

814 Zur Geltungszeit des klassischen römischen Rechts spielte der Begriff keine Rolle: „jus" und „actio" waren identisch. Die Glossatoren begannen zwischen dem subjektiven Recht als die causa und der actio, die deren Wesensinhalt und Individualität bestimmt, zu unterscheiden. In der Neuzeit baute Donellus erstmals ein System der subjektiven Rechten aus. Auf der Grundlage den Mensch als Person mit Subjektqualität zu begreifen, verstärken die Naturrechtler die Bedeutung der Freiheitsrechte. Die Freiheit wird zum konstitutiven Merkmal des subjektiven Rechts, andererseits ist es aber selbst subjektives Recht. Die Sphäre der subjektiven Rechte sei zu schützen indem die Verletzung dieser als Unrecht anzusehen ist. Zum ganzen Coing, Zur Geschichte des Begriffs "subjektives Recht" (1958), 11ff.

815 Raiser, 465.

816 A.a.O.

817 Saviny, System des heutigen Römischen Recht I (1840), §§ 4, 52, 53 Saviny entwickelt diese Rechte aus den Rechtsverhältnissen, die er in gegenseitige Rechte auflöst. Ähnlich auch Puchta. Dazu Coing, Zur Geschichte des Begriffs „subjektives Recht" (1958), 11.

818 Windscheid/Kipp, Pandektenrecht, 9. Aufl. (1906) § 37 Anm. 3. Eine perfekte Systemausbildung wurde möglich, weil Windscheid das Zivilrecht in prozessualen Rechtsbehelf und zivilrechtlicher Anspruch auseinanderdividiert. Windschied, Die Actio des Römischen Zivilrechts vom Standpunkt des heutigen Rechts, 1856, 3, 221.

denn Zweck und Gegenstand der subjektiven Rechte werden benannt[819]. Daraus entwickelt sich die kanonisierte Kompromissformel, die subjektive Rechte als die Willens- oder Rechtsmacht des Einzelnen bezeichnet, die den individuellen Interessenschutz bezwecken[820].

Kelsen sieht die subjektiven Rechte nur als eine besondere Erscheinung des objektiven Rechts, das er als die Statuierung der an die Rechtssubjekte adressierten Pflichten betrachtet, womit das menschliche Verhalten geordnet und geregelt werden soll[821]. Die subjektiven Rechte entwickeln sich bei ihm funktional als Reflex aus den korrespondierenden Pflichten[822]. Die Rechtsmacht befähige den Berechtigten, durch Klage die Nichterfüllung einer Rechtspflicht geltend zu machen, die ein anderer ihm gegenüber hat[823].

Auch *Bucher* sieht keinen prinzipiellen Unterschied zwischen dem objektiven und dem subjektivem Recht[824]. Das subjektive Recht ist für ihn die Befugnis des Rechtssubjekts, Rechtsnormen zu setzen zu können[825]. Dadurch werde der Wille rechtsverbindlich und damit zur Rechtsnorm[826].

Mittlerweile zeigen sich zwei gegensätzliche Tendenzen, mit dem Begriff umzugehen: *Kasper* steht einer Begriffsausbildung skeptisch gegenüber[827]. Er sieht das Abstraktionsniveau des Systems der subjektiven Rechte als zu hoch an und deswegen ohne bemerkenswerten Gewinn. Zur Lösung von Sachproblemen trage eine weitere Begriffsausbildung nicht bei[828]. *Kasper* zerteilt den Begriff und rückt die einzelnen Funktionen als Problemfelder in den Vordergrund. Als zentrales Problem, welches die Denkfigur des subjektiven Rechts erfasst, sieht er die Positionierung des Einzelnen im Aufbau der Rechtsordnung im jeweiligen Sachzusammenhang. Dies bestimmt sich danach, ob die Einschaltung der Person, also die willentliche Rechtsgestaltung zweckmäßig und auch notwendig ist, um die individuellen Rechtsbeziehungen selbständig zu bestimmen[829]. Doch genau dies kann eine auch noch so perfekte Begriffsausbildung nicht leisten.

---

[819] Ihering, Geist des Römischen Rechts, III/1 (1865), §§ 60, 61; JJahrb 10, 387 ff.; 32, 65 ff. Polemischer Problemfall, der die Schwäche der Willenstheorie offenbaren soll, war der rechtsfähige Handlungsunfähige, also - auf dem Boden des BGB - die Spannung zwischen § 1 und §§ 104 ff. Dessen Rechte können nicht vom Willen abhängen, denn dann wäre er ein rechtloses Subjekt. Zu Ihering insgesamt siehe Wagner, AcP 193, 319 ff.

[820] Beispielsweise Larenz, AT, 184; Raiser, 465; diese verfestigte Kompromissformel sieht Fezer als der Entwicklung des Begriffes abträglich an, da sie sich nicht an der sozialen Realität orientiere, also die Wirklichkeit nicht erfassen könne und so einer Weiterentwicklung abträglich ist (Fezer, 241).

[821] Kelsen, Hauptprobleme der Staatsrechtslehre (1923), 619; ders., Reine Rechtslehre, 33, 130 f.

[822] Kelsen, 134, 137, 139 ff.

[823] Kelsen, 164.

[824] Bucher, 14.

[825] Bucher, 55.

[826] Bucher, 192.

[827] Kasper, Das subjektive Recht – Begriffsbildung und Bedeutungsmehrheit (1967), 157 ff.

[828] Kasper, 157.

[829] Kasper, 163.

Nutzbar kann man sich das Denkmodell machen, um Rechtsätze in „günstige Rechtssatzberichte“ aufzulösen, welche die jeweilige Normaussage verkürzend wiedergeben könne[830]. So kann man das objektive Recht, quer durch alle Rechtsätze in Teilmengen von Rechten des Einzelnen auflösen, was eine Aussage über den Zweck des Rechts ermöglicht. Die Begünstigungen des Einzelnen bilden in ihrer Gesamtheit das Recht als Menge aller subjektiven Rechte[831]. Vagabundierende Rechte, die keinem Subjekt zuzuordnen sind, soll es in diesem Modell nicht geben können. Diese „Normenzerlegung“ hat somit auch organisatorische Bedeutung.

Auf der anderen Seite will *Fezer* die Denkfigur aus dem theoretischen Raum herausnehmen um sie im Prozess der Rechtsanwendung nutzbar machen zu können[832]. Er sieht das subjektive Recht als Ausdruck der Teilhabe an der Gesellschaft[833]. Inhaltlich richtet es sich nach der jeweiligen Organisation der Gesellschaft und ist insoweit zeit- und ortsabhängig. Drei Funktionen sieht *Fezer* in den subjektiven Rechten: Sie verbürgen für die Freiheit des Einzelnen, sie ordnen das Rechtsystem und sie ermöglichen, dass die Kultur in das Rechtssystem aufgenommen werden kann[834].

"Subjektives Recht" wird als der zentrale Begriff des Privatrechts und zugleich die letzte Abstraktion aus der Vielgestaltigkeit des Rechtslebens gesehen[835]. Die zivilrechtliche Dogmatik hat sich aber vor allem mit der Systematisierung unter verschiedenen Gesichtspunkten beschäftigt. *Raiser* teilt in primäre und sekundäre Rechte ein[836]. Sekundäre sind Ansprüche und Gestaltungsrechte, die er als Werkzeuge der Rechtstechnik sieht, die Schutz und Verwirklichung der primären bieten sollen[837]. Wegen der Hilfsfunktion spielen sie keine große Rolle beim Erfassen der Bedeutung des subjektiven Rechts. Die primären Rechte teilt *Raiser* in Herrschafts-, Personen- und Persönlichkeitsrechte ein. *Raiser* sieht die subjektiven Rechte aber nicht als einziges Mittel, die Stellung der Person im Recht zu sichern. Objektive Rechtsinstitute sieht er als ebenbürtig in der Rechtsordnung an[838]. Diese ordnen, schaffen Wirkungszusammenhänge. Würde man nur auf die Sicherung der Freiheitssphäre abstellen, würde man einer Isolierung der Rechtsgenossen Vorschub leisten. Den Rechten müssen Pflichten gegenüber stehen.

Auch *Coing* sieht im Privatrecht mehr als das System von subjektiven Rechten[839]. Wichtig sei das subjektive Recht, weil die Verfügungsgewalt dem Einzelnen übertragen ist, was den Rechtschutz impliziere. Daneben komme im sub-

---

[830] Kasper, 43.
[831] Kasper, 127, 132.
[832] Karl-Heinz Fezer, Teilhabe und Verantwortung (1986), 333 ff.
[833] Fezer, 362 ff.
[834] Fezer, 552 (Zusammenfassung).
[835] Vielmals zitiert aus v.Tuhr, AT I, 53.
[836] Raiser, 466.
[837] Windscheid, Die Actio des Römischen Zivilrechts vom Standpunkt des heutigen Rechts (1856), 221.
[838] Raiser, 472.
[839] Coing, Zur Geschichte des Begriffs „subjektives Recht" (1958), 22 f.

jektiven Recht die grundlegende Idee, derentwegen das Privatrecht existiert zum Ausdruck, nämlich die individuelle Freiheit.

Unabhängig davon, ob man in den subjektiven Rechten die einzigen Träger der Privatrechtsordnung sieht oder ob man daneben Bedarf an Institutionen sieht, wird die Ordnungsfunktion der subjektiven Rechte in der Dogmatik aufgegriffen. Dabei wird unter inhaltlichen Gesichtspunkten zwischen Vermögensrechten, Familienrechte und Persönlichkeitsrechte unterschieden beziehungsweise unter Beachtung der Wirkung, in absolute, relative Rechte und Gestaltungsrechte unterteilt[840].

b. Die Einordnung der Vollmacht und Ermächtigung in das System der subjektiven Rechte

Im weiteren werden Ermächtigung und Vollmacht gemeinsam betrachtet. Dies erklärt sich aus der gemeinsamen Struktur der Zuständigkeitsbegründung. Die unterschiedliche Art des Fremdbezuges hat für die Einordnung in das System der subjektiven Rechte und sekundäre Bedeutung.

(1) Überblick über den Meinungsstand

Wenn schon ein Recht übertragen werden kann, so könne erst recht dessen Ausübung übertragen werden. Dieser, von *Ludewig* formulierten Rechtsatz[841], wird bemüht, um beim Ermächtigten ein übertragenes Recht zu sehen. *Ludewig* kann dabei auf *Hirsch* aufbauen, der bei der Ermächtigung im übertragenen Recht ein „allgemeines Verwaltungsrecht am Vermögen" sieht[842]. Dieses Recht beinhalte die Möglichkeit auf das Vermögen einzuwirken, letztlich also Teil der Handlungsfreiheit. Durch die Ermächtigung beziehungsweise Vollmacht werde dieses Recht dupliziert. „Die Rechtsordnung verleiht ihm [dem Berechtigten] aber auch Macht und Mittel, die Ausübung seines Rechts durch andere umfassend zu ermöglichen"[843]. Teil der Macht eines Rechtssubjekts sei die Möglichkeit der Erlaubnis[844].

Diese Vervielfältigung des Rechts durch die Erteilung der Ermächtigung sehen ebenfalls *Radke*[845], *Nipperdey*[846] und *Siebert*[847]. *Siebert* meint einen „allgemeinen Grundsatz der Überlassung der Rechtsausübung" erkennen zu können[848]. Die Übertragung einer Legitimation verschaffe eine gewisse Verfügungsmacht[849]. Das Vollrecht bleibt beim Inhaber, nach außen tritt aber der Ermächtigte als Berechtigter auf. Auch *Raape*[850] und *Heinemann*[851] erkennen in

---

840 Larenz, AT, 183 ff.; Pawlowski, AT, 122 ff.; Scherner, 21ff.

841 Ludewig, 35 f, 56.

842 Hirsch, 170 ff.

843 Hirsch, 189.

844 Hirsch, 190.

845 Radke, 21.

846 Nipperdey, FS Nikkisch, 307 ff., 321 ff., 323.

847 Siebert, 235.

848 Siebert, 235.

849 Siebert, 232, 235, 254.

850 Raape, AcP 121, 275.

851 Heinemann, JhrJB 81, 374.

der Ermächtigung ausdrücklich ein subjektives Recht. Das Reichsgericht sieht in der Übertragung der Legitimation die Einräumung einer bestimmten Rechtsmacht, die es als eine Ausübungsüberlassung charakterisiert[852]. *Doris* sieht die Ermächtigung als ein „eigenartiges Gestaltungsrecht“ und somit ebenso als ein subjektives Recht[853].

Das Moment der Widerruflichkeit der Vollmacht ist für *v.Tuhr* Ausgangspunkt seiner Einordnung[854]. Er meint die normale Vollmacht sei unvergleichbar mit einem Herrschaftsrecht, mithin kein subjektives Recht[855]. In der Vollmacht sieht er lediglich die Befugnis durch Rechtsgeschäft mit Dritten subjektive Rechte für und gegen den Vollmachtgeber zu begründen, aufzuheben oder abzuändern[856]. Andererseits erkennt *v.Tuhr* aber an gleicher Stelle die Ähnlichkeit der Vertretungsmacht mit einem subjektiven Recht. Dies zusammen mit der unbestimmten Weite des Begriffs erlaube es dann doch, die Vollmacht als eine besondere Art des Gestaltungsrechts anzusehen[857]. Wird nun die Vollmacht im Interesse des Bevollmächtigten unwiderruflich gestaltet, so wachse die Ähnlichkeit mit einem Herrschaftsrecht[858]. Allerdings sei auch dann die Rechtsmacht durch das Vermögen des Vertretenen begrenzt und der Gegenstand verbleibe nach wie vor im Vermögen des Vollmachtgebers. Letztlich bleibe auch die Handlungsfähigkeit des Bevollmächtigenden erhalten. Dies könne wegen § 137 auch nicht aufgegeben werden[859], so dass das Recht des Bevollmächtigten nie ein exklusives sei[860]. Diese Punkte zeigten die Schwächen der Rechtsposition des Vertreters. Auch wenn die Vollmacht unwiderruflich sei, entstehe immer noch keine unantastbare Rechtsposition[861].

Auch für *Krückmann* ist die Widerruflichkeit das wesentliche Moment, weshalb er die Qualität der Ermächtigung als subjektives Recht verneint[862]. Das rechtliche Können des Ermächtigten sei keine Macht. Auch alle Rechtscheintatbestände seien durch ein solches Können gekennzeichnet; ein eigenes Recht oder eine Macht des Nichtberechtigten läge dort aber nie zugrunde[863]. Allein wegen der möglichen Weiterübertragung und der Möglichkeit des Verzichts auf die Ermächtigung könne nicht auf die Rechtsqualität geschlossen werden. Dies seien lediglich Folgen der Privatautonomie, so dass der Berechtigte die Übertragbarkeit bestimmen könne. Entscheidend sei vielmehr, dass das Recht der Ermächtigung beliebig entzogen werden kann. Die Unzerstörbarkeit sei aber

---

[852] RGZ, 117, 69; 133, 242.
[853] Doris, 177.
[854] v.Tuhr, Die unwiderrufliche Vollmacht.
[855] v.Tuhr a.a.O., 59.
[856] A.a.O.
[857] v.Tuhr a.a.O., 60, Fn. 1.
[858] A.a.O.
[859] Wegen der damit verbundenen Selbstentmündigung.
[860] v.Tuhr a.a.O., 61.
[861] v.Tuhr a.a.O., 62.
[862] Krückmann, Die Ermächtigung und der Rechtsbesitz nach dem bürgerlichen Gesetzbuche, FS RG III, 79 ff.
[863] Krückmann, FS RG, 83.

Kennzeichen jeglichen echten Rechts[864]. Auch wenn es bei der Standfestigkeit graduelle Unterschiede zwischen den Rechten gibt, bleibt der Wert des Rechts dessen Bestand. Da die Ermächtigung nach § 183, 1 und die Vollmacht nach § 167, 1 frei widerruflich sind, blieben diese nicht mehr als „Möglichkeiten". Einen so geschwächten Rechtspositionen, fehle nach *Krückmann*, „das bescheidenste Existenzminimum an Standfestigkeit", was aber notwendig sei, damit ein Mehr als nur eine bloße Möglichkeit, nämlich ein Recht bestehe[865].

Stoll weist auf den fehlenden Rechtschutz bei der Ermächtigung hin[866]. Dieser Schutz werde jedem Recht zuteil, fehle aber wegen der Widerruflichkeit bei der Ermächtigung und Vollmacht, so dass diese nicht als Rechte zu sehen seien. Ähnlich sieht dies *Raich*, der beim Ermächtigten keine eigenen Rechtsschutzinteressen berührt sieht[867].

Larenz verneint die Qualifikation als subjektives Recht, weil der Vertreter nicht um seinetwillen handelt, sondern für den Vertretenen[868]. Damit habe die Vollmacht nur Hilfsfunktion.

Bucher sieht in der Vertretungsmacht kein subjektives Recht, weil kein eigenes Recht ausgeübt werde[869]. Die Stellvertretung füge keine eigenen Normsetzungsbefugnisse hinzu. Die Vollmacht, aus praktischen Bedürfnissen entstanden, lasse sich nur durch Fiktion erklären, da die Person des Stellvertreters rechtlich unerheblich ist, dessen Wille aber wird als der des Vertretenen seiner fingiert[870].

(2) Tatbestandsbildung des subjektiven Rechts

Zunächst wird versucht, einen Tatbestand „subjektives Recht" zu bilden um darunter Vollmacht und Ermächtigung subsumieren zu können. Dazu werden die allgemein anerkannten Merkmale erfasst, deren Gewichtung sich aus den anerkannten Ausnahmen. Diese Merkmale werden sodann der Vollmacht7Ermächtigung gegenüber gestellt.

* Das subjektive Recht kann frei ausgeübt werden.
  - Die Ausübung von Rechte ist allerdings allgemein beschränkt, siehe nur §§ 242, 226, 222.
  - Der Vertreter und Ermächtigte kann die Vollmacht bzw. Ermächtigung frei nutzen. Allerdings ist eine Kollusion ein Hindernisgrund für die Wirksamkeit.

* Das subjektive Recht kann durchgesetzt werden.
  - Die Herstellung der ehelichen Gemeinschaft ist nach § 888 II ZPO aber nicht vollstreckbar.

---

[864] Krückmann, FS RG, 84
[865] A.a.O.
[866] Stoll, 15
[867] Raich, 21
[868] Larenz, AT, 593 f.
[869] Bucher, 189
[870] Bucher, 103

- Vollmacht, Ermächtigung bedürfen sachlogisch keiner eigenständigen Durchsetzung durch den Vertreter/Ermächtigten.

* Das subjektive Recht kann veräußert werden.
- Freilich sind bestimmte Persönlichkeitsrechte unveräußerlich.
- Die Unterbevollmächtigung bzw. -ermächtigung hat vergleichbare Wirkung wie die Veräußerung.

* Auf das subjektive Recht kann verzichtet werden.
- Gemäß § 397 kann man allerdings auf eine Forderung nicht verzichten. Ebenso verbietet das ordre public den Verzicht auf bestimmte Persönlichkeitsrechte.
- Ohne die Einordnung der Vollmacht/Ermächtigung kann über deren Verzichtbarkeit der nichts ausgesagt werden[871].

* Das subjektive Recht begründet eine einzigartige, originäre Zuständigkeit[872].
- Die Mitgliedschaftsrechte sind aber nicht einzigartig[873].
- Eine die Zuständigkeit des Vertretenen und Ermächtigenden ausschließende Vollmacht wäre selbstentmündigend und verstieße gegen § 137.

* Das subjektive Recht ist eigennützig, nicht nur hilfsfunktional[874].
- Allerdings wird das Sorgerecht nach § 1626 als „Pflichtrecht" angesehen[875]. Ebenso fremdnützig ist auch der Anspruch aus § 328 zugunsten des Dritten.
- Bei der eigennützigen Treuhand und der Einziehungsermächtigung gegeben, bei der Vertretung rechtstatsächlich gesehen in der Regel nicht[876].

* Das subjektive Recht ist unwiderruflich und somit standfest[877].
- Dies trifft nicht auf das Sorgerecht gem. § 1626 zu[878].
- Bei der unwiderruflichen Vollmacht hingegen ist dieses Merkmal gegeben.

Eine genauere Tatbestandsbildung ist nicht möglich. Zwar haben sich Kennzeichen der subjektiven Rechte herausgebildet; welche davon aber konstitutiv sind, ist unklar. Dies erklärt sich aus der Wechselwirkung zwischen der Abstraktion subjektives Recht einerseits und den konkreten Rechtssituationen, die als sub-

---

[871] Nach Brieshorn, Verzicht und Unverzichtbarkeit im Recht (1988), 148, hat die Frage der Verzichtbarkeit „Auslösefunktion" für die Suche nach subjektiven Rechten, was er auch belegen kann. Darin kann eine Bestätigung gesehen werden, dass die Verzichtbarkeit eher eine Schlussfolgerung als ein Merkmal der subjektiven Rechte ist. Die Verzichtbarkeit auf die Vertretungsmacht ist umstritten, vgl. Wolf/Larenz, AT, 916 mit weitern Nachweisen.

[872] Müller-Freienfels, 87.

[873] Einzigartig sind diese Rechte nur, wenn man vom jeweiligen Rechtsträger absieht.

[874] Larenz, AT, 593 f.

[875] Diederichsen/Palandt § 1626, 1.

[876] Im übrigen kann die Wirkung eines Vertrages zugunsten Dritter herbeigeführt werden, wenn der Dritte als Vertreter am Rechtsgeschäft beteiligt ist.

[877] Krückmann, FS RG III, 84; ders. AcP 108, 321 f.

[878] Diederichsen/Palandt § 1626, 10.

jektives Recht anerkannt sind andererseits. Der Begriff ist nicht statisch, sondern entwickelt sich weiter[879].

Somit kann sich nicht die Frage stellen, ob die Ermächtigung und die Vollmacht subjektive Rechte sind. Vielmehr ist zu beantworten, ob deren Inhalte dem subjektiven Recht entsprechen oder so wesentlich davon abweichen, dass sie nur als rechtliches Können sui generis angesehen werden können[880]. Die verliehene Rechtsmacht wäre dann eine eigenartige Kategorie.

(3) Abwägung zwischen Vollmacht und Ermächtigung und den Merkmalen des subjektiven Rechts

Wegen des diffusen Meinungsstandes und der Unmöglichkeit die Konstitution des subjektiven Rechts zu bestimmen, kann die Einordnung der Vollmacht und Ermächtigung nur eine Abwägung sein[881].

Zur Vollmacht und Ermächtigung bedarf es keiner Mitwirkung des Vertreters. Das subjektive Recht entsteht aber ursprünglich oder abgeleitet immer unter Beteiligung des präsumtiven Rechtsubjekts. Selbst bei der Schenkung oder Erbschaft muss man die damit verbundenen Rechte annehmen. Ein Aufdrängen von subjektiven Rechten ist der Rechtsordnung fremd. Dies geschieht aber bei der Vollmacht. Wegen der Möglichkeit der Außenvollmacht muss der Vertreter von der Bevollmächtigung gar nichts wissen. Eine Herrschaft über dieses Recht kann er dann nicht haben.

Die Frage nach der Verzichtbarkeit führt nicht weiter, denn der Verzicht ist umgekehrt eine Folge der Anerkennung als subjektives Recht.

Der Eigennutz ergibt sich nur mittelbar. Da die Vollmacht beziehungsweise Ermächtigung regelmäßig das Mittel ist, eine zugewiesene Aufgabe durchzuführen, ist sie nützlich um der Verpflichtung nach zu kommen. Doch ist eine solche zugrundliegende Bindung nicht zwingend. Die Fremdnützigkeit erscheint demgegenüber zu überwiegen.

Die Möglichkeit der Delegation ist zunächst eine Frage der Auslegung der Umstände, die am Beispiel der Untervertretung gezeigt werden kann. Dabei stellt sich die Frage, ob der Untervertreter der Vertreter des Vertreters oder der des Vertretenen ist. Der BGH sieht den Untervertreter als Vertreter des Hauptvertreters[882]. Ebenso sieht *Scherner* die Bestellung des Untervertreters als ein Vertretergeschäft an[883]. Der Vertreter handelt dabei in fremden Namen. Dadurch wird der Untervertreter Vertreter des Vertretenen. Eine Konsequenz ist die erforderliche Offenkundigkeit der Person des Vertretenen, nicht aber die des

[879] Diese „kulturaufnehmende Funktion" sieht Fezer als Gewinn. Vgl. Fezer, 94 ff. der sich dabei auf Wieacker beruft, der den Einbruch des Sozialrechts in das klassische Privatrecht feststellt.

[880] Diese Konkretisierung der Fragestellung schon bei Doris, 174.

[881] Ebenso Doris, 176 f.; Müller-Freienfels, 89, hält es für falsch, das subjektive Recht als „eine Art Ding" zu sehen.

[882] BGHZ,32, 250.

[883] Scherner, 257.

Hauptvertreters[884]. Maßgeblich ist die Geschäftspartei und nicht der Hauptvertreter. Dies spricht gegen die Einordnung als subjektives Recht. Die freie Übertragbarkeit ist nach § 399 aber auch bei Forderungen nicht zwangsläufig. Jedenfalls ist die Zuständigkeit eine Machterweiterung, auch wenn sie nur sekundär ist.

(4) Vollmacht und Ermächtigung als mögliche Ausübung eines Rechtes

Zur rechtstheoretischen Grundlegung ist zu klären, ob die Vollmacht und die Ermächtigung die Berechtigung zur Ausübung eines fremden Rechtes schafft, also ein eigenartiges Recht ist oder vom ausgeübten Recht mit umfasst ist.

Das originäre Recht, das beim Stellvertreter beziehungsweise beim Ermächtigten entstehen könnte, wäre ein Derivat eines beim Vertretenen und Ermächtigenden verbleibenden Rechtes. Die Wirkung und Berechtigung der Stellvertretung/ Ermächtigung entstünde aus der Überlassung der Ausübung. Gedanklich müsste man die subjektiven Rechte aufspalten, in das Recht selbst und in das Recht der Ausübung des Rechts. Doch dies erscheint theoretisch betrachtet unschlüssig. Denn will man zunächst dieses Ausübungsrecht nicht in eine eigenartige Kategorie erfassen, sondern als subjektives Recht, wäre dieses wieder gedanklich aufspaltbar - in das Recht der Ausübung selbst und in das Recht der Ausübung dieses Recht, sozusagen die Ausübung der Ausübung. Diese Spirale könnte man endlos und damit sinnlos weiterdrehen. Zwei Auswege aus diesem logischen Dilemma sind denkbar:

Entweder die Ausübung ist zwar ein Recht, aber ein eigenartiges, das nicht ausgeübt werden kann. Dann wäre es aber um so schwieriger zu begründen, dass es übertragbar ist, denn die Übertragung kann als eine bestimmte Art der Ausübung gesehen werden. Dies führt zur Diskussion, ob die Vollmacht ein Gestaltungsrecht ist. Insbesondere *Bötticher* betrachtet die Wirkung auf die Selbstbestimmung des Vertretenen[885]. Dabei stellt er einen „Einbruch in eine fremde Rechtsphäre“ fest, was die Vollmacht und Ermächtigung zu einem Gestaltungsrecht erhebe[886]. Dieses Recht entsteht erst mit der Übertragung. Unter diesem Wirkungsgesichtspunkt wäre es originär. Dem schließt sich *Doris* an[887]. Die sekundäre Natur des Gestaltungsrechts sieht er wohl, aber dies sei eben das Eigenartige an Ermächtigung und Vollmacht und lediglich eine Abgrenzung zu anderen Gestaltungsrechten[888]. Dieser Ansatz kann nicht weiterführen, denn es fehlt an einem fixen Dreh- und Angelpunkt wie etwa einer Anknüpfung am positiven Recht, so dass nur eine Definitionsfrage verbleibt.

Oder die Ausübung ist nur ein Merkmal des Rechts, selbst aber kein Recht. Die Übertragung steht dann neben der Ausübung als eine andere Art der Aktivierung des Rechts. Von rechtstheoretischer Perspektive aus erscheint es

---

[884] BGHZ 68, 395 verlangt auch diese Offenlegung, allerdings wegen des Gutglaubensschutz des § 179.

[885] Bötticher, Besinnung auf das Gestaltungsrecht und das Gestaltungsklagerecht, FS Dölle (1963), 41 ff.

[886] Bötticher, 45.

[887] Ebenso Doris 173, 177 Fn.94 mit weiteren Nachweisen.

[888] Doris, 177 f.

schlüssiger, die Ausübung nicht als Recht zu begreifen. Allerdings müsste dann immer ein Recht zu finden sein, das übertragen und ausgeübt werden kann. Bei der Verfügungsermächtigung ist dies unschwer das Veräußerungsrecht, ein Recht aus dem Eigentum. Bei der Bevollmächtigung allerdings müsste man die Konstruktion des „allgemeinen Verwaltungsrechts" als Grundlage heranziehen, das übertragen wird[889]. Doch bedarf es allgemein keiner Legitimation, sich zu verpflichten, dies kann jedermann. Dann ist eine Übertragung nicht erforderlich. Die Bedeutung der wirksamen Vertretung ist aber nicht die Ausübung eines fremden Verwaltungsrechtes, sondern erst die Bindung des Vertretenen. Die Einstandspflicht des Vertretenen ist die Wirksamkeit, ein „gegen sich gelten lassen müssen". Der Vertretene ermöglicht mit der Bevollmächtigung die Einschränkung der Freiheit vor Fremdbestimmung durch den Vertreter. Diese Einschränkung ist nur sekundär, denn der Vertretene verliert nicht die Befugnis konkurrierend zu handeln. Die Einschränkung erzeugt nur eine Einstandspflicht. Dies könnte man als das „Recht zur Selbstbindung" des Vertretenen sehen. Übertragen kann aber nicht das Selbstbindungsrecht werden, sondern dieses Recht müsste sich mit der Übertragung in das Recht der Fremdbindung verwandeln.

Allerdings ist fraglich, ob dieses Verwaltungsrecht als Gedankenkonstrukt in die geltende Rechtsordnung zu integrieren ist. Bedenken, es als subjektives Recht zu sehen, erheben sich wegen seines allumfassenden Charakters. Es ist direkter Ausdruck des Personseins des Menschen und bedarf so eigentlich keiner Kategorisierung, da seine Existenz nicht von der Zivilrechtsordnung vorgegeben wird, sondern von ihr zu beachten ist. Deswegen lehnen einige die Einordnung als subjektives Recht ab, um so die Konsistenz des Begriffs zu bewahren[890]. *Adomeit* kann aber die allgemeine Vertragsfreiheit als ein Gestaltungsrecht begründen[891]. Die Privatautonomie sieht er wie andere Rechte, als vom Staat verliehen an. Die Allgemeinheit dieser Rechtsposition, also die Anknüpfung an die Rechtsfähigkeit, hindert ihn nicht, dies als ein subjektives Recht anzusehen. Die Privatautonomie ist danach nicht nur ein Prinzip, sondern funktional als subjektives Recht zu begreifen. *Adomeit* sieht keinen Sinn darin, zwischen Rechten und Grundfreiheiten zu trennen.

Die subjektiven Rechte als funktionale und systemadäquate Übersetzung der Privatautonomie zu begreifen, überzeugt. So ist der Wege frei, die Vollmacht und die Ermächtigung als „übertragende Zustimmung" einzuordnen[892]. Übertragen wird die Ermächtigungsnorm, die Privatautonomie. Nicht ein neues Recht entsteht, sondern ein bestehendes wird „personell und sachlich erstreckt"[893]. Dies beinhaltet eine Stärkung der Rechtsposition des Ermächtigen/Bevollmächtigten, denn fremde Verpflichtungen durch einseitige Anord-

---

889 Ludewig, 33.
890 Doris, 87 f. mit weiteren Nachweisen.
891 Adomeit, 10 ff.
892 Adomeit, 38.
893 Adomeit, 39.

nung zu schaffen widerspricht eigentlich dem Vertragsgedanken[894]. Diese Stärkung ist die Grundlage für *Böttichers* Einordnung als Gestaltungsrecht.

Vollmacht und Ermächtigung ermöglichen somit die Ausübung eines subjektiven Rechts. Daneben sind Kennzeichen des subjektiven Rechts zu erkennen. Denn die Einwirkung auf ein fremdes subjektives Recht, also die Ausübung, kann beliebig gewählt werden. In Kollisionsfällen sind selbstverständlich auch die allgemeinen Grenzen der Rechtsausübung, also §§ 226, 242, 826 zur sachgerechten Lösungsfindung heranzuziehen.

c. Die Einordnung des Empfangsboten in das System der subjektiven Rechte

Der Empfangsbote kommt nicht mit subjektiven Rechten in Berührung. Er selbst übt keines aus und ist auch nicht an der Ausübung eines subjektiven Rechts durch den Empfänger beteiligt. Schon der Empfang einer Willenserklärung kann nicht als subjektives Recht angesehen werden, ohne dem Begriff nicht jegliche Konsistenz zu nehmen. Zwar ist auch der Empfang eine Teilnahme am Rechtsverkehr, aber ein Ausdruck der Pflichtigkeit. Die Partnerrolle wird nicht durch einen selbst, sondern durch einen Fremden aktualisiert[895].

Die Entgegennahme ist keine Ausübung eines subjektiven Rechts. Zwar kann nur ein Mensch eine Erklärung entgegennehmen und der Mensch ist rechtsfähig. Doch entspringt die Fähigkeit der Entgegennahme nicht der Rechtsfähigkeit. Dies zeigt sich bei juristischen Personen, die keine Erklärung entgegennehmen können. Die Entgegennahme ist vielmehr eine tatsächliche, originär menschliche Fähigkeit. Die Entgegennahme ist auch indifferent. Auch der Erklärungsbote nimmt die Erklärung entgegen. Dann kann die Entgegennahme auch keine Ausübung eines subjektiven Rechts sein. Anders ist beim Empfangsvertreter zu entscheiden, der durch die Entgegennahme der an ihn adressierten Erklärung diese empfängt[896]. Die Wirkung auf die Rechtssphäre des Vertretenen besorgt §§ 164 III. Der Empfangsbote wirkt nicht auf eine fremde Rechtssphäre ein. Es geht um eine Zuordnung zu einem Rechtskreis, indem der Empfangsbote als Bestandteil des Rechtskreises des Empfängers gesehen wird.

Auf der Ebene der subjektiven Rechte bestehen somit keine Anhaltspunkte einer Ähnlichkeit zwischen dem Empfangsboten und dem Stellvertreter/Ermächtigten. Eine entsprechende Anwendung der Stellvertretungsregeln ist daher nicht angezeigt.

2. Die konstruierte Ermächtigung als Schutzinstrument

Der Schutz von Drittinteressen ist im positiven Recht nicht erschöpfend ausgebildet. Schon die Betrachtung der Drittinterventionen hat ein undeutliches Bild gezeigt[897]. Der gesetzliche Drittschutz als Gutglaubensschutz setzt regelmäßig an einem Rechtsakt oder Gegenstand an, der rechtlich verselbständigt ist, wie die Vollmacht, der Besitz oder die Urkunde. Fehlt dieses Anknüpfungsmoment,

---

[894] Adomeit, 14.

[895] Thiele,114. Vgl. dazu oben, 2. Kap. III.D.

[896] Zum Unterschied zwischen der „Entgegennahme“ und dem „Empfang“ s. oben 1. Kap. III. D.3.

[897] Siehe oben, 2. Kap. V.

ist es schwierig, den Schutz von privaten Interessen außerhalb einer vertraglichen Relation zu begründen.

Man kann zwischen unmittelbarer Belastung und einer Lastwirkung gegenüber Dritten differenzieren[898]. Eine unmittelbare Belastung in Form eines Vertrages zu Lasten Dritter soll generell unzulässig sein. Differenzierter ist der Schutz, wenn der Dritte nur durch einen Reflex belastet wird.

Die Ermächtigungslehre, die eine Empfangsbotenmacht annimmt, ist eine taugliche Antwort auf die Schwierigkeit, die reflexive Außenwirkung einer internen Verantwortungszuweisung zu begründen. Ausgangspunkt ist bei dieser Betrachtung die Beziehung zwischen dem Empfänger und dem Empfangsboten, wonach dem Empfangsboten Verantwortung für die Weiterleitung der Erklärung übernimmt. In einer verantwortungszuweisenden Norm, die an sich keine Außenwirkung hat, müsste dann eine Ermächtigung zu finden sein, die den Verantwortungsbelasteten legitimiert, zu Lasten des Verantwortungsbegünstigten einem Dritten die Wohltat der Verantwortungsbegünstigung zukommen zu lassen.

a. Ermächtigung als Schutz des Dritten beim Scheingeschäft

Das Problem stellt sich vergleichbar beim Schutz eines gutgläubigen Dritten beim Scheingeschäft. Das Scheingeschäft hat nach § 117 I keine Wirkung, weil es von den Beteiligten so gewollt ist. Das nutzt einem Unwissenden wenig, so dass er schutzbedürftig erscheint. *Flume* will dieses Problem lösen, indem er im Scheingeschäft eine Ermächtigung sehen will, die wie eine Urkunde im Fall des § 405 den Glauben eines Dritten auf den Bestand des Geschäftes schützt[899]. Dagegen wendet sich *Canaris*, der darin eine unzulässige Fiktion sieht, weil er in der Erkennbarkeit des Scheingeschäfts durch den Dritten keine Willenserklärung sehen kann, sondern nur eine deklaratorische Mitteilung über ein Geschäft[900]. Diese Argumentation ist nicht zwingend, denn eine beabsichtigte Mitteilung kann objektiv als Willenserklärung einzuordnensein[901]. Wie *Canaris* aber richtig erkennt müsste der Erklärungsinhalt aber auf eine Ermächtigung schließen lassen, d.h. es müsste der Eindruck entstehen, es liege eine Verfügung über ein fremdes Recht vor beziehungsweise eine Begründung einer fremden Verbindlichkeit[902]. Um diese Fremdheit weiß der gutgläubige Dritte aber gerade nicht, denn er glaubt an die Wirksamkeit des Geschäftes.

b. Die Ermächtigung als Rechtfertigung des Gutglaubensschutzes (Krückmann)

Krückmann will in Scheintatbeständen eine Ermächtigung zugunsten des Scheinberechtigten sehen und so deren Rechtsfolge legitimeren[903]. Er sieht in der Ermächtigung das geeignete Instrument, den Schutz des Vertrauens auf

---

[898] Martens AcP 177, 139ff., 164 ff.
[899] Flume, AT, 411 f.
[900] Canaris, Vertrauenshaftung, 89 f.
[901] Dies hängt mit der Einordnung der subjektiven Komponente bei der Willenserklärung als Anfechtungsgrund zusammen. Vgl. BGHZ 91, 324.
[902] Canaris, 90.
[903] Krückmann, AcP 137, 167 ff.

Scheintatbestände zu erklären[904]. Denn wie die Ermächtigung schaffen die Rechtsscheintatbestände ein rechtliches Können. Dem haben sich einige angeschlossen, insbesondere hinsichtlich der Gutglaubenstatbeständen des Sachenrechts[905].

Canaris sieht diese Lehre als eine untragbare Konstruktion, denn eine rechtsgeschäftliche Ermächtigung anzunehmen sei reine Fiktion und eine andersartige, gesetzliche Ermächtigung sei unerklärbar[906]. Ein Scheintatbestand bilde gerade keine Legitimation. Der Vertrauensschutz verschafft keine Rechtsmacht, vielmehr setzt sich dieser durch die Macht des positiven Rechts über die Rechtsmacht. Das durch die Rechtsscheintatbestände vermittelte Können ist eines ohne ein zugrundeliegendes subjektives Recht.

Krückmanns Lehre erklärt sich aus seinem Verständnis der Ermächtigung. Für ihn ist sie keine Rechtsmacht, sondern lediglich die Vermittlung eines rechtlichen Könnens[907]. Dieses Können muss nicht Ausfluss eines eigenen Rechtes sein wie er mit den Rechtsscheintatbeständen belegen will.

Wird die rechtliche Wirkung an einer Macht festgemacht, wäre zu jedem rechtlichen Handeln eine Ermächtigung notwendig. Dann wäre jeder Geschäftsfähige ermächtigt, seine eigenen Geschäfte vorzunehmen. Damit würde der Begriff Ermächtigung jegliche Konsistenz verlieren. Er beschriebe nicht nur eine sekundäre Zuständigkeit, nicht einmal nur die Zuständigkeit, sondern die Herbeiführung von Rechtswirkungen insgesamt.

Die Anknüpfung an das rechtliche Können führt zu einem veränderten Gerechtigkeitsbild. *Müller-Freienfels* erkennt die Gefahr deutlich, wenn jedes rechtswirksame Handeln als rechtens eingeordnet wird[908]. Die Frage nach der Rechtmäßigkeit verliert dadurch ihre zentrale Bedeutung, denn die Grenze zwischen Recht und Unrecht verschwindet.

Die unerklärbare Konstruktion einer Ermächtigung bei Rechtsscheintatbeständen ist bei der Empfangsbotenermächtigung wiederzuerkennen. Die Wirkung des Empfangsboten mit einer Ermächtigung erklären zu wollen, ist eine petitio principii, die sich nicht einmal auf einen gesetzlichen Tatbestand stützen kann.

D. Empfangsbotenmacht als „tatsächliche Ermächtigung“

Auch *Wolf* und *Brinkmann* sehen unüberwindbare Unterschiede zwischen der rechtsgeschäftlichen Ermächtigung und dem, was den Empfangsboten ausmacht[909]. Ihre Lösung ist die „tatsächliche Ermächtigung“. *Wolf* geht von einem vorpositivem Wesen der Ermächtigung aus und sieht diese als „jede einseitige Machterteilung“[910]. Erst dann unterscheidet er zwischen der Erteilung der Rechtsmacht und der Erteilung einer tatsächlichen Macht.

[904] Krückmann ACP 137, 164.
[905] Westermann § 45 IV 2 mit weiteren Nachweisen.
[906] Canaris, Vertrauenshaftung, 502.
[907] Krückmann, Die Reichsgerichtspraxis im Deutschen Rechtsleben III, 79 ff., 83 ff.
[908] Müller-Freienfels, 74 ff.
[909] E.Wolf, AT, 326; Brinkmann, 126.
[910] E.Wolf, AT, 326.

Ein solches Wesen der Ermächtigung gibt es aber nicht[911]. Der allgemeine Ermächtigungsbegriff wie ihn *Doris* und *Raich* bilden, ergibt sich induktiv aus der Rechtsordnung. Dabei wird die Ermächtigung als ein rechtliches Instrument gesehen, das vom Gesetz gestaltet ist. Trotz der Abstraktion bleibt die Ermächtigung nichts anderes, als ein dogmatischer Begriff.

Die rechtsgeschäftliche Ermächtigung als rechtliches „Können" ist im Rechtsystem verhaftet, grenzt sich dort vom „Dürfen" und „Nichtkönnen" ab. Die „tatsächliche Ermächtigung" als „tatsächliches Können" ist aussagelos: Die Abgrenzung zum tatsächlichen „Nichtkönnen" ergibt sich von selbst. Die Abgrenzung zum tatsächlichen „Dürfen" ergibt sich allein aus dem Recht. In einer Ermächtigung liegt, soweit erforderlich, immer auch eine „tatsächliche Ermächtigung". Ermächtigt wird zum Verfügen, zur Rechtseinwirkung. Bei sachenrechtlichen Verfügungen schließt dies als tatsächliches Moment den Besitz mit ein. Ansonsten ist jeder „tatsächlich ermächtigt". Jeder kann seinen Willen kundtun, also eine Willenserklärung abgeben, auch vor dem Notar oder Grundbuchamt. Auch bei sonstigen Rechten ist jeder „tatsächlich ermächtigt". Jeder kann die tatsächlichen Umstände der Ermächtigung durchführen, also den Vertrag schließen, eine Forderung abtreten usw. Bei der rechtlichen Wirkung ist freilich die Legitimation zu beachten. Beim Empfangsboten zeigt sich deutlich die Wertlosigkeit einer tatsächlichen Ermächtigung, denn eine Erklärung entgegennehmen kann jeder.

IV. Die Bestimmung des Empfangsboten nach Verkehrssitte oder Verkehrsanschauung

Viele halten es für die Einordnung als Empfangsbote ausreichend, wenn die beteiligte Hilfsperson nach der Verkehrssitte beziehungsweise Verkehrsanschauung als ermächtigt anzusehen ist[912]. Eine Ermächtigung, die als rechtliches Vehikel eine Verkehrsanschauung über den Personenkreis der Empfangsboten in das Rechtssystem implementieren könnte, fehlt[913]. Zu prüfen ist deshalb, ob auch ohne eine solche Implementierung die Gepflogenheiten des Rechtsverkehrs zu einer Rechtsfortbildung beitragen können, die zur Bestimmung des Empfangsboten führt. Denkbar wäre auch eine Verkehrssitte, welche die Verantwortung für die Weiterleitung einer Erklärung durch bestimmte Personen dem Empfänger zuweist.

Unter drei Perspektiven wird Bedeutung und Einfluss von Verkehrsanschauungen betrachtet: Zunächst im Hinblick auf die Funktion von Verkehrssitten, sodann aus soziologischer Sicht und abschließend unter Beachtung des juristischen Systemdenkens. Ausgangspunkt soll die Methode der Rechtsprechung sein, mit Verkehrsanschauung und Verkehrssitte den Empfangsboten zu definieren.

---

911 Für die Stellvertretung, Frotz, 275.

912 Vgl. oben, 1. Kap. IV.C.

913 Siehe oben unter I.

A. Die Verkehrssitte als Kriterium für den Empfangsboten

1. Die Entscheidungsgründe des BAG im Urteil vom 11.11.1992 (2 AZR 328/92) als Beispiel der Bestimmung des Empfangsboten nach der Verkehrssitte[914]

Im zu entscheidenden Fall des BAG wandert die Kündigungserklärung durch die Hände des Onkels und der Mutter des Empfängers, ohne den Empfänger zu erreichen. Entscheidend für die Wirksamkeit der Kündigungserklärung ist in diesem Fall unter anderem, ob die Mutter des Empfängers, die im selben Haus wie der Empfänger wohnt, Empfangsbote ist. Dies wird vom BAG bejaht[915].

a. Die Begründung des Gerichts

Zunächst wird aus Rechtsprechung und Rechtslehre zitiert, wonach Angehörige, die mit dem Empfänger in einer Wohnung leben, nach der Verkehrsauffassung als zur Entgegennahme von Erklärungen zuständig anzusehen sind. Dem schließt sich das Gericht an. Doch weder Onkel noch die Mutter des Empfängers gehören zu dieser Personengruppe, da beide nicht in Wohngemeinschaft mit dem Empfänger leben. Die Mutter wird trotzdem als Empfangsbote angesehen, einmal aufgrund der Verwandtschaft mit dem Empfänger und zum Zweiten wegen ihrer Hausgemeinschaft mit dem Empfänger, die noch durch ihren Miteigentumsanteil am Haus verstärkt ist. Das soll das für die Empfangsbotenstellung relevante „Mehr" gegenüber dem Onkel ausmachen. Um dies zu begründen, abstrahiert das Gericht den Unterschied zur überkommenen Definition und erkennt den Unterschied im fehlenden Bezug zum räumlichen Machtbereich, denn die Mutter wohnt nicht mit dem Empfänger zusammen in einer Wohnung. Dieses Hindernis wird überwunden, indem das Merkmal „Machtbereich" als Ausfluss der sachenrechtlichen Zuordnung offenbart wird. Die sachenrechtliche Ordnung sei aber als Maßstab für den Zugang untauglich. Dies wird mit drei höchstrichterlichen Präjudizien zur Empfangsbotenstellung des Vermieters belegt. Insbesondere der zweite Leitsatz der BAG Entscheidung vom 16.01.1976[916] wird herangezogen, wonach der Vermieter allgemein nach der Verkehrssitte Empfangsbote des Mieters sei. Dort wird aber das Bestehen einer dahingehenden Verkehrssitte oder -auffassung nicht als Ergebnis einer Beweiswürdigung ermittelt. Die Behauptung des Gerichts, der Vermieter gehört zu den „nach der Verkehrsauffassung empfangsberechtigten Vertretern" wird durch ein Urteil des Reichsgerichts von 1902 belegt[917]. In der Entscheidung des Reichsgerichts wiederum wird „unbedenklich" davon ausgegangen, dass der Woh-

---

[914] NJW 1994, 1093 ff.; Zum Sachverhalt siehe oben, 1. Kap. I.A. Rechtsprechungsfall (11).

[915] Das BAG verneinte im Ergebnis die Wirksamkeit der Kündigung, weil der Empfänger nicht die Möglichkeit der Kenntnisnahme hatte, denn die Mutter leitete die Erklärung nicht an den urlaubsbedingt abwesenden Empfänger weiter, sondern verweigerte grundlos die Annahme. Dies müsse sich der Empfänger nicht zurechnen lassen, da die Annahmeverweigerung ohne Wissen und Wollen des Empfängers geschah.

[916] NJW 1976, 1284; AP § 130,7.

[917] RGZ 50, 195; siehe auch Krüger-Wieland/RGRK § 130, 12. Dabei ist „Vertreter" untechnisch zu verstehen.

nungswirt zur Empfangnahme von Briefen befugt sei, ohne weitere Begründung oder Zitierung.

Unterstützend wird vom BAG die Postordnung herangezogen, nicht als ergänzendes Recht zum Zugangserfordernis, aber als Abbild oder Ausdruck einer Verkehrssitte, aus der die Postordnungsvorschrift „erwachsen" ist, worauf die Vorschrift „beruht". Dies hat im Vorgang der entscheidende Senat im Urteil vom 25.08.1978 so erkannt, konkret bei § 51 II Nr.3 und III PostO, wonach die Ersatzzustellung an den Vermieter zulässig ist. Das wird als „Anzeichen" einer Verkehrssitte gesehen. Allerdings mit der qualifizierenden Einschränkung, dass ein persönlicher Kontakt zwischen Vermieter und Empfänger bestehen muss, der Vermieter muss im „Lebenskreis" des Empfängers stehen. Im Senatsurteil vom 25.08.1978 wurde dies für die vermietende Schwiegermutter bejaht, im hiesigen Urteil für die Mutter. Dazu wurde aus dem Sachverhalt ergänzend verwendet, dass im selben Haus auch der Bruder wohnt, was verstärkt auf eine familiäre Bindung zwischen den Hausgenossen hinweist.

b. Stellungnahme

Die Begriffe Verkehrssitte und Verkehrsauffassung unterscheiden sich vom Blickwinkel: Objekt ist die Sitte, diese beobachtend oder als solche erkennend ist die Auffassung. Eine Sitte entsteht aber nicht aus einer Auffassung[918]. Durch die Vermengung der Begriffe bleibt die normative Kraft der Verkehrsauffassung im Unklaren. Die Rechtsfigur Empfangsbote bringt so verstanden keine Erleichterung für die Entscheidungsbegründung. Zwar wird nicht eine Verkehrssitte nachgewiesen, aber die Grundlagen für die Wertung werden aus konkreten Umständen des Einzelfalls gewonnen - im selben Haus lebend, Miteigentümerin des Grundstücks, Verwandtschaft, Anschein einer intakten familiären Bindung.

An keiner Stelle wird eine Verkehrssitte begründet oder empirisch ermittelt. Es wird auch nie der Inhalt dieser Verkehrssitte oder der Adressat mitgeteilt. Die Verkehrssitte wird aus logischen Schritten geschlossen: Induktiv wird abstrahiert um dann deduktiv zu subsumieren. Aus dem Wohnungswirt wird auf den Vermieter allgemein und weiter auf den angehörigen Hauseigentümer geschlossen. Dem soll die gleiche Verkehrssitte zugrunde liegen.

Damit handelt es sich nicht um eine Verkehrssitte, sondern um eine normative Wertung auf dem Boden von Präjudizien. So erklärt sich auch, warum nicht der Inhalt oder der Adressat der Verkehrssitte mitgeteilt wird. Es ist eine Billigkeitsentscheidung, verschleiert durch logische Schlussfolgerungen auf der Grundlage selbsterzeugter Axiome - eine petitio principii. Eine Verkehrssitte ist aber dem Beweis zugänglich. Erkennt man analytisch die Bestandteile der Verkehrssitte - Konformität, Sanktionierung und Legitimität - wird deutlich, dass das gleichförmige Verhalten zu beweisen ist, ebenso wie der Normcharakter[919]. Die Konformität ist aber keinesfalls eine Wertung. *Sonnenberger* unterscheidet

---

918 Sonnenberger, 81.

919 Nur wenn der Normcharakter nicht nachgewiesen werden kann, weil es sich um den ersten „Enttäuschungsfall" handelt, kann die Beweisführung durch richterliche Wertung ersetzt werden.

zwischen Übung, die Grundlage einer Verkehrssitte ist und einer Regel, die nicht eine Sitte begründet. Die Übung ist eine Tatsache, die festzustellen ist. Eine Verkehrssitte lässt sich so nicht aus einem Regelungszusammenhang rational ableiten[920].

Damit ist noch nicht endgültig entschieden, ob die Verkehrsauffassung für die Bestimmung des Empfangsboten relevant ist. Die Begründungsschwäche gibt nicht vor, dass es keine zur Sozialnorm erstarkte Übung gibt, die Grundlage für die Bestimmung des Empfangsboten sein kann.

Außer Betracht bleiben hier die Erklärungsmodelle des Gewohnheitsrechts und Richterrecht. Diese Erklärungsmodelle entziehen aufgrund ihres rechtstatsächlichen Ansatzes die grundlegenden Sachaussagen einer theoretischen Analyse.

2. Zur strukturellen Tauglichkeit mit Verkehrssitten den Kreis der Empfangsboten zu bestimmen

a. Die allgemeinen Merkmale der Verkehrssitten

Verkehrssitten sind keine Rechtsnormen. Die Rechtsprechung definiert sie als die den „Verkehr tatsächlich beherrschende Übung“[921]. Einzelne Verkehrssitten entstehen aus gleichartigen Verhaltensweisen[922], die zu einer Abstraktion der Geschehensabläufe führt[923]. Die Abstraktion ist Grundlage der Pflichtvorstellung, die der Verkehrssitte den Charakter einer Sozialnorm verleiht[924]. Der Kreis der Personen, die diese Pflichtvorstellung haben und der Personenkreis der Adressaten der Verkehrsitte ist der gleiche. Insofern sind Sozialnormgeber und Sozialnormadressat identisch. Abweichendes Verhalten Einzelner ist dabei ohne Gewicht. Von der Rechtsnorm unterscheidet sich die Sozialnorm durch das Fehlen einer rechtlichen Sanktion bei abweichendem Verhalten.

Die Normqualität kann sich erst zeigen, wenn nicht konform gehandelt wird. Die soziale Verbindlichkeit entsteht erst, wenn auch im Enttäuschungsfall an der Erwartung festgehalten wird. So erkennt *Teubner* in der Konformität und Normativität die beiden Bestandteile einer Sozialnorm[925].

Auch *Limbach* erkennt den normativen Charakter der Verkehrssitten an[926]. Dies leitet sie aus einem Prinzip der Delegation ab, wonach nur auf die nächst niedrigere Stufe der Rechtsverbindlichkeit verwiesen werden kann. Rechtsnormen können danach nur auf Sozialnormen verweisen, nicht auf bloße Konventionen ohne normativen Gehalt. Ansonsten würde eine Stufe der Rechtsverbindlichkeit übersprungen.

Eine Norm ist mehr als das Ergebnis einer Beobachtung, die eine Prognose erlaubt. Die Unterscheidung zeigt sich bei der Enttäuschung der Verhaltenserwar-

---

[920] A.a.O.
[921] RGZ 49,157, 162; RGZ 55, 375, 377; BGH LM Nr.1 (B).
[922] Sonnenberger, 74.
[923] Sonnenberger, 107.
[924] Sonnenberger, 62.
[925] Teubner, Standards, 72.
[926] Limbach, Die Feststellung von Handelsbräuchen, FS E. Hirsch (1968), 77 ff., 91 ff.

tung, mit den Worten *Luhmanns* anhand der „Lernbereitschaft des Erwartenden“[927]: Ändert dieser aufgrund seiner Fehlprognose seine Erwartung, ist er also lernbereit, handelt es sich nicht um eine Norm, sondern um einen Brauch. Dessen Bewahrung ist lediglich eine konservative Kulturanforderung. Fehlt diese Lernbereitschaft, wird also an der Erwartung festgehalten und nicht das aktuelle Fehlverhalten als neue Grundlage einer abgeänderten Erwartung herangezogen, handelt es sich um eine Sozialnorm. Von einem anderen Blickwinkel aus betrachtet ist dies die Frage, inwieweit Sanktionen bei unerwartenden Verhalten notwendiger Bestandteil einer Norm sind. Denn Maßstab einer Sanktion ist die Erwartung. Dies umfasst das Festhalten an der Erwartung, was sich aber erst im konkreten Enttäuschungsfall endgültig beweisen kann[928]. So kommt man zu einer Unterscheidung von kognitiver und normativer Erwartung, wobei die kognitive als eine Vorstufe des Rechts in der normativen Erwartung enthalten ist[929]. Rechtstheoretisch lassen sich Verkehrssitten somit in die Verhaltensregelmäßigkeit und in die Verhaltensverbindlichkeit aufspalten. Die normative Verhaltensverbindlichkeit umfasst grundsätzlich die Anordnung von Sanktionen.

Rechtliche Relevanz und auch eine Sanktionierung erhält die Verkehrssitte mittelbar, indem das Gesetz ihr normative Kraft verleiht. Das Zivilrecht knüpft ausdrücklich in §§ 157, 242 BGB und 346 HGB an die Verkehrssitte an. Als tatsächliche Regel prägt sie an diesen Stellen die Auslegung. Dabei sind die Verkehrssitten Objekt des positiven Rechts und nicht Ergebnis einer Delegation. Aus dem Wortlaut des § 343 HGB, der auf „geltende“ Bräuche Bezug nimmt, ist nichts Abweichendes zu folgern, denn damit wird nichts über den rechtlichen Geltungsgrund und die rechtliche Geltungswirkung von Sozialnormen ausgesagt[930]. Vielmehr ist mit Geltung nur eine Qualifizierung gemeint, die vergangene und überholte Bräuche ausschließt, ebenso eine nur einseitige Bestimmung eines Brauchs. Eine Verkehrssitte ist darüber hinaus nicht auf ihre Legitimität zu prüfen. Ihr wird die Anerkennung schon dann versagt, wenn sie dem geltenden Recht widerspricht ohne weiter belegen zu müssen, dass überdies ein Verstoß gegen Gerechtigkeitspostulate vorliegt.

b. Inhalt und Adressat einer denkbaren Verkehrssitte, die den Kreis der Empfangsboten bestimmt

Die Verkehrssitte, die den Empfangsboten bestimmen könnte, hätte eine Verantwortungszuweisung für das Verhalten einer anderen Person zum Inhalt, welche die Wirksamkeit einer Willenserklärung prägt. Etwa: „Nimmt ein Onkel des Adressaten eine Erklärung entgegen, hat sein Fehlverhalten keinen Einfluss auf das Wirksamwerden der Willenserklärung.“ Die Variabilität des Subjekts, die auch konkretere Umstände aufnehmen kann, kann dann viele Tatbestände schaffen und ebenso viele Verkehrssitten.

Adressat einer solchen Verkehrssitte wäre der Empfänger, nicht die Mittlerperson. Bedeutend ist nur eine Regel, welche die Folge des Fehlverhaltens bei

[927] Luhmann, Soziale Welt, 28 ff.
[928] Geiger, Rechtsoziologie, 69, 183.
[929] Luhmann, Rechtssoziologie I, 42.
[930] Wagner/v.Westphalen § 346, 3.

der Weiterleitung zum Gegenstand hat. Ob die Weiterleitung der Erklärung einer Verkehrssitte entspricht, ist unerheblich. Nach einer solchen Sitte würde zwar die Weiterleitung erwartet werden dürfen, doch könnten die Folgen eines Regelverstoßes nur die Mittlerperson treffen. Das hätte für die Wirksamkeit der Willenserklärung aber keinerlei Bedeutung, denn diese ist relativ von Erklärendem und Empfänger geprägt. Die Zuverlässigkeit des Mittlers ist dabei grundsätzlich unbeachtlich. Zum anderen unterscheidet sich der Empfangsboten hinsichtlich der Erwartung der Weiterleitung nicht vom Erklärungsboten. Auch die Weiterleitung durch den Erklärungsboten kann erwartet werden[931]. Wesentlicher Ansatzpunkt einer Verkehrssitte, die Bedeutung für das Wirksamwerden einer Willenserklärung haben soll, kann folglich nur eine Verantwortung für Fehler bei der Weiterleitung durch die Mittlerperson sein.

Zweifel an der Existenz einer solchen verantwortungszuweisenden, tatsächlichen Regel bestehen schon, wenn man sich vergegenwärtigt, dass es die ureigenste Aufgabe der Rechtsordnung ist, Verantwortungen zuzuweisen[932].

Daneben gibt es keine Hinweise für die Ausbildung einer einheitlichen Anschauung der am Rechtsverkehr beteiligten Kreise, aufgrund derer eine zuverlässige Beurteilung möglich wäre[933]. Innerhalb der Familie gibt es keine normierten und standardisierten soziale Personenverhältnisse. Eine typisierte Betrachtungsweise, die auf einer Verkehrsanschauung basiert, bedarf aber einer schon entwickelten, hinreichend einheitlichen, klaren Vorstellungen, welche Personen erfasst werden. Fehlt aber schon innerhalb der Rechtsprechung und der Rechtswissenschaft eine einheitliche Linie, kann es eine solche zwischen der Gesamtheit der Mitglieder der Rechtsgemeinschaft nicht geben. Die Meinungsvielfalt ist Ausdruck des Gegenteils von einer ausgebildeten, einheitlichen Auffassung des Rechtsverkehrs[934].

c. Die fehlende Abgrenzbarkeit des Verkehrskreises

Das durch die Anlage des Allgemeinen Teils des BGB vorgegebene hohe Abstraktionsniveau der Willenserklärung bedingt, bei den untersuchten Rechtsgeschäften unter Abwesenden von unbestimmten Erklärungen auszugehen. Um welche Art von Erklärung es sich handelt, darf für die Lösung keine Rolle spielen[935]. Vor allem muss aber auch von der Person des Erklärenden abgesehen werden. Bis zur Vernehmung vom Erklärungsinhalt kann diese dem Empfänger unbekannt bleiben, also bis zu einen Zeitpunkt, in dem die Erklärung durch

---

931 Aufgrund einer rechtsgeschäftlichen oder gefälligen Verpflichtung.

932 Berücksichtigt man andererseits die historische Ausbildung des klassischen Zivilrechts bis zur Positivierung, so stellt sich damit nicht die Frage, ob es eine solche Sitte geben kann. Sondern man muss vorher eine einschränkende Funktion der Positiverung feststellen, also ob es neben dem geschriebenen Recht noch anderes gibt. Bejaht man dies, so könnte dieses Recht auch Verantwortungen zuweisen.

933 Ebenso Brinkmann, 128.

934 Wenn auch die verschiedenen Meinungsgruppen in einer Vielzahl von Fällen zu selben Ergebnissen kommen sollten, fehlt doch eine gemeinsame Vorstellung über die Umstände, die zu berücksichtigen sind.

935 Vgl. oben, 2. Kap. II.F. und III. G.2.

Empfang schon wirksam ist[936]. Grundlegend steht somit die Tauglichkeit von Verkehrssitten für die Bestimmung der Wirksamkeit Willenserklärung überhaupt in Frage, wenn man in ihnen gruppenspezifische Regeln sieht, die gegenüber Gruppenmitglieder gelten.

Der Zweck der Verkehrssitten als außerrechtliche Ergänzung des dispositiven Vertragsrechts spricht für ihre Anwendung auf begrenzte Gruppen. Denn das dispositive Recht wiederum orientiert sich an der spezifischen Interessenlage der Vertragsparteien[937]. Natürlich gibt es auch beim Empfang einer Willenserklärung eine typische Interessenlage beim Erklärenden und beim Empfänger. Doch dies ist im Rahmen der normalen Auslegung zu beachten. Verkehrssitten sind demgegenüber konkreter, einzelfallbezogen.

Oertmann sieht einen nur begrenzten Geltungsbereich bei Verkehrssitten. „Unterschiedslos für alle Personen, die der staatlichen Rechtsordnung unterworfen sind" sollen sie nicht gelten können[938]. Die Begrenzung sieht er örtlich und persönlich. Nach *Sonnenberger* bestimmt sich die Gruppe nach der Gleichartigkeit des Sachgebietes und der Vergleichbarkeit der Interessenkonstellation[939]. Dabei geht er näher auf die „Grenzgruppen" ein. Die größte Einheit sieht er in einer Bevölkerungsschicht, wobei er aber die Grenzen fließend sieht. Jedenfalls erkennt *Sonnenberger* eine Begrenzung, der Verkehrssitten. Auch *Flume* sieht die Verkehrssitten als die einheitliche Anschauung beteiligter Kreise[940].

Für *Mayer-Maly* stellt das Gruppenerfordernis kein Problem dar. Er anerkennt nicht nur gruppenspezifische, also beruflich oder örtlich geprägte, regionale Verkehrssitten, sondern „natürlich kommen auch allgemeine, weder örtlich noch beruflich beschränkte Verkehrssitten in Betracht"[941]. Wie diese unbeschränkte Verkehrssitten zur Entstehung kommen können, wie also eine allgemeine Übung aller Rechtsgenossen auszusehen hat, wird nicht untersucht. Auch Beispiele kann er nicht anbringen.

Schon aus der Rechtfertigung der belastenden Verkehrssitten ergibt sich die Notwendigkeit, diese auf bestimmte Gruppen zu beschränken. In der Gruppenzugehörigkeit kann eine freiwillige Unterwerfung unter bestimmte Sozialnormen gesehen werden. Dieser stehen Vorteile gegenüber, die der Einzelne durch die Gruppenzugehörigkeit zu Teil wird und welche die Nachteile der Bindung kompensieren. Verlangt man eine vergleichbare Interessenkonstellation, kann es diese in einer pluralistischen Gesellschaft nicht für alle geben. Die grundsätzliche Handlungsfreiheit des Einzelnen steht einer fiktiven Interessengleichartigkeit entgegen. Der paternastische Charakterzug der Verkehrssitten sowie deren

---

[936] Die Ausnahme der Zugangsvereitelung, bei welcher der Empfänger die Erklärung erwartet und sich dem Empfang planmäßig entzieht, bestätigt die Beachtung dieser Anforderung in der Dogmatik zum Zugang als Regel. Vgl. dazu oben 2. Kap. III.B.1.

[937] Scherner, AT, 447 ff.; Larenz/Wolf, AT, 634: Zurecht wird dabei auch auf die natürliche Funktion einer Norm abgestellt, die Gleichbehandlung zu steigern.

[938] Oertmann, Verkehrssitte, 387.

[939] Sonnenberger, Nr. 73.

[940] Flume, AT, 313.

[941] Mayer-Maly/MüKo § 157, 21.

fehlende Positivierung ließe eine Kontrolle ihrer Anwendung nicht zu, was zu einer willkürlichen Anwendung führen würde. Auch im Hinblick auf die formelle Zuständigkeit erheben sich gegen eine gesamtgesellschaftliche Verkehrssitte Bedenken. Für die Gesamtheit der Rechtsgenossen ist die Legislative zuständig, Regeln zu schaffen. Die Delegation durch den Verweis auf Verkehrssitten soll den Gesetzgeber entlasten. Die Entlastung ist aber nur gerechtfertigt, wenn es sachnähere Instanzen gibt[942]. Diese gibt es aber nicht, wenn eine gesamtgesellschaftliche Frage zu entscheiden ist.

d. Exkurs: Die „guten Sitten“ als Verweis auf allgemeingültige außerrechtliche Sozialnormen

Das Gesetz kennt Sozialnormen, die alle erzeugen und treffen als „guten Sitten“ in § 138 und § 826. Die Prüfung, ob Verkehrssitten allgemeingültig sein können, legt somit einen Vergleich mit der Konzeption der „guten Sitten“ nahe.

Die Funktion der „guten Sitten“ erschließt sich nicht aus einer Definition. Positiv festzustellen, was guten Sitten sind, erscheint kaum konsensfähig. Eine Übereinkunft wäre aber notwendig, um den Inhalt einer allgemeinen, außerrechtlichen Norm in einer freiheitlichen Gesellschaft zu bestimmen. *Teubner* weist den „guten Sitten“ dreierlei Aufgaben zu[943]: Ursprünglich verweisen sie auf außerrechtliche Normen, die in das Recht aber nicht ohne weiteres rezipiert werden, sondern vorher juristisch zu kontrollieren sind[944]. In modernisierten Bereichen, in denen konkrete Verhaltensnormen noch nicht ausgebildet sind, ist eine Rezeption nicht möglich. Dort bietet der Charakter als Generalklausel der Rechtsanwendung Raum, neue Vertrags-, Verkehrs- und Geschäftsmoral zu schaffen[945]. Dabei ist die überkommene Wertvorstellung zu transformieren und zwar so, dass auch ein zukünftiger Konsens erwartet werden kann. Zum Dritten ermächtigt die Konzeption mit „guten Sitten“ zur Rechtsfortbildung[946]. Die „guten Sitten“ sind dabei kein positiver Standard mehr, sondern bieten lediglich einen Rahmen, innerhalb dessen eine Entscheidung möglich wird, deren Akzeptanz aber kaum durch die formale Orientierung an die guten Sitten zu erhöhen ist.

Die Delegationsfunktion hat bei den Verkehrssitten keine Bedeutung. Im Vertragsrecht übernimmt diese Funktion die ergänzende Vertragsauslegung, die als Normanwendung unbeeinflusst von Verkehrsitten zu sehen ist[947]. Die beiden anderen Aufgaben – das Rezipieren und Transformieren von Sozialnormen - erscheinen auch die Verkehrssitten zu erfüllen: Vorgegeben ist ein soziales Verhaltensmuster, das Zuverlässigkeit und Näheverhältnis einer Person zum Empfänger beinhaltet und wertend beim Wirksamwerden einer Willenserklärung zu berücksichtigen sein könnte. Insofern ergibt sich eine funktionale Vergleichbarkeit der Konzeption der „guten Sitten“ mit den Verkehrssitten.

---

[942] Dies wäre die Exekutive mittels Verordnung.

[943] Teubner, Standards, 60.

[944] Teubner, a.a.O., 65 ff.

[945] Teubner, 99 ff.

[946] Teubner, a.a.O., 106 ff.

[947] Scherner, AT, 96 ff.

Allerdings steht die zwingende Natur der „guten Sitten“ dem dispositiven Charakter der Verkehrssitten gegenüber. Verkehrssitten können nicht zwingendes Recht sein, sie ergänzen nur dispositives Recht. Im Bereich der Disposition können aber nur Regeln im Rahmen einer Vereinbarung stehen. Bei den Modalitäten beim Empfang ist dies durchaus möglich, aber nicht regelmäßig anzunehmen, denn zwischen Erklärendem und Empfänger ist ein Kontakt erst in der Entstehung. Zu klären und zu suchen ist hier eine Regel, die ebenso zwischen völlig Fremden zur Anwendung kommt. Dazu reicht eine Verhaltensregelmäßigkeit, die eine Verhaltenserwartung erzeugt, nicht aus[948].

Unterschiedlich ist auch der Charakter der Verkehrssitten als Verhaltensanweisung gegenüber dem der „guten Sitten“ als prinzipielle Verbote.

Bedenken, Sozialnormen für den Bereich der ursprünglichen, zivilrechtlichen Verantwortung zu nutzen, ergeben sich auch aus der Anforderung einer solchen Norm als Entscheidung über die Verantwortungszuweisung. Dies bedarf einer positiven Normaussage, also die Bestimmung für wen man die Verantwortung zu tragen hat. Dabei gerät die gegensätzliche Intension der „guten Sitten“ und der Verkehrssitten in das Blickfeld: Die „guten Sitten“ legen unerwünschtes Verhalten fest. Daneben bleibt ausreichend Raum zur freien Lebensgestaltung. Die Verkehrssitten geben erwünschtes Verhalten vor. Es sind formulierte Verhaltensanforderungen, an denen man gemessen wird.

Zwar kann die Geltung „guter Sitten“ auf bestimmte Verkehrskreise beschränkt sein[949]. Aber umgekehrt erscheint eine allgemeine Geltung von Verkehrssitten von der eben geschilderten Anlage her besehen der freiheitlichen Grundordnung zu widersprechen. Anforderungen, wie man zu sein hat, greifen intensiver in die Lebensführung ein, als Anforderungen, wie man nicht zu sein hat. Diesen Eingriff durch eine Delegation des Gesetzgebers[950] an die Rechtsüberzeugung „aller billig und gerecht Denkenden“[951] wäre eine Preisgabe der durch die Positivierung errungenen Rechtssicherheit.

Notwendige Voraussetzung solcher allgemeingültigen Regeln, welche die Grundlagen des gesellschaftlichen Miteinanders bilden und nicht nur Auslegungshilfen sind, ist ihre Legitimität. Legitimität entsteht nach *M. Weber* traditionell, affektuell, wertrational oder durch positive Satzung, wenn Legalität von den Normadressaten mit Legitimität gleichgesetzt wird[952]. Für eine traditionelle Legitimation fehlt es schon an einer überkommenen Problemstellung. Der Empfangsbote ist keine Rechtsfrage die schon in den klassischen Rechtsordnungen behandelt wird. Einer affektuellen Begründung fehlt die Tragfähigkeit für den Anspruch einer dogmatischen Problemlösung. Das gleiche gilt für eine wertrationale Legitimation. Was verbleibt, ist die positiv gesetzte Legitimation. Dabei ist entscheidend, dass die Entscheidung des Gesetzgebers sine qua non für die Problemlösung ist, dass demnach diese Entscheidung nicht die einzig denkbare

---

[948] Teubner, Standards, 76 f.
[949] Mayer-Maly/MüKo § 138, 12.
[950] Limbach 87.
[951] So die eingebürgerte Formulierung der „guten Sitten".
[952] M.Weber, Wirtschaft und Gesellschaft, Bd.1, 19

gerechte und damit legitime ist[953]. Deswegen kann sich die Legitimität nur durch Legalität ergeben, was nichts anderes heißt, dass die Verkehrssitten in Geltung zu setzen sind.

3. Zur Rechtsgrundlage von Verkehrssitten, die den Kreis der Empfangsboten zu bestimmen

Um einer Verkehrssitte rechtliche Geltung zu verschaffen, ist eine Rechtsgrundlage notwendig. Aus sich heraus erzeugen soziale Normen kein Recht. Sozialnormen sind keine Art Gewohnheitsrecht. *Brinkmann* kann eine tragfähige Rechtsgrundlage für eine Verkehrssitte, aus der sich der Empfangsbote entwickeln könnte, nicht erkennen[954]. Naheliegend ist zu prüfen ob eine Verkehrssitte, die zur Annahme eines Empfangsboten führt, über § 130 Geltung erlangen kann. Dies wäre denkbar, wenn § 130 die Definition des Zugangs an Sozialnormen delegiert. Die Machtbereichslehre sieht *Brinkmann* in dieser Richtung aber nicht ausreichend ausgebildet, um eine tragfähige Grundlage bieten zu können[955].

Den tatsächlichen Vorgängen, die nach § 130 zu werten sind, liegen keine Sozialnormen zugrunde. Grundsätzlich bestimmen nicht Verkehrssitten den Empfang. Vielmehr ist direkt unter die tatbestandlichen Vorgaben zu subsumieren. Ein Zwischenschritt, in Form einer Subsumtion unter Sozialnormen ist nicht zu gehen. Dies soll anhand der Anbringung und Leerung eines Briefkastens belegt werden.

a. Die fehlende Anbindung des § 130 an außerrechtliche Normen am Beispiel der Installation eines Briefkastens

Dass ein Briefkasten regelmäßig geleert wird, ist eine Verhaltensregelmäßigkeit, die auch eine Verhaltenserwartung erzeugt. Eine Sozialnorm ist die Leerung des Briefkastens aber nicht. Es besteht nicht einmal eine Norm, überhaupt einen Briefkasten zu installieren. Untersucht man die Lernbereitschaft der Erwartung bezüglich der fehlenden Installation eines Briefkastens zeigt sich die fehlende Normqualität: Eine Sanktion ergibt sich nur im Ausnahmefall und dann auch schon auf der rechtlichen Ebene: wenn die fehlende Installation Teil des Lebenssachverhaltes, der als eine Vereitelung des Wirksamwerdens zu werten ist[956]. Davon abgesehen liegt es allein am Erklärenden, die Erklärung dann andersartig dem Empfänger nahe zu bringen. Das Fehlen des erwarteten Briefkastens erzeugt beim Erklärenden ein "Lernen". Ein Beharren auf das Erfordernis eines Briefkastens hätte keine Folgen und auch keinen Sinn, denn Sanktionen erfolgen nicht, auch keine soziale Ächtung. Sowohl der Sozialkontakt als auch der darin eingeschlossene rechtsgeschäftliche Kontakt ist nicht an dieser Empfangseinrichtung festzumachen. Ebenso normal ist ein Postfach oder ein bestimmte Verabredung mit dem Postboten, die den Briefkasten als Empfangseinrichtung ersetzt.

---

953 Vgl. oben, 2. Kap. III H.
954 Brinkmann, 128 f.
955 Brinkmann, 129.
956 Vgl. oben, 2. Kap. III.B.1.

Wechselt man die Perspektive und fragt nach der allgemeinen Erwartungshaltung und Lernbereitschaft, unabhängig von der Situation des jeweiligen Adressaten, ändert sich nichts, denn häufig ist zwischen der Postanschrift und der Adresse zu unterscheiden. Ein Briefkasten ist ein Brauch, dem das Verbindliche fehlt. Das Fehlen eines Briefkastens ist billigend hinzunehmen[957].

Ist allerdings ein Briefkasten installiert, begründet sich darin die Erwartung der Leerung. Freilich nicht aufgrund einer Regelmäßigkeit oder als Ergebnis einer Sozialnorm. Vielmehr ergibt sich die Erwartung aus einem Zusammenspiel des geforderten Empfangs als lediglich die Möglichkeit der Kenntnisnahme einerseits und der Selbstverantwortung, das dem menschlichen Handeln zugrunde liegt, andererseits.

Da nur die Möglichkeit der Kenntnisnahme für die Wirksamkeit verlangt wird, ist es ausreichend, dass dieser nichts im Wege steht, was der Empfänger nicht zumutbar ausräumen könnte[958]. Dazu gehört nicht nur die gedankliche Verarbeitung, die zur Kenntnisnahme erforderlich ist, sondern schon vorher das Lesen, die Öffnung des Briefes, das Anfassen des Briefes und so weiter. Die Grenze zu dem, was dem Empfänger aufgebürdet wird, zeigt sich bei der Behandlung des niedergelegten Einschreibebriefs[959]: Die Abholung des Briefes auf der Poststelle ist nicht zumutbar und deswegen nicht als eine Möglichkeit der Kenntnisnahme zu sehen. Der objektive Maßstab der „Möglichkeit der Kenntnisnahme" bedingt eine Wertung, die auf einem Durchschnittstypus aufbaut. Übertragen auf den Briefkasten ergibt sich dessen Nutzung als regelmäßige Leerung, da der Ort die Adresse ist und die Leerung normal ist.

Daneben ist die Selbstverantwortung zu berücksichtigen, welche auch die Entscheidung des Gesetzgebers für die Empfangstheorie gegen die Vernehmungstheorie trägt. Die Selbstverantwortung macht die Installation eines Briefkastens zu einer Erweiterung des Empfangsbereichs, für den der Empfänger verantwortlich ist und der regelmäßig kontrolliert wird. Dann ist die Leerung eine Frage der Zurechnung von vorhersehbaren mittelbaren Handlungsfolgen. Die Leerung kann erwartet werden, weil eine mittelbare Folge der Installation das Eintreffen von Briefen ist. Der Briefkasten kennzeichnet das Interesse des Empfängers an diesen Briefen, für die er mit der Anbringung die Verantwortung übernimmt. Sonst wäre auch nicht zu erklären, warum der Briefkasten regelmäßig gegen Zugriffe von Dritten geschützt ist. Darin zeigt sich eine Verantwortung, welche die Kenntnisnahme, der einzige lebensweltliche Zweck der Erklärung[960], einschließt.

Dass nur an die Möglichkeit der Kenntnisnahme angeknüpft wird, ist ebenfalls mit der Selbstverantwortung zu erklären. Würde die Rechtsordnung die Kenntnisnahme fordern, wäre um eine gleichartige, ausreichende Verkehrsfä-

---

[957] Diese Behauptungen können ohne empirischen Befund freilich nur durch ihre Offensichtlichkeit die Grenze zwischen einer bloßen Verhaltensregelmäßigkeit, die Erwartungen erzeugt und einer Sozialnorm offenbaren.

[958] Vgl. oben, 2. Kap. III. A.3.

[959] Siehe oben, 2. Kap. III.B.1.c.

[960] Siehe oben, 2. Kap. III.G.1.

higkeit und Rechtssicherheit zu gewährleisten notwendig, eine Pflicht zur Kenntnisnahme zu normieren. Rechtstheoretisch besehen griffe dieser Paternalismus stärker in die individuelle Freiheit ein, als wenn nur der bloße Empfang gefordert wird. Wird auf die Selbstverantwortung aufgebaut, kann der Gesetzgeber eine verkehrsfreundliche Risikoregelung treffen, ohne Pflichten formulieren zu müssen, die in die individuelle Freiheit eingriffen[961].

Die Wirksamkeit wird in der Form der Möglichkeit der Kenntnisnahme demnach nicht von Sozialnormen beherrscht, sondern ergibt sich natürlich aus der gesetzgeberischen Grundentscheidung für die Empfangstheorie, ergänzt durch die Grundsätze des selbstverantwortlichen Handelns.

b. Zur Geltung einer solchen Verkehrssitte über § 157

Rechtstechnisch gangbar könnte es sein, einer Verkehrssitte, welche Empfangsboten definiert, über § 157 Geltung zu verschaffen: Nach allgemeiner Meinung gilt § 157 für alle Willenserklärungen, nicht nur für Antrag und Annahme[962]. § 157 ergänzt allgemein § 133. Mit den sich daraus ergebenden Auslegungsgrundsätzen sind nicht nur der Inhalt und die Bedeutung der Erklärung zu ermitteln. Dieselben Grundsätze sollen auch Anwendung finden, wenn festzustellen ist, ob überhaupt eine Erklärung vorliegt[963]. Damit könnten auch Verkehrssitten bedeutend sein, wenn es darum geht, die Wirksamkeitsvoraussetzung des Erklärungstatbestandes festzustellen. Ebenso könnte dies auf eine andere Voraussetzung anzuwenden sein - den Empfang - und so für die Ermittlung des Empfangsboten entscheidend werden.

Grundlage oder Normobjekt der allgemeinen Auslegungsregeln ist die Erklärung. § 133 gibt das Auslegungsziel vor, § 157 das „konkretisierte Sorgfaltsgebot“[964] der Auslegung. Die Ermittlung des Erklärungstatbestands stellt dabei nur ein Teil der Inhaltsermittlung dar. Denn mit der Festlegung eines bestimmten Erklärungsinhalts werden andere Erklärungsinhalte verneint. Die Logik gibt somit vor, dass die Auslegung ob eine Willenserklärung vorliegt die gleiche ist wie die, welchen Inhalt die Erklärung hat.

Allerdings ist dabei zu beachten, dass eine Entscheidung über das Vorliegen eines Erklärungstatbestandes zuerst von der Interpretation der Normen abhängt, die festlegen, wann eine Willenserklärung vorliegt. *Hart* erkennt deutlich die Andersartigkeit dieses Problemkomplexes[965]. Die Bewertung eines Verhaltens als rechtlich relevant ist eine Frage der Normanwendung, nicht eine der Auslegung einer Willensäußerung. Dazu haben sich die Willenserklärungstheorien gebildet.

---

[961] Vgl. oben, 2. Kap. III.G.6.

[962] BGHZ 47,78; Mayer-Maly/MüKo § 157,1 f. § 157 wird so zum Programmsatz der normativen Auslegung, vgl. Larenz, AT ; Flume, AT 312; Scherner, AT, 95; Vollmer, Auslegung und Auslegungsregel, 15 ff.

[963] Scherner, AT, 84; Pawlowski, AT, Rn. 447f.; Mayer-Maly/MüKo § 133, 39 mit weitern Nachweisen.

[964] Scherner, 96.

[965] Hart/AltKo §§ 133/157, 7.

Wirksamkeitsvoraussetzungen, die nicht am Verhalten des Erklärenden anknüpfen, also gesetzliche Wirksamkeitsbedingungen, sind nicht nach § 157 auszulegen, sondern dafür gelten die Grundsätze der Auslegung von Gesetzen. Dabei sind zwar auch Konvention zu beachten, aber eine Verkehrssitte kann dabei keinen Einfluss haben. Dies gibt schon die Normenhierarchie vor.

Eine Verkehrssitte, welche Empfangsboten bestimmt, wird weder über § 130 noch über § 157 in Geltung gesetzt. Es fehlt an einer dahingehend ausgestalteten Verhaltenserwartung, so dass es keine dahingehende, legitime Sozialnorm gibt. Es besteht nicht einmal eine hinreichend gemeinsame Ausprägung der Rechtsfigur des Empfangsboten, insofern kann es erst recht keine Verhaltensanforderung geben.

4. Die Beachtung der Verkehrsinteressen

Larenz sieht auch in der Rücksichtnahme auf die „Bedürfnisse des Rechtsverkehrs" eine Grundlage für Rechtsfortbildung[966]. Als Beispiele nennt er das Sicherungseigentum, die Einziehungsermächtigung, das Anwartschaftsrecht. Das überzeugt nicht. Bei Erstem und Zweiten geht es nur um die Anerkennung eines zweckgebunden Einsatzes legitimer privatrechtlicher Mittel - Übereignung und Einwilligung. Dann ist umgekehrt zu fragen, warum dies nicht zulässig sein soll. Die Berücksichtigung der Notwendigkeit der Besitzübertragung beim Pfandrecht oder der Unmittelbarkeit der Stellvertretung bei Verpflichtungen ist keine zwingende Gesetzesanwendung. Vielmehr wird erkannt, dass Sicherungsübereignung und Einziehungsermächtigung nicht der allgemeinen Rechtsidee widersprechen, was prima vista als Begründung genügt. Beim Anwartschaftsrecht ergibt sich die Rechtsfortbildung auf dem Boden neuer rechtswissenschaftlicher Erkenntnisse, gerade aus einem systematischen Denken heraus.

Das Verkehrsinteresse kann nicht als Rechtsgrundlage für die Bestimmung des Empfangsboten herangezogen werden. Beim Empfang einer Willenserklärung stehen dem Interesse des Rechtsverkehrs die Interessen des Empfängers gegenüber, die nicht zwangsläufig unterzuordnen sind. Eine angemessene Lösung ist erst im Interessenausgleich zu finden. Durch den Rückgriff auf eine Verkehrsanschauung treten die Interessen des Empfängers gegenüber den Verkehrsinteressen aber in den Hintergrund[967]. Das Verkehrsinteresse ist nur ein Moment, das bei der interessenswiderstreitenden Abwägung zu beachten ist.

Struck sieht die Aufgabe der Interessensabwägung lediglich in der Qualifikation des Sachverhalts[968]. Interessensabwägung ist zunächst ein Schritt der Sachverhaltserfassung und beinhaltet nicht schon die Problemlösung. Soweit man die Interessen als lebensweltliche sieht und nicht nur als Abstraktion der privatrechtlichen Teleologie entwickelt, erscheint daher schon die Anlage der Interessensjurisprudenz und der normativen Wertungsjurisprudenz bedenklich[969].

---

[966] Larenz, Methodenlehre, 302.

[967] Einen sachlichen Grund hierfür kann auch Brinkmann nicht erkennen. Vgl. ders., 129.

[968] Struck, 183.

[969] Methodisch grundlegend verfehlt erscheint, Interessengesichtspunkte überhaupt als Rechtsgrundlage heranziehen zu wollen. Unter dem Paradigma der Interessens- und der Wertungsjurisprudenz werden zwar abstrahierte Einzelinteressen bei der Auslegung von Nor-

Selbstverständlich kann man die Interessenslagen der Sachverhalte mit der einer Norm vergleichen. Keinesfalls aber ist die Abwägung von Interessen eine über- oder nebenpositive Rechtsgrundlage[970].

B. Zur Bedeutung von soziologischen Befunden

Der Empfangsbote ist zunächst eine Rechtsfigur, die tatsächliche Vorgänge verkürzend abbildet und möglicher Bestandteil des „Lebenszyklus einer Willenserklärung"[971] ist. Der zugrundeliegende Tatbestand, also das Verhalten des Empfangsboten, ist Bestandteil einer allgemeinen, gesellschaftlichen Kommunikation: Er nimmt eine Erklärung entgegen oder hört eine Mitteilung. Diese tatsächlichen Vorgänge zu bewerten heißt auch sie in ihrem jeweiligen sozialen Zusammenhang zu betrachten.

Nach *Max Weber* ist die Soziologie die Wissenschaft des sozialen Handelns, will dieses „deutend verstehen und dadurch seinen Ablauf und seine Wirkungen ursächlich erklären"[972]. Sozial ist das Handeln, wenn es sich am Verhalten anderer orientiert[973]. Eine soziale Beziehung besteht dann zwischen Menschen, wenn ihr Verhalten aufeinander eingestellt ist, sie sich in ihrem Handeln an den Erwartungen des anderen orientieren. Damit erklärt sich die Soziologie hinsichtlich sozialer Bedingungen wie etwa Sozialnormen für zuständig. Die Prüfung, ob eine Rechtsfortbildung mittels einer Normierung von Verkehrsanschauungen gangbar wäre, kann deshalb soziologische Erkenntnisse nicht ignorieren.

Vorab ist aber zu klären, ob soziologische Aussagen überhaupt verwertbar sind, also was die Soziologie für die Rechtsdogmatik überhaupt leisten kann. Der denkbare Beitrag wäre die Erforschung von Konventionen, die als soziale Standards für die Bestimmung des Empfangsboten herangezogen werden könnten[974].

Die theoretische Soziologie formuliert Gesellschaftstheorien, die das Feld der Soziologie abstecken. Diese Theorien haben keine spezifisch soziologische

---

men berücksichtigt. Dies ist aber in erster Linie ein Korrektiv. Natürlich lassen sich auch Rechtsfortbildungen mit Interessenlagen bestätigen, welche auch erst das Bedürfnis erkennbar machen. Doch Ausgangspunkt und gleichzeitig Lösung kann immer nur eine Normanwendung sein, mag es auch eine Generalklausel oder eine Anwendung aufgrund einer Analogie sein, nicht ein abstrakter Interessenausgleich. Auch c.i.c. und PVV begründen sich auf Rechtsanalogien, Interessensgesichtspunkte könne nur das so gefundene Ergebnis bestätigen. Aus neuerer Zeit ähnlich etwa beim Ausgleich mehrere Sicherungsgeber: Die Interessen der Sicherungsgeber werden berücksichtigt, indem § 426 entsprechend zur Anwendung kommt.

970 M. E. ist von *Larenz* auch nicht beabsichtigt gewesen, im Sein einen Geltungsgrund zu sehen, weil die Bedürfnisse des tatsächlichen Geschäftsverkehrs zu berücksichtigen sind. Er erkennt selbst, dass es sich nicht um Rechtsfortbildung contra legem handelt. Im übrigen sieht er im Bedürfnis des Rechtsverkehrs lediglich den „Ausschlag".

971 Burgard, AcP 195, 85.

972 M. Weber, Gesammelte Aufsätze, 542.

973 A.a.O., 562.

974 Wie Limbach dies für Verkehrssitten darlegt, wäre dies dann auch dem Beweis zugänglich. Vgl. Limbach, 77 ff., 91 ff.

Aufgabe, sondern die gesamte soziale Realität, auch die Rechtsordnung soll erfasst werden. Das Recht hat dabei eine exponierte Stellung, denn Recht baut nicht nur auf dem menschlichen Zusammenleben auf, sondern es verändert dieses auch [975]. Insofern ist der Gang von der theoretischen Soziologie über die Protosoziologie, zur Protowissenschaft, die auch Antworten auf rechtliche Probleme geben kann, erkennbar.

Die Ansätze der Gesellschafstheorien spalten sich in Handlungs- und Systemtheorien, auf die im folgenden eingegangen wird.

1. Die Unbrauchbarkeit von soziologischen Handlungstheorien bei der Bestimmung des Empfangsboten

Von Handlungstheorien ist für die hiesige Fragestellung wenig zu erwarten. Das Erklären - die Abgabe einer Willenserklärung – ist nach der Lehre von *M. Weber* eine soziale Handlung[976], in der fortführenden Theorie des kommunikativen Handelns von *Habermas*[977] ein ebensolches. Damit ist wenig für die hiesige Problemstellung gewonnen, wo doch beide Begrifflichkeiten jegliches Handeln zu erfassen versuchen. Der Zusammenhang zwischen weltlicher Existenz und der rechtlichen Wirksamkeit ist von der Rechtswissenschaft erkannt[978].

Dem Wirksamwerden einer Willenserklärung liegt die Abgabe der Erklärung durch den Absender zugrunde. Gleich welche rechtliche Anforderungen man an die Abgabe stellt, es ist ein tatsächliches Verhalten, gerichtet auf die Eröffnung oder Fortführung einer Kommunikation. Der Empfang hingegen ist von jeglichem Verhalten des Empfängers unabhängig[979]. Die Bedingungen des Empfangs zu finden kann folglich nicht an einem Empfängerverhalten festgemacht werden. Einer auf der Grundlage einer Handlungstheorie ausgerichtete Betrachtung fehlt es bei der passiven Seite der Kommunikation, also dem Empfang einer Willenserklärung, an einer Handlung.

Der Empfang könnte im Rahmen einer Handlungstheorie nur dann soziale Relevanz haben, wenn zwischen Erklärendem und Empfänger eine soziale Beziehung anzunehmen wäre. Denn dann könnte ein einheitlicher Sinn der Kommunikation festgestellt werden, der auch den Empfang erfassen könnte[980].

Dies ist nicht fernliegend, da der Erklärende mit dem Wirksamwerden der Willenserklärung eine rechtliche relevante Reaktion des Empfängers erwartet und häufig auch erwarten darf: Bei der Wohnraumkündigung den Auszug, bei der Annahmeerklärung die Erfüllungshandlungen des Antragenden, bei der Rücktrittserklärung das notwendige Zutun zur Rückabwicklung. Darin liegt ja der Zweck der Erklärung. Diese Erwartungen sind legitim; abweichendes Verhalten wird in den genannten Fällen sanktioniert. Doch beim Antrag verhält es

---

[975] Siehe dazu Gephart, Gesellschaftstheorie und Recht, 97 ff.

[976] M.Weber, Gesammelte Aufsätze, 541 ff..

[977] Habermas, Theorie des kommunikativen Handelns I.

[978] Allein innere Vorgänge sind unerheblich. Dazu oben 2. Kap. III.D.2.

[979] Siehe oben, 2. Kap. III.D. Dies gilt soweit die Erklärung nicht durch die Vernehmung wirksam werden soll, was beim Empfangsboten aber nie der Fall ist.

[980] Zu den Voraussetzungen der Handlungstheorien siehe Bernhard Miebach, soziologische Handlungstheorien (1991), 12 ff.

sich anders: Erwartet werden kann sowohl die Annahme als auch die Nichtannahme. Keine Alternative wird privilegiert, keine sanktioniert[981].

Die Abstraktion der Willenserklärung macht aber eine einheitliche Erfassung notwendig. Die Willenserklärung als solche, also der Klassenbegriff aller Willenserklärungen, ist wertneutral und orientiert sich nicht an bestimmten Erwartungen des Erklärenden, die rechtlich bedeutend wären[982]. Die Reaktion des Adressaten ist unerheblich. Aber auch wenn eine legitime Erwartung besteht, führt es nicht weiter, die soziale Beziehung auf welche die Erwartung gründet, zu betrachten. Die Rechtsordnung bietet eine Vielzahl von differenzierten Sanktionen. Die Rechtsordnung schützt die legitime Erwartung prinzipiell, setzt deren Erfüllung gerade nicht voraus.

Im übrigen können keine Begrenzungen des Modells einer Kommunikation auf der Ebenen der allgemeinen Willenserklärung ausgemacht werden, die einen einheitlichen Sinn erkennbar machen könnten: Die Staatsgemeinschaft ist zu klein, ebenso wie die Sprachgemeinschaft zu klein oder auch zu groß ist. Die Grenze ist die Geltung des § 130, also die Geltung des BGB nach den Regeln des Internationalen Privatrechts einerseits und die Anwendung der §§ 104 ff., also die Geschäftsfähigkeit andererseits. Diese Grenzen sind nicht sinnstiftend und bilden keine sozialen Beziehungen ab. Die Grenzziehung folgt keinem tatsächlichen Lauf, allein in der Rechtsanwendung sind die Grenzen zu erkennen. Handlungstheorien können nur zweckgerichtetes Verhalten erklären und verständlich machen, nicht aber die Umstände beim Empfang.

2. Der systemtheoretische Ansatz

a. Systeme und deren Austauschbeziehungen

Die systemtheoretischen Ansätze setzen nicht an einer menschlichen Handlung an, sondern die Welt wird in Systemen erfasst[983]. *Luhmann* definiert Sozialsystem als abgrenzbare Einheit, die entgegen physischen Systeme ihre Einheit durch eine Sinnbeziehungen zwischen Handlungen erlangt[984]. Die innere Sinneinheit ist konstitutiv für Systeme[985]. Im Mittelpunkt stehen nicht die Menschen als handelnde Akteure, sondern die Gesellschaft wird als Menge zwischenmenschlicher Austauschbeziehungen gesehen, als System der zwischenmenschlichen Kommunikation. Dieses System hat eine Vielzahl von Subsystemen, die sich funktional erstellen. Kultur, Gesellschaft und Person sind Systeme, gegliedert in Subsysteme. Die Gesellschaft ist System wegen ihrer Abgrenzung zur Umwelt, sie ist autark und selbststeuernd. Bestandteil der sozialen Systeme ist nicht die Menschen, sondern deren Kommunikation - Mitteilung, Information, aber auch Verstehen. Somit kann der Empfang einer Willenserklärung erfasst

---

[981] Hier stellt sich das Problem der c.i.c. bei Abbruch der Vertragsverhandlungen, wobei freilich die Wertung des § 155 zu beachten ist.

[982] Vgl. oben, 2. Kap. III. G.2.

[983] Zu den Systemtheorien Miebach, 183 ff.

[984] Luhmann, Institutionen, 28 ff.

[985] So schon Kant, Kritik der reinen Vernunft, 1. Aufl. (1781), 832.

werden. Die Sinneinheit der Kommunikation erklärt sich aus dem überindividuellen Ansatz.

Der Mensch ist in dieser Theorie als Handlungssystem abgebildet. Die menschliche Handlung wiederum soll ebenfalls System sein aufgrund ihrer analytischen Binnenstruktur[986]. *Habermas* nennt vier wesentliche Merkmale der Systemtheorie nach *Parsons* und *Luhmann*, welche sich aus der Handlungstheorie emanzipiert hat: Das Handlungssystem, das im Mensch integriert ist, handelt nicht, sondern es funktioniert. Damit verschwindet das handelnde Subjekt. Die zwischenmenschlichen Kontakte werden als wechselseitige Durchdringungen der Subsysteme gesehen. Die Kultur hat nicht mehr eine „extramundiale Stellung"[987], sondern steht als Subsystem zunächst unabhängig neben den Subsystemen der Persönlichkeit und der Gesellschaft. Damit einher geht eine methodische Neuerung. Die Systemtheorie hat das Ziel Simulationsmodell der Wirklichkeit aufzustellen, so dass Folgerungen aus der Theorie die „empirischen Beziehungen zwischen Systembestandteilen" betreffen[988]. Die konstruktive Ebene der Theorie wird damit verlassen, die Wirklichkeit wird nicht in Systemen abgebildet, sondern schon als solche erfasst.

Die Mechanismen des Austauschs zwischen Systemen könnte ein Lösungsansatz bieten, wie tatsächliche Umstände bei der Bestimmung des Empfangsboten wertend berücksichtigt werden könnten. In hiesigen Zusammenhang gewinnbringend erscheint der Ansatz von *Teubner*[989]*:* Wie *Luhmann* erkennt er in der Rechtsordnung ein autopoietisches System, das sich also eigene Regeln erschaffen kann[990]. Die einheitliche Sinnstiftung ist nicht nur Ausgangspunkt des Systems, sondern umgekehrt die Einheit soll durch systeminterne Operationen an Bestand gewinnen. Die Reflexivität der Rechtsordnung und der Rechtsanwendung hat selbstreferenziellen Charakter und schafft eine gesteigerte Geschlossenheit des Systems. Das Recht bietet auch Antworten auf Fragen, die sich erst nach der Positivierung stellen. Dies ist der interne Entwicklungsraum.

Teubners Ansatz zur Überwindung der Geschlossenheit ist die Kommunikation[991]. Die Sozialsysteme sieht er über ein und dasselbe kommunikative Ereignis gekoppelt. Es wird der gleiche „Grundstoff" für die Systembildung verwendet, nämlich Sinn. Jede spezielle Kommunikation im Teilsystem ist immer auch allgemeingesellschaftliche Kommunikation. So sieht *Teubner* die Systeme nicht nur beobachtend nebeneinander, sondern sie können sich gegenseitig beeinflussen. Diese systemische Kommunikation sei wesentlich um eine Entwicklung zu beschreiben. Dem Rechtsystem komme dabei eine besondere Rolle als Metasystem zu, das die Verständigung unter den Systemen ermögliche[992].

---

986 Luhmann, die Zukunft eines Theorieprogramms, ZfS 9 (1980), 8.

987 Habermas, a.a.O., 353.

988 Habermas, a.a.O., 356.

989 Teubner, Recht als autopoietisches System, 81 ff.

990 Teubner, 37; zu autopoietische Systeme: Luhmann, Rechtssoziologie, 354 ff.; Ladeur, Postmoderne Rechtstheorie, 107, 110 ff.;

991 Teubner, 107 ff.

992 Teubner, 145 ff.

Wäre Kommunikation, wie *Teubner* meint, mehrschichtig zu erfassen, wären Reflexionen zwischen Recht und Gesellschaft außerhalb der Normgebung zu würdigen. Anforderungen an die Kommunikation könnten nicht nur innerhalb des Systems festgelegt werden, sondern immer nur unter Beachtung anderer Systemanforderungen.

b. Relevante Systeme beim Wirksamwerden einer Willenserklärung

Das tatsächliche Verhalten des Erklärenden, das Überantworten der Erklärung oder das Erzielen einer sinnlichen Wahrnehmung beim Empfangsmittler, kann in verschiedene Sozialsysteme wirken. Die Erklärung ist notwendig Bestandteil der allgemeinen gesellschaftlichen Kommunikation. Dieser allgemeinen Kommunikation, mit allen Konventionen und Verabredungen, kann man sich nicht entziehen. Man kann nicht nicht-kommunizieren[993]. Dies gilt sowohl für die Aktivseite als auch für die Passivseite. Insoweit ist die Kommunikation im geselligen Menschsein verwurzelt.

Bei einem weiten Verständnis von „Wirtschaftssystem", das danach Vermögenswerte und ihre Verschiebung erfasst, ist die Entstehung einer Willenserklärung immer darin zu erkennen. Die Willenserklärung ist regelmäßig Bestandteil des wirtschaftlichen Güterverkehrs. Auch weitere, vom Betrachter aus konkretem Anlass erfundene Subsysteme, die sich an speziellen Zwecken ausrichten, können angeschlossen sein.

Angeschlossen ist natürlich das Rechtssystem, ein soziales System, neben den anderen. Eine Besonderheit bei der Willenserklärung ist ihre Rechtsgeltungsfunktion. Mit dem Wirksamwerden einer Willenserklärung entsteht Recht. Die Willenserklärung ist nicht nur Objekt, sondern die rechtsgeschäftliche Kommunikation erzeugt auch ursprünglich Recht. Die gewollten Rechtsfolgen treten ein und die Willenserklärung wird so Teil des Rechts, nicht nur ein Tatbestandsmerkmal. *Flume* meint zwar, privatautonome Akte nicht als materielles Recht qualifizieren zu können, will aber, soweit diese Akte durch die Rechtsordnung anerkannt werden, ihnen wie einem Rechtssatz Geltung verschaffen[994]. Die Kommunikation beim Wirksamwerden einer Willenserklärung wirkt also umgekehrt auch auf die Rechtsordnung ein und ist nicht nur Objekt der Rechtsordnung. Normgeber ist der Erklärende, Normadressat ist der Empfänger. Der Empfang ist für die Geltung wesentlich, denn ohne Normadressaten kann es keine Norm geben. Das Subsystem des Rechtsgeschäfts ist somit nicht nur ein unselbständiges Teilsystem der Rechtsordnung, sondern durch die Wechselwirkung ist es demgegenüber emanzipiert.

---

[993] Watzlawick, Beaven, Jackson, Menschliche Kommunikation (1990), 50 ff., 53. Dieses Axiom ergibt sich, wenn man Kommunikation und Verhalten gleichsetzt, denn ein Gegenteil von Verhalten ist nicht denkbar. Ein Bewusstsein oder eine Absicht, etwas mitteilen zu wollen, ist nicht erforderlich. Freilich kann der Erfolg dann nicht mehr konstitutiv für die Kommunikation sein.

[994] Flume, AT, 5 f. Dazu kann auch Bucher angeführt werden, der die Verwirklichung subjektiver Rechte als private Normsetzung erkennt. Die Willenserklärung ist mindestens Teil eines Rechtsgeschäfts. Das Rechtsgeschäft seinerseits ist die Ausübung eines subjektiven Rechts, das mit dem Rechtsgeschäft Geltung erlangt. Vgl. Bucher, 55.

Insoweit stellen sich hier zwei Anlässe, die Systemtheorie zu bemühen: Einmal um die auf dem Boden der geltenden Rechtsordnung stattfindende Geltungsgenese von außerrechtlichen Vorstellungen zur Ausbildung der Rechtsfigur des Empfangsboten nachzuvollziehen. Daneben, weil der Empfang einer Willenserklärung notwendiger Bestandteil der Systembildung der Rechtsordnung ist. Stehen die verschiedenen Systeme nicht beziehungslos nebeneinander, hieße dies hier möglicherweise, Anforderungen aus der allgemeinen Kommunikation oder aus der Vermögensverschiebung als rechtliche umzuformulieren.

c. Bedenken gegen die Systemtheorie

Schelsky sieht die Person innerhalb der Systemtheorie nur als definierte Rolle im jeweiligen System existent[995]. Er sieht die Systeme als höchstabstrakte Denkebene, in der die „erfahrene Lebenswirklichkeit“ untergeordnet ist. *Schelsky* wirft dann auch die hier dringende Frage auf, „für wen die soziologische Theorie *Luhmanns* von praktischem Wert sein kann.“ Und beantwortet sie selbst: „Ganz sicher für den praktizierenden Juristen nicht“[996].

Kaufmann bezweifelt die Tauglichkeit der Systemtheorie, Gerechtigkeit zu verwirklichen, denn wesentlich sei dabei nur die Funktionstüchtigkeit des Rechts, aber nicht mehr die inhaltliche Richtigkeit[997]. *Fezer* meint, der systemtheoretische Ansatz verkenne die Bedeutung des Subjekts: „Die Aufgaben des Rechts werden verkürzt, das Recht dem Menschen entfremdet“[998].

Demgegenüber stellt *Ladeur* fest, dass der Unterschied zwischen den überkommenen Denkfiguren Subjekt und subjektives Recht einerseits und der Systemtheorie andererseits nicht allzu groß ist[999]. Denn beides seien begriffliche Abbildungen des Menschen auf einer abstrakten Ebene.

Habermas' Kritik basiert auf der Beobachtung, dass die Systemtheorie Modelle aufstellt, die relevante Wirklichkeitsausschnitte simulieren, wodurch analytische Aussagen zu empirischen Analysen werden[1000]. *Habermas* widerlegt auch *Teubner* im Besonderen insoweit, als ein Ereignis nicht gleichzeitig Rechtsakt und allgemeine Kommunikation sein könne[1001]. Die Gleichzeitigkeit sei ohnehin ein Begriff mit unklarem Inhalt, der nichts über die Verbindung zwischen Systemen aussagen könne. Eine qualifizierte Gleichzeitigkeit sei gerade zu suchen. *Habermas* meint, dabei werde die grundsätzlich Voraussetzung verkannt, wonach eine objektive Beobachtung nicht möglich ist. Andererseits werde die subjektive Doppelbedeutung nicht offenbar, denn sonst wäre sie relativ und gekoppelt, aber nicht gleichzeitig[1002]. Ein Metasystem, das alle andere Systeme erfasst und überdies die Verständigung zwischen den Systemen leistet,

---

[995] Schelsky, Rechtssoziologie, 83.
[996] Schelsky, Die Soziologen und das Recht, 93.
[997] Kaufmann, Theorie, 37; Problemgeschichte, 60; Beiträge, 65, 98.
[998] Fezer, 93.
[999] Ladeur, Postmoderne Rechtstheorie, 143 ff.; 150 ff.
[1000] Habermas, Theorie des kommunikativen Handelns II, 355 f.
[1001] Habermas, Faktizität und Geltung, 74 ff.
[1002] Habermas, Faktizität und Geltung, 76; ders., Die Einbeziehung des anderen, 365 ff., 370 ff.

aus dem heraus dann objektive Aussagen zu machen wären, ist logisch nicht denkbar[1003].

Die Unschärfe der Relativität ist auch beim Wirksamwerden der Willenserklärung zu erkennen. Geht man davon aus, die Willenserklärung sei gleichzeitig lebensweltliche und rechtliche Kommunikation, beschreibt die Wirksamkeit einer Willenserklärung den Moment des Übergangs von der lebensweltlichen Kommunikation in das Rechtssystem, den „Eintritt" in die Rechtsgeschäftslehre[1004]. Dann wird aus dem Subsystem Rechtsgeschäftslehre heraus die Erklärung betrachtet. Dies gilt auch für Umstände, die vor dem Systemeintritt liegen, wie etwa die Auslegungsgrundsätze zur Ermittlung, ob eine Willenserklärung vorliegt oder die c.i.c. Dabei werden aber schon die systemspezifischen Beobachtungs- und Bewertungsmaßstäbe zugrundegelegt. Zu rechtfertigen ist dies nur, wenn man das Rechtssystem als eine Art Suprasystem versteht. Dabei würde das Rechtssystem die allgemeine Kommunikation kolonialisieren.

Fundamental ist die verkürzende Abbildung der Wirklichkeit im systemtheoretischen Denkmodell. Dies würde der rechtswissenschaftlichen Hauptaufgabe, der tatsächlichen Problemlösung, nicht gerecht werden können.

d. Die Apriorität der Lebenswelt

Begreift man das Streben nach Gerechtigkeit als die Verwirklichung derselben, stellen sich kaum zu überwindende Probleme, die Axiome einer systemtheoretischen Betrachtung zu beachten. Denn die Verwirklichung geschieht außerhalb der Theorieebene, in der Lebenswelt. Die Schlüsselfrage ist, ob die relevante soziale Realität systemtheoretisch erschöpfend erfasst werden kann.

Die allgemeine gesellschaftliche Kommunikation mit allen menschlichen Handlungen und Verhalten ist die Lebenswelt[1005]. Der Begriff „Lebenswelt" erfasst die Welt allen menschlichen Handelns. Dies als unhintergehbare Apriorität als Gegenstand, führt zwangsläufig zu einem transzendentalen Blickwinkel, denn ein Teilnehmer versucht sich als Beobachter. So wird der Begriff Lebenswelt selbst zu einem transzendentalen[1006]. Mit dem Begriff Lebenswelt soll theoretisch etwas in Geltung gebracht werden, was faktisch schon immer gilt[1007]. Insofern ist eine Betrachtung durch die teilnehmende Perspektive beschränkt. Dieses „Vorverständnis" hindert, die soziale Realität als Lebenswelt im Rahmen systemtheoretischer Betrachtung zu instrumentalisieren.

Die Lebenswelt kann nicht als System begriffen werden[1008]. Ein gemeinsamer Sinn außerhalb der Transzendenz ist nicht festzustellen. Schon logisch stellt sich hier das Beobachtungsproblem: Sinn kann nur ein Zweck sein, der von außen erkannt werden kann. Die Grenze ist der Sinn des Menschseins. Menschsein kann kein System sein, da System eine gedankliche Erfindung ist.

[1003] Das System aller Systeme müsste sich selbst enthalten.

[1004] Vgl. dazu oben 2. Kap. III.G.3.

[1005] Zur Ideengeschichte Welter, Der Begriff der Lebenswelt (1986).

[1006] Welter, 205 f.

[1007] A.a.O.

[1008] Das wird in der Systemtheorie soweit ersichtlich auch nicht versucht, wohl aber wird die Relevanz der Lebenswelt in Frage gestellt.

Das Rechtssystem, das System des rechtsgeschäftlichen Verkehrs steht der Lebenswelt gegenüber, nicht dem System der Lebenswelt.

Systeme und Lebenswelt entkoppeln sich evolutionär. Systeme sind dabei in der Lebenswelt zu verankern, also zu institutionalisieren[1009]. Die rechtliche Institutionalisierung leistet aber die Legitimität, die auch die Rechtsfortbildung umfasst. Institute können nicht schon durch ihre Seinsweise rechtlich gelten.

Die Frage, wer in einem bestimmten Stadium innerhalb der Entstehung einer wirksamen Willenserklärung die Verantwortung trägt, berührt die grundlegende Freiheitssphäre der Beteiligten. Die Wirksamkeit ist gerade der Eintritt in ein bestimmtes System und die Entscheidung über die Verantwortung entscheidet über die Wirksamkeit.

Das Kriterium für den Empfangsboten ist eine rechtliche Antwort. Diese Antwort muss sich nicht nur in das Rechtsystem integrieren, sie wird von diesem vorgegeben.

C. Zur Offenheit des Rechtsystems

Den sozialen Gegebenheiten hat das Rechtssystem in seiner Umweltoffenheit Rechnung zu tragen. Dabei hilft die Abstraktion des Rechts, Veränderungen weitestgehend adaptiv zu beantworten.

Das juristische Systemdenken ist in seinen Grundannahmen dem soziologischen ähnlich. Verlangt man mit *Kant* für ein System zumindest eine einheitliche Idee[1010], können aber schon verschiedene Ansätze der juristischen Systembildung ausscheiden[1011]: *Canaris'* Systembildung ist eine axiologische und teleologische Ordnung, die von allgemeinen Rechtsprinzipien getragen wird[1012]. Er misst dem Systembegriff die Aufgabe zu, „die wertungsmäßige Folgerichtigkeit und innere Einheit der Rechtsordnung darzustellen und zu verwirklichen“[1013]. Die Zielvorgabe systematischen Vorgehens, ist im Streben der Rechtsanwendung zu finden, Widersprüche zu vermeiden und systematisch auszulegen.

Die Offenheit des Rechtssystems für lebensweltliche Einflüsse ergibt sich zunächst aus der allgemeinen Aufgabenstellung, lebensweltliche Konflikte zu lösen. In der Rechtsanwendung ist die Wechselwirkung zwischen Recht und Lebenswelt schon im Syllogismus verankert. Die wechselseitige Beziehung zwischen lebensweltlichen Sachverhalt und Rechtsnorm erschließt erst den Tatbestand[1014]. Jede Subsumtion ist eine Bewertung, die ein rechtliches Vorverständnis voraussetzt. Allerdings werden dabei umgekehrt Werte aus dem Rechtsystem auf die Tatbestanderfassung verwendet. Auch wenn bei der Entscheidungsfindung Generalklauseln oder allgemeine Prinzipien schöpferisch bemüht und ausgelegt werden, ist dies Teil der Rechtsanwendung.

1009 Habermas, Kommunikatives Handeln II, 229 ff.
1010 Kant, Kritik der reinen Vernunft, 1. Aufl. (1781), 832.
1011 Vgl. zu dieser Auslese Canaris, Systemdenken, 19 ff.
1012 Canaris, Systemdenken, 40 ff.
1013 Canaris a.a.O., 18.
1014 Kaufmann, Hermeneutik, 93.

Ansonsten ist Offenheit vor allem als Wandelbarkeit des Rechtsystems zu verstehen. Zuständig für einen Wandel ist zuerst der Gesetzgeber[1015]. Doch auch die richterrechtliche Rechtsfortbildung soll eine Rechtsquelle sein, die das System verändern kann[1016].

Pawlowski erkennt aber die Mehrdeutigkeit des Attributs Offenheit[1017]: Entweder ist das Recht nicht voller Erkenntnis zugänglich und deswegen zu jedem Zeitpunkt willkürlich. Für diese Veränderbarkeit des Systems bürgt die Geschichtlichkeit der Rechtsordnung, indem neue oder andere Prinzipien Geltung erlangen[1018]. Oder mit Offenheit ist die Beziehung zwischen der Rechtsordnung zur sich wechselnden sozialen Realität gemeint. Daraus ergibt sich eine Entwicklung, weil sich entweder die Rechtserkenntnisse weiterentwickelt haben oder die außerrechtlichen Erkenntnisse.

Die andauernde Veränderung des „wissenschaftlichen Systems" des Rechts, das immer auf den aktuellen Erkenntnissen aufbaut, erklärt *Canaris* mit dem andauernden bestreben diese Erkenntnisse zu verbessern und damit neue Grundlagen zu schaffen[1019]. *Canaris* verweist auf Art 3 I GG, um auch den Gesetzgeber an das System zu binden und so die Geltung systemwidriger Normen zu vermeiden[1020]. Dabei ist die allgemeine Rechtsidee Teil des Rechtssystems. Die „Natur der Sache" ist die Verdichtung einer Norm aufgrund ihres tatsächlichen Anwendungsbereichs. Dies beschreibt aber nur eine Methode, wie Gerechtigkeit zu finden ist, nicht aber ein eigenständiger Geltungsgrund[1021].

Letztlich trägt immer das Streben nach bestmöglicher Verwirklichung des Grundsatzes der Gleichbehandlung die Veränderung. Damit ist nichts über den Einfluss außerrechtlicher Umstände ausgesagt. Allein die Dynamik wird erklärt, eigentlich nur das Entwicklungspotential des Systems benannt.

Die Divergenz zwischen Sein und Sollen wird mit der Offenheit des Rechtssystems nicht überwunden. „Verkehrsanschauungen" als Teil des Seins oder soziologische Erkenntnisse können deswegen nicht aus sich heraus gelten. Die Offenheit des Rechtsystems erklärt lediglich systemimmanente Entwicklungen, welche innere Widerspruchsfreiheit gewährleisten soll.

D. Folgerung

Der Dualismus von Faktizität und Normativität kann nicht aufgelöst werden. Das Urteil "Empfangsbote" ist die Lösung eines genuin rechtlichen Problems, dessen Ursache in der Normierung der Empfangstheorie und in der Ausgestaltung der Repräsentation im Zivilrecht, insbesondere in der Ausbildung der

---

[1015] Auf die Legitimation des Gewohnheitsrechts ist hier nicht einzugehen.

[1016] Canaris, Systemdenken, 69 f.; Hirsch JR 1966, 334 f.; FS v.Hippel (1967,) 95; Pawlowski, Methodenlehre, Rn. 564, der die richterrechtliche Rechtsfortbildung als Ausbildung der allgemeinen Rechtserkenntnis sieht.

[1017] Pawlowski, 228 ff., 230.

[1018] Canaris, Systemdenken, 63.

[1019] Canaris, Systemdenken, 62 f.

[1020] Canaris, Systemdenken, 121 ff.

[1021] So ist wohl auch Larenz, Methodenlehre, 306 ff. zu verstehen.

Stellvertretung liegt. Somit ist die Klassifizierung „Empfangsbote" ebenfalls aus der Rechtsordnung zu entwickeln.

V. Der Empfangsbote als Vertrauensschutz des Erklärenden

Den Empfangsboten als ein vertrauenschützendes Instrument zu begreifen ergibt sich anscheinend natürlich, wenn man sich den Ursprung der Rechtsfigur vergegenwärtigt: Die Einordnung der Mittlerperson als Erklärungsbote wurde als unzumutbar angesehen, weil der Erklärende den Empfangsmittler regelmäßig nicht so nahe steht wie der Empfänger und ihm deswegen auch weniger vertrauen kann. Demgegenüber kennt der Empfänger die Person und kann ihr so vertrauen[1022]. Sieht man von den strukturellen Unterschieden zwischen der Stellung des Empfangsboten einerseits und der des Ermächtigten beziehungsweise Bevollmächtigten andererseits ab[1023], könnte man versuchen, die Rechtsgrundsätze der allgemeinen Vertrauenshaftung anzuwenden, um zu sachgerechten Lösungen zu gelangen. Diejenigen welche eine Ermächtigung als konstitutive Grundlage für den Empfangsboten annehmen wenden die Grundsätze zur Rechtsscheinvollmacht an um die Fälle zu erfassen, bei denen eine Ermächtigung nicht nachzuweisen ist wie *Cohn*[1024], *Dressen* und *Köhler*[1025] oder *Brinkmann*[1026].

A. Die Tauglichkeit der Vertrauenshaftung bei der Entscheidung über die Wirksamkeit einer Willenserklärung

Der Vertrauensschutz ist beim Problemfeld des Empfangsboten nur insoweit von Belang, als damit die Wirksamkeit einer Willenserklärung erreicht werden kann. Die Vertrauenshaftung hat zwei Arten von Rechtsfolgen: die negative Vertrauenshaftung, die zum Ersatz des Vertrauensschadens führt und die positive, die auf Erfüllung gerichtet ist. Bei der zweitgenannten Haftungsart, der Rechtsschein- oder im Hinblick auf die Wirkung Erfüllungshaftung, wird die (gesetzliche) Haftung und ein privatautonomes Einstehen oder Versprechen gleichgesetzt. Nach *Canaris* führt die Rechtsscheinhaftung zu einer „Gleichstellung von Rechtsschein und Rechtswirklichkeit"[1027]. Auf berechtigtes und zu schützendes Vertrauen erfolgt eine „Verlaßentsprechung, die in Erfüllung des Vertrauens ...bestehen kann"[1028]. Dass die Berücksichtigung des Vertrauensschutzes nicht nur zum Schadensersatz führt, erklärt *v.Craußhaar* mit der Vorgabe der Haftung durch die Richtung des Vertrauens[1029]. Wird auf das Bestehen einer Erklärung vertraut, sei eine Erfüllungshaftung nicht systemwidrig, sondern die sachlogische Haftungsfolge.

[1022] So erstmals deutlich Vosswinckel, ArchBR 32, 390.
[1023] Vgl. oben unter I.
[1024] Siehe oben 1. Kap. IV.B.1.
[1025] Siehe oben 1. Kap. IV.B.2.
[1026] Siehe oben 1. Kap. IV.E.
[1027] Canaris, Vertrauenshaftung, 527.
[1028] v.Craußhaar (1968), 12 ff.
[1029] v.Craußhaar (1968), 13 ff, 30 ff; ders. AcP 174, 9, Fn. 24.

Diese Erfüllungswirkung der Vertrauenshaftung macht sie zu einem geeigneten Mittel, erwünschte Rechtsfolgen einer Selbstbindung auch ohne einen Akt der Selbstbestimmung zu erreichen. Auf diesem Weg kann die Vertrauenshaftung als „Zurechnung“ instrumentalisiert werden.

Bei der Problemlage des Empfangsboten hätte eine solche Erfüllungshaftung zur Folge, dass es sich gleich bliebe, ob eine Person als Empfangsbote einzuordnen ist oder ob der Erklärende lediglich darauf vertrauen durfte.

Erfüllt eine Person die Voraussetzungen des Empfangsboten, darf man in jedem Fall darauf vertrauen, dass die Person Empfangsbote ist. Eine weitere Einteilung in Sein und Schein eines Empfangsboten erscheint dann überflüssig, denn die Klassifizierung als Empfangsboten hat die einzige Funktion, undifferenziert über die Wirksamkeit einer Willenserklärung zu entscheiden[1030].

Der Vertrauensschutz kann auch beim Wirksamwerden einer Willenserklärung maßgeblich sein, wie die eingeschränkte Vernehmungstheorie bei flüchtigen Erklärungen zeigt. Danach ist der Eindruck des Erklärenden über die Vernehmung durch den Empfänger für die Wirksamkeit entscheidend[1031]. Auch bei der Problemlage des Empfangsboten wird der Vertrauensgedanke verschiedentlich herangezogen. So will *Coing* die Stellung des Empfangsboten danach beurteilen, „ob der Absender darauf vertrauen durfte, dass mit der Erklärungsübergabe an sie [Empfangsboten] das Risiko... übergehen solle“[1032]. Auch *Cohn* und *Brinkmann* setzen die Instrumente der Duldungs- und Anscheinsvollmacht ein[1033]. Bei beiden ergibt sich dies freilich organisch, weil sie von einer Empfangsbotenermächtigung ausgehen.

Insgesamt ist in der Dogmatik eine Hinwendung zum Vertrauensprinzip zu beobachten. Die Erfüllungshaftung kann als ein Baustein der Absage an den Monismus des Willensprinzips gesehen werden, wie sie in der modernen Rechtsgeschäftslehre propagiert wird[1034]. Verpflichtungsgrund ist danach nicht mehr monokausal und prinzipienmonistisch die Privatautonomie, sondern multikausal verschiedene Zurechnungsmomenten, unter anderem das Vertrauen der Beteiligten sein[1035]. Schon die Objektivität der Auslegungsgrundsätze soll Vertrauensschutz gewährleisten und zwar nicht erst bei fehlerhaften Willenserklärungen, sondern bei allen[1036]. *Müller* spricht in diesen Fällen ausdrücklich von einer Rechtsscheinhaftung und nicht von einer rechtsgeschäftlichen Bin-

---

[1030] Vgl. oben 2. Kap. I.

[1031] Vgl. oben, 2.Kap. III.A.4.

[1032] Coing/Staudinger § 130, 4c) (11.Aufl.)

[1033] Vgl oben 1. Kap. IV.B.1. und E.

[1034] Einen Überblick findet sich bei Voit, Zum Stellwert der Privatautonomie als eines unter mehreren Begründungselementen nichtdeliktischer Ansprüche, JbJZivlRW 1995, 89 ff., 95 ff.

[1035] So erkennt F.Bydlinski in seiner kombinatorischen Theorie den Verkehrsschutz neben der willentlichen Selbstbestimmung, der inhaltlichen Äquivalenz im Vertrag und der Vertragstreue eine normative Kraft des Verpflichtungsgeschäfts überhaupt. Er sieht dies nicht als eine Haftung, sondern als Teil des „echten rechtsgeschäftlichen Bereichs“. Vgl. F.Bydlinski, Privatautonomie und verpflichtendes Rechtsgeschäft, 122.

[1036] v.Craußhaar AcP 174, 8.

dung[1037]. Ob dies berechtigt ist, erscheint fragwürdig. Jedenfalls aber ist eine strenge Differenzierung nach dem Geltungsgrund wie sie *Canaris* und *Flume* sehen wollen[1038] – beim Rechtsgeschäft der Wille, bei der Vertrauenshaftung das Gesetz - schwerlich zu erkennen[1039]. Diese Differenzierung ist auch logisch nicht zu erklären, wenn das Gesetz das Vorliegen des Willens definiert, so dass Auslegungsregeln als gesetzliche anzusehen sind[1040]. Hier soll die Diskussion um die Zweispurigkeit der Verpflichtung nicht vertieft werden.

B. Die mögliche Vertrauenslage bei der Entgegennahme der Erklärung durch einen Mittler

Der Erklärende vertraut die Erklärung seinem Erklärungsboten an. Dieses Anvertrauen kann bei der Ermittlung des Empfangsboten aber keine Bedeutung haben. Im Gegenteil, die Entstehung des Empfangsboten ist gerade von der Überlegung geprägt, dass der Empfangsbote dem Erklärenden fremd ist und so ein Vertrauen nicht zumutbar ist[1041]. Dann kann nur das Vertrauen des Erklärenden bedeutend sein, das er in den Empfänger hat. Ein aktualisiertes Vertrauen kann dies nicht sein, denn der Empfänger ist nicht anwesend – es handelt sich um ein Rechtsgeschäft unter Abwesenden. Ein späteres Vertrauen ist regelmäßig auch ohne Belang, denn dies kann keinen Einfluss mehr auf die Entscheidung des Empfängers haben.

Auch der Empfänger kann der Person vertrauen, welche die Erklärung entgegennimmt. Dies ist beim Empfangsboten anzunehmen. Allerdings wird dieses Vertrauen im Enttäuschungsfall durch die Rechtsfigur des Empfangsboten gerade nicht geschützt. Der Empfänger muss für dessen Fehler einstehen. Der Erklärende kann aber in dieses Vertrauen des Empfängers, unabhängig davon, ob es enttäuscht wird oder nicht, vertrauen. Ob dieses reflexive Vertrauen geschützt ist, ist ebenfalls zu prüfen.

A. Die rechtliche Ausformung des Vertrauensschutzes

1. Die Einordnung des Vertrauens in die Rechtsordnung

Vertrauen beruht auf Informationen, deren Gehalt überdehnt wird[1042]. Anhaltspunkte für das Vertrauen ist die Vertrautheit, welche aufgrund der sonstigen Kenntnisse über eine Person entsteht; weiterhin die gedachte Motivationslage, also der Gewinn der Vertrauensperson bei einem Vertrauensbruch einerseits und die eigene Kontrollmöglichkeit andererseits[1043]. *Luhmann* sieht eine enge Beziehung zwischen Vertrauen und der Rechtsbildung, wobei sozialtypisches

---

[1037] Gerd Müller, AcP 181, 539.

[1038] Canaris, Vertrauenshaftung, 457 f.; Flume, AT, 129 ff.

[1039] Im Ergebnis ebenso Kramer/MüKo vor § 116, 39 mit weiteren Nachweisen.

[1040] Dieser Einwand geht freilich ins Leere, wenn man in den allgemeinen Auslegungsregeln nur Programmsätze ohne positivrechtlichen Inhalt sieht. Dazu Vollmer, Auslegung und „Auslegungsregeln", 206 f.

[1041] Vosswinkel, ArchBR 32, 390.

[1042] Luhmann, Vertrauen, 33f.

[1043] Luhmann, Vertrauen, 34f.

Vertrauen das Recht erzeugt beziehungsweise als Schutz benötigt. „In Wahrheit fundiert der Vertrauensgedanke das gesamte Recht“[1044].

Eichler sieht Vertrauen als ein „allgemeines Phänomen“[1045]. Er kann aber immerhin zwischen seiner rechtlichen und natürlichen Bedeutung differenzieren[1046]. Das Vertrauen begreift er als ein prägendes Gestaltungsprinzip, das in vielen rechtlichen Bereichen bedeutend ist[1047]. *Köndgen* sieht im Vertrauen „ein ubiquitäres psychologisches, soziales und juristisches Phänomen“, ein kaum fassbares Blankett[1048].

Luhmann erkennt aber, dass mit steigender Komplexität der Sozialordnung Vertrauen und Recht sich auseinander differenziert[1049]. Diese Ausdifferenzierung ist ein historischer Vorgang, dessen Gewinn die positive Rechtsordnung ist. Daher sieht er in der Heranziehung des allgemeinen Vertrauensprinzips die Gefahr, „besser ausformulierte konstruktive Errungenschaften...“ zu unterlaufen und „undisziplinierte Auswüchse“ zu erzeugen wie überflüssige Parallelkonstruktionen, undifferenzierte Begründungen und ein Übergreifen in die Legislative durch einen Vertrauensschutz in ungesetzliche Tatbestände[1050].

Damit sind die Grenzen des allgemeinen Vertrauensschutzes deutlich aufgezeigt: Ungelöste Problemlagen sind mit juristischer Methodik zu lösen, nicht mit Billigkeitserwägungen, welche von einem mehrdeutigen Grundprinzip getragen werden. Wird ein allgemeines Prinzip zur Begründung herangezogen, ist dies mit der Gefahr behaftet, gesetzliche Wertungen zu unterlaufen. Dabei ist vor allem die Rangfolge von Vertrauen und Verantwortung. zu beachten: Verantwortung beruht nicht auf Vertrauen, sondern umgekehrt, man vertraut, weil Verantwortungen bestehen[1051]. Will man eine rechtliche und nicht nur eine „moralische Vertrauenshaftung“ begründen, erscheint es logisch, eine rechtliche Verantwortlichkeit als Voraussetzung zu verlangen. Erst dann ist Vertrauen auch berechtigt, legitim.

2. Modelle der Vertrauenshaftung

Wellspacher untersucht nur bestimmte vertrauenschützende Regeln, bildet aber keine allgemeine Vertrauenshaftung aus. Auch *Eichler* begnügt sich mit einer empirischen Untersuchung der Rechtsordnung, nachdem er den Ursprung recht-

---

1044 Luhmann, Vertrauen, 35.

1045 Eichler, VI.

1046 Eichler, 4 ff.

1047 Schon in der Anlage Eichlers Arbeit ist die Allgegenwart des Vertrauens im Recht zu erkennen: Als personenrechtliches Vertrauen beim Dienstvertrag, bei der Gesellschaft, beim Darlehen und bei der Versicherung (S. 38 ff.). Die anvertraute Rechtsmacht ist im Rechtssystem ausgestaltet bei der Bevollmächtigung (S. 76 ff.), bei der Treuhand (S. 84 ff.) und in Form der Gutgläubigkeit hinsichtlich des Eigenbesitzes, des Grundbuch und Handelsregisters (S. 92 ff.), aber auch hinsichtlich der Existenz einer fehlerfreien Willenserklärung (S. 103 ff.).

1048 Köndgen, 97.

1049 Luhmann, Vertrauen, 34 f.

1050 Luhmann, Vertrauen, 35.

1051 Esser, Gefährdungshaftung, 101, Fn.4.

lich geschützten Vertrauens in den Grundwerten von Treu und Glauben geortet hat[1052]. Im Ergebnis sieht er im Vertrauen ein Element einer der Rechtsordnung überragenden Schicht, das darin vielfach Gestalt annimmt, was der Bildung eines einheitlichen Begriffs entgegenstehen soll[1053].

v.Craußhaar beschränkt sich in seinen Untersuchungen zum Vertrauensschutz und zur Zurechnung auf den „typischen Vertrauenstatbestand“[1054] der empfangsbedürftigen Willenserklärung[1055] und darüber hinaus auf die Scheinvollmacht[1056]. Allgemein erkennt er in der Vertrauensgrundlage den Rechtfertigungsgrund des Vertrauens. Um am Verkehrsleben überhaupt teilnehmen zu können, sieht er die Notwendigkeit, auf Tatsachen zu vertrauen, die der eigenen Anschauung unzugänglich sind, wie innere fremde Tatsachen und der Bestand fremder subjektive Rechte[1057]. Maßgeblich dabei ist die Deutung der heranzuziehenden Umstände, die er Bedeutungsträger nennt. Diese begründen eine Bedeutungswahrscheinlichkeit, bieten aber nie eine absolute Sicherheit.

Dabei ist die Grenze des Vertrauensschutzes wesentlich: Wo ein objektiver Erklärungstatbestand ohne Handlungswille vorliegt, fehle die Möglichkeit der freien Willensbestimmung, als Grundlage der Einstandspflicht und somit ist der Vertrauensschutz zu versagen.[1058] Eine Zurechnung ist nach *v.Craußhaar* nicht möglich. Konstruktiv kann dies erreicht werden, indem man ein Rechtsgeschäft verneint, indem man von einem nichtigen Rechtsgeschäft ausgeht, oder indem man von einem zwar wirksamen, aber jederzeit beseitigbaren Rechtsgeschäft ausgeht.[1059] In Abkehr von seiner früheren Meinung[1060] favorisiert *v.Craußhaar* nun die Nichtigkeit aufgrund einer Analogie zu §§ 104, 105[1061].

Daraus entwickelt *v.Craußhaar* die abstrakten Kategorien der ausreichend gesicherten Vertrauenslage und der normalen Verttrauenslage. Maßgebliches Kriterium ist bei den Vertrauenslagen der mögliche und zumutbare Selbstschutz. Bei der ausreichend gesicherten Vertrauensgrundlage besteht eine Bedeutungswahrscheinlichkeit, die zumutbar zu kontrollieren ist. Bei den normalen Vertrauensgrundlagen besteht kein Anlass zum Selbstschutz, da es sich um einen Regelzustand beziehungsweise -vorgang handelt, der ein hohes Maß an Bedeutungswahrscheinlichkeit hat. Daneben gibt es Fälle, bei denen das Vertrauen zwangsläufig ist und sich der Vertrauenden nicht gegen einen Vertrauensbruch schützen kann, der Vertrauenszwang. Die Vertrauensgestattung ähnelt dem Vertrauenszwang, wobei aber das Vertrauen nicht zwangsläufig entsteht, sondern von einem Dritten erzeugt wird.

[1052] Eichler, 36
[1053] Eichler, 109.
[1054] v.Craußhaar (1968), 36.
[1055] v.Craußhaar (1968); ders. AcP 174, 5-13.
[1056] v.Craußhaar AcP 174, 13-25.
[1057] v.Craußhaar, AcP 174, 20f.
[1058] v.Craußhaar AcP 174, 11.
[1059] v.Craußhaar AcP 174, 11, Fn. 35.
[1060] v.Craußhaar (1968), 63, Fn. 2.
[1061] v.Craußhaar AcP 174, 11, Fn. 35.

Diese Abstraktionen sind wenig nützlich, um Zustände, wie hier die Entgegennahme einer Willenserklärung, als Verlaßlage zu subsumieren.

Loges sieht im Vertrauensschutz entweder das Gegengewicht zur rechtsgeschäftlichen Freiheit, oder Ausgleich für geschaffene, spezifische Risiken[1062]. Die Haftung soll dabei die Selbstbestimmung sichern und dem Schutz des Rechtsverkehrs dienen. Diese überindividuelle Funktion hat verschiedene Ausbildungen. Es soll der Rechtsverkehr erleichtert werden, indem Angst und Vorsicht eingegrenzt werden, um so die Funktion zu erhalten. Dazu gehöre auch die Rechtsscheinhaftung[1063]. Daneben dient der Schutz des Vertrauens der volkswirtschaftlichen Optimierung. Zwischen den Beteiligten wird Waffengleichheit hergestellt, die bis zum Verbraucherschutz führt[1064].

Als Instrument des sozialen Ausgleichs sieht er dagegen den Vertrauensschutz als untauglich[1065]. Denn die Machtstellung der Beteiligten im Rechtsverkehr hat keine regelmäßige Auswirkung auf die Vertrauenslage. Die Verpflichtung, Erwartungen zu entsprechen, kann nicht aus sich heraus angenommen werden, sondern bedarf einer heterogenen Begründung[1066].

Canaris entwickelt ein System der allgemeinen Vertrauenshaftung indem er allgemeine Merkmale herausarbeitet[1067]. Danach erfordere die Haftung einen Vertrauenstatbestand, hin und wieder ergänzt durch die Gutgläubigkeit des Vertrauenden und regelmäßig die Zurechenbarkeit des geschaffenen Scheintatbestandes an den präsumtiv Haftenden.

B. Die Berechtigung des Vertrauens: Der Vertrauenstatbestand

Versucht man die Ausbildungen der Vertrauenshaftung nutzbar zu machen, helfen die Untersuchungen über das Phänomen Vertrauen nur bedingt. Die Einschätzung des Wertes des Vertrauens und der gesetzliche Schutz sind zunächst Beobachtungen, aber noch keine Vorgabe, wie die Vertrauenshaftung rechtsfortbildend zu nutzen ist. Die Rechtsordnung schützt nicht „blindes Vertrauen“. Am tauglichsten erscheint das System der Vertrauenshaftung von *Canaris*[1068]. Für eine Rechtsfortbildung muss demnach ein Tatbestand festzustellen sein, der einem rechtlichen ähnelt, an den man glaubt und dessen Schein der Haftende zu

---

[1062] Loges, Die Begründung neuer Erklärungspflichten und der Gedanke des Vertrauensschutzes (1990), 91 ff.

[1063] Loges, 132.

[1064] Bei diesem funktionalen Ansatz sind aber zwei Grundbedingungen zu bewahren: Die Kostenverteilung darf keine Rolle spielen und grundsätzlich hat jeder seine eigenen Interessen selbst wahrzunehmen und zu bewahren. Diese Eigenverantwortlichkeit sieht Loges zwar zunehmend eingeschränkt, trotzdem sieht er keine allgemeine Verpflichtung, fremde Interessen zu wahren. Dieser Institutionenschutz kann eine Haftung erforderlich machen (Loges, 161). So wenn der Vertrauende sich generell in einer schwächeren Position befindet. Allerdings ist dem Rechtsverkehr nicht schon gedient, wenn das Risiko nur verlagert wird. Wesentlich ist eine Verhaltensbeeinflussung.

[1065] Loges, 115.

[1066] Loges, 148.

[1067] Canaris, Vertrauenshaftung, 490ff.

[1068] Canaris, Vertrauenshaftung, 491 ff.

verantworten hat. Beim Empfangsboten sind keine Gründe ersichtlich, diese Erkenntnisse zu ignorieren. Der Erklärende muss zumindest mit einem Vertrauenstatbestand in Berührung kommen, damit sein Vertrauen geschützt wird.

1. Die Elemente des allgemeinen Vertrauenstatbestandes

Dem Vertrauenstatbestand kann nach *Canaris* jeder Sachverhalt zugrunde liegen, der geeignet ist, in bestimmter Richtung Vertrauen zu erwecken[1069]. Doch nicht alle durch Auslegung ermittelten Umstände sind als Vertrauenstatbestand rechtserheblich. Nach dem Vorgang von *Wellspacher*[1070] unterteilt *Canaris* in künstliche und natürliche äußere Tatbestände[1071]. Künstlich meint dabei vom Gesetz geschaffene und als Grundlage des Vertrauensschutzes erhobene Tatbestände[1072]. Mit natürlichen Tatbeständen sind demgegenüber tatsächliche Zuordnungsverhältnisse gemeint, wie der Besitz oder die verschiedenen Formen des menschlichen Verhaltens[1073]. Bei diesen sei im Gegensatz zu den künstlichen Tatbeständen die Zurechnung des Tatbestandes erforderlich[1074]. Der natürliche Vertrauenstatbestand soll nach den Regeln über die Auslegung von Willenserklärungen zu ermitteln sein. Die objektive Auslegung sei geeignet, einen objektiven Erklärungsinhalt und dessen Reichweite zu ermitteln und somit den Vertrauenstatbestand zu erfassen.

Der Inhalt des Tatbestandes kann unter verschiedenen Momenten qualifiziert werden[1075]: Wesentlich für die Rechtsscheinhaftung ist die Unterscheidung zwischen einem Rechtsverhältnis und einer natürlichen Tatsache. *Canaris* kann nachweisen, dass das Gesetz regelmäßig nur das Vertrauen auf einen Rechtsschein stützt[1076]. Das Vertrauen auf tatsächliche Umstände erfahre einen wesentlich geringeren Schutz. Eine Einstandspflicht als Erfüllungshaftung kann aus zwei Gründen nicht mit einem Vertrauen auf natürliche Umstände begründet werden[1077]. Zum einen kann die Gleichstellung von Schein und Wirklichkeit das Recht nur bei Rechtsverhältnissen leisten. Eine weitergehende Kraft der Rechtsordnung zuzuweisen hieße, die Wirklichkeit unter die Regie der Rechtsordnung zu stellen. Des weiteren, so meint *Canaris*, habe derjenige, der einen Rechtsschein erzeugt hat, eher Einfluss auf den bestehenden Schein von Rechtsverhältnissen als bei natürlichen Tatsachen. Mithin ist die Haftpflicht gerechtfertigter[1078].

[1069] Canaris, Vertrauenshaftung, 492.

[1070] Wellspacher, 22 ff., 58 ff.

[1071] Canaris, Vertrauenshaftung, 492.

[1072] Beispielsweise Registereintragungen und der Erbschein, also formale Legitimationen.

[1073] Canaris, Vertrauenshaftung, 492.

[1074] Canaris, Vertrauenshaftung, 493, Fn. 7.

[1075] Canaris, Vertrauenshaftung, 495.

[1076] Canaris, Vertrauenshaftung, 496.

[1077] Als Beispiel bringt er die unterschiedliche Rechtsfolge bei Sach- beziehungsweise Rechtsmängeln beim Kauf.

[1078] Weiterhin differenziert Canaris zwischen dem Vertrauen auf eine rechtlich mögliche Lage und auf eine rechtliche Unmöglichkeit (S. 495). Diese rechtliche Unmöglichkeit meint einen Rechtsirrtum, der geäußert wird und auf den ein anderer vertraut. Bei einem solchen

Zu unterscheiden ist auch, inwieweit sich der Vertrauenstatbestand auf eine bereits bestehende Lage bezieht, oder ob daraus nur auf den zukünftigen Eintritt einer Lage zu schließen ist[1079]. Lässt der Tatbestand nur Rückschlüsse für die Zukunft zu, so ist das Vertrauen dahingehend grundsätzlich nicht schutzwürdig, denn zur Gestaltung der Zukunft besteht die Möglichkeit des bindenden Vertrages. Daneben erhebt *Canaris* auch Bedenken gegen die Logik einer Rechtsscheinhaftung, die an einen erst zukünftigen Umstand ansetzt. Die Zukunft sei allein von der Wahrscheinlichkeit geprägt, so dass es keinen Anschein von etwas Bestehendem geben könne. Die Rechtsscheinhaftung kann nur an gegenwärtige Zustände ansetzen, die Zukunft kann keinen „Schein" erwecken.

Für eine Haftung muss der Tatbestand auf ein Verhalten desjenigen zurückzuführen sein, der für den Schein einzustehen hat[1080]. Diese Relativität bedingt, dass sich der Scheintatbestand auf ein Verhalten des präsumtiv Haftenden zu beziehen hat. Dies ist bei der Zurechnung ähnlich, doch seien schon objektiv, bei der Tatbestandsbildung, die Fälle herauszufiltern, bei denen keinerlei Verhalten des zu Verpflichtenden besteht.

Der Vertrauenstatbestand muss des weiteren dem Vertrauenden zur Kenntnis gelangen[1081] und letztlich zu einer Disposition geführt haben[1082].

2. Zur Tatbestandlichkeit des Vertrauenstatbestandes

Der „Vertrauenstatbestand" ist merkwürdig lückenhaft, denn es wird nicht der gesamte Tatbestand erfasst, der zur Haftung führt. Er ist nur ein objektives Tatbestandsmerkmal. Die weiteren Merkmale, die für die Haftung notwendig sind, sind die „Zurechnung" des Tatbestandes an den präsumtiv Haftenden und häufig die „Gutgläubigkeit" des Geschädigten[1083]. Diese Einteilung vermittelt die Vorstellung, es gäbe einen Tatbestand, der aus sich heraus eine Rechtsfolge entwickelt, sozusagen naturgegeben. Aufgrund fehlender Erkenntnis könne dieser nur noch nicht exakt gezeichnet werden, aber in Form des Vertrauenstatbestandes zumindest ungefähr benannt werden. Oder jedem Tatbestand stünde ein Vertrauenstatbestand zur Seite, sozusagen eine „Schattenwelt", welche der positiven Rechtswelt zur Seite steht. Es bedürfte dann immer einer Begründung, warum es nicht zur Haftung kommen soll - aufgrund der negativen Tatbestandsmerkmale der fehlenden Zurechnung oder aufgrund der Bösgläubigkeit[1084].

Rechtsirrtum fehlt schon der objektive Scheintatbestand, so dass kein Vertrauenstatbestand entsteht. Die Rechtsscheinhaftung verlangt einen rechtlich möglichen „Scheintatbestand", was aber nur eine logische Folge ist.

1079 Canaris, Vertrauenshaftung, 495.

1080 Canaris, Vertrauenshaftung, 497.

1081 Canaris, Vertrauenshaftung, 507.

1082 Canaris, Vertrauenshaftung, 510.

1083 Dies spiegelt sich schon im äußeren Aufbau bei Canaris wieder, der die drei genannten Elemente gleichrangig nebeneinander stellt.

1084 Eine weitere Merkwürdigkeit ist die Objektivität des „Vertrauenstatbestandes". Die Feststellung eines Rechtsverhältnisses verlangt einen qualifizierenden und einen subsumierenden Schluss aus einem Wirklichkeitsausschnitt. Der Tatbestand ist dann Abbild dieses Wirklichkeitsausschnitts. Ein „Scheintatbestand" müsste dann ein Tatbestand sein, der

Die „Rechtsnatur" dieses Tatbestandes sieht *Canaris* in einer „rein tatsächlichen Anspruchsvoraussetzung"[1085]. Dies steht im Widerspruch zur Anforderung bei der Rechtsscheinhaftung, die ein Vertrauen in eine Rechtslage verlangt. Ist eine Scheinrechtslage „rein tatsächlich" oder eine Rechtslage?

Die zivilrechtliche Dogmatik hat den Begriff „Tatbestand" aus der Strafrechtswissenschaft übernommen[1086]. Jede Rechtsnorm kann man vollständig zergliedern in Tatbestand und Rechtsfolge. *v.Tuhr* sieht den Tatbestand als Gesamtheit der Tatsachen, bei deren Vorliegen nach dem Rechtssatz die Rechtswirkung eintreten soll[1087]. Diese Tatsache qualifiziert er als „juristische", gewonnen aus einem juristischen Vorverständnis. *Larenz* definiert Tatbestand als „generell umschriebener Sachverhalt"[1088], der Tatbestand „verwirklicht sich im Sachverhalt"[1089]. Nach *Scherner* ist der Tatbestand, den er als „äußere Umstände" bestimmt, neben der Rechtsfolge ein Bestandteil jeder Rechtsnorm, welche sich desewegen von anderen Normen unterscheidet[1090].

Dem Tatbestand steht die Rechtsfolge gegenüber, ein Begriff mit gleicher logischer Struktur. Die Rechtsfolge ist eine logische Konsequenz des Rechtssatzes, allerdings eine willkürliche, die der Rechtsetzung unterliegt, keine naturgegebene[1091]. Die Rechtsfolge wird Wirklichkeit durch einen den Rechtssatz aktualisierenden Sachverhalt, der den Tatbestand enthält. Tatbestand ist folglich ein technischer Begriff, der einen Teil einer jeden Rechtsnorm benennt. Im Rechtssatz wird der Tatbestand mit der Rechtsfolge verknüpft. Der Tatbestand ist ein Bauteil einer Norm, der sich in Abgrenzung zur Rechtsfolge definiert. In der Sache werden darin mögliche Wirklichkeitsausschnitte in einer Abstraktion vorweggenommen, um eine rechtliche Gleichbehandlung zu gewährleisten[1092]. Dies geschieht wiederum im Rechtssystem.

Das Tatbestandsmerkmal „Vertrauenstatbestand" ist somit keine „natürliche Anspruchsvoraussetzung". Es ist so künstlich wie jeder Tatbestand, der durch die Rechtsetzung entsteht. Auch *Canaris* wird nicht bestreiten, dass neben den von ihm formulierten abstrakten Voraussetzungen eines „Vertrauenstatbestandes" vor allem ein vollwertiger Tatbestand gefunden werden muss, in dessen Vorliegen dann vertraut wurde.

Der „Vertrauenstatbestand", also die „Scheinrechtslage" ist eine verantwortungszuweisende Qualifikation, die in eine Einstands- oder Schadensersatz-

---

nicht zu einem Rechtsverhältnis führt, der Schluss also falsch ist, aber diesen Schluss nahe legt. Somit handelt es sich um einen Irrtumsfall. Aufgrund der Objektivität des Scheins kann dies nur ein undenkbarer objektiver Irrtum sein.

1085 Canaris, Vertrauenshaftung, 502.

1086 Nachweis bei v.Tuhr, AT II/1, 4.

1087 v.Tuhr, AT II/1, 4.

1088 Larenz Methodenlehre, Studien, 139.

1089 Larenz, Methodenlehre, 159:

1090 Scherner, AT, 7.

1091 Da jede eintretende Rechtsfolge sowohl einen Rechtssatz als auch einen Tatbestand verlangt, tritt die Rechtswirkung sowohl aufgrund des Gesetzes, als auch aufgrund des Tatbestandes ein.

1092 Ähnlich v. Tuhr AT II/1, 4.

pflicht mündet. Eine Rechtsfortbildung im Rahmen der Vertrauenshaftung kann nicht neue „Vertrauenstatbestände“ schaffen[1093]. Sind die Merkmale des „Vertrauenstatbestandes“ beim Empfangsboten gegeben, könnten diese eine Vertrauenshaftpflicht rechtfertigen.

3. Subsumtion der wesentlichen Momente bei der Entgegennahme eine Willenserklärung durch den Empfangsboten unter die Elemente des Vertrauenstatbestandes

Der Erklärende muss mit dem Tatbestand, welcher sein Vertrauen erzeugt, konfrontiert werden. Entweder im Zeitpunkt des Kontaktes mit dem Empfangsmittler, oder vorher, nicht aber nach dem Übermittlungskontakt. Die mögliche Disposition, die auf Vertrauen beruht, ist die Überantwortung der Erklärung an den Empfangsmittler.

Das Vertrauen des Erklärenden in die Zuverlässigkeit des Empfangsmittlers und in seine natürliche Verbundenheit mit dem Empfänger wird nicht geschützt, denn dies sind tatsächliche Umstände. Auch das Vertrauen in die Weiterleitung der Erklärung kann nicht die Rechtsscheinhaftung begründen, da dies ein zukünftiges Ereignis ist. Es geht um die Prognoseentscheidung, inwieweit mit der Weiterleitung unter regelmäßigen Umständen zu rechnen ist. Erzeugt der Empfangsmittler Vertrauen, geriert er sich also als zuverlässige Empfangsbote, kann dadurch ebenfalls nicht der Empfänger belastet werden: Der Empfänger als der präsumtiv Haftpflichtige muss das Vertrauen hervorgerufen haben.

Die Mittlerperson kann generell als Erklärungsbote oder als Empfangsbote anzusehen sein. Der Erklärende überantwortet die Erklärung dem Erklärungsboten, weil er diesem vertraut. Er hält ihn für zuverlässig und vertraut ihm die Erklärung und deren Weiterleitung an. Der Erklärende überantwortet die Erklärung dem Empfangsboten nicht, weil er ihm vertraut, wie beim Empfangsboten, sondern weil der Empfänger dieser Person vertraut. Will man diese Entscheidung des Erklärenden auf sein Vertrauen zurückführen, so vertraut er in das Vertrauen des Empfängers. Dass dieser reflexive Mechanismus eine Kategorie der Vertrauenshaftung ist, ist kaum vorstellbar, denn das Vertrauen des Empfängers, in das vertraut wird, müsste haftungsbegründend sein.

Wiegand kann nachweisen, dass die Grundlage für den gutgläubigen Erwerb nach § 932 tatsächlich ein reflexives Vertrauen ist[1094]. Der Eigentümer wird belastet, weil er die Sache einem anderen anvertraut hat. Fehlt dies, ist die Sache abhanden gekommen. Maßgebliches Moment ist nicht das Vertrauen des Erwerbers, sondern das Vertrauen des Eigentümers in den Besitzer bei der Weggabe der Sache. Das „Anvertrauen“ des Besitzes, also die Grundlage des Rechtsscheins, wird nicht geschützt, obwohl dieses Vertrauen eigentlich ein stärkeres ist, als das des Erwerbers gegenüber dem Besitzer. Allerdings vertraut der Erwerber nicht in das Vertrauen des Eigentümers, sondern dieses Vertrauen geht dem Tatbestand des § 932 voraus. Dieser Tatbestand schützt den Mecha-

---

[1093] Exakt besehen kann es dabei überhaupt keine Rechtsfortbildung geben, denn diese wäre mit der Anerkennung einer allgemeinen Vertrauenshaftung in dieser Richtung vollends abgeschlossen.

[1094] Wiegand, Recht und Verhalten, 183 ff., 187 ff.

nismus der Übereignung, der an den Besitz anknüpft. § 932 ergibt sich nicht organisch aus der Struktur des Privatrechts. Seine Normierung war umstritten, denn die Legitimation des Erwerbs ist unklar[1095]. Dann muss für den Schutz reflexiven Vertrauens mindestens einen ebenbürtig gesetzlichen Tatbestand gefordert werden, will man eine Erfüllungshaftung erzeugen. Eine solch grundlegende Wertentscheidung ist aber der Gesetzgebung überlassen.

Letztlich ist auch die für die Vertrauenshaftung wesenhafte Differenzierung nach dem guten Glauben zu beachten[1096]. Dies widerspricht der in der Willenserklärung angelegten Abstraktion[1097]. Die Allgemeinheit der Willenserklärung verbietet eine solche Differenzierung, welche bei einer Haftung zur Schadensminderung führen kann, wie sich in §§ 120, 179, 307 zeigt, aber im normalen Rechtsverkehr zu unannehmbaren Unsicherheiten führen würde, ohne Gewinn.

Bei der Subsumtion der Situation des Empfangsboten unter die Anforderungen des allgemeinen Vertrauenstatbestandes ergeben sich an nahezu jedem Merkmal unüberwindbare Schwierigkeiten und kaum gewinnbringende Ansatzpunkte. Die Subsumtion unter einen allgemeinen Vertrauenstatbestand ist nicht möglich.

C. Exkurs: Die Anscheinsvollmacht als Beispiel der Rechtsscheinhaftung

Die Vertrauenshaftung zeigt sich im Stellvertretungsrecht in der Anscheinsvollmacht. Ohne Bevollmächtigung entsteht eine Verpflichtung, weil eine Vollmacht scheinbar besteht. Nicht einmal ein Dulden, oder auch nur die positive Kenntnis vom Handeln des Vertreters auf Seiten des Vertretenen ist erforderlich[1098]. Allein der Rechtsschein soll die Rechtslage bestimmen. Die Folge ist eine vertragliche Bindung ohne Willenserklärung. Haftungsfolge ist nicht Ersatz des Schadens, sondern die Erfüllung.

Da dem Empfangsboten keine Ermächtigung zugrunde liegt, auch nicht eine der Vollmacht ähnliche abstrakte Legitimation, Befugnis, Zuständigkeit[1099], kommt eine direkte Übertragung der Grundsätze zur Anscheinsvollmacht schon aus methodischen Gründen nicht in Frage. Interessant ist lediglich die Geltungsgrundlage der Anscheinsvollmacht. Würde hierbei überzeugend ein fundamentales Prinzip, das Rechtsscheinprinzip, herangezogen, so könnte dieses in gleicher Weise für die Problemlage des Empfangsboten beachtlich sein.

Spezifisch vollmachtsrechtliche Geltungsgründe sind hier nicht verwertbar, denn diese bauen in ihrer Begründung auf die Anwendung der §§ 164 ff. auf. Darunter fallen die Annahme einer stillschweigenden Bevollmächtigung[1100] und

---

1095 Dazu Wiegand, 188 mit weiteren Nachweisen.

1096 Die Einordnung in gut- oder bösgläubig scheint ohnehin nur eine Hilfskonstruktion zu sein, welche die Unschärfe der Vertrauenstatbestände kompensiert.

1097 Vgl. oben, 2. Kap. III.G.2.

1098 Schramm/MüKo § 167, 34 ff. mit weiteren Nachweisen.

1099 Siehe oben, unter I.

1100 So das Reichsgericht, siehe Wenzel, 58.

die Heranziehung der §§ 171 f. als Analogie[1101]. Beide Begründungsversuche sind vom Regelungsobjekt der Bevollmächtigung abhängig.

Ebenso ergibt sich aus dem Sachzusammenhang, dass die Begründungen hier nicht weiter führen, die zum Ersatz des Vertrauensschadens führen, weil die Anscheinsvollmacht als eine Fallgruppe der c.i.c begriffen wird[1102]. Das Urteil "Empfangsbote" ist nicht Folge eines Schadensersatzanspruches mit welchen der Vertrauensschaden ersetzt werden soll.

Eine Auseinandersetzung mit der Annahme der gewohnheitsrechtlichen Anerkennung der Anscheinsvollmacht kann hier auch keinen Lösungsweg weisen. Neben grundsätzlichen Zweifel an der Konsistenz dieser Argumentation und erheblichen Bedenken, inwieweit man damit nicht die Rechtsanwendung überhaupt einer dogmatischen Überprüfung entzieht[1103], ist hier nicht die Rechtsfigur des Empfangsboten an sich zu begründen, sondern deren rechtliche Grundlage und ihre Ausdehnung. Eine Dogmatisierung anhand des Fallmaterials ist dabei nicht dienlich.

Gewinnbringend ist allein die Betrachtung der Begründungen, welche die Anscheinsvollmacht aus einem „allgemeinen Rechtsscheinprinzip“ herleiten[1104].

1. Die Anscheinsvollmacht als Ableitung aus dem Rechtsscheinprinzip

Regelsberger entnimmt den §§ 170 ff. ein Vertrauensschutzprinzip und dehnt dessen Geltung auf das gesamte Stellvertretungsrecht aus, so dass auch die Anscheinsvollmacht erfasst wird[1105]. *Meyer* sieht das Rechtsscheinprinzip als beherrschend im Zivilrecht[1106]. Verkehrsschutz als eine Hauptaufgabe des Rechts gebiete es, den Veranlasser eines Rechtsscheins haften zu lassen. Auch *Isay* leitet die Lösung aus einer Abstraktion der geregelten Fälle ab, aus denen er ein allgemeines Prinzip entnimmt[1107]. *Oertmann* sieht die Ausprägung des Rechtsscheingedankens beim Erwerb vom Nichtberechtigten und bei der Scheinvollmacht[1108]. Allgemein sieht er die Beachtlichkeit des Rechtsscheins bei Wirksamkeitsvoraussetzungen, die nicht bestehen, in die aber ein Dritter vertraut. *Krause* sieht im Rechtsscheinprinzip die „dogmatische Erklärung“ für die Anscheinsvollmacht[1109]. §§ 171 f. sieht er nicht als Folge dieses Prinzips, denn der Schutz sei nur erforderlich, wo die Rechtswirkung nicht gesetzlich angeordnet ist. Der Schein eines Tatbestandes ist die Grundlage für das Vertrauen, das geschützt wird, indem die Rechtswirkung eintritt. *Coing* sieht die Grundlage der

---

1101 Wellspacher, Rümelin, Schmidt-Rimpler, Enneccerus-Nipperdey, v.Craußhaar, Westermann u.a. Nachweise bei Wenzel, 88 f.

1102 Hierzu Wenzel, 121 ff.

1103 Hierzu Wenzel, 101 ff.

1104 Wenzel, 73 ff.

1105 Zu allen im Überblick, Wenzel, 73-85; Regelsberger, KrVJSCHr 47 (1907), 284, 291.

1106 Meyer, Das Publizitätsprinzip, Abhandlungen zum Privatrecht und Zivilprozessrecht, 18 (1909), 94.

1107 Isay, Die Geschäftsführung nach dem BGB, Abhandlungen zum Privatrecht und Zivilprozessrecht, 6 (1900), 230 ff.

1108 Oertmann, Grundsätzliches zur Lehre vom Rechtsschein, ZHR 95 (1930), 443 ff.

1109 Krause, Schweigen im Rechtsverkehr (1933), 148.

Haftung in einem schlüssigen Verhalten, das erkennbar als Erklärung gedeutet werden kann[1110]. Die Einstandspflicht folge dann nicht aus einer rechtsgeschäftlichen Bindung, sondern aus dem Vertrauensprinzip. *Müller-Erzberger* sieht eine Interessensabwägung als Schlüssel zum Verständnis des Vertretungsrechts[1111]. Die Anscheinsvollmacht sieht er als einen Fall der Vollmachtskundgabe, bei dem er ein überragendes Interesse des Kundgabeempfängers am Bestand anerkennt. Dieses Interesse schütze das Vollmachtsrecht prinzipiell, auch mittels der Anscheinsvollmacht.

2. Stellungnahme

Die Ableitung der Anscheinsvollmacht aus einem Rechtsscheinprinzip hat sich nicht durchgesetzt. Dem Prinzip fehlt die Kraft, eine Erkenntnis zu fundieren. Daneben ist ein allgemeines Prinzip nicht tauglich, das jeweilige Sachproblem differenzierend und exakt zu erfassen. Die Anscheinsvollmacht wird überwiegend entweder mit einer Analogie zu §§ 171 f. begründet, oder als Ausdruck eines allgemeinen Treugebotes gesehen[1112]. Den Geltungsgrund für die Anscheinsvollmacht in einem allgemeinen Rechtsscheinprinzip zu finden, hält *Wenzel* für nicht möglich, weil die § 171 ff. als Ausnahmevorschrift nicht analogiefähig seien[1113]. Dies ergebe sich aus dem System von Regel und Ausnahme. Dann kann daraus erst recht kein allgemeingültiges Rechtsscheinprinzip gewonnen werden. Weiterhin sieht er keine Möglichkeit, dieses Prinzip operational zu machen. Die hohe Abstraktion mache es unmöglich, wesentliche individuelle haftungsrelevante Momente zu berücksichtigen. Letztlich widerspräche ein allgemeines Rechtsscheinprinzip dem Anfechtungsrecht, das nur eine vorläufige Zurechnung normiert, wenn keine willensgetragene Willenserklärung vorliegt, nicht aber die Erfüllungshaftung des Rechtsscheinprinzips als endgültige.

Die Anscheinsvollmacht ist nicht nur in ihrer Begründung, sondern schon in ihrer Anerkennung überhaupt grundlegend umstritten. *Pawlowski* sieht die Anscheinsvollmacht als Problem der Qualifikation des zugrundeliegenden Verhaltens des Vertretenen[1114]. Mit der sich mittlerweile durchgesetzten Entbehrlichkeit der subjektiven Elemente bei der Willenserklärung, seien die einschlägigen Fälle einfach zu lösen, indem eine wirksame Vollmacht anzunehmen sei. Ein allgemeines Rechtsscheinprinzip müsse dazu nicht herangezogen werden, denn das Vertretungsrecht ist insgesamt vom Vertrauensschutz geprägt. Insofern ist die Anscheinsvollmacht unter die Tatbestände der Bevollmächtigung zu subsumieren.

Frotz differenziert zwischen verschiedenen Anscheinslagen[1115]: Zum einen kann der Anschein auf ein Verhalten mit Erklärungswert des Vertretenen zurückzuführen sein. Das ist kein Rechtsscheinproblem, sondern die Frage nach

---

[1110] Coing/Staudinger. § 167, 9d. (11.Aufl.)

[1111] Müller-Erzbach, JJahrb 83 (1933), 257, 348 ff.

[1112] Im Überblick Wenzel, 88 ff., 118 ff. Dies Ansätze werden hier nicht weiter verfolgt.

[1113] Wenzel, 85 ff.

[1114] Pawlowski, JZ 1996, 127 f.

[1115] Frotz, 299 ff.

den subjektiven Voraussetzungen einer Erklärung. Zum anderen kann der Anschein aufgrund eines Verhaltens ohne einen solchen finalen Erklärungswert bestehen. Daraus kann auch der Anschein einer Vollmacht entstehen. Dies sieht *Frotz* als ein Fall der c.i.c., der zum Ersatz des Vertrauensschaden führen kann, nicht aber zu einer wirksamen Vollmacht. Denn mit einem solchen Verhalten, das nicht eine Teilnahme am Rechtsverkehr ist, wird nicht ein spezifisch privatrechtliches Risiko verwirklicht, wie etwa beim Missverständnis, sondern die Verantwortlichkeit wird über die deliktische hinaus gesteigert[1116].

Dieser, meines Erachtens einzig richtige Ansatz, zeigt den grundlegenden Mangel beim Operieren mit dem Rechtsscheinprinzip: Wesentlich kann nicht der tatsächliche Ansatzpunkt einer Verpflichtung sein; daraus ist keine Rechtsfolge abzuleiten. Entscheidend ist die Art der sich stellenden Problemlage und ihre Einordnung in die Rechtsordnung. Verschiedene Problemlagen können zwar auch die gleiche Lösung haben. Aber dies lässt sich nicht aus dem Vergleich der Problemlagen ableiten, die singulär sind, sondern nur nach der erfolgten Rechtsanwendung. Aus der Natur der Sache, hier aus dem Rechtsschein heraus, ist keine Zwangsläufigkeit der rechtlichen Lösung abzuleiten. Insofern ist dieses Prinzip verfehlt.

Bei *Canaris* zeigt sich diese Problematik an anderer Stelle auf wissenschaftstheoretischer Ebene. Bei der juristischen Systembildung erkennt er eine Möglichkeit der Rechtsfortbildung, wenn ein Rechtsprinzip erkannt wird und dieses vom Gesetzgeber berücksichtigt wird[1117]. *Canaris* erkennt in diesem Zusammenhang ein aus Treu und Glauben abgeleitetes Grundprinzip an, das entgegen den Vorgaben der Privatautonomie beim Fehlen eines Tatbestandsmerkmals Erfüllungsansprüche zur Entstehung bringen kann; Treu und Glauben ersetze dann das Fehlen der Voraussetzung[1118]. Die Anscheinsvollmacht will er aber nur im Handelsrecht, nicht aber im sonstigen Privatrecht gelten lassen[1119]. Der eigentliche Geltungsgrund sei nicht der Rechtsschein allein, sondern das gesteigerte Schutzbedürfnis des Dritten gegenüber einer arbeitsteiligen Organisation, die so schwer durchschaubar ist.

Hier wird augenfällig, welchen begrenzten Wert allgemeine Prinzipien haben. Dies herauszuarbeiten ist eine rechtstheoretische Aufgabe. Sie für Konkretisierung, Lückenfüllung und Rechtsfortbildung nutzbar zu machen, würde ihre absolute Geltung voraussetzen, so dass die Begründung monokausal aus dem Prinzip abzuleiten wäre. Nur dann hat die allgemeine und prinzipielle Art der Erkenntnis eine eigenständige Bedeutung. Dies versagt aber regelmäßig, nicht nur weil „Prinzipien“ widerstreiten, sondern weil es eine Vielzahl zu berücksichtigender Momente gibt, um Gerechtigkeit zu verwirklichen und diese nicht in ein aussagefähiges Prinzip aufgenommen werden können, gleich wie eng man den Wirklichkeitsausschnitt wählt. Das Vertretungsrecht an sich ist geprägt

---

1116 Ebenso Flume AT, 834.
1117 Canaris, Systembildung, 67.
1118 Canaris, Vertrauenshaftung, 268, 270.
1119 Canaris, Vertrauenshaftung, 48 ff., 189 ff.

von Arbeitsteilung, aber im Handelsrecht hat diese Arbeitsteilung regelmäßig eine andere Dimension und ist so eigenständig zu würdigen.

Die ungeklärte Grundlage bei der Anscheinsvollmacht, die m.E. im allgemeinen abzulehnen ist, führt daher nicht zur Ausbildung eines "Anscheinsempfangsboten". Insbesondere weil ein allgemeines „Rechtscheinprinzip" nicht nachzuweisen ist. Ähnlich wie beim „Scheinerfüllungsgehilfen"[1120] würde die Begründung einer solchen Rechtsfigur ohne hinreichende Beachtung der gesetzlichen Vorgaben erfolgen.

VI. Der Empfangsbote als Ergebnis einer Risikozurechnung

Der Empfangsbote wird auch als ein Instrument der Risikoverteilung zwischen dem Erklärenden und dem Empfänger gesehen. So sieht *v.Tuhr* den Einsatz eines Empfangsboten als eine Gefahrenübernahme gegenüber dem Erklärenden[1121]. Auch *Coing* sieht in der Rechtsfigur des Empfangsboten eine Entscheidung über die Risikoverteilung zwischen den Beteiligten[1122]. Davon unabhängig formuliert *Brinkmann* eine Lehre der Risikozurechung, die zu einer sachgerechten Verteilung der Risiken beim Empfang einer Willenserklärung führen soll, wenn ein Empfangsmittler beteiligt ist[1123].

A. Die konkreten Risiken der Entgegennahme

Unter dem Blickwinkel „Risiko" können folgende Risikoarten ausgemacht werden, die mit dem Empfangsboten verknüpft sind[1124]:

Untergangsrisiko: Bei gespeicherten Erklärungen ist dies zunächst die fehlende Weiterleitung der Erklärungsverkörperung an den Empfänger. Dadurch fehlt dem Empfänger die Möglichkeit, vom Erklärungsinhalt Kenntnis zu nehmen. Unerheblich ist die Ursache der fehlenden Weiterleitung, also ob die Erklärung vernichtet wurde, oder nur nicht dem Empfänger zugänglich gemacht wurde. Unerheblich ist auch, ob dies vom Empfangsmittler verschuldet war.

Verstümmelungsrisiko: Ein weiteres Risiko ist die Abwandlung des Erklärungsinhaltes durch den Empfangsmittler. Denn wirksam wird nicht der abgewandelte Inhalt, sondern der ursprüngliche. Diesen ursprünglichen Inhalt konnte der Empfänger bei einer Verstümmelung oder Veränderung durch den Empfangsmittler nicht zur Kenntnis nehmen.

Verzögerungsrisiko: Wegen der zeitlichen Dimension des Wirksamkeitszeitpunktes ist auch schon die verzögerte Weiterleitung ein Risiko bei der Entgegennahme durch einen Empfangsmittler.

Bei flüchtigen Willenserklärungen bestehen die gleichen Risiken. Die tatsächliche Ursache der Verstümmelung kann in diesem Fall aber auch eine unverschuldete geistige Fehlleistung des Empfangsmittlers sein, was aber unerheblich ist.

[1120] Dazu schon oben 1. Kap. V. D.

[1121] v. Tuhr AT II/2, 360; vgl. oben 1. Kap. IV. F.2.

[1122] Coing/Staudinger. § 130, (11.Aufl.)

[1123] Brinkmann, 140 ff.; vgl. oben 1. Kap. IV. E.

[1124] Im Ansatz ebenso Brinkmann, 140, Fn. 15.

Erster Ausdruck der Risikoverwirklichung ist die Risikoverwirklichung selbst, also die nur unterlassene oder zögerlich Weiterleitung der Erklärung durch den Empfangsmittler. Als weitere, mittelbare Folge ist es dem Erklärenden durch die Überantwortung der Erklärung an den Empfangsmittler nicht mehr möglich, die Erklärung dem Empfänger auf anderer Art und Weise zukommen zu lassen. Seine Übermittlungstätigkeit oder die seines Boten ist vermeintlich beendet, er trägt keine Sorge mehr für das weitere Schicksal der Erklärung, bis zur erwarteten Kenntnisnahme des Empfängers. Hat der Erklärende die Erklärungsspeicherung dem Empfangsmittler gegeben, kann er diese Erklärung nicht mehr an den Empfänger nahe bringen. Bei einer flüchtigen Erklärung fehlt der Anlass, die Erklärung gegenüber dem Empfänger persönlich zu wiederholen.

Die „Risikozurechnung“, mit welcher diese Problemlagen zu lösen sein könnte, lässt sich nicht nur begrifflich trennen, in die „Zurechnung“ und in das „Risikoprinzip“. Die beiden Bestandteile liegen auf verschiedenen Ebenen: Die Zurechnung ist eine Anforderung, die bei der Bestimmung der Kausalität der Subjektqualität des Menschen Rechnung tragen will. Das Risikoprinzip, sinnverwandt die Risikohaftung, der Risikogedanke oder auch die Sphärentheorie, ist eine Konkretisierung des Gerechtigkeitspostulats, welche dieses mit Blickwinkel auf die zu verteilenden Risiken zu befriedigen sucht. Eine getrennte Betrachtung erscheint deswegen angebracht. Erst durch die Verknüpfung beider Ansätze entsteht eine Konstruktion, die Verantwortungen und Haftungen begründen soll.

B. Die Zurechnung

„Wenn... dann“ beschreibt als grammatische Grundstruktur die Logik der Kausalität, „wenn... dann soll“ den Schluss der Zurechnung[1125]. Im Zivilrecht kann grundlegend zwischen zwei Arten der Zurechnung unterschieden werden. Einerseits gibt es die Zurechnung der von Dritten bestimmten Umständen an den Zurechnungsadressaten. Das sind die drittwirkenden Rechtsgeschäfte vom Vertreter oder Ermächtigten, aber auch die Zurechnung tatsächlichen Handelns und Wissens wie etwa in §§ 123, 166, 278. Bei diesen Interventionen ergeben sich keine spezifischen Problemlagen wegen des Umfangs der Zurechnung. Diese ist gesetzlich vorgegeben, notwendig ist folglich eine Gesetzesauslegung. Proble-

---

[1125] Kelsen, Reine Rechtslehre,79 ff. Diese logische Struktur der Zurechnung verhindert die Unterbrechung der Äquivalenz durch die Handlungsfreiheit des Menschen, die Pflichtverstöße erst ermöglicht und sich so vom funktionalistisch gedachten Ideal des Gemeinschaftsmitglieds distanziert. Grundlage der Zurechnung sind Pflichten, die eingehalten werden oder nicht. Werden sie nicht eingehalten, ergeben sich Sanktionen, die eine der Pflichteinhaltung vergleichbare Situation erzeugen sollen. Insoweit wird durch die Sanktionierung versucht, eine künstliche Kausalität herzustellen, soweit man Schadenskompensation als gleichrangig betrachtet, also in Geldwert umrechnen kann. Im Unterschied zur Kausalität hat die Zurechnung einen normierten Endpunkt. Bei menschlichen Verhalten kann über diesen Endpunkt hinaus keine Kausalität vorhergesehen werden. Durch die Pflicht wird eine menschliche Entscheidung aus der Menge der denkbaren, als bindend richtig normiert wird.

me bestehen beim Entstehungstatbestand, also bei der bindenden Unterwerfung unter die spezielle Zurechnungsnorm. Doch die Anforderungen an die Bevollmächtigung, Ermächtigung, Einschaltung des Gehilfen usw. sind wiederum Probleme der allgemeinen Rechtsgeschäftslehre, welche die Vorgaben an die erforderliche Willenserklärung definiert[1126].

Andererseits gibt es die Zurechnung von Umständen als Handlungserfolge, also die Zuordnung von lebensweltlichen oder rechtlichen Veränderungen zu einer Person aufgrund ihres Verhaltens[1127]. Die Zurechnung hat dabei die Funktion, die Haftungsgrundlage des Einzelnen vor der Rechtswidrigkeit und Schuld festzustellen. In der Zurechnung aktualisieren sich die Fähigkeiten des Rechtssubjektes, sich rechtlich zu verhalten und zu wirken[1128]. Die Handlungserfolge und damit die Verantwortlichkeit und Haftung werden nicht pseudonaturwissenschaftlich oder lediglich intuitiv bestimmt, sondern nach bestimmten Zurechnungskriterien.

Hier ist die Zurechnung von Handlungen Dritter nicht von Interesse. Der Empfangsbote ist zwar ein solcher „Dritter" und sein Fehlverhalten ist auch „zuzurechnen". Bei der Risikozurechnung soll der Empfangsbote aber ein Risiko darstellen, das der Empfänger geschaffen und damit zu verantworten hat. Er ist lediglich die Verkörperung dieses Risikos. Eine gesetzliche Legitimation wie bei der Vollmacht oder Ermächtigung ist beim Empfangsboten nicht nachzuweisen[1129].

1. Zur Trennung von Zurechnungsanlass und Zurechnungsgrund

Die grundlegende Idee der Zurechnung ist die Trennung von Zurechnungsanlass und Zurechnungskriterium. Diese Trennung verursacht eine Abstraktionserhöhung, die für eine allgemeine Handlungslehre notwendig ist und erst zu ihr führt. Zurechnungsanlass und Haftungsgrund können ein strafbewehrtes, ein unerlaubtes oder ein erlaubtes Verhalten sein. Immer stellt sich mit der Trennung dann dieselbe Frage nach einem tauglichen Zurechnungsprinzip, das allgemein festlegt, wer sich warum für einen Handlungserfolg verantwortlich zu zeichnen hat.

Die Einheitlichkeit der Frage impliziert aber noch nicht die Einheitlichkeit der Antwort. Im historischen Streit zwischen *Franz v. Liszt* und *F. Endemann* spiegeln sich die Positionen der Einheits- und der Verschiedenheitsthese wider[1130]. Dabei wurde nicht um Zurechnungskriterien gestritten, sondern vorab, inwie-

---

1126 Vgl. oben 2. Kap. V.

1127 Diese doppelte Bedeutung der Zurechnung ergibt sich aus ihrer neutralen Struktur, Handlungserfolge einzuordnen. Das Gesetz kann Handlungserfolge nicht nur dem unmittelbar Handelnden zuordnen, sondern auch einem Dritten. Die jeweilige Veranlassung gibt das Gesetz vor - Vollmacht, Ermächtigung, Einschaltung eines Erfüllungsgehilfen.

1128 Dazu Gitter/MüKo § 1, 10.

1129 Vgl. oben, 3. Kap. I.

1130 Dazu Meder, 148 ff.

weit im Zivilrecht und Strafrecht überhaupt derselbe Verschuldensmaßstab anzulegen ist[1131].

Die Trennung zwischen Zurechnungsanlass und Zurechnungskriterium ergibt sich nicht selbstverständlich. Diese Erkenntnis beruht auf dem Menschenbild eines selbstbestimmt handelnden Subjekts, das genau für sich selbst einzustehen hat, begrenzt auf das Menschenmögliche. So sieht *Larenz* die Zurechnung als das Zuschreiben einer Handlung an ein Subjekt, ein Verantwortlichmachen[1132]. Die aus dem Personsein geborene Verantwortlichkeit setze im Zivilrecht rechtliche Zurechnung nach bestimmten, allgemeingültigen Zurechnungskriterien voraus. Daraus entwickle sich eine objektive Zurechnung, die unabhängig vom rechtlichen Wert sei[1133]. Der Zurechnungsgedanke wird auch als Ausdruck der Selbstverantwortung verstanden, der die Haftung erst rechtfertigt[1134]. Nach *Canaris* gibt der Haftungsgrund nur die Berechtigung und den Rechtschutz des Subjekts vor, ein bestimmtes Zurechnungsprinzip sei damit a priori noch nicht verknüpft[1135]. Erst die Zurechnung könne die Belastung des Haftenden begründen, also die korespendierende Verpflichtung[1136].

Dies müsste freilich immer noch nicht zu einer Trennung von Haftungsgrund und Zurechnungskriterium führen. So begreift *Esser* die Zurechnungsgründe lediglich als eine abstrakte Systematisierung der gesetzlichen Haftungsgründe[1137]. Nach *Dubischar* sind „ Haftungsprinzipien... Ausdruck der Zurechnungsgründe“, in denen allgemeine Gerechtigkeitserwägungen und der Normzweck der Haftung berücksichtigt sind[1138]. Spezielle Bedenken bei der Zurechnung von Willenserklärungen erhebt *Scherner*, der im Zurechnungsgedanken die Gefahr sieht, nach Überwindung des Willensdogmas den Tatbestand der Willenserklärung unter anderem Ansatz wieder mit subjektiven Elementen anzureichern[1139].

Regelmäßige Voraussetzung der Zurechnung ist die Kausalität und subjektiv die Zurechnungsfähigkeit des Zurechnungsadressaten. Lässt man sich auf die Trennung von Zurechnungsanlass und Zurechnungskriterium ein, fixiert sich

---

1131 Im wesentlich wird die Positionierung durch die unterschiedliche Gewichtung objektiver und subjektiver Momente im Verschulden bestimmt.

1132 Larenz, AT (1989), 37.

1133 Larenz, Hegels Zurechnungslehre, 51.

1134 Canaris, Vertrauenshaftung, 472f.; Hübner, FS Nipperdey, 380, 388 f.; zur Selbstverantwortung siehe auch unten 4. Kap. C.2.c). Den Zweck einer solchen Lokalisierung stellt *Köndgen* in Frage. Insbesondere für das in Eins setzen von moralischer und juristischer Zurechnung meint er keinen Beleg finden zu können. Damit bezweckt Köndgen wohl die Diskussion um Zurechnungsprinzipien von einer rechtsethischen Vorgabe loslösen und funktionale Gesichtspunkte in den Mittelpunkt rücken. Vgl. Köndgen, 106 ff., 109 ff.

1135 Canaris Vertrauenshaftung, 467 ff., 469, Fn. 7, 471.

1136 Canaris, 470.

1137 Esser Schuldrecht I (1970), 51 ff.; ebenso Larenz JuS 1965, 373.

1138 Dubischar, Rechtstheorie (1968), 48. Diederichsen erkennt ebenfalls nicht eine Notwendigkeit einer solchen Trennung s. ders., Jus 66, 137.

1139 Scherner, AT, 104.

das Problem der Haftungsvoraussetzung auf die Auswahl eines tauglichen Zurechnungsprinzips.

2. Die Zurechnungsprinzipien

Setzt man Veranlassung mit Verursachung gleich, kann das Veranlassungsprinzip kein Zurechnungskriterium sein, da es gerade keine Begrenzung der Causa und damit keine Qualifikation des Zurechnungsanlasses bietet[1140].

Das Verschuldensprinzip ist zwar zu einer Begrenzung geeignet, aber nicht immer tauglich und systemkonform[1141]. Denn entweder würde der Begriff des Verschuldens überdehnt, oder der Zurechnungsgedanke würde zu einer Schuldzuweisung verkürzt werden. Hinter der Abkehr vom Verschuldensprinzip steht die Entwicklung der Schadenszurechnung als Ausdruck eines sich verändernden Gerechtigkeitsverständnisses. *Meder* zeichnet die Entwicklung vom kommutativen über das distributive und soziale Gerechtigkeitsverständnis bis zur ethischen Entleerung des Gerechtigkeitsverständnisses nach[1142]. Der erste Schritt zur distributiven Gerechtigkeit ist nach dem Vorgang von *Rümelin*[1143], *Essers* Gefährdungshaftung[1144]. Die möglichen Unglücksfälle der modernen Gesellschaft können nicht mehr allein mit der Bewertung individuellen Verhaltens gelöst werden. In der Sache geht es um die Zurechnung des Zufalls[1145].

Als soziale Gerechtigkeit bezeichnet *Meder* die seit der sozialen Frage im 19. Jh. stetig wachsende Bedeutung sozialer Aspekte in allen Bereichen, eben auch bei der Bestimmung der Gerechtigkeit[1146]. Davon bleibt auch das überkommene Privatrechtssystem nicht unberührt[1147]. *Pawlowski* will gar die tradierte Einteilung in öffentliches Recht und Privatrechts durch die Kategorie „Sozialrecht" ergänzen[1148].

Die Anforderungen eines solchen Gerechtigkeitsverständnisses kann das Verschuldensprinzip nicht erfüllen, ohne den Fahrlässigkeitsmaßstab vollends objektivieren und idealisieren zu wollen. Insbesondere die Verwirklichung erlaubter Risiken bleibt ungelöst.

Daneben ist die schuldrechtliche Schadensverantwortlichkeit weniger getragen vom Gedanken der Vergeltung für ein vorwerfbares Verhalten, als mehr vom Ziel, eine gerechte Verteilung der Schadensfolgen zwischen Schädiger und

---

1140 Folgt man der Trennung von Zurechnungsanlass und –grund nicht, ist schon die Feststellung der Veranlassung eine Qualifikation.

1141 Canaris, Vertrauenshaftung, 476 ff.

1142 Meder, 106 ff.;208 ff.. Seine Fragestellung ist die Bedeutung des Verschuldensprinzips im modernen Privatrecht.

1143 Rümelin, Der Zufall im Recht (1896).

1144 Esser, Grundlagen und Entwicklung der Gefährdungshaftung (1940).

1145 Dazu Meder, 209 ff.

1146 Meder, 213 ff.

1147 Dazu grundlegend Wieacker, Das Sozialmodell der klassischen Privatrechtsgesetzbücher und die Entwicklung der modernen Gesellschaft (1953).

1148 Pawlowski, AT, 17 ff.

Geschädigten zu verwirklichen[1149]. Das Erlaubtsein gibt noch nicht die Antwort auf die Schadenstragung vor.

Die Feststellung eines Verschuldens beim Empfangsboten ist noch keine Lösung. Entscheidend ist die Zurechnung des Fehlverhaltens zu Lasten des Empfängers. Von der anderen Seite besehen ist der Empfangsbote und dessen Verhalten noch kein Verschulden des Empfängers.

Als Antwort auf das moderne Gerechtigkeitsverständnis hat sich in Gegenüberstellung von Verschuldens- und Veranlassungsprinzip das Risikoprinzip entwickelt[1150]. Mit dem Risikoprinzip soll das Veranlassungsprinzip eingeschränkt werden um so der Rechts- und Verkehrssicherheit Rechnung zu tragen[1151]. Die Grundlegung des Risikoprinzips wird *M. Rümelin*[1152] zugeschrieben[1153]. Noch in Abgrenzung zum Zufall probagiert er eine Zurechnung bei Verwirklichung einer subjektiv voraussehbaren Gefahr als die Kehrseite für eine objektive Begünstigung[1154]. Dies nimmt *Esser* auf und findet den Haftungsgrund für die Gefährdungshaftung in der Ausübung von Sonderrechten, denen als Folge Sonderpflichten zur Seite gestellt werden[1155]. Diese Pflichten sollen nicht an ein Verschulden anknüpfen, sondern Ausdruck einer objektiven Verantwortlichkeit sein. Diese eigentümliche Zurechnung der Gefährdungshaftung müsse sich aber vorpositiv begründen lassen. Allein die Ursächlichkeit sei noch nicht genügend, denn Täter und Opfer sind grundsätzlich gleichermaßen beteiligt[1156]. Andererseits sei die Selbsttragung des Schadens auch nicht generell im Schadensrecht anzunehmen, denn auch die Grundsätze der verteilenden Gerechtigkeit seien zu beachten[1157]. Daran wird die Funktion des Risikoprinzips deutlich: Es ist eine Kategorie, innerhalb derer Gerechtigkeitserwägung anhand der Risikolage anzustellen sind, weil von einer naturgegebenen Schadenstragung nicht auszugehen ist.

C. Das Risikoprinzip

Eine Risikoverteilung wird im speziellen bei vielen Problemlagen als Lösungsweg angesehen. Die gesamte Gefährdungshaftung soll auf den Risikogedanken zurückzuführen sein[1158]. Beim Regress des Geschäftsführers gegen den Geschäftsherrn für Schäden bei der Geschäftsführung wird eine Risikohaftung er-

---

1149 Zippelius, 260.
1150 Canaris, Vertrauenshaftung, 479 ff. mit weiteren Nachweisen.
1151 Koller, Die Risikozurechnung bei Vertragsstörungen in Austauschverträgen (1979), 74 f.
1152 Rümelin, a.a.O. 30 ff.
1153 Canaris, Vertrauenshaftung, 480.
1154 Dazu betrachtet Rümelin Fallgruppen der Gefährdungshaftung. Den Begriff „Risiko“ bildet er dazu aber noch nicht aus.
1155 Esser, Gefährdungshaftung, 92 ff. 97.
1156 Esser, Gefährdungshaftung, 92.
1157 Esser, Gefährdungshaftung, 79.
1158 So Canaris, Systemdenken, 63; siehe auch, ders., die Produzentenhaftung in dogmatischer und rechtspolitischer Sicht, JZ 1968, 494 ff.

wogen[1159]. *Koller* will mit dem Risikogedanken die Gläubiger- und die Schuldnerstellung im gegenseitigen Vertrag genauer bestimmen[1160]. *Kuhn* will die Risikoverteilung im Rechtsverkehr mittels moderner Telekommunikationsmittel nach dem Risikoprinzip vornehmen und damit auch Handlungen Dritter dem Gerätebetreiber zurechnen - eine „Zurechnung nach Risikobereichen" [1161] durch. Dies soll zu einer „spezifischen Vertrauenshaftung"[1162] führen. Eine deutliche Ausformulierung des Risikoprinzips als Zurechnungskriterium leistet *Canaris,* allerdings bezogen auf die Vertrauenshaftung[1163].

1. Begriffsannäherung

„Risiko" ist ein Begriff der Alltagssprache, genauso wie der Wissenschaft[1164]. Damit wird wertend der Grad einer Wahrscheinlichkeit beschrieben, also die Gefahr des Eintritts eines unbeabsichtigten Erfolges. „Risiko" ist eine Erkenntnis über die Entscheidungsfolgen, insoweit eine Aussage über die Zukunft[1165]. Nach *Luhmann* knüpft „Risiko" an eine Entscheidung an, die getroffen wird, „obwohl man die Zukunft nicht hinreichend kennen kann; und zwar nicht einmal die Zukunft, die man durch die eigene Entscheidung erzeugt"[1166].

Da Risiko zukunftbezogen ist, ist es nur durch Prognose wahrnehmbar[1167]. Die Wahrnehmbarkeit des Risikos spielt als erweiterte Vorhersehbarkeit eine tragende Rolle für die Haftungsbegründung durch Risikozurechnung. Maßstab für die Vorhersehbarkeit ist die abstrakte Fähigkeit zur Prognose, die auch retrospektiv festgestellt werden kann.

Das strukturelle Grundmerkmal des Begriffs „Risiko" sieht *Meder* im darin aufgegebenen Bestreben, die Verwirklichung des Risikos zu vermeiden und

---

1159 Huber, Die Haftung des Geschäftsherren, (1965), 41, 44;Vgl. Genius, Risikohaftung des Geschäftsherrn, AcP 173, 481 ff.; Honsell, Die Risikohaftung des Geschäftsherrn, FS Lübtow (1981), 485.

1160 Koller untersucht die Ansätze der Rechtsfortbildung bei Leistungsstörungen, insbesondere bei Unmöglichkeiten im Austauschvertrag. In der Konzeption des BGB, mit den Kategorien „Unmöglichkeit" und „Verschulden" das Risiko zu verteilen, sieht er nicht im Einklang mit der materiellen Vertragsgerechtigkeit. Er will die maßgeblichen Wertungsgesichtspunkte abstrahieren um die Rechtsfortbildung auf ihre Geltung prüfen zu können und mit den Vorgaben der Marktordnung abzugleichen. Daraus erklärt sich eine weitere Funktion, die Gewährleistung von „Symmetrie", was wohl als Gleichbehandlung der Vertragspartner zu verstehen ist.

1161 Kuhn, 214 ff.; vgl. oben näher 1. Kap. III.B.3.b.

1162 Kuhn 214.

1163 Canaris, Vertrauenshaftung, 479 ff.

1164 Luhmann, Risiko, 9; Meder, 252.

1165 Luhmann, 58; Meder, 257 ff.

1166 Luhmann, Risiko, 21. Das kann er mit der Wortgeschichte belegen. Die Anbindung an eine Entscheidung unterscheidet nach Luhmann das Risiko von der Gefahr, bei der keine Entscheidung zugrunde liegen muss. Die Unterscheidung erscheint nicht zwingend, denn auch der Gefahr liegt immer eine Entscheidung zugrunde, mindestens die des Gefährdeten, sich in diese Gefahr zu begeben.

1167 Meder, 257 ff.; Luhmann, Risiko, 59.

vorgelagert dessen Wahrscheinlichkeit zu minimieren[1168]. Dies gilt zwar ebenso für die Kategorie des Verschuldens. Der wesentliche Unterschied liegt aber im jeweiligen Bezug zum Normalverhalten: Verschulden hat als Grundlage einen Pflichtverstoß oder zumindest eine Abweichung vom Normalen; Risiko hingegen ist Teil der tolerierbaren Normalität[1169]. Die objektive Verantwortung entsteht mit der riskanten Entscheidung, die zwar erlaubt ist, aber nicht, weil sie ungefährlich ist, sondern weil das Risiko vom Entscheider zu tragen ist[1170]. Das Risikoprinzip wird als Antwort auf die Gefahrengestattung verstanden, die zwar eine Legitimation ist, aber die Risikoverwirklichung nicht rechtfertigt[1171].

Die Sphärentheorie ist dem Risikoprinzip ähnlich, indem sie eine Qualifikation des Veranlassungsprinzips ist und sich vom Verschuldensprinzip abgrenzt[1172]. Die Zurechnung nach der Sphärentheorie verlangt keine Risikoerhöhung, sondern setzt voraus, dass die Gefahrenquelle aus der Rechtssphäre des Haftenden entspringt[1173]. Dann könne der Haftende das Risiko beherrschen. Daneben sei anzunehmen, dass das Risiko wegen seines Eigeninteresses entstanden ist. So entsteht eine Risikoverteilung nach sphärischen Bereichen. Grundlage ist die Zuordnung von gedachten Räumen an die einzelnen Rechtssubjekte, die Rechtssphären. Insofern bietet die Sphärentheorie keinen eigenständigen Ansatz, sondern ist als eine Pauschalierung des Risikoprinzips zu verstehen, soweit das Risiko in einer bestimmten Rechtssphäre geortet werden kann.

2. Die wesentlichen Momente der Risikoverteilung

Grundlage für die Zurechnung ist nach *Koller* die Schaffung eines erhöhten Risikos zum Eigennutz, welches für die eine Partei eher beherrschbar ist als für die andere[1174]. Das Risikoprinzip kann er somit in drei Elemente auflösen - die abstrakte Beherrschbarkeit, das Absorptionsprinzip und die veranlasste Arbeitsteilung. Darin sieht er die Leitlinien des Risikoprinzips, deren Beachtung die Anwendung des Prinzips erst legitimiere und denen bei einer Rechtsfortbildung zu folgen sei.

Nach der abstrakten Beherrschbarkeit werden Risiken danach zugeordnet, wer die Risiken ausschalten kann oder die Folgen ihrer Verwirklichung in Form von

---

1168 Meder, 252.

1169 Meder, 253 ff. Wohl nicht rechtsspezifisch ist die Ausdehnung der Normalität, also das Erlaubtsein der riskanten Entscheidung. Die Erkenntnis, dass jeder Entscheidung Risiken anhaftet, heißt, riskante Entscheidungen als rechtmäßige zu tolerieren. Das Ausmaß des Risikos zu bestimmen bedeutet dann, Erträgliches, Normales, Hinzunehmendes zu definieren. Geschützter Standard ist nicht die Folgelosigkeit von riskanten Entscheidungen, sondern Entscheidungen mit tolerierbaren Risiken.

1170 Esser, Gefährdungshaftung, 97.

1171 Eike Schmidt, Zurechnung, Zurechnungsprinzipien, Zurechnungszusammenhang, FS Esser (1995), 137 ff., 153.

1172 v.Schenk, Der Begriff der „Sphäre" in der Rechtswissenschaft, 82 ff., 109 ff., 166 ff.; Canaris, Vertrauenshaftung, 480.

1173 v.Schenk, 167.

1174 Koller, 78 ff.

erhöhtem Aufwand oder Haftung hinnehmen kann[1175]. Dies soll regelmäßig derjenige sein, aus dessen Sphäre die Gefahr stammt, oder bei dem sich das Risiko zunächst auswirkt. Zu beachten sei hierbei allerdings die Vorhersehbarkeit, die bei Zwang und höherer Gewalt ausnahmsweise nicht gegeben sei. Auch mit unbeherrschbaren Risiken wird belastet, wer Mittel zur Verfügung hat, die von ihm vorgesehenen Risiken zu kalkulieren und zu streuen[1176]. In objektiver Betrachtung letztlich der, der die Risiken eher vorhersehen kann, denn Risiken absorbieren, etwa durch eine Versicherung, kann jeder. Aufgrund der veranlassten Arbeitsteilung hat derjenige das Risiko zu tragen, welches in seinem Interesse eingegangen wird[1177]. Dieses Merkmal schränkt die Unvorhersehbarkeit ein. „Interesse und Gefahr müssen sich entsprechen“[1178], unabhängig von der Möglichkeit der Beherrschbarkeit und der Vorhersehbarkeit.

Damit will *Koller* ein „sachgerechtes System der Verteilung von materiellen Aufwandserhöhungs- und Zweckstörungsrisiken“ für den Austauschvertrag errichten[1179]. Die gefundenen Zurechnungselemente sind freilich so abstrakt, dass sie die Wertungen des Risikoprinzips allgemein beschreiben.

Bei der Entgegnnahme einer Willenserklärung durch einen Empfangsmittler ist danach zu untersuchen, bei welchen Personen der Empfänger die damit verbundenen Risiken beherrschen, vorhersehen und absorbieren kann, oder welche Risiken in seinem Interesse eingegangen wurden. Zuvor ist aber die Verwertbarkeit des Risikoprinzips für die allgemeine Rechtsgeschäftslehre überhaupt herzuleiten.

3. Zur Anwendbarkeit des Risikoprinzips in der Rechtsgeschäftslehre

Der Empfang einer Willenserklärung kann grundsätzlich nicht als Teil Sonderverbindung zwischen Erklärendem und Empfänger angesehen werden[1180]. Begründungen, die sich aus einem bestehenden Austauschvertrag ableiten, sind daher unverwertbar. Freilich ähnelt die Situation beim Empfang einer Willenserklärung in manchen Punkten, der, innerhalb eines Vertrages. Beide Male besteht die Vorgabe, Risiken innerhalb einer geschlossenen Gruppe von Rechtsubjekten verteilen zu müssen: Im Austauschvertrag zwischen den Vertragspartnern, beim Wirksamwerden einer Willenserklärung zwischen dem Erklärenden und dem Empfänger. Eine Abwälzung des Risikos auf Dritte ist nicht möglich. Vergleichbar ist auch das Motiv. Mit dem Empfangsboten soll der Erklärende entlastet werden, sozusagen in Ablehnung der Vernehmungstheorie. Dies kann die Zurechnung bieten. Zu rechtfertigen ist dies, wenn der Risikogedanke zu einem fundamentalen und absoluten Prinzip geworden wäre. Dazu ist die Zurechnung aus der Handlungslehre auszugliedern und zu einem allgemeinen Gerechtigkeitspostulat zu entwickeln.

[1175] Koller, 78 ff.
[1176] Koller, 89 ff.
[1177] Koller, 95 ff.
[1178] Willburg, Elemente des Schadensrechts, 12;
[1179] Koller, 77.
[1180] Siehe oben, 2.Kap. II.F. und III.G.2.

Nach *Canaris* hat sich der Risikogedanke über die Normierung der Gefährdungshaftung im Rechtsystem als Prinzip etabliert und damit legitimiert[1181]. Die Kardinalfrage ist, ob sich das Prinzip für die Rechtsgeschäftslehre nutzbar machen lässt. Andererseits erkennt er auch die gegensätzlichen Problemlagen bei der Gefährdungshaftung und bei der Rechtsgeschäftslehre: In der Aufnahme des rechtsgeschäftlichen Kontaktes liegt eine „freiwillige Interessensexponierung", eingebettet in eine Sonderbeziehung. Bei der Gefährdungshaftung hingegen ist eine Sonderbeziehung als eine freiwillige Selbstgefährdung zu werten, welche die Haftung ausschließt[1182]. *Canaris* sieht aber immerhin einen inneren Zusammenhang zwischen der Geschäftsherrenhaftung und den Zurechnungselementen der Gefährdungshaftung[1183]. Die Gemeinsamkeit sei der Verteilungsschlüssel von Unglück, der die Vorteilhaftigkeit des Risikos und die willentliche Zurechnung berücksichtigt. Dies belegt aber die Beachtlichkeit des Risikogedankens im Schuldrecht[1184].

Esser stellt eine Verwandtschaft von Gefährdungshaftung und außerdeliktischen Schadensgrundsätzen fest, die sich aus dem Erfordernis der Schadensverteilung ergebe[1185]. So ist die Risikozurechnung nach *Esser* eine eigenartige Kategorie neben Gefährdungshaftung, weil die Voraussetzung des Eigennutzes nicht erforderlich sei [1186].

Auch *R. Schmitt* macht sich die Gefährdungshaftung zu Nutze um außerhalb des Deliktsrechts Obliegenheitsverstoß ohne Verschulden zu begründen[1187]. Dagegen erhebt *Ballerstedt* methodische Bedenken, denn: „Dem Vertragsrecht aber ist das auf dem Prinzip der verteilenden Gerechtigkeit beruhende Institut der Gefährdungshaftung fremd"[1188].

Von der Emanzipation des Risikoprinzips aus der Gefährdungshaftung bis hin zur Implementierung in die allgemeine Rechtsgeschäftslehre bedarf es aber noch eines weiteren Schrittes. Dabei kann man die Funktion des Risikoprinzips berücksichtigen: die Ausfüllung der Zurechnung. Das Prinzip ist überall dort aussagekräftig und tauglich, wo zuzurechnen ist. Fragen der Zurechnung stellen

---

1181 Canaris, Systemdenken, 63. Darin sieht Canaris ein Beispiel einer bahnbrechenden Gesetzgebung, die das gesamte Rechtsystem prägt, indem dadurch als neues Prinzip der Risikogedanke hervorgetreten sei. Eine solche Erneuerung ermöglicht die Offenheit des Rechtssystems. Dadurch können neue Prinzipien systemtragende Geltung erlangen. Die Wandlung geschieht durch neue Gesetzgebung, deren Intension sich auf das gesamte Rechtssystem auswirken kann, soll aber nach Canaris auch durch Gewohnheitsrecht und richterrechtliche Rechtsfortbildung möglich sein. Dazu schon oben III.C.

1182 Canaris, Vertrauenshaftung, 481, Fn. 36.

1183 Canaris, RdA 1966, 42. Ebenso KM-Mayrhofer, FS Schwind (1978), 203.

1184 Im Ergebnis ebenso Koller, 77 ff.;

1185 Esser, Gefährdungshaftung, 79.

1186 Esser, Schuldrecht Bd.1, 4. Aufl., 54. Auch Gumas erkennt die Eigenständigkeit des Rechtssatzes der Risikozurechnung gegenüber der Gefährdungshaftung; vgl. ders. AcP 173, 522.

1187 R. Schmitt, Obliegenheiten, 257.

1188 Ballerstedt, ZHR 1958, 82.

sich im Rahmen der Rechtsgeschäftslehre insbesondere bei der Willenserklärung, deren Vorliegen und Inhalt.

Der Gedanke der Zurechnung der Willenserklärungen geht auf Bär[1189] und Roever[1190] zurück. Bei *Hübner* wird die Zurechnung gar zum programmatischen Titel: „Zurechnung statt Fiktion einer Willenserklärung“[1191]. Die zugerechnete Willenserklärung sieht er aber noch als eine bestimmte Art, nicht als eine vollwertige. *F.Bydlinski* integriert die zugerechnete Willenserklärung in seine kombinatorische Theorie vom Rechtsgeschäft[1192]. Er löst den Unterschied zwischen Rechtsgeschäft und Rechtsschein auf. Die Wirkung der Zurechnung will er durch eine „Substitutionsanalogie“ erreichen. *Larenz* erkennt in der zurechenbaren Bedeutung der Willenserklärung die allein rechtsverbindliche[1193]. Die Zurechnung wird so zum Auslegungsziel, ob und was erklärt wurde[1194].

Mit der Zurechnung ist eine Kategorie gefunden, mit der auf breitem Konsens Sachprobleme zu lösen sind. Die Zurechnung ist mit Überwindung des Willensdogmas notwendig, damit der Erklärende nicht durch die bloße Veranlassung belastet wird. Die Schlüsselfrage ist dann das Zurechnungskriterium[1195]. Dabei

---

[1189] Otto Bär, JJhrB 14 (1875), 393 ff.401, 407.

[1190] Roever, Wilhelm, Über die Bedeutung des Willens bei der Willenserklärung (1874), 25.

[1191] Hübner, FS Nipperey, 373 ff.

[1192] F.Bydlinski, 155 ff.

[1193] Larenz, Methode der Auslegung, 72; ders. AT, 320. Die Bedeutung eines Verhaltens als Willenserklärung muss aus der Empfängersicht zurechenbar sein, d.h. nur wenn der Erklärende hätte erkennen können, dass sein Verhalten von anderen so verstanden werden musste. Zurechnung meint somit die potentielle Erkenntnis, das Verhalten werde als Willenserklärung verstanden. Das Prinzip der Zurechnung hinsichtlich des Erklärungsinhalts gilt aber nicht nur für den Erklärenden, sondern ebenso für den Empfänger. Wesentlich ist somit nicht das Gemeinte, auch nicht das Verstandene oder Verstehbare, sondern das, was der Erklärende als das Verstehbare ansehen konnte.

[1194] Der von Meder dargestellte Aspekt der Normalität der riskanten Handlung (s.o.) könnte bei der Auslegung eines Verhaltens als Willenserklärungen beziehungsweise bei der Feststellung von Vertrauenstatbeständen noch mehr nutzbar gemacht werden: Die Wirkung tritt ein, weil der Tatbestand normalerweise als Willenserklärung oder Entsprechendes zu sehen ist und die Veranlassung durch den Zurechnungsadressaten normalerweise zur selbstbestimmten Verantwortung führt. Eine Verpflichtung, keine Vertrauenstatbestände zu schaffen, ist freilich schwierig zu finden. Es erscheint aber plausibel, auch die Obliegenheitsverletzung oder Lastenbegründung nicht als einen Pflichtverstoß zu sehen, sondern im Gegenteil als Norm. Sowohl die Einhaltung als auch der Verstoß der Obliegenheit ist normal und somit zu tolerieren, auch vom Handelnden. Das Gesetz interessiert sich nicht für die Einhaltung der Obliegenheit. Lediglich das Ergebnis ihrer Einhaltung dient als Grundlage für weitere Operationen.

[1195] Ausgehend von der bloßen Verursachung des Erklärungstatbestandes, fordert F.Bydlinski mindestens Adäquanz und Fahrlässigkeit, da nur so das Prinzip der Selbstbestimmung gewahrt bleibt (F.Bydlinski, Privatautonomie, 155 ff.). Auch nach Kramer ist die bloße kausale Herbeiführung des Erklärungstatbestandes für die Zurechnung nicht ausreichend, da ansonsten die Balance zwischen den gleichzuwägenden Interessen unbegründet zugunsten des Erklärenden gestört wäre: Der Empfänger müsste sich nur das zurechnen lassen, was bei vernünftiger Überlegung der Umstände zu erschließen war, d.h. ihm würde der Maßist das Risikoprinzip ein Angebot neben anderen. Mit der Anerkennung des Zurechungsgedankens in der Rechtsgeschäftslehre wird auch das Risikoprinzip virulent.

Die Anwendung des Risikogedankens scheidet somit beim Empfangsboten nicht aus systematischen Gründen von vornherein aus.

D. Die Zuordnung der Risiken des Empfangsboten

Die Risiken welche mit der Entgegennahme der Willenserklärung durch den Empfangsmittler verbunden sind[1196], müssten Handlungserfolge sein, entstanden aus einer Handlung des Empfängers, die er nach dem Risikoprinzip zu verantworten haben müsste[1197].

Bei Personen, die sich in der Wohnung des Empfängers befinden ist die denkbare Handlung, an welche diese Risiken anknüpfen müssten, die Gewährung des Aufenthalts in der Wohnung. Allerdings sind die Risiken kein daraus resultierender unmittelbarer Handlungserfolg. Denn dieser Erfolg beruht auf der selbstbestimmten Überlassung der Erklärung durch den Erklärenden und auf das selbstbestimmte Handeln des Empfangsmittlers, die Erklärung entgegenzunehmen. Insoweit besteht vom Vorgang her besehen kein Unterschied zwischen der Einschaltung eines Empfangsboten oder eines Übermittlungsboten.

Der Empfänger könnte nur durch eine vorgeschaltete Handlung die Überlassung mittelbar veranlasst haben. Dann läge zumindest ein mittelbarer Erfolg vor. Der Aufenthalt einer Person in der Wohnung des Empfängers geht regelmäßig auf eine solche Handlung des Empfängers zurück. Der bloße Aufenthalt in der Wohnung ist aber keine Dokumentation eines Vertrauensverhältnisses das soweit reicht, Erklärungen entgegenzunehmen. Dies zu bejahen wäre eine ebenso bloße Behauptung wie dies zu verneinen. Es lassen sich Fälle bilden, bei denen ein solches Vertrauensverhältnis offensichtlich nicht besteht, etwa bei Handwerkern, allgemein bei Personen, die sich funktional nur vorübergehend in der Wohnung aufhalten. Der Extremfall ist der angetroffene Einbrecher[1198]. Andererseits sind dies Ausnahmen; in der Regel wird die Anwesenheit ein Anzeichen eines Vertrauensverhältnisses sein. Somit könnte man versucht sein, die Dokumentation nur einzuschränken und die Ausnahmefälle zum Schutz der Selbstbestimmung dem Erklärenden anzulasten, oder verkehrsbegünstigend dem Empfänger. Ohne eine weitere Wertung ist dies nicht zu entscheiden.

Aus den allgemeinen Zugangsanforderungen ergibt sich aber, dass der Aufenthalt in einer Wohnung ungeeignet ist, eine Aussage über die Qualifikation als Empfangsbereich zu machen. Wird keine Empfangseinrichtung genutzt, geht die Willenserklärung nicht ohne weiteres zu, wenn sie einfach irgendwo in der

---

stab der objektiven Fahrlässigkeit „imputiert“. Der Erklärende müsste sich schon den objektiv verursachten Erklärungstatbestand zurechnen lassen, ohne zu berücksichtigen, ob er damit zu rechen hatte. (Kramer., Grundlagen der vertraglichen Einigung (1972), 152 ff.).

1196 Vgl. oben, A.

1197 Vgl. oben, D.2.

1198 Dessen Aufenthalt ist zwar nicht vom Bewohner gewollt, doch dieser Wille ist bei der pauschalen Dokumentation durch den Aufenthalt nicht zu erkennen.

Wohnung abgelegt wird. Erst das Merkmal „Möglichkeit der Kenntnisnahme" qualifiziert den Machtbereich[1199].

Die konkrete Risikoverwirklichung, also das Fehlverhalten des Empfangsmittlers, ist noch weniger mit dem Aufenthalt in der Wohnung verknüpft. In der Wohnung hält sich die Person nicht auf, weil sie erkennbar die Neigung hat unzuverlässig zu sein, ebenso wenig, weil sie zuverlässig ist. Diese Schlüsse sind nicht logisch. Die Anwesenheit einer Person in einer Wohnung korreliert überhaupt nicht mit deren Zuverlässigkeit.

Die Zuweisung einer Aufgabe an die Mittlerperson durch den Empfänger, welche die Entgegennahme einer Willenserklärung umfasst[1200], kann freilich als ein Verhalten gewertet werden, bei dem sich die oben dargestellten Risiken erhöhen. Aufgrund der Aufgabenzuweisung kann der Empfänger die Risiken vorhersehen, beherrschen und absorbieren[1201]. Die Verabredung müsste aber auch den Interessen des Empfängers dienen. Diese Anforderung der Arbeitsteilung ist aber kaum nachzuweisen. Denn dem Empfänger dient eine solche Verabredung nur, wenn er ein Interesse am Wirksamwerden der Willenerklärung hat. Ein solches Interesse besteht im allgemein aber nicht. Das interessensgerechte Instrument der Arbeitsteilung bei Rechtsgeschäften des Empfängers ist der Empfangsvertreter. Der Empfangsbote ist dagegen eine Verantwortungszuweisung. Dient die Aufgabenzuweisung dem Erklärenden, ist für eine Belastung des Empfängers aufgrund des Risikoprinzips nichts abzuleiten. Das gleiche gilt für eine Verabredung zwischen Empfänger und Erklärenden.

Daneben ist zu bedenken, dass die Überlassung der Erklärung durch den Erklärenden an diese Person mindestens ebenso äquivalent für das Risiko ist. Das Risikoprinzip kann aber nicht begründen, warum in diesem Fall der Empfänger und nicht der Erklärende mit dem Risiko belastet werden soll. Das Risiko ist ebenso vom Erklärenden zu beherrschen, vorherzusehen und zu absorbieren. Eine Abwägung der Interessen, das dem subsidiären Merkmal der Arbeitsteilung zugrunde liegt, führt eher zu einer Belastung des Erklärenden. Die zeitige und sichere Wirksamkeit bringt ihm Vorteile, denn seinen Willen gilt es zu verwirklichen. Für den Empfänger bringt die Wirksamkeit zeitlich vor der Kenntnisnahme generell keine Vorteile.

Hinsichtlich der Übermittlungsart der Erklärung[1202] könnte die Risikoerhöhung durch fehlende Speicherung beachtlich sein. Die Anforderungen an Übermittlungsleistung des Empfangsmittlers sind bei ungespeicherten Erklärungen höher[1203]. Dieses Risiko setzt sich aus der geistigen Determination des Menschen und der Wahl dieser Übermittlungsart zusammen. Das erstgenannte Risiko ist ein allgemeines, dessen Beherrschung von niemanden zu leisten ist. Die zweitgenannte Risikoursache ist vom Erklärenden gesetzt, denn er hat sich für diese Übermittlungsart entschieden. Insoweit kann er dieses Risiko beherr-

---

[1199] Siehe oben, 2. Kap. III.A .2.a. und 3.

[1200] Vgl. oben, 2. Kap. II.A.

[1201] Vgl. oben, B.2.

[1202] Vgl. oben, 2. Kap. II.D.

[1203] Vgl. oben 2. Kap. II. D.

schen und voraussehen. Der Empfänger hingegen hat keinen Einfluss auf die Wahl der Erklärungsart.

Die Rechtsfigur des Empfangsboten ist keine selbstverständliche Ableitung aus dem Risikoprinzip.

E. Die Risikozurechnung gemäß den vom Empfänger getroffenen Empfangsvorkehrungen (*Brinkmann)*

Die Risikozurechnung nach *Brinkmann* ist eine eigenständige Begründung des Empfangsboten[1204]. Zwar nennt er das Ergebnis seiner Risikozurechnung nicht „Empfangsbote". In der Sache geht es aber um den Übergang der Risiken auf den Empfänger, die mit der Entgegennahme der Willenserklärung durch einen Empfangsmittler verbunden sind.

1. Die innere Struktur der Begründung von *Brinkmann*

Brinkmann begründet die Risikozurechnung mit einer durch die Einrichtung von Empfangsvorkehrungen verbundenen Risikoübernahme, die er auf die Situation der Entgegennahme durch eine Person anwendet. Zum Ergebnis seiner Risikoverteilung gelangt er über folgende Schritte: Besteht keine Empfangseinrichtung, so reicht nach *Brinkmann* für den Zugang aus, dass die Erklärung anderweitig in den Einwirkbereich des Empfängers gebracht wird[1205]. Die Erklärung gehe dann zu, wenn sie so in den räumlichen Einwirkbereich des Empfängers gebracht wird, dass sie ohne weiteres aufgefunden werden kann. Dadurch habe der Adressat die zumutbare Möglichkeit der Kenntnisnahme. Der Empfänger trage das bis zum Auffinden der Erklärung bestehende Verzögerungs- und Verlustrisiko.

Besteht eine Empfangseinrichtung, wird diese aber nicht vom Erklärenden genutzt, so trage der Erklärende weiterhin das im Vergleich zur Benutzung der Empfangseinrichtung erhöhte Risiko[1206]. Grundsätzlich geht die Erklärung erst dann zu, wenn sie vom Empfänger entdeckt werde[1207]. Abstrakt sei dabei zu ermitteln, ob das Verlust- und Verzögerungsrisiko durch die Nichtnutzung der Empfangseinrichtung höher ist. Notwendig sei eine „abstrahierende Typisierung"[1208] um den bei der Auslegung des § 130 zu beachtenden Geboten, der Rechtssicherheit und Rechtsklarheit, gerecht zu werden[1209]. Besteht eine Empfangseinrichtung, ist somit beim gleichen tatsächlichen Geschehensablauf, die Nichtnutzung der Einrichtung für den Erklärenden riskanter, als wenn keine Einrichtung besteht.

Diese Risikoerhöhung zu Lasten des Erklärenden begründe, dass die Empfangseinrichtung nicht nur den Zugang erleichtere, was dem Erklärenden zugute kommt, sondern dass sich damit auch das Verlust- und Verzögerungsrisiko ein-

---

[1204] Brinkmann, 140 ff.; vgl. oben 1. Kap. IV. E.
[1205] Brinkmann, 67.
[1206] Brinkmann, 66.
[1207] Brinkmann, 66, 60.
[1208] Brinkmann, 61.
[1209] Brinkmann, 50.

grenzen lasse[1210], denn die Empfangseinrichtung lässt sich leicht kontrollieren und beherrschen[1211]. Damit soll es auch im Interesse des Empfängers liegen, für den Empfang geeignete Vorkehrungen zu treffen. Umgekehrt erklärt sich dadurch die Risikoverringerung durch den Betrieb einer Empfangseinrichtung für den Empfänger.

Das Restrisiko soll der Empfänger zu tragen haben, wozu auch die denkbare zögerliche oder gar unterlassene Weiterleitung von denjenigen Personen zähle, die auf die Empfangseinrichtung zugreifen können[1212]. Fehlt eine Empfangseinrichtung, ist das Restrisiko jedes Verhalten einer Person, das sich auf die Erklärung bezieht. Dies ist jedem möglich, der sich im räumlich-gegenständlichen Einwirkbereich befindet.

Brinkmann übertragt nun diese Überlegungen auf die Situation, wenn die Erklärung nicht in eine Empfangseinrichtung abgelegt, sondern unmittelbar von einer Person entgegengenommen wird. Das Risiko, das sich dann in dieser Person verwirklicht - die zögerliche oder unterlassene Weiterleitung - sei identisch mit dem oben beschriebenen, also wenn die Person nach Nutzung der Empfangseinrichtung oder bei Ermangelung einer solchen nach dem Ablegen im Einwirkbereich auf die Erklärung einwirken kann[1213]. Diese Entsprechung der Risiken ergibt dann die Personen, deren Verhalten nicht mehr die Wirksamkeit behindern können, für die der Empfänger mithin einzustehen hat: Alle Personen, die auf die Empfangseinrichtung zugreifen können, bei Fehlen einer solchen, alle, welche sich im räumlich-gegenständlichen Empfängerbereich aufhalten.

2. Stellungnahme

Soweit man die Rechtsfigur des Empfangsboten anerkennt, dürfte Einigkeit darüber bestehen, dass deren Sinn erschöpfend und abschließend darin besteht, die Risikoverteilung des § 130 zu verwirklichen. *Brinkmann* selbst sieht die Rechtsfigur als „Zweckschöpfung“[1214]. Dann muss auch seine Risikozurechnung als eine Grundlage für den Empfangsboten gesehen werden[1215]. Dieser Zweck eint alle diese Personen zur Gruppe der Empfangsboten. Die beiden anderen Modi, die nach *Brinkmann* zum Empfangsboten führen sollen– die tatsächliche Ermächtigung und deren Anschein – stehen logisch nicht unabhängig neben seiner Risikozurechnung. Denn die tatsächliche Ermächtigung führt mindestens zu einer Risikozurechnung, ebenso wie die Anwendung der Rechtsscheinlehre.

Es kann keine „Meta-Risikoverteilung“ geben, in der die Rechtsfigur eingebettet ist. Die Risiken von der Abgabe bis zu Kenntnisnahme der Willenserklärung sind vollständig und erschöpfend zwischen Erklärenden und dem Empfänger zuordnend zu verteilen, mittelbar über die Rechtsfiguren des Erklärungsbo-

---

[1210] Brinkmann, 63.

[1211] Brinkmann, 59.

[1212] Brinkmann, 65, 140.

[1213] Brinkmann, 141, 144.

[1214] Brinkmann, 115.

[1215] Gleiches gilt für den „Scheinempfangsboten“ aufgrund der entsprechenden Anwendung der Regeln der Duldungs- und Anscheinsvollmacht.

ten und Empfangsbote. Andere Empfangsmittler, die keine Empfangsboten sind, für die der Empfänger aber einzustehen hat, gibt es nicht. Mit dieser dreistufigen Zurechnung nimmt *Brinkmann* der Rechtsfigur des Empfangsboten seine Konsistenz, ohne ein grundlegend neues Konzept anzubieten. Der Empfangsbote würde so verstanden nur noch einen Teil der sich in diesem Zusammenhang stellenden Probleme lösen.

Jede Person die beim Transport der Willenserklärung tätig ist, ist entweder Erklärungsbote oder Empfangsbote[1216]. So könnte man auch von einen Numerus- clausus der Drittbeteiligung zwischen Abgabe und Wirksamkeit der Willenserklärung sprechen[1217].

a. Verkennung von Norm und Abweichung bei der Qualifikation des Empfangbereichs

Es ist verlockend, den einzig erkennbaren Akt des Empfängers - die Installation der Empfangsvorkehrung - als Grundlage der rechtlichen Kommunikation aufzufassen und diesem weitergehenderen Sinngehalt zukommen zu lassen. Die Einrichtung der Empfangseinrichtung ist ein nach außen hin erkennbarer Akt, der sich auf den ersten Blick zur Anknüpfung für den Rechtsverkehr zu eignen scheint.

Ein solches Vorgehen ist aber nicht gangbar, denn die Empfangseinrichtungen sind lediglich tatsächliche Erscheinungen, die keine eigenständige rechtliche Bedeutung haben. *Dilcher* legt seiner Theorie von den Empfangsvorkehrungen eine tatsächliche Beobachtung zugrunde, nämlich, dass viele Personen eine Empfangseinrichtung betreiben[1218]. *Brinkmann* knüpft bei seiner Fallgruppenbildung an diese Lehre an, ohne aber ihre Grundlage ausreichend zu beachten.

Dilcher erkennt drei Gründe, die eine Pflicht zur Zugangsermöglichung schaffen - ein bestehendes Rechtsverhältnis zwischen Erklärendem und Empfänger, ein vorvertragliches Vertrauensverhältnis und ein Kontrahierungszwang[1219]. Ansonsten sieht er keine derartige Verpflichtung zur Installation einer Empfangsanstalt, denn die Geschäftsfähigkeit allein biete keine ausreichende Grundlage[1220]. Davon weicht *Brinkmann* wesentlich ab, indem er die Einrichtung einer Empfangsanstalt zum gesetzlichen Normalfall erhebt; freilich ohne einen Verpflichtungstatbestand nennen zu können. Damit vertauscht er Norm und Abweichung und verstößt gegen grundsätzliche Grenzen der einseitigen Rechtsänderung, was wesentliche Folgen hat.

[1216] § 120 bietet lediglich eine Erleichterung beim Nachweis der anspruchsbegründenden Tatsachen, indem nur die Einschaltung einer Anstalt und deren Fehler darzulegen ist, nicht aber die Benennung der Fehlerursache.

[1217] Der Empfangsvertreter wird nicht beim Transport tätig. Als Empfänger steht er außerhalb dieses Schemas. Durch ihn kann der riskante Transport freilich verkürzt werden. Insofern eignet sich der Empfangsvertreter auch, um die Risikoverteilung zu verändern.

[1218] Vgl. oben 2. Kap. III. A.2.b.

[1219] Dilcher, AcP 154, 131 ff., 137.

[1220] Dilcher, AcP 154, 136 f.

Aus § 130 kann keine Verpflichtung abgeleitet werden, den Zugang zu ermöglichen und zu erleichtern[1221]. Richtigerweise muss man deswegen davon ausgehen, der gesetzliche Normalfall ist der, dass keine Empfangseinrichtung vorhanden ist[1222]. In diesem Fall sind nach *Brinkmann* alle in der Wohnung anwesenden Personen Empfangsboten. Dieser Personenkreis stellt dann die Norm dar. Eine weitere eigenständige Begründung, welche die Verantwortlichkeit für diesen weiten Personenkreis darlegt, gibt er nicht. Die Einschränkung des Personenkreises durch eine Empfangsanstalt und einer qualifizierten Zuteilung des Zugriffsrechts, ist nur sekundär. Auch *Brinkmann* erkennt die damit einhergehende Beschwerung des Adressaten, meint aber dies, sei zumutbar, weil eine Empfangseinrichtung „ohne großen Aufwand möglich... ist"[1223]. Die tatsächliche Zumutbarkeit allein kann aber keine rechtliche Belastung rechtfertigen.

b. Die ungerechtfertigte Beschwerung des Empfängers bei Fehlen einer Empfangseinrichtung

Die nach *Brinkmann* eröffnete Möglichkeit, durch eine exklusive Empfangseinrichtung den Personenkreis einzugrenzen oder ganz auszuschließen, würde in seinem Modell eine Belastung des Erklärenden darstellen. Denn im Vergleich zum gesetzlichen Normfall ginge das Risiko nicht schon über, wenn die Erklärung irgendeiner, in der Wohnung anwesenden Person übergeben wird, sondern nur einer bestimmten. Diese Abweichung zu Lasten des Erklärenden wäre aber nicht einvernehmlich, sondern einseitig durch den Empfänger, der das Zugriffsrecht auf eine Empfangseinrichtung beliebig verteilen kann. Eine solche Macht des Empfängers, den Erklärenden einseitig zu belasten, kann aus der Rechtsordnung nicht abgeleitet werden. Vielmehr sind auch hierbei die allgemeinen Grenzen der Abweichung vom dispositiven Recht zu beachten, die zu diesem Vorgehen in Widerspruch stehen. Einseitig kann man nicht zu Lasten eines Dritten von der Rechtsordnung abweichen; eine rechtlich beachtliche Belastung eines Dritten ist nur im Einvernehmen anerkannt[1224]. Dies sichert das Selbstbestimmungsrecht, das auch vor einer Fremdbestimmung schützt. Von der anderen Seite besehen wäre dies ein Verzicht auf fremde Rechtspositionen, der genauso ungültig ist[1225].

Diese grundsätzliche Unschärfe ist schon in *Dilchers* Lehre angelegt, denn dabei wird ein tatsächlicher Umstand zu einem rechtlichen erhoben, ohne dass sich dies aus der Rechtsordnung ableiten ließe. Durch die Miete eines Postfachs etwa kann der Empfänger nicht verhindern, dass ein Brief zugeht, indem er in den Briefkasten geworfen wird. Durch die Installation eines Briefkastens kann

---

[1221] Vgl. 2. Kap. III.G.6.

[1222] Insoweit undeutlich Dilcher, der im Fall einer konkreten Verpflichtung zur Ermöglichung des Zugangs aufgrund eines Rechtsverhältnisses annimmt der Schuldner muss „zur Schaffung der Zugangsvoraussetzungen für einen normalen Zugang verpflichtet sein"(vgl. ders., AcP 154, 131). Was hier mit „normal" gemeint ist, kann sich aber nur auf die besondere Situation des Schuldners beziehen.

[1223] Brinkmann, 144.

[1224] Zur Parallele des Vertrages zu Lasten Dritter siehe Heinrichs/Palandt Einf § 328, 10.

[1225] Dazu ausführlicher unten 4. Kap. II.A.2. und D.3.

nicht der Zugang verhindert werden, indem ein Brief unter der Tür durchgeschoben wird.

Freilich hat *Dilcher* erkannt, dass, wenn eine Empfangseinrichtung nicht genutzt wird, für die Risikoverteilung, unerheblich ist, ob eine solche Einrichtung besteht oder nicht. Wird die Empfangseinrichtung nicht genutzt, müsse der Empfänger immer erst Kenntnis vom Übermittlungsversuch erlangt haben, damit die Erklärung wirksam wird[1226] oder der Erklärende müsse den Weg über § 132 beschreiten[1227].

Brinkmann hingegen bestimmt den Risikoübergang, wenn eine Empfangseinrichtung besteht, aber vom Erklärenden nicht genutzt wird, unabhängig vom Kenntnisstand des Empfängers[1228]. Ausreichend sei in diesem Fall, die Erklärung dem Absender „nahe zubringen". Er begründet dies mit dem Leitgedanken der Empfangstheorie, wonach das Wirksamwerden unabhängig von Mitwirkungshandlungen des Empfängers zu sein hat[1229]. Daraus folgert er, dass der Zugang nicht von der Installation einer Empfangseinrichtung abhängen darf. Darüber hinaus hält er den Mechanismus des § 132 für beschwerlich und damit unzumutbar und unbrauchbar. So kommt er dahin, die Wohnung als Ansatzpunkt für eine gesteigerte Verantwortlichkeit zu sehen. Diese Logik erklärt sich wiederum, wenn man unrichtig die Installation einer Empfangseinrichtung als eine gesetzliche Obliegenheit sieht. Denn dann wäre das Unterlassen einer Installation eine Obliegenheitsverletzung, aus der eine gesteigerte Verantwortlichkeit für den sonstigen Empfangsbereich abzuleiten wäre.

c. Asymmetrie zwischen den Mechanismen des Wirksamwerdens ohne und mit Beteiligung eines Empfangsmittlers

Brinkmann selbst ist aber nicht konsequent und will es nicht genügen lassen, dass die Erklärung irgendwie in die Wohnung gebracht wird[1230]. Vielmehr müsse die Erklärungsverkörperung offensichtlich sein, so dass sie vom Empfänger aufgefunden werden kann. Überträgt man diese Qualifikation auf die Situation bei Einschaltung eines Empfangsmittlers, so kann es auch in seinem Modell nicht ausreichen, irgendeiner in der Wohnung anwesenden Person die Erklärung zu überantworten. Erforderlich müsste sein, dass von der Person eine zuverlässige Weiterleitung zu erwarten ist, um eine Entsprechung zu dem Mechanismus herzustellen, wie wenn die Erklärung in der Wohnung qualifiziert abgelegt wird.

Die Möglichkeit, durch eine exklusive Empfangseinrichtung bestimmte Personen auszuschließen, stellt zwar eine Qualifikation dar, aber Empfangsvorkehrungen zu treffen, würde den Empfänger belasten. Dazu bedürfte es der Begründung einer Last oder Obliegenheit, unzuverlässige Hausgenossen durch ausschließende Empfangseinrichtungen als Empfangsboten auszuschließen. Da-

---

1226 Dilcher/Staudinger §. 130, 23.
1227 Dilcher AcP 154, 130 ff.
1228 Brinkmann, 67 ff.
1229 Hier ebenso siehe oben, 2. Kap. III.A.4. und B.2.
1230 Brinkmann, 67.

zu müsste aber vorher feststehen, dass diese Personen Empfangsboten sind. Das steht aber gerade in Frage[1231].

In *Brinkmanns* Modell sind die Voraussetzungen für das Wirksamwerden ohne Einschaltung eines Mittlers und für das Wirksamwerden mittels Empfangsboten somit asymmetrisch. Da die Symmetrie tragend für seine Begründung ist, liegt ein innerer Widerspruch vor.

Im übrigen wird kein positives Kriterium für den Empfangsboten gewonnen. Allein die Möglichkeit der tatsächlichen Einwirkung durch den Empfänger auf den Mittler kann nicht konstitutiv für die Rechtsfigur sein. In der Dogmatik zur Risikozurechung von *Koller* entspricht dies dem Element der „abstrakten Beherrschbarkeit". Dieses Element allein kann keine Verantwortlichkeit begründen[1232]. Es ist ein Zurechnungsprinzip, das vor allem dienlich ist, eine „Ausuferung... der Veranlassung zu vermeiden"[1233]. Es bedarf vorher einer inneren Verbindung zwischen dem Wirksamwerden der Willenserklärung, dem Risiko und dessen Beherrschbarkeit.

d. Die Untauglichkeit der Bestimmung des Empfangsboten nach einer Zugriffsmöglichkeit auf die Empfangseinrichtung

Brinkmann setzt das Risiko, das der Zugriff eines Dritten auf eine Empfangsanstalt mit sich bringt, mit dem Risiko gleich, das sich durch die unmittelbare Entgegennahme ergibt[1234]. Diese Risiken entsprechen sich aber nicht. Das erstgenannte Risiko ist für das Wirksamwerden nach § 130 rechtlich relevant, das zweitgenannte nicht.

Nach der Risikoverteilung des § 130 ist alles, was nach Eintreffen der Erklärung in der Empfangseinrichtung geschieht, ohne Belang für das Wirksamwerden der Erklärung. Ist die Erklärung in den Machtbereich gelangt, besteht die abstrakte Möglichkeit der Kenntnisnahme, was für den Zugang genügt. Das Restrisiko bis hin zur tatsächlichen Kenntnisnahme, ist dem Empfänger zugewiesen. Zur tatsächlichen Kenntnisnahme gehört nicht nur die gedankliche Aufnahme des Erklärungsinhalts, sondern gegebenenfalls auch die Leerung des Briefkastens und die Brechung des Kuverts. Ob sich der Briefkasten öffnen lässt, ist von tatsächlichen Umständen abhängig; eine Willensbildung seitens einer weiteren Person ist nicht erforderlich. Daran knüpft die Risikoverteilung an, denn die Kausalität bis zur Kenntnisnahme liegt ausschließlich in den Händen des Empfängers. Ob der Empfänger selbst den Briefkasten öffnet, oder ob er die Leerung einem anderen überlässt, ist unbedeutend. Diese Umstände liegen nach dem Risikoübergang, denn der Empfänger hat grundsätzlich die Möglichkeit der Kenntnisnahme ohne Zutun einer weiteren Person.

Überträgt man dies auf eine Empfangsperson, müsste man dieselben entweder zu einem willenlosen Objekt degradieren, welches allein die Aufgabe des "Dienens" für den Empfänger hätte. Oder man müsste den Risikoübergang im Vergleich zu anderen Empfangseinrichtungen vorverlagern, denn vor der Übergabe

---

[1231] Dies erkennt ebenso Sandmann, AcP 199, 471.
[1232] Koller, Risikozurechung, 78 ff.
[1233] Koller, 77.
[1234] Auch Sandmann sieht die Risiken als gleichartig an; vgl. ders. AcP 199, 472.

der Erklärung an die Empfangsperson besteht keine Möglichkeit für den Empfänger, von der Erklärung Kenntnis zu nehmen. Diese Möglichkeit entsteht erst, wenn überhaupt, im Zeitpunkt der Übergabe an die Empfangsperson.

Aus einem anderen Blickwinkel betrachtet ist der Zugriff einer dritten Person auf die Empfangsanstalt ein ebenso unerhebliches Schicksal, wie wenn die Erklärung abhanden kommt oder zerstört wird. Gemessen an ihrer rechtlichen Unbeachtlichkeit für das Wirksamwerden, entsprechen sich diese Risiken.

Diesen Risiken steht das rechtlich relevante Risiko gegenüber, das mit dem Zugang selbst verbunden ist. Die rechtliche Risikoverteilung knüpft an die Entscheidung des Erklärenden an, der einen bestimmten Modus wählt, wie die Erklärung zugehen soll. Tatsächlich besehen sind die Risiken ähnlich. Ob jemand einen Briefkasten öffnet und einen Brief vernichtet, ist vom tatsächlichen Ergebnis her gesehen das Gleiche, wie wenn dieser Person der Brief übergeben wird und diese Person dann den Brief zerstört. Darauf kommt es aber nicht an. Wesentlich ist allein, wie die Risiken rechtlich zu bewerten sind, also wie ihr Bezug zum Wirksamwerden ist.

Die Bestimmung des Empfangsboten nach dem Zugriffsrecht auf eine Empfangseinrichtung ist im Rechtsverkehr überdies unpraktikabel. § 130 ist der Rechtssicherheit verpflichtet, so dass der Moment des Risikoübergangs erkennbar zu sein hat[1235]. Erkennbar ist die Empfangseinrichtung, erkennbar ist auch, wessen Empfangseinrichtung es sich handelt. Nicht erkennbar ist aber, welche Personen außer dem Empfänger darauf zugreifen können. Insofern ist *Brinkmanns* Risikozurechnung auch nicht geeignet, das Ziel der Rechtssicherheit und Rechtsklarheit zu erreichen.

Die Risikozurechnung führt zu unzumutbaren Ergebnissen, wenn man den gesetzlichen Normalfall betrachtet, also wenn keine Empfangseinrichtung besteht und folglich nach Brinkmanns Modell alle Personen in der Wohnung als Empfangsboten einzustufen wären. Die Anwesenheit in einer Wohnung hat viele Gründe. Ein Vertrauensverhältnis muss deswegen nicht bestehen. Es erscheint unangemessen, generell die Mitglieder einer Wohngemeinschaft, Handwerker, beliebige Besucher, im absurden Grenzfall sogar einen Einbrecher, als Empfangsboten anzusehen, nur weil ein Briefkasten fehlt. Die Anwesenheit korreliert nicht mit der Installation einer Empfangsanstalt. Die Sorgfalt gegenüber dem Einlass einer Person verändert sich nicht mit der Installation eines Briefkastens.

F. Die Einordnung des Empfangsboten in die Kategorien der zivilrechtlichen Folgen der Risikotragung (*Frotz*)

Frotz systematisiert nach dem Zusammenhang zwischen der Art des Risikos und den Rechtsfolgen, wenn sich dieses verwirklicht[1236]. Entsprechend der Zweiteilung der Handlungen in unerlaubte und erlaubte geht er vom allgemeinen Schadensrisiko einerseits und dem gesteigerten Risiko beim rechtsgeschäft-

---

[1235] Es ist Dilchers Verdienst, dies deutlich gemacht zu haben; vgl. ders., AcP (154), 120 ff., 125.

[1236] Frotz, 237 f.

lichen Verkehr andererseits aus. Die gesteigerte Verantwortlichkeit muss sich auf solche Risiken beschränken, die gerade in der Entscheidung des Gesetzes für die Privatautonomie entstehen[1237]. Zu den Risiken, die an die Privatautonomie anknüpfen, gehören die Gefahren, die sich aus der Verdichtung des normalen menschlichen Zusammenlebens ergeben, dem notwendigen Eintritt in den rechtsgeschäftlichen Kontakt. Dabei gibt es wiederum zwei verschiedene Arten von Gefahren: Einmal das intensivierte allgemeine Schadensrisiko, also das missverständliche Verhalten und die unrichtige Mitteilung. Dies ist eine Begleiterscheinung des rechtsgeschäftlichen Kontaktes, die durch das Rechtsinstitut der c.i.c. zu lösen ist[1238]. Zum zweiten besteht die spezifische Betriebsgefahr des Privatrechts, das Missverständnis, also die Diskrepanz zwischen dem Erklärtem und Gemeinten. Die Verwirklichung dieser spezifischen Betriebsgefahr erzeugt wiederum zweierlei Rechtsfolgen, denn bei der Bewertung des spezifisch systemgebundenen Schadensrisikos kann man zwischen normaler und gesteigerter Verantwortung unterscheiden[1239]: bei der normalen Verantwortlichkeit der Ersatz des Vertrauensschadens, bei gesteigerter Verantwortlichkeit die Erklärungshaftung, die Haftung auf das Einstehen für den verkehrsgerechten Sinn der Erklärung[1240]. Diese positive Rechtscheinhaftung operiert mit den Instrumenten aus der Ebene der Primäransprüche. Sie soll aber heteronom bedingt sein und nicht autonomer individueller Rechtssetzung entspringen.

Der Empfangsbote ist in dieses System der Risikobewältigung nicht einzuordnen. Geht man von der erwünschten Rechtsfolge aus, zeigt sich, dass die kategorischen Voraussetzungen nicht erfüllt werden können. Ziel ist die Wirksamkeit einer Willenserklärung, unabhängig vom weiteren Verhalten des Empfangsboten und des Empfängers. Dies stellt sich als eine Art der Erfüllungshaftung dar, zumindest hinsichtlich der Intensität der Rechtsfolge[1241]: Voraussetzung für eine solch intensive Rechtsfolge wäre die Verwirklichung einer spezifisch rechtsgeschäftlichen Betriebsgefahr.

Überträgt man dies auf den Empfang einer Willenserklärung, so müsste, um eine Ausweitung des Empfangsbereichs zu erreichen, das Fehlverhalten des Empfangsboten eine solche spezifische Betriebsgefahr sein. Die Rechtsfigur des Empfangsboten liegt in einer anderen Dimension. Nicht ein tatsächliches Verhalten ist als Rechtsgeschäft mit einem bestimmten Inhalt zu deuten, sondern eine Rahmenbedingung für den rechtsgeschäftlichen Verkehr ist zu definieren. Es fehlt somit schon an der Veranlassung, die der Gefahr zugrunde liegen könnte.

Als zweites wäre eine gesteigerte Verantwortlichkeit aufzuzeigen, die nicht nur eine Kompensation mit Schadensersatz rechtfertigen würde, sondern dar-

---

[1237] Frotz 237.

[1238] A.a.O.

[1239] Frotz, 238.

[1240] Frotz 240.

[1241] „Erfüllung" wäre die zeitige Weiterleitung der Erklärung an den Empfänger. Dies ermöglicht ihm dann, vom Erklärungsinhalt Kenntnis zu nehmen. Dafür soll der Empfänger „haften", indem er diesen Zustand gewährleistet.

über hinaus eine Fiktion. Eine solche gesteigerte Verantwortlichkeit ist aus § 130 nicht abzuleiten[1242]. Eine Fiktion ist beim Empfang einer Willenserklärung ausnahmsweise bei der Zugangsvereitelung denkbar[1243]. Dabei kann auch ein Empfangsbote eine Rolle spielen. Eine allgemeine Lösung lässt sich darauf aber nicht aufbauen.

[1242] Vgl. oben 2. Kap. III. IV.G.6.

[1243] Vgl. oben, 2. Kap. III.B.1.

4. KAPITEL
EIGENES LÖSUNGSMODELL

I. Die Grundannahmen

A. Aufgabenstellung

Die juristische Arbeit vermittelt zwischen dem Recht und dem Leben, so dass für die Dogmatik zwei gegensätzliche Ausgangspositionen denkbar sind: Einmal vom konkreten Lebenssachverhalt aus, diesen abstrahierend und so einem gesetzlichen Tatbestand annähernd[1244]. Oder umgekehrt von einer abstrakten Normaussage aus und deren Anwendungsbereich an Lebenssachverhalten überprüfend[1245]. Der Ort der Dogmatik liegt bei beiden Ansätzen zwischen Normaussage und Lebenssachverhalt.

Mit der Dogmatik soll Rechtssicherheit und damit Gerechtigkeit verwirklicht werden. Allein am Einzelfall ausgeübte Gerechtigkeit macht das Recht unberechenbar. Dazu ist es notwendig, gedachte tatsächliche Umstände rechtlichen Begriffen zuzuordnen, um ein System entstehen zu lassen, das alle denkbaren Konstellationen erfasst[1246]. Eine Jurisprudenz, die diese Bemühung ablehnen würde, müsste sich in pragmatische Lösungen flüchten[1247]. Die dogmatische Arbeit kann sich somit nicht auf die nachträgliche Systematisierung der Rechtsanwendung durch die Gerichte beschränken, sondern hat die der Rechtsordnung zugrundeliegenden Rechtsgrundsätze offen zu legen und zu systematisieren, um diese für die Problemlösung operational zu machen[1248].

Die Dogmatik hat Entlastungsfunktion. Ist sie nachvollziehbar, kann die Begründung einer Entscheidung verkürzt werden, indem Rechtsfiguren die rechtliche Herleitung ersetzen. Die Dogmatik hat aber auch, ebenso wie das Gesetz, Leitfunktion: Dem Normadressaten soll Klarheit verschafft werden, was rechtens ist.

A priori gibt es keinen Empfangsboten, weder als natürliche Erscheinung noch als rechtliches Institut[1249]. Zu begründen ist daher, welche Personen als Empfangsboten einzuordnen sind. Es ist aber nicht nur die Frage zu beantworten, ob die Ehefrau, der Vermieter, der Firmenrepräsentant usw. Empfangsboten sind. Zu beantworten ist gleichfalls, warum diese Personen Empfangsboten sind oder eben nicht. Diese Fragestellung ist nicht zwangsläufig mit einer bestimmten Weltanschauung verbunden, wie etwa der Annahme, das Rechtssystem basiere auf Prinzipien, die durch eine solche Beantwortung bloßgelegt werden und umgekehrt zur Beantwortung beitragen könnten[1250]. Auch wenn man das Rechtsystem als bloße Menge gesetzter Normen begreift, ist die Erkenntnis über die

---

[1244] Luhmann, Rechtssystem und Rechtsdogmatik (1974),18 f.
[1245] Simitis, AcP 172, 131 ff.
[1246] Ebenso John, AcP 184, 400
[1247] Dieses attestierend, John a.a.O.
[1248] Göldner, 118 ff.:
[1249] Vgl. oben, 2. Kap. I.
[1250] Dazu Siekmann, Regelmodelle und Prinzipienmodelle des Rechtssystems (1991).

Struktur des Anwendungsbereichs einer Norm eine sinnvolle dogmatische Arbeit.

Die Aufgabe ist, Abstraktionen zu finden und daraus die Bedingungen des Empfangsboten zu formulieren. So sollen Kategorien entstehen, welche die tatsächlichen Gegebenheiten aufnehmen können. Erst auf dieser Grundlage können die rechtlich relevanten Momente im Sachverhalt erkennbar werden.

Die Ansatzpunkte der bisherigen Lösungsversuche können nicht überzeugen. Eine Aufhellung ergibt sich, wenn man die durch diese Ansätze beabsichtigte Folge betrachtet: Es gilt den Grund einer Verantwortlichkeit des Empfängers für ein Verhalten des Empfangsboten zu finden. Ist der Empfangsbote Ausdruck einer Verantwortlichkeit, liegt es nahe, die Struktur der Lösung den verschiedenen Mechanismen anzupassen, die zu einer Verantwortlichkeit führen.

B. Zur Verantwortlichkeit im privatrechtlichen Verkehr

Die Verantwortlichkeit ist kein Rechtsinstitut an sich[1251]. Soziologisch betrachtet ist die Zuweisung von Verantwortung nicht mit der Erwartung korrekter Pflichterfüllung gleichzusetzen. Sie ist vielmehr das „Korrelat von Vertrauen in die angemessene Erfüllung einer hinsichtlich ihres Ergebnisses unabsehbaren Aufgabe"[1252]. Allerdings entsteht geschütztes Vertrauen aufgrund von Verantwortlichkeiten und nicht umgekehrt[1253]. Vertrauen eines Dritten hat man nicht ohne weiteres zu verantworten. Das hat sich schon in der obigen Untersuchung der Vertrauenshaftung gezeigt.

1. Die Privatautonomie und die Verantwortlichkeit

Die menschliche Grundfreiheit vor Fremdbestimmung ist im Privatrecht unter anderem als Privatautonomie prinzipiell verankert. Autonomie heißt, eigenverantwortlich sich selbst Rechtsnormen setzen zu können[1254]. Diese „Selbstgesetzgebung" zeichnet das moralische Subjekt aus und führt zur Person, die sich ihren eigenen „Gesetzen" unterwirft. Autonomie wird als etwas Verliehenes verstanden, etwa vom allumfassenden Staat abgeleitetet[1255]. Selbstbestimmung hingegen scheint ein originäres Recht zu benennen[1256]. So verstanden, wäre die Autonomie das rechtliche Instrument, um die Selbstbestimmung in die aktuelle Rechtsordnung zu implementieren[1257]. So kann man mit *Flume* die Privatautonomie sehen als die „Selbstgestaltung der Rechtsverhältnisse durch den einzelnen nach seinem Willen", wobei der Geltungsgrund des Willens die Kombination von Wille und dessen rechtlicher Anerkennung ist[1258]. Der Wille ist Aus-

---

[1251] Franz-Xaver Kaufmann, 210.

[1252] Franz-Xaver Kaufmann, 210.

[1253] In diese Richtung deutlich Esser, Gefährdungshaftung, 101, Fn.4.

[1254] Hollerbach, 19; Bucher, 87 ff., verbindet diesen Gedanken mit dem subjektiven Recht, das er als Normsetzungsbefugnis begreift.

[1255] Hollerbach, 21.

[1256] Hollerbach, 21.

[1257] Autonomie ist auf eine konkrete Rechtsordnung bezogen; Selbstbestimmung ist ein Wesenszug des Menschen und insofern universal und zeitlos.

[1258] Flume, AT, 1.

druck des Selbstbestimmungsrechts, dessen Anerkennung auf die Privatautonomie zurückzuführen ist. Die Privatautonomie verschafft die Möglichkeit, durch Willensäußerung Rechtsfolgen herbeizuführen und zu verhindern[1259].

2. Die Verantwortlichkeit in der Sozialordnung und in der Zuständigkeitsordnung

Privatautonomie ist das Konzept, welches das heutige Privatrecht organisiert und strukturiert[1260]. Dieses Konzept kann allein durch die Selbstbestimmung aber noch nicht gesellschaftstragend sein. Es ist notwendig, die Selbstbestimmung in eine Ordnung einzufügen um die Reziprozität der wechselseitigen Achtung zu gewährleisten[1261]. Diese privatrechtliche Verfassung gibt den Rahmen des selbstbestimmten Verhaltens vor. Dieser ordnende Rahmen ist Voraussetzung für den rechtsgeschäftlichen Verkehr, damit sich die Selbstbestimmung entfalten kann.

Die erforderliche Ordnung kann sich die Selbstbestimmung nicht selbst schaffen und garantieren. Sie ist vorzugeben und kann sich aus dem Zweck legitimieren, die Selbstbestimmung zu schützen, auch entgegen deren Vorgaben. Die Ordnungs- und Friedensfunktion der Rechtsordnung im Allgemeinen und gleichermaßen der privatrechtlichen Verfassung im Besonderen erklärt ihren Charakter als eine „heteronome Zwangsordnung“, worin sich Autonomie verwirklicht[1262].

Die privatrechtliche Verfassung ist die von *v.Hippel* sogenannte Sozialordnung, welche er der Zuständigkeitsordnung gegenüberstellt[1263]. Die Sozialordnung ordnet die Lebensverhältnisse, die der Selbstbestimmung zugänglich sind, indem sie die Sachzuordnung bestimmt und die Rechtssphäre definiert[1264]. Sie gibt vor, wie sich die Rechtsgenossen zu behandeln haben[1265]. Dadurch werden auch Pflichtigkeiten gegenüber den anderen bestimmt. Die Grundlage des privaten Rechtsverkehrs wird damit vorgegeben, wie zum Beispiel die Zulassung zum Rechtsverkehr durch die Regelungen zur Geschäftsfähigkeit, aber auch durch die zwingenden technischen Regelungen des Rechtsgeschäfts. Erst in der Sozialordnung ist die Entscheidung für die Privatautonomie und deren Grenze zu finden[1266].

[1259] Franz Bydelisnki, Privatautonomie und objektive Grundlagen des verpflichtenden Rechtsgeschäfts, 127.

[1260] Ähnlich Mayer-Maly, Verantwortung und Recht, 268. Unter dem funktionalen Aspekt kann je nach Regelungszusammenhang zwischen Vertrags-, Eigentums- und Testierfreiheit (Hollerbach, 20), daneben noch in die Freiheit der Eheschließung und der Berufswahl (a.a.O.) unterschieden werden.

[1261] Hollerbach, 23. Anarchie würde die Möglichkeit der freien Entfaltung verhindern und wäre so kontraproduktiv. Vgl. a.a.O., 25

[1262] Hier liegt der Grund, warum § 138 nur ein Mindestmaß an Sozialmoral einfordert.

[1263] v.Hippel, Privatautonomie, 129 ff.

[1264] v.Hippel, a.a.O., 142.

[1265] v.Hippel, a.a.O., 139.

[1266] v.Hippel, a.a.O., 129.

Die Sozialordnung ist statisch und lückenlos, aber in großen Teilen disponibel[1267]. Die Zuständigkeitsordnung gibt vor, wie die Sozialordnung willkürlich geändert werden kann[1268]. Die Zuständigkeitsordnung ist die personale Zuordnung zu einem bestimmten Regelungsbereich. Darin wird bestimmt, welche Personen nach eigenem Ermessen hinsichtlich bestimmter Neuordnungen zuständig sein sollen. Voraussetzung ist aber, dass schon ein geregeltes Miteinander besteht. Die Zuständigkeitsordnung ist Ausfluss aus der Privatautonomie, welche die Sozialordnung zu gewährleisten hat[1269] und insofern dynamisch[1270]. Instrumente der Zuständigkeitsordnung sind das subjektive Recht und der Vertrag. Beides sind unabhängige Problemkreise, die der Gesetzgeber zu regeln hat[1271].

In den jeweiligen Ordnungen ist unabhängig voneinander nach Verantwortlichkeiten zu suchen. Die Entstehung der Verantwortlichkeit ist verschiedenartig. Die innere Verwandtschaft zeigt sich in der Ausgestaltung der Folge, Pflichtigkeiten zu begründen. Die unterschiedlichen Fragestellungen und Problemkreise können ohne weiteres zu selben Antworten führen[1272]. So ist die Verantwortung regelmäßig von einer Sanktionierung begleitet. Im Privatrecht ist die Sanktion grundsätzlich die Haftung. Daneben ist das Tragen von Verantwortung mit Vorteilen versehen[1273]. Derjenige, der Verantwortung überträgt, entlastet sich. Der Übernehmer erhält dafür Entscheidungsbefugnis, was Macht und Einfluss bedeutet. Umgekehrt ist die Verantwortung entsprechend der mit ihr verbunden Risiken gewichtet[1274]. Insbesondere soziale Verantwortung ist nur insoweit zumutbar, als sie sich auf einen sozial umschriebenen Handlungsbereich bezieht[1275].

3. Normale und gesteigerte Verantwortlichkeit

Die Verantwortlichkeit sieht *Kaufmann* als das Ergebnis „entweder einer Selbstverpflichtung oder von sozialer Zuschreibung“[1276]. Dies sind die Grundformen der „juristischen Konstruktion“ der Verantwortlichkeit. Diese Differenzierung ist dieselbe wie *Frotz'* Unterscheidung zwischen normaler und gesteigerter Verantwortlichkeit[1277]. Der normalen Verantwortlichkeit steht das allgemeine Schadensrisiko gegenüber, der gesteigerten die spezifische Betriebsgefahr des Rechtsverkehrs. Diese funktionale Einteilung von Verantwortlichkeiten

---

[1267] v.Hippel, a.a.O., 140, 142.

[1268] v.Hippel, a.a.O., 139.

[1269] v.Hippel, a.a.O., 106.

[1270] v.Hippel, a.a.O., 142.

[1271] v.Hippel, a.a.O., 106. Die mögliche Trennung zwischen Genussrecht und Verfügungsrecht wie bei der Ermächtigung und Stellvertretung ist ein Beleg der Zusammenhangslosigkeit von Sozial- und Zuständigkeitsordnung. Vgl. a.a.O., 136, Fn.7, 8.

[1272] v.Hippel, a.a.O., 109 Fn.

[1273] Franz-Xaver Kaufmann, 211.

[1274] Franz-Xaver Kaufmann, 212.

[1275] Franz-Xaver Kaufmann, 207.

[1276] Franz-Xaver Kaufmann, 205.

[1277] Frotz, 240, 280.

entspricht der Einteilung in die Sozial- und Zuständigkeitsordnung: Die Bewältigung des allgemeinen Schadensrisikos ist eine Aufgabe der Sozialordnung, die beispielsweise durch § 823 die Rechtsgüter schützt. Das spezifische Risiko des rechtsgeschäftlichen Verkehrs ist durch die Zuständigkeitsordnung zu verteilen, wie beispielsweise bei der Anfechtung durch §§ 142, 122.

Aus einem anderen Blickwinkel zeigt sich die Differenzierung in der Dichotomie der erlaubten und der unerlaubten Handlung. Die Abkehr von der prinzipienmonistischen Begründung von privatrechtlicher Bindung durch den Willen ändert an der Systematik nichts Grundlegendes[1278]. Die Auflockerung durch eine Verbindung der beiden Geltungsgründe wie in der kombinatorischen Theorie von *F.Bydlinski* eröffnet nicht eine dritte Art der Selbstbindung[1279]. So erkennt auch *Frotz*, dass sich das allgemeine Schadensrisiko innerhalb des rechtsgeschäftlichen Kontakts verdichtet[1280].

Verwirklicht sich die Privatautonomie in der Willenserklärung, knüpft daran die Verantwortlichkeit an, als Konsequenz der „Eigengesetzgebung". Daneben ist zu fragen, inwieweit ein anderes Verhalten zur selben Verantwortlichkeit führt[1281]. Unabhängig davon ist zu klären, ob dieselbe Verantwortlichkeit auch ohne ein entsprechendes Verhalten zu begründen ist.

C. Der Empfangsbote als Instrument der Verteilung des Verspätungs-, Verlust- und Verstümmelungsrisikos

Mit dem Urteil „Empfangsbote" wird über die Risikoverteilung entschieden. Der Zugang ist das risikoverteilende Moment beim Wirksamwerden einer Willenserklärung[1282]. Insofern liegt es nahe, die Risikoverteilung an das Zugangserfordernis anzuknüpfen, was nichts anderes heißt, als die Entgegennahme durch den Empfangsboten als einen Zugangsmodus anzuerkennen. So kann die Rechtsfigur zur Entlastung von rechtlichen Begründungen herangezogen werden.

Das Risiko, das der Empfangsbote verkörpert, ist die Verspätung und das Unterlassen der Weiterleitung der Erklärung und die Veränderung des Erklärungsinhalts[1283]. Zweck der Rechtsfigur ist die Zuweisung dieser Risiken an den Empfänger[1284].

1278 Wenn neuerdings Voit, 104 ff., einheitliche Elemente für alle schuldrechtliche Verpflichtungen, also aufgrund erlaubter und unerlaubter Handlung, finden will, wird damit lediglich die allgemeine Ausdehnung der normalen Verantwortung erkannt, welche die erlaubten Handlungen nicht unberührt lässt.

1279 F.Bydlinski, 122 ff.

1280 Frotz, 238.

1281 Mayer-Maly, 268.

1282 Vgl. oben, 2. Kap. III.G.1.

1283 Vgl. oben, 3. Kap. IV.A.

1284 Mit einer Risikozurechnung ist dies nicht zu erreichen (Vgl. oben, 3. Kap. IV). Insofern ist eine klare Abgrenzung zu finden, denn in der bisherigen Terminologie ist das Risiko eine Ausweitung der Gefährdung des Veranlassers. Man könnte trennen zwischen der objektiven Feststellung des Risikos und der Entscheidung darüber, wer dieses Risiko zu tragen hat. Dies hieße einen objektiven Risikobegriff zu formulieren, der unabhängig von einer

Die verschiedenartigen Risiken können mit derselben Rechtsfigur bewältigt werden. Immer ist die Lösung das Wirksamwerden der Willenserklärung, auch ohne dass der Empfänger vom Erklärungsinhalt Kenntnis nehmen konnte. Demgegenüber erscheint das Risiko, dass der Empfangsbote die Erklärung nicht entgegennimmt, andersartig. Dieses Risiko gleichwohl mit der Wirksamkeit zu begegnen ist intensiver, denn die Erklärung ist nicht einmal aus der Sphäre des Erklärenden gelangt. Wie dieses Problem zu lösen ist, wird als Einzelfrage im Anschluss behandelt.

IV. Der Empfangsbote als Abbild einer autonomen Risikoübernahme

Unter diesen Vorgaben liegt es nahe, zunächst zu klären, wie mit privatautonomen Gestaltungsmitteln die Risikotragung welche die Rechtsfigur des Empfangsboten repräsentiert, gestaltet werden kann. Ausgangspunkt dabei ist § 130 als die normale Maßgabe des Zugangs. Hier wird folglich der Empfangsbote als Ausdruck der Abweichung von dieser Norm entwickelt.

A. Zur Gestaltungsmöglichkeit: Risikoübernahme als Gebot der Privatautonomie und Ausdruck der Disponibilität des § 130

§ 130 wird als eine dispositive Norm gesehen[1285]. Aus dem Bedürfnis des geschäftlichen Schriftverkehrs, den Wirksamkeitszeitpunkt erkennbarer und kontrollierbarer zu machen, ist insbesondere die Zugangsfiktion entstanden[1286]. Dies wird auch vom Gesetzgeber anerkannt, der in § 10 Nr.6 AGBG die Grenzen einer in Allgemeinen Geschäftsbedingungen vereinbarten Zugangsfiktion definiert. Dabei wird der Wirksamkeitsmoment auf die Kenntnisnahme, Abgabe oder Absendung vorverlegt. Die gesetzlichen Bedingungen des Wirksamwerdens scheinen nur einen weiten Rahmen vorzugeben, der eigenartige Zugangsmodi zulässt. Daneben ist § 151 ein gesetzlicher Fall eines einseitigen Verzichts auf das Empfangserfordernis. Freilich ist es wenig aussagekräftig, aufgrund des Konsenses über die Disponibilität des § 130 die Rechtsfigur des Empfangsboten überhaupt zuzulassen. Wesentlich ist, die Möglichkeiten und die Grenzen der Disponibilität aufzuweisen.

Entscheidung besteht. Eine Verwechslung wäre gänzlich ausgeschlossen, würde man ein Synonym einsetzen. Dies könnte der Begriff „Gefahr" leisten. Dadurch würde die Entfernung zur Risikozurechnung deutlich. Diese Terminologie könnte sich auf v.Tuhr stützen, der im Empfangsboten ebenfalls eine Gefahrenübernahme sieht (v.Tuhr, AT II/2, 360). Auch Luhmann unterscheidet zwischen Gefahr und Risiko anhand der Abhängigkeit von einer menschlichen Entscheidung (Luhmann, Risiko, 111f.). Freilich ist auch „Gefahr" ein inhaltsschwerer, juristisch vorgeprägter Begriff. Die terminologische Unsicherheit ist aber belanglos, weil „Risiko" hier konkret definiert ist. Danach ist das Verspätungs-, Verlust- und Verstümmelungsrisiko gemeint, also die suboptimale Möglichkeit eines Kausalverlaufs, der vom Empfangsboten geprägt ist.

[1285] RGZ 108, 96; Heinrichs/Palandt § 130, 11, 19 Coing/Staudinger § 130, 3.a. (11.Aufl.).

[1286] Dazu Förschler/MüKo § 130, 25.

1. Überblick über den Meinungsstand

Nach *Manigk* unterliegt alles „bei der Zuführung der Willenserklärung in die Sphäre des Empfängers... der freien Vereinbarung"[1287]. Darüber hinaus soll der Empfänger auch allein den Zugangsmodus bestimmen können und „vorzeichnen, welchen Weg der Erklärende einzuschlagen habe, um die Willenserklärung" wirksam werden zu lassen[1288]. Fehlt ein besonderer Wunsch des Adressaten, seien die normalen Verhältnisse zu beachten.

Auch die Folgen einer Zugangserleichterung erkennt *Manigk*: „Begnügt sich der Empfänger mit einem unternormalen Möglichkeitsgrade, übernimmt er damit die Gefahr, dass die Erklärung ihm viel später oder vielleicht gar nicht bekannt wird und doch ist sie der Abrede gemäß zugegangen und wirksam geworden"[1289].

Bünger geht vom Wortlaut des § 130 aus und kann darin keine Einschränkung der Vertragsfreiheit erkennen, so dass mittels Parteivereinbarung der Zugangsmodus festgelegt werden könne[1290]. Darüber hinaus sei dies auch einseitig möglich[1291]. Bei Zugangserleichterungen leitet er dies als erst-recht Schluss aus § 151 her[1292]. Zugangserschwerungen hingegen seien grundsätzlich unzulässig. Lediglich der Antragende könne allgemeine, also auch erschwerende Bedingungen für die Annahmeerklärung stellen[1293].

Titze sieht es als möglich an, dass der Empfänger auf Zugangsvoraussetzungen verzichtet[1294]. Der Adressat könne den Zugang erleichtern, obwohl der Empfang rein passiv ist und keinen Willensakt des Adressaten voraussetzt[1295]. Die dadurch hervorgerufene Verkürzung des Widerrufrechts sei unbeachtlich, da das Widerrufsrecht nur Prämie für die Gefahrtragung beim Transport ist und kein jus quaestum sei. Der Empfangsbote sei aber kein Verzicht auf die Kenntnisnahmemöglichkeit, weshalb die Erklärung erst mit Übermittlung an den Empfänger wirksam werden soll[1296].

Walsmann sieht in der Feststellung, dass es sich beim Zugang um eine eigene subjektive Rechtsposition handelt, das erste Kriterium der Verzichtbarkeit[1297]. Diese subjektive Zuordnung des Rechtes sei hinsichtlich der Zugangsbedingungen für den Empfänger erfüllt, weil § 130 ausschließlich dem Interesse des Empfängers diene. Der Erklärende habe am Erfordernis des Zugangs kein Interesse.

[1287] Manigk, Willenserklärung und Willensgeschäft (1907), 343.
[1288] Manigk, 311, Fn. 435.
[1289] Manigk, 344.
[1290] Bünger, 30.
[1291] Bünger, 22.
[1292] Hierzu RGZ 100, 96.
[1293] Diese Idee findet sich schon bei Chr.Wolff, der in Ermangelung eines rechtlichen Rahmens, den Mechanismus der Vertragsentstehung allein aus dem Angebot ableitet.
[1294] Titze, Missverständnis, 274
[1295] Titze Missverständnis, 288 ff.
[1296] Titze, 288 ff. Vgl. oben, 1. Kap. IV.F.1.
[1297] Walsmann, 45 ff.

Allerdings könne sich aus dem Pflichtgehalt des jeweiligen Rechts ein innerer Grund für die Unverzichtbarkeit ergeben[1298]. Dies gelte insbesondere für Verfahrenvorschriften, bei denen ein Verzicht nur zulässig sein soll, wenn neben der Unberührtheit der Interessen anderer auch das Gesetz dies erlaube[1299]. Im Zugangserfordernis des § 130 will er eine solche Verfahrenvorschrift erkennen[1300]. Diese Qualifikation begründet er mit dem Allgemeininteresse am Bestand und an der Gleichmäßigkeit des Verfahrens, weil die Willenserklärung das allgemeine Mittel der Kommunikation ist und deswegen häufig vorkommt. Deswegen sei eine gesetzliche Gestattung erforderlich, die beim Zugang aber fehle. § 151 erlaubt den Verzicht nur für die Annahmeerklärung. Daraus zieht *Walsmann* den Umkehrschluss, dass ein Verzicht auf die Zugangsanforderungen durch den Empfänger unzulässig sei.

Flad sieht ebenfalls nur eine eingeschränkte Möglichkeit des Verzichts auf Zugangserfordernisse[1301]. Die Einschränkung erklärt er mit der Schutzrichtung des § 130, der sowohl die Interessen des Empfängers als auch des Erklärenden schützt. Deswegen könne der Empfänger nicht nach dem Zeitpunkt auf die Erfordernisse verzichten „zu dem die schriftliche Willenserklärung bei regelmäßigen Verlauf der Dinge zugegangen sein würde“[1302].

Eine Änderung der Risikoverteilung des § 130 wird nicht uneingeschränkt bejaht. Zu klären sind daher die Voraussetzungen und die Reichweite einer Abweichung von der genormten Risikoverteilung.

2. Der Empfangsbote als Verzicht auf eine subjektive Rechtsposition des Zugangserfordernisses

Um die Möglichkeiten und die Grenzen der Gestaltungsfreiheit bei § 130 zu zeigen, ist zunächst erforderlich, von der Wirkung des Empfangsboten auf die Rechtssphäre des Empfängers auszugehen. Als Risikoübernahme erweitert die Rechtsfigur den Verantwortungsbereich des Empfängers. Er verliert eine Einwendung gegen die Behauptung des Erklärenden, die Erklärung sei wirksam geworden. Auch wenn ihm die Erklärung nicht vom Empfangsboten zeitig weitergeleitet wurde, kann er dem nicht entgegensetzen, die Erklärung sei ihm nicht beziehungsweise nicht rechtzeitig zugegangen, weil er nicht die Möglichkeit der Kenntnisnahme gehabt habe. Dieses Element des Zugangs schützt die Interessen des Empfängers. Ebenso ist § 151 rechtslogisch nur zu rechtfertigen, wenn dem Zugang auch eine schützende Intention zugunsten des Empfängers zu eigen ist.

Der Empfangsbote ist somit eine Interessensexponierung des Empfängers. Theoretisch ist diese Exponierung ein Verzicht des Empfängers auf eine für ihn günstige Zugangsbedingung. Dies wiederum könnte erheblich für die Anforderungen und für die Zulässigkeitsgrenzen sein.

[1298] Walsmann, 69.
[1299] Walsmann, 146 ff.
[1300] Walsmann, 219.
[1301] Flad/Planck § 130, 6.
[1302] A.a.O.

Eine allgemeine positive Verzichtsregel gibt es nicht. Der Verzicht unterliegt in vielen Rechtsgebieten besonderen Regelungen, in denen Anforderungen und Wirkungen festgelegt werden[1303]. Paradigma ist der zweiseitige Erlassvertrag nach § 397 einerseits und die einseitige Dereliktion gemäß § 958 andererseits. Begriffswesentlich ist das freiwillige Aufgeben, das sich in der Erklärung des Verzichtenden zeigt[1304]. Den zweiseitigen Verzicht als Erlass zu bezeichnen ist lediglich eine Frage der Terminologie und des Blickwinkels[1305].

Das verzichtende Verhalten wird nach seiner Wirkung in der Rechtswelt qualifiziert. Die mögliche lebensweltliche Bedeutung ist ohne Belang[1306]. Verzicht ist daher schon eine Frage der Qualifikation, nicht erst Subsumtion unter einen Tatbestand „Verzicht".

a. Subjektive Rechtspositionen bei der Normzerlegung

Um den verzichtenden Charakter der Risikoübernahme durch den Empfänger nachzuweisen, ist das Wirksamwerden in subjektive Rechtspositionen auszudrücken. Dabei ist nach der Rechtsbetroffenheit und der Verwirklichung der Rechte beim Wirksamwerden Willenserklärung zu fragen. *Kasper* sieht im System der subjektiven Rechte - neben einer metatheoretischen Ordnungsgebung – die Grundlage für eine „Normenzergliederung"[1307]. Mit der Denkfigur „subjektives Recht" können Rechtssätze in „günstige Rechtssatzberichte" der Betroffenen aufgelöst werden, eine Art Mnemotechnik[1308]. So kann das Privatrecht in kleinste Bestandteile zerlegt werden um verdeckte Problemlagen zu offenbaren. Die Bestandteile sind die subjektiven Rechtspositionen der Beteiligten und das Allgemeininteresse.

Wissenschaftsgeschichtlich besehen, hatte die Frage nach der Verzichtbarkeit „Auslösefunktion" für die Suche und Kategorisierung der subjektiven Rechte gehabt[1309]. Dies basiert auf der Überlegung, dass, wenn überhaupt, nur auf eigene Rechte verzichtet werden kann, nicht auf fremde[1310]. Der Verzicht an sich ist immer erst ein Recht der zweiten Stufe. Zuerst ist die Verfügbarkeit des Ver-

---

1303 Im Überblick, Walsmann, 7 ff.

1304 Walsmann, 42; Brieshorn, 33.

1305 Walsmann will zwar aus begrifflichen Gründen den Erlass nach § 397 nicht zu den gesetzlichen Grundlagen hinzuzählen (7). Er sieht aber auch den Vertrag als eine mögliche Verzichtsaktion (43). Später bezeichnet er den Erlaß als den „wichtigsten Verzicht auf dem Gebiet des Schuldrechts" (231). Wesentlich ist der verfügende Charakter des Erlassvertrages: Es wird nicht die Verpflichtung zu Verzicht vereinbart, sondern durch den Vertrag erlischt die Forderung (Heinrichs/Palandt § 397, 3).

1306 Selbstverständlich hat Verzicht auch eine moralische und philosophische Erheblichkeit. Dabei geht es aber ebenfalls um die intendierte Wirkung des Verhaltens in eine Gedankenwelt, nicht die Beurteilung eines lebensweltlichen Verhaltens.

1307 Kasper, 127.

1308 Kasper, 43.

1309 Brieshorn ortet den Ursprung bei Johannes Quidort im 1300 Jh. Vgl. ders., 148, Fn. 33 mit weiteren Nachweisen.

1310 Freilich ist die Verzichtbarkeit nicht ein Wesensmerkmal der subjektiven Rechte , vgl. Bucher, 78 f.

zichtobjektes zu prüfen. Damit stellt sich die Frage, ob mit dem Begriff „Verzicht“ gleichzeitig zwingend die Ebene der subjektiven Rechte vorgegeben ist oder ob man auch auf etwas anderes als subjektive Rechte verzichten kann.

Die Bestandteile der Normzergliederung sind die Interessen einzelner, abstrahierter Beteiligter und das Allgemeininteresse. Diese Interessen haben nur Relevanz, wenn sie rechtlich geschützt sind. Das Wirksamwerden einer Willenserklärung, die Abgabe, der Zugang beziehungsweise der Empfang, lässt sich somit zergliedern in die Interessen des Erklärenden und Empfänger und in das Allgemeininteresse.

Wie oben schon angedeutet, werden nur erhebliche Rechtspositionen in subjektiven Rechte formuliert[1311]. Dies soll die Konsistenz des Begriffs bewahren. Auch *Walsmann* unterscheidet zwischen subjektiven Rechten und geschützten Interessen[1312]. Für die Frage nach der Verzichtbarkeit kann dies aber keinen Unterschied machen. Auch bei vorteilhaften Rechtspositionen muss die Möglichkeit bestehen, sich ihrer zu entledigen. Die Macht über ein Recht, es aufgeben zu können, besteht ebenfalls bei einer gegenüber dem Vollrecht schwächeren Rechtsposition[1313]. Entscheidend ist für die Frage nach der Verzichtbarkeit, ob der Verzichtende alleiniger Inhaber der Rechtsposition ist und ob seine Macht die Aufgabe dieser Position enthält. Ob man den damit verbundenen rechtlichen Mechanismus „Verzicht“ nennt oder als Aufgabe einer Rechtsposition umschreibt, ist eine unergiebige, terminologische Frage.

b. Zum Erlaubnisvorbehalt des Verzichts (Walsmann)

Walsmanns weitere Zulässigkeitsvoraussetzung des Verzichts im Rahmen von privatrechtlichen Verfahrensvorschriften – die gesetzliche Erlaubnis - ist im Allgemeinen nicht haltbar und hinsichtlich des Empfangs als Folgerung aus § 151 nicht schlüssig.

Sein Umkehrschluss zu § 151 wäre dann angezeigt, wenn die Verzichtbarkeit die einzige Normaussage wäre. Denn dann müsste von einem beredten Schweigen des Gesetzgebers ausgegangen werden, der bei sonstigen Willenserklärungen nicht von der Möglichkeit des Verzichts ausging. § 151 wäre als eine eng auszulegende Ausnahmevorschrift einzuordnen. Freilich ist der Zugang der Annahmeerklärung ohnehin der bedeutende Hauptfall[1314].

Daneben hat § 151 aber auch die weitere Funktion, bei irreversiblen Verbrauchshandlungen einen Vertragsschluss zu konstruieren, auch wenn der Wille des Empfängers entgegensteht[1315]. Insoweit wird der Vertragsschluss

---

[1311] Siehe oben, 3. Kap. I.C.1.b.(4).

[1312] Walsmann, 55.

[1313] Bedeutend kann die Stärke der Rechtsposition sein, wenn es etwa um die Durchsetzbarkeit geht, etwa um Popularklagen zu vermeiden. Auch bei den Folgen einer Verletzung durch Dritte mag ein Unterlassungsanspruch ebenfalls von der Stärke der Rechtsposition abhängen.

[1314] Beim Antrag ist der Zugang nicht entscheidend für die Annahmefrist. Für die einseitigen Rechtsgeschäfte gibt es keine eingeständige Regelung der Entstehungstechnik.

[1315] Kramer/MüKo, 54 ff; Scherner (AT, 136) befürwortet grundsätzlich die Widerruflichkeit auch nach einer Annahmehandlung, nicht aber, wenn diese irreparabel war.

„vorverlegt“[1316]. *Augner* kann nachweisen, dass der Gesetzgeber ein praktisches Bedürfnis sah, den Vertragsschluss in einer endgültigen Annahmehandlung zu finden[1317]. Dazu wird nicht auf die Annahme überhaupt verzichtet, sondern es wird - systemkonform ausgestaltet - auf die Anforderung der Empfangsbedürftigkeit verzichtet[1318]. Dabei wurde erkannt, dass der Antragende durch die Vertragsentstehung vor irreparablen Schäden geschützt wird[1319]. Auch das Schutzbedürfnis des Antragenden, der Erfüllungshandlungen vornimmt, wurde schon vor der Kodifizierung sichtbar[1320]. Die fehlende Empfangsbedürftigkeit ist das Mittel, um den Antragenden zu begünstigen, indem der Auslegungshorizont für die Feststellung der Annahmeerklärung auch Verhalten des Annehmenden erfasst, die nicht kommunikativ sind.

Die Hauptaussage des § 151 ist ohnehin die Formulierungen der Voraussetzungen für Entbehrlichkeit des Empfangs, nämlich Verzicht und Verkehrssitte[1321]. Erst die durch § 130 begründete grundsätzliche Empfangsbedürftigkeit macht eine Sonderregelung notwendig, da die Annahme einer stillschweigenden Erklärung nicht allein zur Lösung beitragen kann[1322]. § 151 regelt ein besonderes Problem bei der Vertragsentstehung, ohne die Integrität des Grundsatzes der Empfangsbedürftigkeit von Willenserklärungen anzugreifen. Das schließt zwar notwendig auch den Modus des Wirksamwerdens der Erklärung mit ein, aber nur um die Sonderlösung systemkonform auszugestalten.

Den Erlaubnisvorbehalt, den *Walsmann* bei privatrechtlichen Verfahrensvorschriften statuiert, begründet er nicht weiter. Unter dem Regime des Art.2 GG ist ein solcher Vorbehalt nicht haltbar. Die Privatautonomie steht nicht unter einem Erlaubnisvorbehalt. Zu begründen ist nicht ihre Verwirklichung, sondern ihre Einschränkung. Der Zweck eines solchen Vorbehaltes, Verfahren der Entstehung von Rechtsakten gleichzuschalten, steht im Widerspruch zum Selbstbestimmungsrecht der Beteiligten und ist nicht zu rechtfertigen.

c. Die rechtlichen Positionen der Beteiligten beim Empfang einer Willenserklärung

Das Allgemeininteresse wird in § 130 in seiner streitentscheidenden Funktion beachtet. Dies verlangt eine klare und eindeutige Regelung, sowohl im Interesse der Rechtsanwender als auch der Normadressaten. Dazu sind nachvollziehbare Wirksamkeitskriterien zu finden, die den beteiligten Interessen gerecht werden. Dieses Allgemeininteresse wird durch einen Verzicht nicht berührt.

Mit der Regelung sollen aber auch Konflikte vermieden werden, indem die Beteiligten gleich behandelt werden, ihre Interessen also maximal ausgeglichen

---

[1316] P.Bydlinski, JuS 1988, 37, wobei der Maßstab wohl die zugehende Annahmeerklärung darstellen soll.

[1317] Augner, 117 ff. Dieses Bedürfnis wurde auch schon vorher erkannt.

[1318] Augner, 139.

[1319] Augner, 180 f. mit weiteren Nachweisen.

[1320] Augner, 85 ff.

[1321] P.Bydlinski, JuS 1988, 36, meint, damit werden nur die negativen Voraussetzungen, nicht aber auch die positiven für die Vertragsentstehung genannt.

[1322] Augner, 171.

werden. Durch eine angemessene Risikoverteilung wird die Benachteiligung einer Seite vermieden[1323]. Der Ausgleich der Interessen, also die Risikoverteilung, bedarf aber zuerst einer Rechtfertigung insofern, als der Beteiligtenstatus des Erklärenden und der des Empfängers feststehen muss. Erst wenn feststeht, dass die Interessen beider zu schützen sind, stellt sich als Aufgabe die Risikoverteilung.

Der Erklärende wird von § 130 insoweit mit Vorteilen bedacht, als er nicht für die tatsächliche Kenntnisnahme Sorge tragen muss. Dieser Position steht die Last des Empfängers gegenüber, auch Erklärungen gegen sich gelten lassen zu müssen, ohne davon Kenntnis genommen zu haben[1324].

Andererseits obliegt es dem Erklärenden, die Erklärung an den Empfänger so nahe zu bringen, dass dieser zumindest die Möglichkeit zur Kenntnisnahme hat, unabhängig von einer Empfangseinrichtung[1325]. § 130 regelt aber die Wirksamkeit ohne Zutun durch den Empfänger. Dieser Last des Erklärenden steht die Rechtsposition des Empfängers gegenüber, die Erklärung gegen sich nur gelten lassen zu müssen, wenn die Möglichkeit der Kenntnisnahme bestand. Daneben belastet den Erklärenden der Verlust des Widerrufsrechts. Die damit einhergehende Bindung ist wiederum für den Empfänger vorteilhaft.

Somit stellt sich der Zugang als eine ambivalente Anforderung dar, die sowohl eine Rechtsposition des Erklärenden als auch des Empfängers umfasst. Praktisch besehen können sich beide Beteiligten auf § 130 berufen: Der Erklärende, wenn sich der Empfänger dahingehend einlässt, er habe die Erklärung nicht zur Kenntnis genommen und der Empfänger, der dem Erklärenden entgegenhalten kann, die Erklärung sei nicht (rechtzeitig) zugegangen oder ihn umgekehrt nach dem Erklärungsinhalt ein für alle mal beim Wort nehmen kann.

Diese Ambivalenz des § 130 zeigt sich schon bei der historischen Auseinandersetzung, in der sich die Empfangstheorie als Kompromiss gegenüber den diametralen Positionen der Absendungstheorie und Vernehmungstheorie durchgesetzt hat[1326]. Insbesondere die Ablehnung der Absendungstheorie bestätigt, dass das Zugangserfordernis auch eine Rechtsposition des Empfängers beinhaltet.

Gegen die Absendungstheorie wurden Gründe vorgebracht, die auf den Schutz des Erklärenden zielen. Die dahingehenden Überlegungen zum Schutz des Erklärenden gehen wie selbstverständlich davon aus, dass die Wirksamkeit

---

1323 Dies berührt gleichzeitig und ebenso die Individualinteressen der Beteiligten, doch geht es hier um die gegenüberstellende Abwägung dieser Interessen. Die Frage, ob die Beachtung von Allgemeininteressen im engeren Sinn, also die nicht auf Individualinteressen zurückgeführt werden können, überhaupt in einer freiheitlichen Grundordnung zulässig ist, soll hier nicht vertieft werden. Hier sind es Allgemeininteressen im weiteren Sinn, die aufgrund einer gedanklichen Unschärfe bestehen und weiter in Individualinteressen zerlegt werden könnten. Rechtstheoretisch ist dies die Aufgabenstellung aller Normen die normativ wirken und nicht steuern oder eine Planung verwirklichen sollen (Zur Normativfunktion Pawlowski, Methodenlehre, 293 ff., 421 f.).

1324 Vgl. oben, 2. Kap. III.G.1.

1325 Vgl. oben, 2. Kap. III, A.3.

1326 Vgl. oben, 2. Kap. III.F.3.

gegenüber dem Empfänger nicht eintreten kann, ohne dass dieser auch nur die Möglichkeit der Kenntnisnahme hat. Nur so erklärt sich, dass in einer frühzeitigen Bindung des Erklärenden ohne Widerrufmöglichkeit ein Problem gesehen wurde. Denn macht man mit der Absendungstheorie ernst, wirkt die Erklärung, so dass selbstverständlich ein Widerruf nicht möglich sein kann, ohne die Grundsätze der Rechtssicherheit zu gefährden. Die Gesetzgeber gingen offenbar von einem unzweifelhaften Recht aus, nur das gegen sich gelten zu lassen, was man auch in Erfahrung bringen kann. Daneben wurde auch die „materielle Gerechtigkeit" zugunsten der Empfangstheorie bemüht, was als Streben nach einer Gleichbehandlung der Beteiligten zu verstehen ist[1327].

Die Beachtung beider Interessen lässt sich auch mit der Funktion des Rechtsgeschäfts unter Abwesenden für die Privatautonomie erklären[1328]. Das Wirksamwerden und damit der Zugang ist ein Erfordernis der Selbstbestimmung. Es ist Teil des subjektiven Vermögens des Erklärenden, rechtsgeschäftlich zu handeln. Dies zeigt sich darin, dass eine Mitwirkung des Empfängers beim Empfang entbehrlich ist, was der Gesetzgeber durch § 132 unterstützt. Andererseits berücksichtigt die Trennung von Abgabe und Zugang die Interessen des Empfängers, der damit die Möglichkeit erhält, unmittelbar auf die Erklärung zu reagieren[1329]. Im fiktiven Wirksamkeitszeitpunkt fixieren sich beide Interessen.

Bedenken könnten sich auftun, wenn man die subjektiven Rechte als Willensmacht begreift[1330], denn beim Empfang fehlt ein Willenselement. Es bedarf keiner Entscheidung, geschäftsfähig und damit empfangsfähig zu werden. Dagegen kann mit *Adomeit* eingewendet werden, dass der Anwendungsbereich der subjektiven Rechte zweckwidrig verkürzt wäre, wenn man auf eine Willensmacht abstellte. Auch die grundlegenden Prinzipien, wie die Privatautonomie, sind zumindest wie subjektive Rechte zu behandeln[1331]. Dies gilt gleichermaßen für die Empfangsfähigkeit. Diese Fähigkeit umfasst von der Rechtsordnung beachtete Rechtspositionen, die den Positionen aufgrund der subjektiven Rechte wesensgleich sind.

Jegliches Handeln des Empfängers, das der Erleichterung des Zugangs dient, ist ein Verzicht auf einen Teil seiner durch § 130 vorgegebene Rechtsposition. Er kann nach allgemeinen Grundsätzen weitere Risiken übernehmen und so seinen Risikobereich erweitern.

d. Die Einordnung der Empfangsanstalten

Die Empfangsvorkehrungen sind Inbegriffe der Risikoerweiterung. Mit Ablage in den Briefkasten tritt der Zugang nicht deshalb ein, weil dieser üblicherweise regelmäßig geleert wird. Diese tatsächliche Beobachtung kann zwar eine Erwartungsvorstellung des Erklärenden erzeugen. Allein entscheidend ist aber, dass diese Erwartung berechtigt ist. Dies ist sie, weil mit Installation des Briefkas-

---

[1327] Mugdan, 439: Freilich ist die Empfangstheorie nicht die einzig denkbare Lösung. Vgl. oben, 2.Kap. III.F. und H.

[1328] Vgl. oben, 2. Kap. III.G.5.

[1329] Vgl. oben, 2. Kap. III.D.2.

[1330] Vgl. oben, 3. Kap. I.C.1.a.

[1331] Dazu siehe oben, 3. Kap. I.C.3.1.b.(4).

tens der Empfänger das Risiko des Verlustes und der Verspätung übernimmt, auch über die übliche Leerungszeit hinaus[1332].

Ebenso ist der Empfangsbote eine Risikoerweiterung. Auch hier ist nicht zu prüfen ob mit der Kenntnisnahme zu rechnen ist, sondern das spielt gerade keine Rolle mehr.

Ein plausibles Motiv dafür, warum der Empfänger den Zugang erleichtert, scheint nicht einfach zu finden zu sein. Vorteile sind für ihn damit nicht verbunden. Der Zugang ohne Nutzung einer Empfangsvorkehrung obwohl eine besteht, hat keine rechtlichen Nachteile für den Erklärenden, die sich als Vorteile für den Empfänger zeigen würden[1333].

Die Frage nach dem Motiv muss aber an der einzelnen Person ansetzen. Den „Empfänger" gibt es nicht. Dies ist eine begriffliche Klassifizierung, die nur für die Wirksamkeit einer Willenserklärung bedeutend ist. Zu fragen ist, warum diese Gruppe von Personen sich so verhalten. Dann wird die Antwort aber offenbar: Die Austauschbarkeit der Rollen und damit die Wechselhaftigkeit der begrifflichen Klassifizierung als Empfänger und als Erklärender bringt insgesamt das Motiv der Teilnahme an der rechtserheblichen Kommunikation hervor. Aber nicht nur, weil man auch von dem anderen eine Empfangsvorkehrung erwartet, unterhält man eine eigene. Der Briefkasten ist mittlerweile eine Konvention geworden; eine rechtliche Norm wird es damit aber nicht[1334].

Die tatsächliche Vergrößerung des Machtbereichs oder die Erleichterung des tatsächlichen Eintritts in den Machtbereich ist keine Risikoerweiterung, sondern Teil der vorgelagerten tatsächlichen Gegebenheiten. Dadurch wird möglicherweise das tatsächliche Geschehen erleichtert, das zum Zugang führt; rechtlich ist dies aber ohne Belang. An der Risikoverteilung ändert sich nichts, denn der Empfänger muss nach wie vor die naheliegende Möglichkeit der Kenntnisnahme haben[1335].

3. Die Gestaltungsinstrumente

Bei der Verwirklichung der Selbstbestimmung und der privaten solidarischen Zukunftsgestaltung haben sich der Vertrag und das subjektive Recht bewährt. Dies gilt auch, wie *Teubner* nachweisen kann, für die modernen Herausforderungen, die nicht nur ein in sich schlüssiges Rechtsystem verlangen[1336]. Der Vertrag ist trotz seiner selbstbestimmten Entstehung Einbruchstelle für „fremdgesetzte Bindung". Dabei kann man auf *Durkheim* verweisen, der die nichtvertraglichen Voraussetzungen eines Vertrages erkannt hat[1337]. So kann der Gesetzgeber Vertragsinhalte beeinflussen und damit steuern.

1332 Vgl. oben, 3. Kap. II.B.3.c.

1333 Dies sieht Brinkmann freilich anders. Siehe oben, 2. Kap. III.A.2.d. und 3. Kap. IV.C. 1.

1334 Vgl. oben, 3.Kap. II.B.3.

1335 Es war gerade ein Mangel der Besitzlehre von Titze, dass die Größe des Machtbereichs zumindest räumlich dem Besitz entspricht und dieser eben nicht die Möglichkeit der Kenntnisnahme gewährleistet. Vgl. oben, 2. Kap. III.A.2.a.

1336 Teubner, Autopoietisches System, 113 f.

1337 Durkheim, Über soziale Arbeit, 246.

Das subjektive Recht eignet sich hervorragend zur Anbindung an die Lebenswelt und belässt Raum für die Beachtung ökonomischer Anforderungen[1338]. Das Wesentliche der subjektiven Rechte ist die willkürliche Geltendmachung. Erst mit diesem selbstbestimmten Akt beginnt der Mechanismus des Rechtschutzes und der Durchsetzung. *Teubner* will davon die Geltung der subjektiven Normen überhaupt abhängig machen. In die Entscheidung, Verträge zu schließen und subjektive Rechte geltend zu machen, können so weitere Faktoren mit einbezogen werden, wie etwa eine Kostenanalyse.

Rechtliche Ausgangslage ist § 130 und der Empfänger, der sich nicht um eine Erleichterung des Empfangs bemühen muss. Daraus ist der Mechanismus der Gestaltung durch den Empfänger zu entwickeln, der durch die Instrumente Vertrag und subjektives Recht zu einer Einordnung der Rechtsfigur des Empfangsboten in das Zivilrecht führt.

B. Der Empfangsbote aufgrund einer vereinbarten Risikoübernahme

Die Risikoverteilung, die der Empfangsbote darstellen soll, muss durch eine Vereinbarung erzeugt werden können. Die allgemeine Kontaktform im Rechtsverkehr ist der Vertrag. Der Vertrag ist ein willkommenes Mittel, um zwischen den Beteiligten den Risikoträger zu bestimmen. Die Vertragsbindung garantiert die „Risikofreiheit mit entsprechendem Entlastungs- und Vertrauenseffekt“[1339].

Bei der einvernehmlichen Abweichung des Empfängers und des Erklärenden von § 130 dient der Empfangsbote der Risikozuweisung an den Empfänger. Aufgrund der Vereinbarung übernimmt der Empfänger die damit verbundenen Risiken.

Der Inhalt der Vereinbarung kann folgendermaßen begrifflich erfasst werden: „Das Risiko des Weitertransports durch den Empfangsboten wird übernommen". Oder: „Die Willenserklärung wird wirksam, wenn der Empfangsbote die Erklärung entgegennimmt". Oder: „Geben sie die Erklärung dem Empfangsboten, er wird sie dann weiterleiten". Solche Sätze sind im Rahmen der Auslegung der Vereinbarung festzustellen, sie geben das Auslegungsziel vor.

Der Empfänger steht für ein Fehlverhalten der Mittlerperson ein, indem dessen Verhalten keine Auswirkungen auf das Wirksamwerden der Erklärung hat. Damit wird aber nicht die Wirksamkeit vertraglich fingiert, sondern die Mittlerperson wird zum Empfangsboten, welche die Möglichkeit der Kenntnisnahme vermittelt.

Eine solche Vereinbarung ist ein Verfügungsvertrag, welcher eine unmittelbare Statusänderung bewirkt. Die Vereinbarung verpflichtet nicht erst zu einer Risikoübernahme, sie ist die Risikoveränderung. Der Erklärende kann nicht fordern, dass der Empfänger die Risiken übernimmt. Die Vertragswirkungen treffen unmittelbar ein. Der Empfangsbote ist das rechtliche Produkt dieses Zusammenwirkens. Die Zweiseitigkeit bewirkt die Bindung, vergleichbar einem Garantievertrag.

1338 Teubner, Autopoietisches System, 114.

1339 Dubischar, FS Esser (1975), 9, 13.

Die Risikoübernahmevereinbarung schließen der Empfänger und der Erklärende. Eine Vereinbarung zwischen dem Empfänger und dem Empfangsmittler ist ohne Bedeutung für das Wirksamwerden der Erklärung, denn die Risikoübernahme bewirkt eine Abweichung von der Risikoverteilung, welche zwischen Erklärendem und Empfänger besteht. Das Innenverhältnis zwischen Empfangsboten und Empfänger ist unbeachtlich. Mit der Risikoübernahme werden auch Risiken erfasst, die aufgrund eines ungenügend ausgestaltenden Innenverhältnisses bestehen. Damit wird der Mittler auch nicht in seiner Selbstbestimmung betroffen. Seine Willens- und Handlungsfreiheit ist gerade Gegenstand des Risikos und somit Ursache der Vereinbarung. Möglich ist aber, dass die Mittlerperson als Erklärungsbote des Empfängers an der Vereinbarung mitwirkt. Ein direkter Kontakt zwischen Erklärendem und Empfänger ist nicht notwendig, die Risikoübernahme ist kein höchstpersönliches Geschäft.

Eine Risikoübernahme ist auch im Rahmen einer anderen Vereinbarung möglich, etwa in einem Mietvertrag, wenn der Vermieter den Mieter bittet, sich hinsichtlich an ihn zu richtende Erklärungen, an den Hausverwalter zu halten[1340]. Insoweit ist der Empfangsbote aufgrund einer vereinbarten Risikoübernahme häufig ein Auslegungsziel eines Vertrages.

Aus der Vereinbarung ist auszulegen, ob nur das Risiko nach der Abgabe der Erklärung an den Empfangsboten übergeht oder ob schon das Risiko der Entgegennahme durch diese Person übernommen ist.

C. Der Empfangsbote aufgrund einer einseitigen Risikoübernahme

Der Vertrag ist das gestaltende Instrument, wenn die Sphäre aller beteiligter Kontrahenten betroffen ist. Darüber hinaus wäre die Selbstbestimmung eingeengt, wenn die Geltung eines Aktes vom Mitwirken eines Nichtbetroffenen abhängen würde, also ein Einverständnis notwendig wäre[1341]. Daher ist zu klären, inwieweit der Empfänger einseitig, also ohne die Mitwirkung des Erklärenden, einen Empfangsboten einsetzen kann. Prima vista erscheint dies naheliegend, wenn man sich die Ähnlichkeiten zur Stellvertretung vor Augen führt. Ob eine Vereinbarung, also die Mitwirkung des Erklärenden notwendig ist, hängt folglich davon ab, ob nach dem Prinzip der Selbstbestimmung, der Erklärende mit der Einsetzung eines Empfangsboten fremdbestimmt wird. Daraus lässt sich die Anforderung an die einseitige Risikoübernahme formulieren: Der Erklärende darf von der einseitigen Gestaltung nicht nachteilig betroffen werden.

Diese Anforderung gilt genauso gegenüber dem Empfangsboten. Die Risikoübernahme belastet den Empfangsboten aber nicht. Als Rechtssubjekt ist er rechtlich besehen unbeteiligt. Durch die Entgegennahme der Erklärung wirkt der Empfangsbote zwar auf die Rechtssphäre des Empfängers ein, aber die Entgegennahme der Erklärung liegt allein in seinem Belieben. Sie ist nicht mit seiner Bestellung als Empfangsboten verbunden. Die Entgegennahme ist ein neutraler Akt, den jedermann nicht nur tatsächlich vollziehen kann, sondern der bei jedem zunächst die gleichen rechtlichen Folgen hat: Er wird Besitzer der Erklä-

---

[1340] Vgl. Fall (14).

[1341] Dazu Thiele, 2 ff.; Müller-Laube, 89.

rungsverkörperung[1342] beziehungsweise Mitwisser einer Mitteilung. Allein über die Rechtsfolgen der Entgegennahme für den Empfänger wird mit der Rechtsfigur des Empfangsboten entschieden. Auf die Rechtssphäre des Empfangsboten selbst hat dies keine weitergehende Wirkung.

Die Zulässigkeitsprüfung einer einseitigen Gestaltung kann sich aber nicht in der pauschalen Forderung erschöpfen, Belastungen des Erklärenden auszuschließen. Wesentlich ist, die Positionen der Beteiligten im Aufbau der Rechtsordnung, im jeweiligen Sachzusammenhang zu bestimmen[1343]. Dazu ist zu klären, inwieweit und unter welchen Bedingungen die Einschaltung der Person und seines Willens in die selbständige Bestimmung seiner Rechtsbeziehung notwendig und zweckmäßig oder zweckwidrig ist.

Um die Grenzen der einseitigen Gestaltung deutlich zu machen, ist es notwendig, die Empfangsbedürftigkeit als eine Rechtsposition des Empfängers zu begreifen und in das System der subjektiven Rechte einzuordnen. Dabei tritt der verzichtende Charakter der Risikoübernahme in den Vordergrund. Zu beantworten ist, ob dieser Verzicht einseitig möglich ist. Kann dies bejaht werden, stellt sich die Frage, in welcher Form des rechtlichen Verhaltens, unter welchen Bedingungen und mit welcher Tragweite die Risikoübernahme zur Geltung kommt.

1. Bedenken gegen die einseitige Gestaltung wegen des Vertragsprinzips

Eine Leistung zu fordern, ermöglicht ein Schuldverhältnis, § 241. Ein Schuldverhältnis zu begründen erfordert nach § 305 regelmäßig einen Vertrag. Konsequent kann wegen § 397 der Gläubiger nicht einseitig auf seine Forderung verzichten, es bedarf eines Erlassvertrages mit dem Schuldner. Zweck des Vertragprinzips soll heute die Abwehr der aufgedrängten Bereicherung sein; vor allem aber wird damit an einem überkommen Ritus festgehalten[1344].

Levy findet eine Rechtfertigung dieses Vertragsprinzips in der Zweiseitigkeit der Schenkung[1345]. Daraus entnimmt er das Prinzip, dass ein Aufdrängen von Rechtspositionen zu vermeiden ist, das auch zum Erlassvertrag führt.

Wieling sieht im Erfordernis des Erlassvertrages ein Relikt des römischen Rechts, das dazu zwinge, eine Vereinbarung zu fingieren oder auf § 242 auszuweichen[1346]. Der Vertragszwang wird als dem Prinzip der Privatautonomie zu wider laufend angesehen[1347]. Insbesondere § 397 wird als eine verunglückte Regelung gesehen[1348]. *Larenz* und *Esser* halten daher de lege lata eine Ver-

---

1342 Ausnahme ist der Besitzdiener des Empfängers.
1343 Kasper, 163.
1344 Kaduk/Staudinger, Einl. v. § 305, 13.
1345 Levy, Die Möglichkeit des einseitigen Verzichts im BGB (1912), 19.
1346 Wieling, AcP 176, 338.
1347 Heck, Schuldrecht 2, 122; Stoll, FS Flume, 741 ff., 748 f., zweifelt ebenfalls am Paradigma der Zweiseitigkeit beim Leistungsversprechen. Die Abwehr aufgedrängter Bereicherung sieht er nicht als ernsthaftes rechtliches Problem.
1348 Kaduk/Staudinger § 397, 6.

zichtserklärung für ausreichend, wenn der Schuldner nicht widerspricht[1349]. Die Gründe der Kritik sind klar: Welches Recht soll dem Schuldner zustehen, eine für ihn objektive Rechtsverbesserung zu verhindern?

Eine theoretische Rechtfertigung des § 397 könnte darin zu finden sein, dass mit dem Verzicht auf die Forderung, der Schuldner ebenfalls subjektive Rechtspositionen verlieren kann. Alle Einwendungen, auch damit verbundene Gestaltungsrechte, verlieren mit dem Untergang der Forderung ihre Grundlage. Daneben ist die Forderung Teil eines Schuldverhältnisses, das neben seinem engen Sinn ein organisches Gebilde mit wechselseitigen Wirkungen ist. Der Verzicht würde also Rechtspositionen untergehen lassen, die dem Verzichtenden gar nicht zustehen. Jedenfalls lässt sich aus § 397 umkehrend schließen, dass der Rechtsinhaber auf Rechte regelmäßig einseitig verzichten kann, nur nicht auf eine Forderung.

§ 305 betrifft nur die Begründung oder Änderung eines Schuldverhältnisses, so dass sich hieraus keine allgemeine Verschärfung ableiten lässt[1350]. Freilich ist immer zu prüfen, ob der Verzicht eine inhaltliche Änderung bewirkt.

Beim einseitigen Leistungsversprechen ist überdies die Ermittlung des Versprechenscharakters problematisch. Der Rechtsbindungswillen lässt sich nicht ohne weiteres feststellen, denn der Erklärungsinhalt ist nicht ein Ergebnis eines Modus, bei dem mindestens zwei Personen beteiligt sind, wie beim Vertrag. Auch die fehlende Reziprozität lässt am Bindungscharakter zweifeln[1351]. Wohl auch deswegen behandelt das BGB die einseitigen Leistungsversprechen regelmäßig als formbedürftig[1352]. So besteht bei der Annahme eines einseitigen Versprechens immer die Gefahr einer lebensfremden Fiktion. Die Haftpflicht die es zu begründen gilt, wäre regelmäßig eine nicht nachzuvollziehende Interessensexponierung des Versprechenden[1353].

Diese Argumente gehen aber ins Leere, da die Risikoübernahme kein Versprechen sondern eine Verfügung ist. Das Recht auf die Möglichkeit der Kenntnisnahme ist keine Forderung. Es besteht kein zugrundeliegendes Schuldverhältnis. Technisch besehen ist es auch keine Einrede, eigentlich auch keine Einwendung. Es ist ein konstituierendes Tatbestandsmerkmal des Zugangs und damit Wirksamkeitsvoraussetzung. Den Tatbestand zu verwirklichen liegt beim Erklärenden. Das seinerseits Erforderliche hängt aber von der Gestaltung des Empfängers ab. Mit der Risikoübernahme wird der Status des Empfängers, der durch § 130 geschaffen ist, unmittelbar verändert.

1349 Larenz SchR I, 334; Esser SchR I, 179. Esser sieht in § 397 eine Übertreibung des Vertragsprinzips, das so keine Stütze im Rechtsbewusstsein finde.

1350 Vgl. Levy, 22 ff.; Cohn, Gruchots Beiträge 47 (1903), 262 ff.

1351 Stoll, FS Flume, 748.

1352 Vgl. §§ 518, 765, 780 f.

1353 Stoll will daher bei der Feststellung des Versprechens Sinn und Zweck berücksichtigen. So soll eine objektive Kontrolle entstehen, welche die (wirtschaftlichen) Interessen des Versprechenden beachtet. Vgl. ders., 748 ff.

2. Die Einordnung der einseitigen Risikoübernahme in die Kategorien der Rechtsgeschäftslehre

a. Einordnung in die Handlungslehre

In der Rechtsgeschäftslehre wird bei der Bestimmung der rechtlichen Relevanz eines Verhaltens an die Qualifikation der zugrunde liegenden Handlung angeknüpft. Begrifflich erfolgt dies in der Spanne von Willenserklärung bis Realakt, in der Sache vom willentlichen Abzielen auf einen rechtlichen Erfolg bis zum bloßen erlaubten Verhalten, das ex lege bewertet wird. Die Rechtshandlungen werden üblicherweise in Willenserklärungen und geschäftsähnliche Handlungen, Mitteilungen, Wissenserklärungen unterteilt, Realakte in solche mit Willensmoment und ohne[1354].

Bevor die Einordnung der Risikoübernahme erfolgt, soll die Leistungsfähigkeit dieser Systematik an der Begründung des Wohnsitzes gemäß § 7 geprüft werden. Die Wohnsitzbegründung ist wie die hier einzuordnende Risikoübernahme ein einseitiges Verhalten, das zu einer Statusänderung führt. Daneben liegt sie in der gleichen rechtlichen Dimension wie der Entstehungstatbestand des Empfangsboten, weil der Wohnsitz erheblich den Empfangsbereich bestimmt. Die Begründung des Wohnsitzes erscheint daher hinsichtlich der Einordnung des der Bestimmung des Empfangsboten zugrundeliegenden Verhaltens nah verwandt

(1) Tauglichkeit der Systematik der Handlungen am Beispiel der Wohnsitzbegründung

Der Wohnort ist der Ort des dauernden Aufenthalts, getragen vom Domizilwillen. Nach § 8 bedarf es zur Veränderung des Wohnsitzes der Geschäftsfähigkeit. Doch der Wille allein reicht nicht aus, es bedarf zunächst immer der Einrichtung des tatsächlichen Lebensmittelpunktes an diesem Ort.

Nach *Manigk* ist die Wohnsitzbegründung eine Rechtshandlung mit erheblichen inneren Tatsachen und kein privatautonomer Akt[1355]. Die Wohnsitzbegründung ist wie der Fund durch §§ 965 ff. und die Verarbeitung durch § 960 durch das Gesetz vorgegeben. Allerdings ist nach § 7 III an den Willen anzuknüpfen, der aber nicht auf eine Rechtsfolge gerichtet sei. *v.Tuhr* sieht in der Wohnsitzbegründung ebenfalls eine Rechtshandlung und kein Rechtsgeschäft[1356]. Die Rechtssätze über Rechtsgeschäfte sollen aber entsprechend angewendet werden, allerdings erst nach einer Plausibilitätsprüfung[1357]. Nach *Larenz* ist die Wohnsitzbegründung ebenfalls eine Handlung, getragen von einem Willensakt, die er ausdrücklich als Realakt bezeichnet[1358]. Dass der Begründer geschäftsfähig zu sein hat, sei zwar für Realakte unüblich, werde durch § 8 I

[1354] Besonders deutlich bei Enneccerus-Nipperdey, AT § 137.
[1355] Manigk, 679.
[1356] v.Tuhr, AT I, 429.
[1357] v.Tuhr, AT I, 429.
[1358] Larenz, AT 5. Aufl. (1980), 106 f.

aber angeordnet. *Enneccerus-Nipperdey* hingegen sieht wegen des Willenselementes die Wohnsitzbegründung als eine geschäftsähnliche Handlung[1359].

Einigkeit besteht bei der Einordnung der Wohnsitzbegründung außerhalb des Kreises der Rechtsgeschäfte, ebenso bei der Anwendung bestimmter Regeln der Rechtsgeschäfte. Welche Regeln das sind, ergibt sich aber nicht aus der weiteren begrifflichen Einteilung. Mit der Einordnung in die Handlungsarten ist somit wenig zu gewinnen[1360]. Allein der Zweck der jeweiligen Vorschrift aus den §§ 104 ff. entscheidet über ihren Anwendungsbereich[1361]. ebenso ist bei der Risikoübernahme durch Bestellung eines Empfangsboten zu verfahren.

(2) Einordnung der Risikoübernahme

Empfangsbote ist als rechtlicher Begriff in das Rechtssystem eingebettet. Es gibt keinen lebensweltlichen Empfangsboten, der in das Rechtssystem zu transformieren wäre[1362]. Vielmehr liegt eine Wertung vor, die an einem Verhalten des Empfängers anknüpft. Um die Selbstbestimmung des Empfängers zu verwirklichen und seine Autonomie zu belassen, ist bei diesem Verhalten an einen Willensakt anzuknüpfen. Dieser Wille ist die Aussage einer Empfangsvorrichtung. Probleme des Verkehrsschutzes entstehen erst, bei einem „Scheinbriefkasten“[1363] oder beim „Scheinempfangsboten“, nicht aber wenn sich der Empfänger dahingehend einlässt, er wollte keine Verantwortung für seinen Briefkasten oder Empfangsboten übernehmen. Insofern entstehen keine Probleme, dieses Verhalten als rechtserheblich zu werten.

Die Risikoübernahme muss den Anforderungen des Empfangs einer Willenserklärung genügen. Der Empfang ist als Gegenstück zur Abgabe einer Willenserklärung an die Zulassung zum Rechtsverkehr geknüpft[1364]. Die Regeln der Geschäftsfähigkeit sind daher zu beachten, denn § 131 verlangt diese auch für die passive Teilnahme am Rechtsverkehr.

Die Willenserklärung ist das systemkonforme Mittel der rechtserheblichen Kommunikation. Rechtsgeschäftlich zu wirken, ist das Recht eines jeden Rechtssubjekts, rechtsgeschäftlich zu handeln ist das Recht eines jeden, der zum Rechtsverkehr zugelassen ist. So wird auch der Verzicht definiert, als „das Aufgeben einer Rechtsposition durch eine darauf gerichtete Willenserklärung“[1365]. Ein vollwertiges Rechtsgeschäft ist die Risikoübernahme dann, wenn alle Vorschriften der §§ 104 ff. zur Anwendung kommen. Die begriffliche Einordnung spielt freilich nur eine untergeordnete Rolle. Entscheidend ist nicht wie viele, sondern welche Vorschriften der §§ 104 ff. wie anzuwenden sind.

1359 Enneccerus-Nipperdey, 554. Ihm folgend Gitter/MüKo § 7, 12.

1360 Vielmehr zeigen sich in diesen verschiedenen Ansätzen Probleme, weil im Zivilrecht kein einheitlicher Handlungsbegriff entwickelt ist.

1361 Scherner, AT, 291 ff. mit weiterem Nachweis.

1362 Vgl. oben, 2. Kap. I.

1363 Etwa bei einer ungewollten Installation durch Dritte.

1364 Vgl. oben, 2. Kap. III. D.

1365 Enneccerus-Nipperdey AT, § 143 III.3.

(3) Der Tatbestand der Risikoübernahme

Die Risikoübernahme ist das Ergebnis der Wertung eines Verhaltens, welches eindeutig darauf schließen lässt, dass das Risiko übernommen wird. Hier ist Raum für die allgemeine Auslegungslehre, denn eine ausdrückliche Erklärung ist nicht notwendig. Zu beachten ist dabei die nachteilige Wirkung der Risikoübernahme für den Empfänger. Allzu leicht kann diese nicht angenommen werden.

Der Bewertung als Risikoübernahme liegt eine Entscheidung zu Grunde, die eine normale Folge hat und ein nicht unbedingt zu erkennendes Risiko. Diese Entscheidung muss sich nicht explizit auf das Risiko beziehen. Das wird mit der Rechtsfigur des Empfangsboten ohne weiteres erreicht: Normale Folge der Entgegennahme durch den Empfangsboten ist die Weiterleitung der Erklärung an den Empfänger. Das nicht unbedingt zu erkennende Risiko ist ein Fehlverhalten des Empfangsboten. Ob der Empfänger damit rechnete, ist ohne Bedeutung, er hat dieses begleitende Risiko mit der Entscheidung zur Einsetzung des Empfangsboten übernommen[1366]. Mit der riskanten Entscheidung entsteht beim Entscheider die Verantwortung für das mit der Entscheidung verbundene Risiko[1367].

b. Geschäftsfähigkeit

Der Empfänger, der das Risiko übernimmt, muss geschäftsfähig sein. Der Empfang ist Teil der Geschäftsfähigkeit. Durch § 131 ist Empfangsfähigkeit parallel zur aktiven Geschäftsfähigkeit ausgestaltet. Folglich ist bei beschränkt geschäftsfähigen Personen nach der rechtlichen Wirkung der Willenserklärungen differenziert.

Die Wirksamkeit einer rechtlich nicht nachteiligen Erklärung ist eigentlich nicht rechtlich nachteilig, so dass bei der Risikoübernahme § 107 anzuwenden sein könnte.

Die rechtlichen Nachteile, welche die Wirksamkeit für den Empfänger mit sich bringt, könnte aber auch vom Erklärungsinhalt unabhängig zu bestimmen sein. Dann wäre der verzichtende Charakter der Risikoübernahme zu beachten, der einer aktiven Gestaltung des Empfangs allein durch den beschränkt Geschäftsfähigen entgegensteht. Denn der Empfänger, der Risiken übernimmt, entledigt sich der Schutzfunktion des allgemeinen Zugangsmomentes zugunsten des Empfängers, das eine bestimmte Qualität der Möglichkeit der Kenntnisnahme garantiert.

Eine positive Wertung ist aus § 7 zu entnehmen. Der für die Begründung des Wohnsitzes erforderliche Domizilwille erfordert ebenfalls Geschäftsfähig-

---

[1366] Regelmäßig wird der Empfänger gerade nicht mit dem Fehlverhalten des Empfangsboten rechnen.

[1367] Vgl. oben 3. Kap. IV. B. In der Struktur ähnelt die Risikoübernahme insoweit der Gefährdungshaftung. Bei dieser kann auch nicht nur auf eine willentliche Verantwortung abgestellt werden. Dies wäre eine Fiktion, da die Folgeschäden nicht erkannt wurden. Aber im Entschluss werden Risiken erkannt, Wagnisse kalkuliert, die dann in Kauf genommen werden. Diese Erkenntnisse sind abstrakt zu beurteilen, so dass eine objektive Verantwortung entsteht. Vgl. hierzu Esser, Gefährdung, 92.

keit[1368]. Der Wohnsitz ist die vorzüglichste Anknüpfung für die Bestimmung des Machtbereichs. Ist aber schon für dessen Einrichtung Geschäftsfähigkeit zu verlangen, dann erst recht für die Erweiterung des damit verbundenen Risikobereichs hinsichtlich eingehender Willenserklärungen. Der beschränkt Geschäftsfähige kann deshalb seinen Machtbereich nicht ohne Mitwirkung des gesetzlichen Vertreters verändern, folglich auch nicht das Risiko eines Empfangsboten übernehmen.

c. Das Wirksamwerden der Risikoübernahme

Alles rechtlich Relevante muss nach Außen dringen; der unerkannte innere Wille ist ohne Belang [1369]. Zu klären ist daher, wie die Risikoübernahme zur Geltung kommt. Dabei sind zunächst die tatsächlichen Umstände zugrunde zu legen. Die Risikoübernahme kann einem bestimmten individualisierten Erklärenden gegenüber erklärt werden oder gegenüber einer Gruppe unbekannter Erklärender.

(1) Die Geltung der Risikoübernahme gegenüber einem bestimmten Erklärenden

Erklärt der Empfänger die Risikoübernahme gegenüber dem Erklärenden, ist fraglich, ob das Wirksamwerden nach den Regeln für Willenserklärungen, also nach § 130 beziehungsweise nach der eingeschränkten Vernehmungstheorie erfolgt. Einerseits kann eine Beschränkung des Wirksamwerdens, die sich aus § 130 ableiten würde, nicht mit einem Schutzbedürfnis des Erklärenden gerechtfertigt werden. Die Risikoübernahme ist für den Erklärenden lediglich rechtlich vorteilhaft. Andererseits muss man Zweck des § 130 beachten, den Moment der Bindung eindeutig und gerecht zu bestimmen. Daneben wird durch § 130 die Empfangsbedürftigkeit zur Regel, die Nichtempfangsbedürftigkeit zur Ausnahme. Überdies werden die Interessen des Erklärenden mit der Anwendung des § 130 nicht verkürzt. Folglich sind die Regeln zum Wirksamwerden von Willenserklärungen anzuwenden, unabhängig von ihrer begrifflichen Einordnung. Erst mit dem Zugang beziehungsweise mit dem Eindruck der Vernehmung wird die Risikoübernahme wirksam[1370]. Diese Lösung ist systemkonform, hat sich bewährt und wird bei allen rechtserheblichen Erklärungen, auch bei Wissensmitteilungen angewendet[1371].

(2) Die Geltung der Risikoübernahme gegenüber einer Vielzahl potentieller Erklärender

Der Empfänger kann auch gegenüber einer Vielzahl von potentiellen Erklärenden seinen Risikobereich erweitern. Hierunter fallen die meisten Empfangsanstalten wie etwa der Briefkasten, der nicht nur für den Postverkehr, sondern grundsätzlich für alle schriftlichen Erklärungen gilt. Ein Postfach gilt als Risi-

---

1368 Vgl. § 8.

1369 Husserl, 50. Selbst die nichtempfangsbedürftige Willenserklärung bleibt ohne Bedeutung, wenn sie von niemanden zur Kenntnis genommen wird, z.B. das unbekannte Testament.

1370 Beispielsweise indem in der Antragserklärung die Möglichkeit der Einschaltung eines Empfangsboten hinsichtlich der erwarteten Annahmeerklärung geäußert wird.

1371 Flume, AT, 113; Kramer/MüKo Vor § 116, 35.

koübernahme nur für Erklärungen, die durch die Post übermittelt werden. Dies geschieht durch ein schlüssiges Verhalten: In der Einrichtung einer Empfangsvorkehrung liegt eine öffentliche Kundgabe der Risikoübernahme hinsichtlich der darin eingehenden Erklärungen.

Auch bei einer solchen öffentlichen Kundgabe könnte § 130 zur Anwendung kommen: Der Erklärungsinhalt wird gegenüber jedem wirksam, der ihn als solchen erkennt - also beispielsweise den Briefkasten sieht. Bei der vergleichbaren Mitteilung über die Bevollmächtigung durch öffentliche Kundgabe sieht *Flume* keine Schwierigkeit, diese als Willenserklärung „to whom it may concern" einzuordnen[1372]. Die Installation einer Empfangseinrichtung wäre dann eine endliche Anzahl von Erklärungen, die gegenüber unbekannten Personen wirksam werden. Auch *Köndgen* sieht in der Spezialität des Erklärungsadressaten kein Begriffsmerkmal der Willenserklärung[1373]. Erklärungen an die Öffentlichkeit sollen grundsätzlich wie Willenserklärungen behandelt werden.

Anders bei der Auslobungserklärung, zu deren Wirksamkeit nach § 657 eine öffentliche Bekanntmachung gegenüber einem nicht individuell abgrenzbaren Adressatenkreis notwendig ist. Nicht ausreichend ist eine Bekanntgabe an eine Menge von konkreten Personen[1374]. Diese Qualifikation erklärt sich aus dem Zweck der Auslobung, der den Genuss des erweiterten Widerrufsrechts nach § 658 demjenigen zukommen lassen will, der auch das Risiko übernimmt, sich gegenüber einer unüberschaubaren Zahl von Personen zu verpflichten. Eine solche Verpflichtung ist bei der Risikoübernahme nicht gegeben.

Bei der Risikoübernahme ist daher eine Differenzierung zwischen Zugang und öffentlicher Bekanntgabe unerheblich. Das Risiko und damit die Risikoübernahme wird durch die Nutzung seitens des Erklärenden aktualisiert. Erst so kommt die Risikoübernahme zur Geltung. Eine vorher existierende Risikoerweiterung durch öffentliche Bekanntgabe ist unerheblich, denn sie verpflichtet nicht[1375]. Der „Empfangsbote" entsteht folglich aufgrund der Risikoübernahme, die durch das Verhalten des Empfangsboten aktualisiert wird. Diese beiden Bestandteile stehen gleichwertig nebeneinander.

Nicht zu verwechseln ist dieser Modus des Wirksamwerdens mit der Lehre von der „Erklärung an die Öffentlichkeit"[1376]. Danach soll der Erklärende wegen der Veröffentlichung der Erklärung für den Erklärungsinhalt einstehen müssen[1377]. Diese Theorie wird von *Canaris* widerlegt, hauptsächlich, weil keine Grundlage für das Einstehen zu finden ist[1378]. Einen Haftungswillen zuzubilligen, sieht er als eine Fiktion. Zu erklären sei mit dieser Lehre auch nicht die gewünschte Differenzierung von Gut- und Bösgläubigkeit. Schließlich fehlt das

---

[1372] Flume, AT, 827.
[1373] Köndgen, 289 f.
[1374] Seiler/MüKo, § 657, 13.
[1375] Das Problem stellt sich erst bei der Beendigung durch Widerruf oder Anfechtung.
[1376] Übersicht zu den Vertretern dieser Lehre bei Canaris, Vertrauenshaftung, 153, Fn.5 ff.
[1377] Dieser Denkansatz hat sich gebildet um die Rechtsscheinhaftung wegen eines Registereintrages zu erklären.
[1378] Canaris, Vertrauenshaftung, 153.

für das Rechtsgeschäft notwendige „in Geltung setzen". Diese Angriffe gehen hier fehl, denn die Veröffentlichung hat nicht die Bedeutung eines Geltungsgrundes[1379].

(3) Die Geltung der Risikoübernahme gegenüber einem Erklärungsboten

Zuständig für den Empfang der Risikoübernahme könnte auch der Erklärungsbote sein. Zu begründen wäre dies mit der technischen Art der Risikoübernahme, welche nur die Durchführung, nicht aber den Erfolg der Übermittlung betrifft.

Mit der Einschaltung des Erklärungsboten wird diesem die technische Durchführung regelmäßig überlassen. Dies wird bei institutionalisierten Beförderungsdiensten deutlich. Etwa hat der Postkunde auf die Art und Weise des Transportes einer Postversendung kaum Einfluss[1380]. Dies gilt insbesondere für die konkrete Durchführung der Zustellung. Der Postkunde hat beispielsweise keinen Einfluss darauf, ob der Postbote die Sendung im Briefkasten ablegt oder die Sendung an jedem Ort dem Adressaten übergibt. Möglich sind auch vereinbarte eigenartige Zustellungsmodi, wie das Durchschieben der Postsendung durch die Tür oder das Ablegen an einem bestimmten Ort. Diese Umstände betreffen die technische Durchführung. Das Einverständnis mit der Übernahme der Risiken eines Empfangsboten gehört zum technischen Bereich der Übermittlung. Dabei ist der Erklärungsbote befugt, eigene Entscheidungen zu treffen[1381].

Ausgangspunkt ist die Richtungsgebung durch den Empfänger, der die Risikoübernahme gegenüber dem Erklärungsboten äußert. Diese müsste geeignet sein, die Risikoübernahme so in Geltung zu setzen, dass dies auf die Anforderungen wirkt, welche der Erklärende zum Wirksamwerden zu erfüllen hat. Dazu müsste der Empfang der Risikoübernahme durch den Erklärungsboten dem Erklärenden zugerechnet werden.

Die Zuständigkeit könnte eine Empfangsvollmacht sein, die auf solche technischen Umstände begrenzt ist oder beim Erklärungsboten könnte eine originäre Zuständigkeit bestehen. Die Wirkung trifft den Erklärenden, insoweit scheint die Annahme einer Vertretung angemessen. Andererseits geht die Wirkung nicht über die Einsetzung als Erklärungsbote hinaus. Der Empfang der Risikoübernahme ist ein Bestandteil dieser Tätigkeit. Entscheidend ist aber, ob eine Bevollmächtigung vorliegt. Eine solche müsste schlüssig in der Boteneinsetzung zu finden sein, was man nur selten annehmen kann, insbesondere weil es sich um eine isolierte Empfangsvollmacht handeln würde. Somit konzentriert

---

[1379] Im übrigen fragt Canaris nicht nach dem versprechenden Charakter, denn sicherlich kann man sich auch durch eine Veröffentlichung verpflichten. Daher ist m.E. die Fragestellung schon verfehlt, was sich auch auf die Widerlegung auswirkt.

[1380] Der Postkunde kann beispielsweise qualifizierte Zustellungsarten wählen oder eine Nachsendung ausschließen.

[1381] Für Empfangspersonen gibt es bei der Deutsche Post AG zwar vorgeschriebene Formalitäten. Doch diese haben den Zweck, die Legitimation der Empfangsperson nachzuweisen. Damit soll nicht die Zustellung als höchstpersönlich ausgestaltet werden.

sich das Problem darauf, ob eine originäre Zuständigkeit angenommen werden kann.

Eine vorweggenommene Zurechnung könnte in der Abgabe der Erklärung zu finden sein, also in der Einschaltung des Erklärungsboten. Der Erklärende wird nur in seltenen Fällen die Einzelheiten der Botentätigkeit vorschreiben wollen, denn für ihn ist lediglich der Erfolg erheblich, also das Zugehen der Erklärung. Dieses Desinteresse an den Einzelheiten eröffnet dem Erklärungsboten bei seiner Tätigkeit einen Spielraum. Innerhalb dieses gebilligten Spielraums, der dem Boten ein Ermessen eröffnet, könnten auch technische Regelungen zu Empfangseinrichtungen liegen.

Pawlowski erkennt ausdrücklich, dass auch der Bote regelmäßig eigene Entscheidungen treffen kann[1382]. Anders als beim Stellvertreter legitimieren sich diese Entscheidungen aus dem „Innenverhältnis"[1383]. Die Zurechnung solcher eigenverantwortlicher Entscheidungen des Boten durch die Abgabe, ist auch systemkonform. Nach § 120 wird dem Erklärenden zumindest vorläufig zugerechnet, wenn der Bote von der idealen Vorgabe der Übermittlung abweicht[1384]. Dies begründet zwar keine Zuständigkeit, sondern ist Ausdruck einer Haftung. Deren Rechtfertigung ist aber ebenso in der Abgabe der Willenserklärung zu finden, denn deren adäquate Folge ist auch die Falschübermittlung.

Der Empfang der Risikoübernahme, welche die Bestimmung als Empfangsboten enthält, ist eine adäquate Folge der Einsetzung als Erklärungsboten durch den Erklärenden. Diese originäre Zuständigkeit des Erklärungsboten bewirkt das Wirksamwerden und die Aktualisierung der Risikoübernahme.

(4) Die mögliche Beteiligung des Empfangsboten selbst

Die gegenüber dem präsumtiven Empfangsboten geäußerte Risikoübernahme bleibt zunächst intern und hat somit keine (Außen-)Wirkung. Die Entäußerung allein reicht zur Geltung nicht aus, wenn der Erklärende davon nichts erfährt. Die Statusänderung soll in der Relation zwischen Erklärendem und Empfänger wirken. Die Risikoübernahme ist daherrichtungsbedürftig. Dann macht es keinen Unterschied, ob die Risikoübernahme irgend einem anderen als dem Erklärenden erklärt wird oder gegenüber dem Empfangsboten oder ob sie überhaupt nicht nach außen dringt, also nur im Gedanken bleibt oder ob sie nicht einmal gedacht wurde. Dies ist auch zufriedenstellend, denn es existiert in keinem Fall ein Tatbestand, worauf der Erklärende vertrauen könnte. Ist der Empfänger im nachhinein willens, das Risiko zu übernehmen, besteht keine rechtliche Relevanz und die Rechtsordnung muss sich damit nicht befassen.

Der Empfangsbote kann aber die Risikoübernahme gegenüber dem Erklärenden äußern, indem er diese dem Erklärenden mitteilt. Dabei agiert er als Erklärungsbote des Empfängers. Offenbart er lediglich das zugrundeliegende Verhältnis zwischen ihm und dem Empfänger, besteht das Auslegungsproblem, ob

---

[1382] Pawlowski, AT, Rn. 693 f.

[1383] Freilich gibt es beim Empfangsboten kein Außenverhältnis.

[1384] Dazu Marburger, AcP 173, 137 ff. Insbesondere wenn man richtigerweise auch die bewusste Falschübermittlung zunächst zurechnet, wird der Eigenverantwortlichkeit des Erklärungsboten Rechnung getragen.

in dieser Information eine Risikoübernahme zu sehen ist. Dazu muss zunächst die Information dem Empfänger zuzurechnen sein, d.h. er muss die Mitteilung veranlasst haben oder zumindest dulden. Eine weitere Frage ist dann, ob die autorisierte Mitteilung eine solche Risikoübernahme enthält. Die externe Risikoübernahme ist das anzustrebende Auslegungsziel[1385].

Beim Empfangsboten fehlt eine gesetzliche Ausbildung einer Abstraktion, welche die Flexibilisierung der Innenbeziehung ermöglicht[1386]. Dafür besteht aber auch kein Bedürfnis, denn maßgeblich ist ohnehin nur die externe Risikoübernahme. Eine interne Autorisation ist daher lediglich ein Reflex ohne eigenständige Bedeutung. Die Risikoübernahme ist eine Wertung, die der Erklärende nachzuvollziehen hat. Vertraut er dabei auf die Angaben einer dritte Person, auch des vermeintlichen Empfangsboten, hat dies keine Folgen auf die Objektivität der Wertung. Es bleibt das Risiko des Erklärenden, den Bestand der Risikoübernahme zu prüfen.

d. Der Widerruf der Risikoübernahme

Bei der Erklärung gegenüber einem individualisierten Erklärenden stellt sich die Frage, ob ein Widerruf nur unter den Voraussetzungen des § 130 I,2 beachtlich ist. Dafür spricht, dass die Risikoübernahme wie eine Willenserklärung wirksam wird, mithin § 130 insgesamt anzuwenden sein könnte. Andererseits ist der verfügende Charakter der Risikoübernahme zu beachten.

Bei sachenrechtlichen Verfügungen ist ein Widerruf grundsätzlich jederzeit möglich. § 929 verlangt ein „Einigsein"; § 873 definiert die Voraussetzungen der ausnahmsweise gegebenen Unwiderruflichkeit. Ebenso ist beim Empfangsboten zu entscheiden. Grds. gibt es keine Bindungswirkung, welche über die unmittelbare Wirkung hinaus geht. Es kommt auf den Bestand der Risikoübernahme im Moment der Aktualisierung durch den Erklärenden an. Die Risikoübernahme wirkt nicht, wenn sie widerrufen wurde.

Beim Widerruf der Risikoübernahme, die gegenüber einer Vielzahl von Personen erklärt wurde, könnte § 172 I, 2 anzuwenden sein. Danach wäre erforderlich, dass die Erklärung in der gleichen Form widerrufen wird, wie sie erklärt wurde. *Köndgen* hält es bei allen Erklärungen an die Öffentlichkeit für zweckmäßig, dass sie in gleicher Form widerrufen werden wie sie entstanden sind, also durch eine Veröffentlichung, selbst wenn sie ansonsten frei widerruflich sind[1387].

Der Zweck des § 172 ist zumindest auch davon getragen, dass die Erklärung nicht an ein bestimmtes Rechtssubjekt, sondern an eine Vielzahl von Personen gerichtet ist. Damit bleibt die Erklärung immer noch empfangsbedürftig, aber aus den Umständen ergeben sich andere Anforderungen als bei § 130. Durch die öffentliche Kundgabe wird mittelbar die Bestandskraft der Erklärung verändert.

1385 Hat der Empfangsmittler etwa die ausdrücklichen Titel eines „Assistenten" oder andere Bezeichnungen, die auf eine administrative Aufgabe schließen lassen, ist hierin eine Risikoübernahme zu sehen.

1386 Anders bei der Empfangszuständigkeit nach § 362, bei der die interne Autorisation die Regel ist, die externe lediglich als Folge deren Abstraktion. Vgl. Müller-Laube, 108.

1387 Köndgen, 289.

Dies hat bei der Bevollmächtigung auch Sinn, denn die Veröffentlichung schafft eine Verlasslage, deren Zerstörung schwieriger ist.

Eine solche Verlasslage besteht bei der Risikoübernahme eigentlich nicht, da sie ohne eine Aktualisierung durch den Erklärenden nur latent besteht. Allerdings wird die Risikoübernahme nur vom Erklärenden aktualisiert. Dabei verlässt er sich auf den Fortbestand der Risikoübernahme. Mit einem öffentlichen Widerruf ist sogar eine Erleichterung für den Empfänger verbunden: Dieser ist davon befreit, gegenüber jedem einzelnen vermeintlichen Erklärenden zu widerrufen, sondern kann die Erklärung so pauschal gestalten wie die Risikoübernahme selbst[1388].

e. Die Anfechtbarkeit der Risikoübernahme

Fehlt dem Empfänger bei der Abgabe der Risikoübernahme das Erklärungsbewusstsein, berechtigt dies grundsätzlich zur Anfechtung nach § 119[1389]. Allerdings ist die Wirkung des § 142 fraglich. Die Entgegennahme durch den Empfangsboten vermittelt die Möglichkeit der Kenntnisnahme. Diese Möglichkeit kann aber nicht rückabgewickelt werden. Ist die Erklärung wirksam geworden, kann eine Anfechtung der Risikoübernahme, welche die Grundlage für die Möglichkeit der Kenntnisnahme war, diese nicht unwirksam machen. Die Einsetzung des Empfangsboten hat sich insoweit erledigt. Somit besteht ein Wertungswiderspruch zwischen § 142 und § 130. Die Nichtigkeitsanordnung des § 142 findet ihre Grenzen wo die Rechtsfolge „nichtiges Rechtsgeschäft" nicht interessengerecht ist[1390]. Nicht nur die Interessen des Erklärenden, sondern das Allgemeininteresse an der Eindeutigkeit des Wirksamkeitsmoments überragt die Wertung des § 142.

Eine denkbare Beschränkung der Rechtsfolge auf eine Anfechtungswirkung ex nunc wie sie in anderen Problemlagen erfolgt, hat beim Empfangsboten keine Bedeutung. Die Risikoübernahme hat keine verpflichtende Wirkung und ihre verfügende Wirkung wird erst durch den Erklärenden aktualisiert. Aus dem gleichen Grund scheiden andere Irrtumsanfechtungen und die Anwendung des § 123 aus.

Neben diesen Schwierigkeiten ist bei § 120 die Erfüllung des Tatbestandes bei der Risikoübernahme schon kaum denkbar. Entweder ist die Person Empfangsbote oder nicht. Eine Falschübermittelung hinsichtlich der Risikoübernahme ist nicht möglich. Wird die Risikoübernahme von einem Dritten lediglich behauptet, handelt es sich um keine Botentätigkeit. Der Empfänger hat in diesem Fall weder den Boten ausgesucht, noch die Möglichkeit gehabt ihn zu überwachen, so dass er auch keine Gefahr zu tragen hat[1391].

1388 Beispielsweise das Namensschild des ehemaligen Empfangsboten aus einem öffentlich zugänglichen Verzeichnis löschen oder von einer Tür entfernen.

1389 Vgl. Kramer/MüKo § 119, 80 ff. mit weiteren Nachweisen.

1390 Allgemein wird dies etwa bei in Vollzug gesetzten Dauerschuldverhältnissen so gelöst, dass die Nichtigkeitswirkung nicht zu einer Rückabwicklung führen soll. Vgl. Mayer-Maly/MüKo § 142 15 ff.

1391 Die genannten Elemente erkennt Marburger als wesentlich für die Anwendung des § 120. Vgl. ders. AcP 173, 155.

Zu dieser Lösung gelangt man immer, wenn man die Risikoübernahme isoliert behandelt. Ist die Person als Erklärungsbote eingesetzt und behauptet sie, sie solle ebenso als Empfangsbote für die Gegenerklärung fungieren, liegt keine unrichtige Übermittlung insgesamt vor. Die Übermittlung der Risikoübernahme ist eine völlig andersartige Tätigkeit als die Übermittlung der eigentlichen Willenserklärung. Bei der Übermittlung der eigentlichen Willenserklärung hat der Auftraggeber die Rolle eines Erklärenden, hinsichtlich der Übermittlung der Risikoübernahme, die eines Empfängers. Dieser Rollentausch unterbricht die Zurechnung.

Freilich kann in diesen Fällen ein Auslegungsproblem bestehen, nämlich wenn die Einschaltung des Erklärungsboten unter den konkreten Umständen den Schluss nahe legt, die Person sei ebenfalls Empfangsbote. Wird beispielsweise ein Antrag durch einen Erklärungsboten übermittelt und ist die Annahmefrist so kurz bemessen, dass sie nur einzuhalten ist, wenn der Bote auch die Annahme zurückübermittelt, liegt in der Einschaltung des Erklärungsboten auch die Übernahme der Risiken, die mit der Weiterleitung der Annahmeerklärung durch den Erklärungsboten verbunden sind. Eine Frage der Anfechtbarkeit stellt sich dabei nicht, denn die Auslegung führt zum endgültigen Ergebnis.

Wurde die vom Empfänger erklärte Risikoübernahme durch einen Dritten zugänglich gemacht, liegt ein Problem der Abgabe vor und nicht der Anfechtung.

Die einseitige Risikoübernahme ist somit kein vollwertiges Rechtsgeschäft, denn die Anfechtungsregeln sind nicht anwendbar.

3. Die Grenzen der Risikoübernahme

Könnte der Empfänger allein den Zugangsmodus bestimmen, hätte eine Vereinbarung und somit auch die zweiseitige Risikoübernahme keine weitere Funktion mehr. So soll nach *Manigk* der Empfänger die Zugangsbedingungen festsetzen können.[1392]. Dies erklärt sich mit seinem Ansatz, der den Kundgebungszweck der Willenserklärung in den Mittelpunkt rückt. Damit erlangt die Richtungsgebung, das „Dirigieren"[1393] zum Empfänger entscheidende Bedeutung. Der Zugang ist danach das „objektive Korrelat", dem der Kundgebungszweck zugrunde liegt[1394].

Soweit damit eine Belastung des Erklärenden verbunden ist, kann dem nicht gefolgt werden. Der Empfänger kann nicht willkürlich die Zugangsbedingungen verschärfen. *Manigk* vermengt die gesetzliche Machtverleihung, die das selbstbestimmte Handeln ermöglicht und deren umrahmende Verfassung, welche die gleichartige technische Durchführung für alle gleichermaßen garantiert.

Der verzichtende Charakter der einseitigen Risikoübernahme gibt ihre Grenze vor, denn man kann nur auf eigene Rechtspositionen verzichten. Die einseitige Risikoübernahme kann nicht zu Lasten des Erklärenden gehen. Da dem Erklärenden durch die Risikoübernahme keine rechtserheblichen Nachteile entstehen dürfen, kann einseitig keine „verdrängende" Empfangsanstalt errichtet werden.

1392 Vgl. oben, A.1.

1393 Manigk, 312.

1394 Manigk, 346.

Der Erklärende hat nach wie vor die Möglichkeit, die Erklärung auf normalen Weg zugehen zu lassen. Er ist nicht verpflichtet, den Empfangsboten zu nutzen. Bei der zweiseitigen Risikoübernahme ist ein Ausschluss von normalen Empfangsmöglichkeiten hingegen denkbar.

4. Theoretische Abgrenzung zu ähnlichen nichtrechtsgeschäftlichen Instituten und Erklärungsmodellen

a. Verhältnis zum Grundsatz venire contra factum proprium

Aufgrund des verzichtenden Charakters der Risikoübernahme ist eine Abgrenzung zu sonstigen Verhalten erforderlich, die als Reflex verzichtende Wirkungen haben. Diese Reflexwirkungen werden mit dem Rechtssatz „venire contra factum proprium" gerechtfertigt. Diese Rechtsregel könnte eine gangbare Alternative zur Bestimmung des Empfangsboten bieten. Diesen Wege beschreitet *Richardi*, der die Zuständigkeit des Empfangsvertreters danach feststellen will, inwieweit die Person mit einer entsprechenden Aufgabe betraut wurde[1395]. Dabei soll die Behauptung des Geschäftsherrn, eine solche Zuständigkeit nicht begründen zu wollen, als venire contra factum proprium zu behandeln sein und damit ihre Bedeutung nehmen.

Walsmann hält den Verzichtswillen für ein geeignetes Kriterium, um Verzicht und venire contra factum proprium abzugrenzen[1396]. Fehlt dieser Wille, könne eine Lösung nur in einer Fallgruppe der venire contra factum proprium zu finden sein. Die Annahme einer stillschweigenden Verzichtserklärung sei dabei beliebig und somit nicht nachzuvollziehen. Dabei werde nicht das Vorliegen einer Verzichtserklärung geprüft, sondern lediglich die gewollte Wirkung begründet. Dies sei aber keine Auslegung mehr, sondern die Anwendung der Regel venire contra factum proprium.

Nach *Singer* soll bei der venire contra factum proprium ebenfalls ein Bindungswille gerade nicht Ansatzpunkt des Vertrauens sein, „sondern die - normativ begründete - Erwartung eines künftigen Verhaltens"[1397]. Grundlage sei die Erfahrung, dass sich Menschen gewöhnlich konsequent verhalten würden. Die Notwendigkeit des Vertrauensschutzes sieht *Singer* gerade dort, „wo mit Mitteln der Rechtsgeschäftslehre nicht auszukommen ist[1398]. Andererseits erkennt *Singer* selbst, dass dem Grundsatz kaum Raum für den positiven Vertrauensschutz bleibt, denn er findet keine positiv-rechtliche Stütze und ist nur als eine Fixierung eines obersten Rechtswertes zu begründen[1399]. Insbesondere findet sich kein rechtliches Gebot, konsequent zu leben, denn „man darf ja grundsätzlich sein Verhalten ändern"[1400]. Die Verbotsfälle zu definieren bedürfen daher nach diesem Lösungsweg immer noch weiterer Prüfungen, mit denen die

---

[1395] Richardi, AcP 168, 402.
[1396] Walsmann, 203.
[1397] Singer, Verbot widersprüchlichen Verhaltens (1993), 82.
[1398] Singer, 83.
[1399] Singer, 77 ff.
[1400] Singer, 79.

Schutzwürdigkeit und Schutzbedürftigkeit des Vertrauens festgestellt werden muss.

Auch *Dette* findet Anwendungsbereiche, bei denen die Annahme eines rechtsgeschäftlichen Verzichts nicht möglich sein soll[1401]. Ausgehend vom überkommenen Bild des Anwendungsbereichs meint er, die Konstruktion einer Willenserklärung bei allen Fallgruppen würde den Begriff überspannen. Dabei sieht er die Gefahr einer Fiktion, denn ein Handlungswille sei nicht immer zu finden. Die Haftung für inkonsequentes Verhalten rechtfertigt *Dette* mit dem Vertrauensprinzip, das er als fundamental einstuft[1402]. Das Verbot des widersprüchlichen Verhaltens erfasse prinzipiell auch den Vertrauensschutz, weil aus dem Verhalten des gegnerischen Rechtsinhabers zu schließen ist, dieser wolle sein Recht nicht mehr geltend machen[1403].

Wieling hingegen will das Verbot des Selbstwiderspruchs nicht über § 242 lösen und den Verlust der Rechtsposition ex lege finden, sondern das zugrundeliegende Verhalten als rechtsgeschäftliche Verzichtserklärung qualifizieren[1404]. Dadurch werden die Regeln der Willenserklärung anzuwendbar, was er begrüßt um eine „unkontrollierte Umgehung gesetzlicher Beschränkungen" zu vermeiden[1405].

Besondere Schwierigkeiten erkennt *Dette* bei dieser Lösung, wenn die Erklärungen einer bestimmten Form genügen müssen, sei es auch der Ausdrücklichkeit[1406]. In diesen Fällen die Nichtigkeitsanordnung einzuschränken um zu sachgerechten Ergebnissen zu kommen, hält er nicht für die bessere Methode. Die Annahme einer Willenserklärung sei überdies bei unverzichtbaren Rechten unmöglich[1407].

Wieling erkennt aber dies nur als eine Frage des richtigen Blickwinkels, denn umgekehrt zweifelt er das Verbot widersprüchlichen Verhaltens an, wenn bei einem Verhalten kein Bindungswille erkennbar ist[1408]. Dies gelte insbesondere auch, wenn damit ein Formerfordernis umgangen und dessen Zweck ignoriert wird.

Die besseren Gründe sprechen dafür, den Grundsatz venire contra factum proprium als Wirkung eines rechtsgeschäftlichen Verzichts in die geltende Rechtsordnung systemkonform zu integrieren. Die begrenzte Tragkraft des Vertrauensprinzips wurde schon dargestellt[1409]. Die Gefahr, gesetzliche Bedingungen einfach zu übergehen, ist nicht von der Hand zu weisen. Die Bedürfnisse nach Vertrauensschutz können besser innerhalb der Feststellung eines Verzichts

---

[1401] Dette, Venire contra factum proprium nulli conceditur (1985), 42.

[1402] Dette, 45 f.

[1403] Dazu Singer, Verbot des widersprüchlichen Verhaltens, 81.

[1404] Wieling AcP 176, 334 ff.

[1405] Wieling AcP 176, 342.

[1406] Dette, 43 f. Stillschweigende Aufsichtsratsbeschlüsse etwa wären nach § 108 AktG a.F. wirkungslos.

[1407] Dette, 45.

[1408] Wieling, AcP 187, 99.

[1409] Siehe oben, 3. Kap. III.E.

auf ihre Legitimität untersucht und falls erforderlich befriedigt werden. Mit dem Verständnis von der Willenserklärung als Fixierung von Gerechtigkeitserwägungen, die auch berechtigtes Vertrauen berücksichtigt, können Problemfälle gelöst werden[1410]. Das Gerechtigkeitspostulat erfährt durch ein Rechtssprichwort keine legitime Unterstützung. Venire contra factum proprium ist nur eine wirkungsorientierte Bezeichnung für eine Gruppe von Willenserklärungen. Der Grundsatz hat keinen weiteren Anwendungsbereich. Das vorgestellte Lösungsmodell wird somit nicht durch den Grundsatz venire contra factum proprium in Frage gestellt.

b. Vergleich mit der Konzeption der Selbstbindung ohne Vertrag (Köndgen)

Köndgens Modell der Selbstbindung ohne Vertrag basiert auf der Entstehung von Pflichten aus einem einseitigen selbstbindenden Verhalten[1411]. Mit „Selbstbindung" meint er ein empirisch beobachtbares Verpflichtungsverhalten in der sozialen Interaktion[1412]

Den vertraglichen Konsens hält *Köndgen* im Allgemeinen für untauglich, die Selbstverpflichtung zu begründen. Dies will er mit Beispielen aus der Rechtsordnung belegen, bei denen nicht an eine Bindung anknüpft wird, um die schuldrechtliche Wirkung zu begründen[1413][1414]. Deswegen habe der Konsens keine „obliegende Bedeutung", sondern die Aufgabe, beim gegenseitigen Vertrag die Reziprozität zu garantieren, indem die vertraglichen Pflichten identifizierbar werden. Daneben wird erst durch den Konsens der Dissens erkennbar[1415]. Das lebensweltliche Selbstbindungsverhalten ist als Versprechen im Rechtssystem implementiert. Daneben sieht er aber noch weitere Selbstbindungen in der Rechtsordnung[1416].

Da *Köndgen* die Selbstbindung nicht als eine rechtsgeschäftliche Handlung versteht, muss sich das Konzept der Selbstbindung gegen zwei Strömungen in der Rechtsgeschäftslehre abgrenzen und behaupten[1417]. Zum einen gegenüber der kombinatorischen Theorie wie sie *F.Bydlinski* und *Kramer* verfolgen[1418].

1410 Insbesondere das Hindernis „Erklärungsbewusstsein" muss nach aktuellem Verständnis nicht mehr überwunden werden um rechtsgeschäftliche Regeln anwenden zu können. Zur vergleichbaren Situation der Anscheinsvollmacht siehe Pawlowski, JZ 1996, 127 f.

1411 Köndgen, 156-199.

1412 Köndgen, 163.

1413 Köndgen, 157. So ist die Bindung an den Antrag vo konsensual. Beim Dissens gilt nach § 155 der davon unberührte Rest, dessen Bestandskraft sich aber nicht aus einem Konsens erklären lasse. Ebenso die Erfüllungshaftung aus c.i.c. Auch die unentgeltlichen Verträge sieht er durch das Leistungsversprechen konstituiert, nicht durch den Konsens. Die Annahme des Begünstigten sieht er nur als Teil einer Kommunikation, als Zeichen der Kenntnisnahme. Auch werde dadurch der Schwebezustand beendet.

1414 Das Problem der aufgedrängten Bereicherung ist dabei freilich nicht berücksichtigt.

1415 Köndgen, 159.

1416 Als Beispiel nennt er die Verwirkung und das „Einvernehmen" bei der Haushaltsführung des § 1356.

1417 Köndgen, 185.

1418 F.Bydlinski, Privatautonomie, 173; Kramer/MüKo vor § 116, 37 ff.

Diese sehen das Verpflichtungsgeschäft als die Kombination der Grundelemente „Privatautonomie", „Verkehrssicherheit" und „Äquivalenz". So wird das Rechtsgeschäft ausgedehnt, indem die Verkehrssicherheit eine eigenständige Bedeutung erhält. Auf der anderen Seite gilt es die Selbstbindung von der allzu engen Auslegung abzugrenzen, die neben das Rechtsgeschäft das „rechtlich relevante Verhalten" stellt, das die gleichen Rechtsfolgen haben soll. Für diese „Zweispurigkeit" der Verpflichtungsbegründung stehen *Flume*, *Canaris* und jüngst *Singer*[1419]. Gemeinsam ist der Selbstbindung und dem Rechtsgeschäft nach *Köndgen*, das zugrundeliegende Verpflichtungsverhalten als Teil einer Kommunikation im Geschäftsverkehr. Doch sieht *Köndgen* wesentliche Unterschiede im objektiven und im subjektiven Tatbestand: Beim Rechtsgeschäft ist der objektive Tatbestand „scharf konturiert", er „ragt aus dem Gesamtverhalten als... individualisierbarer Verpflichtungsakt heraus"[1420]. Die Selbstbindung ist nicht konturiert, es ist „potentiell das gesamte Verhalten". Adressat des Rechtsgeschäfts ist ein individueller Empfänger, bei der Selbstbindung regelmäßig das Publikum. Im subjektiven Tatbestand hat das Rechtsgeschäft regelmäßig einen Geschäftswillen, der sich auf den Partner und den Rechtsgeschäftsgegenstand bezieht[1421]. Dies fehle bei der Selbstbindung, die davon erzeugte Norm bleibe „pendent"[1422], d.h. zum Vollzug der Regelung bedarf es noch einer Aktualisierung. Die Selbstbindung ist aber geschäftsbezogen und von einem „generalisierten Geschäftswillen" getragen.

Trotz dieser Unterschiede will *Köndgen* die Regeln der Auslegung, der Geschäftsfähigkeit und der Willensmängel anwenden. Der Willenserklärung am nächsten sieht *Köndgen* das „unvollkommene Versprechen"[1423], das gegenüber einem individuellen Partner abgegeben wird. Ein Bruch dieses Versprechens führe zum Ersatz des negativen Interesses, aber nicht aufgrund einer gesetzlichen Vertrauenshaftung, sondern wegen des Versprechens. Am weitesten entfernt sieht *Köndgen* die Wissenserklärung, die aber auch selbstbindenden Charakter haben kann.

Eine ähnliche Grundlage der Pflichtenbegründung für die Vertrauenshaftung im Besonderen hat *Hohloch* gefunden; er nennt sie „Haftungsversprechen"[1424]. Auch *Stoll* betrachtet das „einseitige Leistungsversprechen" als eine taugliche Haftungsgrundlage[1425].

Allgemeine Anerkennung hat *Köndgens* Modell aber nicht gefunden. *Canaris* findet im Konzept der Selbstbindung einen untragbaren Widerspruch[1426]. Entweder es bestehe eine „parteiliche" Selbstbindung, dann ist sie Rechtsgeschäft,

---

1419 Flume AcP 161, 52; Canaris, Vertrauenshaftung, 424 ff.; Singer, Selbstbestimmung und Verkehrsschutz im Recht der Willenserklärung, 58 ff.

1420 Köndgen, 186.

1421 Köndgen, 187.

1422 Köndgen, 188.

1423 Köndgen, 189.

1424 Hohloch, NJW 1979, 2373.

1425 Stoll, FS Flume, 750 ff.

1426 Canaris, FS Larenz, 93.

möglicherweise Vertrag. Oder die Bindung ist gesetzlich. In eine der beiden Klassen von Rechtsquellen müsse sich die Selbstbindung einordnen lassen. Die Annahme eines einseitigen Leistungsversprechens sei nahe an der Fiktion, da ein Bindungswille unterstellt wird[1427]. *Assmann* sieht in *Köndgens* Modell lediglich einen Zurechnungsgesichtspunkt, der auf die Veranlassung abstellt. Es fehle die Begründung, warum aus einer Selbstbindung weitere Verhaltenspflichten erwachsen[1428]. *Loges* sieht in der Selbstbindung sogar den „Versuch, jenseits der Vorschriften... neue Verpflichtungsgründe zu schaffen“[1429].

Die Kritik von *Assmann* und *Loges* übersieht die Geltungskraft des Versprechens oder lässt sich zumindest darauf nicht ein. *Canaris* Vorwurf der Fiktion hat nur Bedeutung, wenn man wie er am Erfordernis eines subjektiven Tatbestandes festhält. Dies ist nicht vorgegeben, sogar größtenteils als überwunden anzusehen[1430]. Bedeutend erscheint allein der Einwand von *Canaris*, die Rechtsquelle sei unklar.

Zwar wehrt sich *Köndgen* gegen eine Vereinnahmung durch die kombinatorische Theorie, doch ist sein Versuch m.E. nur gewinnbringend, wenn man ihn als eine Fortentwicklung oder Ausbildung dieser Theorie sieht. Denn seine Abgrenzung zum Rechtsgeschäft ist wenig überzeugend. Warum soll eine rechtsgeschäftliche Erklärung mehr Konturen haben als eine Selbstbindung? Er selbst sieht bei einer Selbstbindung aufgrund eines unvollkommenen Versprechens die meisten rechtsgeschäftlichen Vorschriften für anwendbar. Das Rechtsgeschäft definiert sich aber über die Anwendung der Regeln zum Rechtsgeschäft[1431]. Dabei gilt es freilich die nur latente Wirkung der Selbstbindung einzuordnen, wie sie sich auch bei der einseitigen Risikoübernahme zeigt. Die latente Wirkung spricht aber nicht gegen einen rechtsgeschäftlichen Charakter. Wie bei jeder Garantie oder Zusicherung geht es um eine überschießende Verpflichtung, deren Zweck sich nicht auf die aktuelle, sondern auf eine vorstellbare Situation bezieht, etwa der Offenbarung eines Mangels oder dem Eintritt einer Pflichtverletzung. Die bestimmte und sofortige Wirkung ist kein Wesensmerkmal des Rechtsgeschäfts. Dies zeigt sich allgemein bei der Möglichkeit, eine Bedingung oder eine Befristung zu setzen.

Die Selbstbindung hat mit der einseitigen Risikoübernahme, welche zum Empfangsboten führt, verschiedene Gemeinsamkeiten: Sie ist einseitig, auch einseitig belastend und ist nicht notwendig an eine bestimmte Person gerichtet. Ebenso wie die Selbstbindung bedarf es auch bei der Risikoübernahme einer Aktualisierung durch einen anderen, der erst eine Situation schaffen muss, in der die Belastung wirkt: bei der Selbstbindung etwa eine Kaufabsicht, bei der Risikoübernahme die zum Empfangsboten führt, die Abgabe der Erklärung. Un-

---

[1427] Canaris, FS Larenz, 94.

[1428] Assmann, Prospekthaftung, 238 f.

[1429] Loges, 68.

[1430] Dies bezieht sich auf die Entwicklung in der Rechsprechung, die für die Willenserklärung nicht mehr ein Erklärungsbewusstsein fordert; s. BGHZ 91, 324; BGH NJW 1995, 953; Im Schrifttum ist dies weitgehend akzeptiert, s. Habersack, JuS 1996, 586.

[1431] v.Hippel, Privatautonomie, 106 ff.; Scherner; AT, 291 ff..

terschiedlich ist aber die Wirkung, die bei der Selbstbindung auf eine Haftungsbegründung zielt, die Risikoübernahme erschöpft sich in der Feststellung der Wirksamkeit einer Willenserklärung. Die Modelle befinden sich auch auf unterschiedlichen gedanklichen Ebenen. Die Selbstbindung ist eine allgemeine Kategorie, das Modell der Risikoübernahme soll nur die Rechtsfigur des Empfangsboten erklären.

V. Der Empfangsbote als Abbild einer heteronomen Risikozuweisung

A. Zum Bedürfnis nach einem gesetzlichen Empfangsboten

Besteht neben der autonomen Risikoübernahme ein weiterer Tatbestand für den Empfangsboten, müsste dies eine gesetzliche Statuierung sein. Grundlage kann nicht eine selbstbestimmte Übernahme der Risiken sein, sondern eine gesetzliche Wertung. Das Bedürfnis nach einem gesetzlichen Empfangsboten ist gegeben, wenn der Zweck der Rechtsfigur mit der autonomen Risikoübernahme nicht ausreichend zu verwirklichen ist.

Allein unter Gerechtigkeitsgesichtspunkten betrachtet ist es vertretbar, niemanden als gesetzlichen Empfangsboten anzusehen. Falls der Zugang nicht durch eine persönliche Entgegennahme oder der Nutzung einer Empfangseinrichtung erwirkt werden kann, könnte nur § 132 helfen[1432]. Dieses Ergebnis, keinen gesetzlichen Empfangsboten zuzulassen, wäre der Vernehmungstheorie näher als der Empfangstheorie. Denn für die Bestellung eines Empfangsboten wäre immer eine Mitwirkung des Empfängers notwendig. Diese Mitwirkung wäre eine Art vorweggenommener Vernehmung. Nicht einmal die Lösung, jedermann als Empfangsboten zu sehen, wäre vollends abwegig und ungerecht. sogar der Erklärende wäre dann als "Empfangsbote" anzusehen. Die Trennung von Abgabe und Zugang wäre aufgelöst, die Empfangstheorie würde so zur Entäußerungstheorie mutieren. Der Empfangsbote ist allein eine Erscheinung der Empfangstheorie. Dass die Statuierung eines gesetzlichen Empfangsboten nicht ein Gebot der Gerechtigkeit ist, bestätigt die rechtsvergleichende Betrachtung[1433].

Der Empfangsbote kann keine Forderung der allgemeinen Rechtsidee sein, denn eine solche ist nicht einmal die Durchsetzung der Empfangstheorie selbst. Deren Schwäche, die fehlende Klarheit des Empfangsbereichs, soll unter anderem mit der Rechtsfigur des Empfangsboten beantwortet werden. Keinen gesetzlichen Empfangsboten zuzulassen (Vernehmungstheorie) oder alle als Empfangsboten anzusehen (Entäußerungstheorie), kann angesichts dieser Lösungen in anderen Ländern nicht ernsthaft als vollkommen ungerecht ausgeschlossen werden[1434].

[1432] Die meisten Stimmen verlangen auch bei der Zugangsvereitelung den Zugang der Erklärung. Vgl. oben, 2. Kap. III.B.1.

[1433] Siehe oben, 2. Kap. III.H.

[1434] Freilich sind dann ebenfalls Vorkehrungen notwendig, sachgerechte Entscheidungen zu erzielen. Diese ergeben sich aus dem jeweiligen System, wie beispielsweise das italienische codice civile deutlich zeigt. Vgl. oben 2. Kap. III.H.

Mit der Empfangstheorie hätte dies freilich nichts mehr zu tun. Es entspricht dem vermittelnden Charakter der Empfangstheorie, auch beim Empfangsboten eine vermittelnde Lösung zu finden. Damit ist aber noch nicht mehr als die Aufgabe formuliert: die objektive Begrenzung der Rechtsfigur des Empfangsboten.

1. Zur Verwirklichung des Zwecks der Rechtsfigur des Empfangsboten als Zugangsmodus durch die autonome Risikoübernahme

Ist das Problem des Empfangsboten ein der Empfangstheorie immanentes, liegt es nahe, auch dort nach der Lösung zu suchen. Die Wertung der Empfangstheorie ist ein angemessener Interessenausgleich in der Relation zwischen Erklärendem und Empfänger, wie er sich im allgemeinen Zugangsbegriff ausgebildet hat und sich ebenso in den Lösungen der einzelnen Problemfälle offenbart. Die wesentlichen Momente der Wirksamkeit nach der Empfangstheorie sind:

* der räumliche Bezug zum Machtbereich[1435],
* die Zumutbarkeit für den Erklärenden,
* die Möglichkeit der Kenntnisnahme[1436],
* die Klarheit des Risikoübergangs[1437],
* die Entbehrlichkeit der unmittelbaren Mitwirkung des Empfängers[1438],
* die Unmöglichkeit, dem Empfang auszuweichen[1439].

Diese Wertungen sind nicht nur zu beachten, wenn ein Empfangsmittler die Willenserklärung entgegennimmt, sondern die Rechtsfigur des Empfangsboten müsste schon zu deren Verwirklichung beitragen. Die Rechtsfigur selbst ist Teil dieser Wertung. Der Erklärende soll vorhersehen können, ob, wie und wann seine Erklärung wirksam wird und damit gilt. Der Empfangsbote aufgrund Vertrag oder Verzicht trägt noch nicht wesentlich zur Rechtssicherheit und Berechenbarkeit bei.

Die unausweichliche Partnerrolle des Adressaten wird bei der selbstbestimmten Risikoübernahme nicht berücksichtigt. Nur die Möglichkeit der nicht aufoktroyierten, also selbstgeschaffenen und somit privatautonomen Gestaltung ist bisher nachgezeichnet worden. Da der Empfangsbote aufgrund einer Risikoübernahme Ergebnis einer Handlung ist, ist nicht ausreichend berücksichtigt, dass zum Empfang keine Mitwirkung des Empfängers erforderlich ist.

Die Risikoverteilung bei Nutzung gegenständlicher Empfangseinrichtungen wird durch die autonome Risikoübernahme nicht vollends erreicht. Auch ohne dass eine Empfangseinrichtung genutzt wird, kann die Erklärung zugehen; es reicht aus, wenn der Empfänger die dauerhafte Möglichkeit der Kenntnisnahme hat. Eine solche grundsätzlich gegebene Möglichkeit ohne Mitwirkung des Empfängers die Wirksamkeit zu erreichen, ist beim Empfangsboten bisher noch

---

[1435] Siehe oben, 2. Kap. III.A.2.
[1436] Siehe oben, 2. Kap. III.A.3.
[1437] Siehe oben, 2. Kap. III.B.3.
[1438] Siehe oben, 2. Kap. III.A.3.c. und 4.b.
[1439] Siehe oben, 2. Kap. III.G.6.

nicht eröffnet. Es bedarf zum Empfangsboten bisher eine Mitwirkung des Empfängers, die Erklärung der Risikoübernahme.

2. Rechtstechnische Vorgaben und funktionale Anforderungen der Risikozuweisung

Eine verkehrsschützende Ausdehnung der selbstbestimmten Gefahrenübernahme kann keine Verbesserung leisten. Insbesondere wäre dieser Weg für die Umsetzung der geforderten Rechtsklarheit und Rechtssicherheit des Risikoübergangs kontraproduktiv[1440].

Die Risikozuweisung ist aus der normalen Verantwortlichkeit zu entwickeln[1441]. Zu rechtfertigen ist eine Zuweisung der Risiken außerhalb der Risikoübernahme nur aus dem Gesetz, zunächst natürlich aus § 130.

Dabei das Tatbestandsmerkmal „Machtbereich" zu aktivieren, wäre der falsche Weg. Dieses Merkmal orientiert sich zunächst an der gegenständlichen Zuordnung. Dann kann mit „Macht" aber nur die „tatsächliche Gewalt" (§ 854) oder die Fähigkeit „nach Belieben" zu „verfahren" (§ 903) gemeint sein. An eine derartige Beherrschung eines Menschen kann das Recht nicht anknüpfen, wenn es um die Bestimmung des Personenkreises geht, für dessen Fehlverhalten der Empfänger das Risiko zugewiesen bekommt[1442]. Ein Unterwerfungsverhältnis kann nicht Maßstab einer gerechten Lösung sein. Eine Ausdehnung des Machtbereichs auf Personenverhältnisse würde die eigentliche Problemlage nur verschleiern. Das Merkmal „Machtbereich" ist nur eine spezielle Ausformung des Konzeptes der Empfangstheorie.

Die wesentliche zu erfüllende Anforderung aus § 130 ist die objektive Möglichkeit der Kenntnisnahme des Empfängers. Ausreichend ist eine objektive Berechtigung der Erwartung der Kenntnisnahme. Diese Erwartung ist abstrakt, allgemein und normativ zu bestimmen. Nicht ausreichend ist eine Wahrscheinlichkeit. Vielmehr muss sich die Erwartung aus einem gesetzlichen „Sollen" entwickeln, das aus § 130 entsteht.

Bestimmte tatsächliche Umstände erlauben diese Schlussfolgerung. Diese Erlaubnis orientiert sich am Ideal. Das erkennbare „Sein" enthält eine Aussage über ein bestimmtes, unwiderlegbares „Werden". Da beim Empfangsboten das Verhalten einer entscheidungsfreien Person maßgeblich ist, kann die Schlussfolgerung nur auf einem „Sollen" aufbauen. Erst so kann eine Äquivalenz entstehen[1443]. Das „Sein" ist Ausgangspunkt, nicht aber Inhalt der Prognose[1444]. Nur so kann Gerechtigkeit als allgemeine Gleichbehandlung verwirklicht werden.

[1440] Die Entwicklung vom pauschalen Vertrauensschutz zum positiven Recht wurde bereits dargestellt, vgl. oben 3. Kap., II. B. 1

[1441] Zu normalen und gesteigerten Verantwortlichkeit vgl. oben I.B 3.

[1442] So auch ausdrücklich Sandmann AcP 199, 455 ff.

[1443] Vgl. oben, 3. Kap. IV.A.

[1444] Jeder Norm, so auch die Zuweisung durch den Empfangsboten, bedarf als Geltungsgrund ein Sollen. Vgl. zu den verschiedenen Geltungstheorien Fikentscher, Methoden, Bd. 4, 150 ff. mit weiteren Nachweisen.

Die Weiterleitung an den Empfänger kann einem „Sollen" des Empfangsmittlers unterliegen. Dies ist hier aber unbeachtlich. Es gilt das „Sollen" des Empfängers zu formulieren, das ihn mit den Risiken der Weiterleitung belastet. Ein solches „Sollen" ergibt sich als Rechtsfolge aus einem rechtserheblichen Verhalten wie bei der autonomen Risikoübernahme. Ein gleichwirksames „Sollen" soll hier unmittelbar aus dem Gesetz entwickelt werden. Die Verantwortlichkeit muss den Empfänger treffen und gegenüber dem Erklärenden wirken. Sie muss die Risiken, die der Empfangsbote verkörpert, dem Empfänger zuweisen. Eine Verantwortlichkeit der Mittlerperson gegenüber dem Erklärenden führt zur Einordnung als Erklärungsbote. Eine Verantwortlichkeit der Mittlerperson gegenüber dem Empfänger kann nur mittelbare Bedeutung haben, nämlich wenn sich daraus eine Verantwortlichkeit des Empfängers gegenüber dem Erklärenden ableiten ließe. Es sind nicht Drittinteressen zu schützen, denn der Empfangsmittler ist der Dritte, nicht der Erklärende.

Es reicht aber nicht aus, § 130 immanent auszulegen. Die Empfangstheorie selbst hat ihren Zweck als Ausformung einer bestimmten Art der Rechtstechnik, die dem Rechtsverkehr dient. Die Ausgestaltung der Rechtstechnik steht nicht außerhalb der prinzipiellen Wertungen des Zivilrechts. Rechtsprinzip und Rechtstechnik bedingen sich[1445]. Aus der Privatautonomie lässt sich freilich nicht eine bestimmte Technik der Entstehung von Rechtsgeschäften zwingend ableiten[1446]. Aber die Rechtstechnik ist das Mittel, Gerechtigkeit und damit auch die grundlegenden Prinzipien des Privatrechts zu verwirklichen. Die Organisation des Rechtsverkehrs ist Ausdruck der obersten Prinzipien; darin sind die Gerechtigkeitsprinzipien fixiert.

Diese funktionale Bedeutung führt zu einer Offenheit für die Grundprinzipien, nicht nur um Organisationsnormen fortzubilden, sondern auch um die Organisation des Rechtslebens auf ihre „Funktionsrichtigkeit" zu überprüfen[1447]. Jede Teilentscheidung der Ausgestaltung der Rechtstechnik muss systemkonform sein[1448]. Natürlich dienen die Organisationsnormen, Dogmen und Institute der Entlastung der praktischen Rechtsanwendung, sollen also gerade von einer grundlegenden Zweckanalyse bei der Normanwendung befreien. Um so mehr sind dann aber die Prinzipien in der Dogmatik zu beachten.

B. Die Rechtfertigung des gesetzlichen Empfangsboten

1. Zu beachtende Wertungen und Prinzipien

a. Die Leichtigkeit des Rechtsverkehrs

Funktion des Rechtsgeschäfts unter Abwesenden ist die Selbstgestaltung des Erklärenden zu verwirklichen, indem er nach seinem Belieben Willenserklärungen wirksam werden lassen kann[1449]. Dieser Zweck ist dann auch schon bei der

---

[1445] Thiele, 80.
[1446] So auch Thiele, 10 f.
[1447] Thiele, 79.
[1448] v.Hippel, Privatautonomie, 151f.
[1449] Siehe oben, 2. Kap. III.G.5.

Ausgestaltung der Zugangsvoraussetzungen zu beachten. § 132 ist nicht mehr als eine Notlösung, welche auf die Überwindung von tatsächlichen Hindernissen abzielt, indem tatsächliche staatliche Unterstützung ermöglicht wird und ein Vollziehungsapparat genutzt werden kann[1450].

Eine somit mittelbar in § 130 zum Ausdruck kommende Wertung könnte die Leichtigkeit des Rechtsverkehrs sein. Die Leichtigkeit des Rechtsverkehrs ist kein Rechtsgut, auch keine logische Folge der Rechtsidee. Aber das geltende Privatrecht ist auf die Vollziehung von Rechtsgeschäften ausgerichtet. Der Rechtsverkehr rechtfertigt als Normobjekt erst die Positivierung des Privatrechts[1451]. Dies zeigt sich in der Entstehungsgeschichte des Rechtsgeschäfts unter Abwesenden, wozu auch die Ausbildung der Stellvertretung zu rechnen ist[1452]. Erst als die tatsächlichen Gegebenheiten es überhaupt ermöglichten, Geschäfte über Distanzen zu schließen, entstand ein Regelungsbedürfnis. Den Rechtsverkehr zu vereinfachen war auch ein gewichtiges Argument bei der historischen Durchsetzung der Empfangstheorie gegenüber der Vernehmungstheorie bei der Entstehung des § 130[1453]. Umgekehrt finden dann die entsprechenden Regelungen ihre Rechtfertigung im Geschäftsverkehr indem sie diesen normieren und nötigenfalls auch steuern.

Den Rechtsverkehr bestmöglichst zu gewährleisten ist die Aufgabenstellung des Gesetzgebers. Diese Aufgabenstellung wiederum ist bei der Rechtsanwendung zu beachten[1454]. Im Rahmen der möglichen Auslegung ist die Lösung zu finden, die diesem Zweck bestens entspricht. Damit wird nicht einem „Bild" entsprochen, das der Gesetzgeber vor Augen hatte, wie manche die Typenlehre begründen wollen[1455]. Vielmehr erschöpft sich der Zweck einer rechtstechnischen Vorschrift nicht nur in ihrer Funktion bei der Rechtsgeschäftsentstehung, sondern ihre Ausgestaltung ist Ausdruck der Grundentscheidung des Gesetzgebers, den Rechtsverkehr auf dem Boden der grundlegenden gesellschaftlichen Wertungen zuzulassen. Eine dieser Wertungen ist die Leichtigkeit des Rechtsverkehrs.

Allerdings ist das Argument, die Leichtigkeit des Rechtsverkehrs zu verbessern, wenig tragfähig und eher gefährlich. Denn damit könnte jenseits des normierten Verkehrsschutzes jegliches Hemmnis des Verkehres in Frage gestellt werden, auch wenn es anerkannt ist. Allein mit der Leichtigkeit des Rechtsverkehrs kann der gesetzliche Empfangsbote nicht begründet werden.

[1450] Zu § 132 siehe oben 2. Kap. III. E.

[1451] Die kanonstische Regel „cessante ratione legis, cessat lex ipsa" hat wegen der durch Art. 20 III GG auferlegten Gesetzesbindung keine Gültigkeit mehr. Fällt aber ein Normbereich weg, wird die dazugehörige Norm obsolet (vgl. Raisch, Methoden, 164 mit weiteren Nachweisen).

[1452] Vgl. oben, 2. Kap. III. F. und V.A.1.

[1453] Siehe oben, 2. Kap. C.6.

[1454] Beispielsweise ist das „Geschäft für den, den es angeht" eine Entwicklung einer so verstandenen Dogmatik.

[1455] Dazu oben, 2. Kap. B.7.

b. Weitere Wertungen

Die Privatautonomie führt nahezu unmittelbar zum Empfangsboten aufgrund einer Risikoübernahme. Für den Empfangsboten aufgrund einer Risikozuweisung ist von daher wenig zu erwarten. Denn es geht um eine Ausdehnung des Risikobereichs außerhalb der Selbstbestimmung, die nur mit einem gesetzlichen Empfangsboten zu begründen ist. Die Privatautonomie kann hierbei nur eine negative, korrigierende Rolle spielen.

Auch das Vertrauensprinzip kann wenig zum gesetzlichen Empfangsboten beitragen. Es gilt eine eigenständige Begründung einer Risikozuweisung zu finden und nicht die selbstbestimmte Risikoübernahme auszudehnen um pathologische Problemfälle zu lösen[1456]. Die Konkurrenz zwischen der Rechtscheinlehre und gesetzlichen Verkehrsschutzinstituten ist gerade die Kardinalfrage des privaten Rechtsverkehrs. Die Selbstbestimmung zu erhalten und den Rechtsverkehr zu schützen, sind die Grundaufgaben des Zivilrechts, die nicht pauschal mit dem Schutz des guten Glaubens zu lösen sind. Dem liegt das Gerechtigkeits- und Ordnungsprinzip des Privatrechts zugrunde, die schöpferische Freiheit des Einzelnen in der sozialen Bindung besser als in vergangenen Rechtsordnungen zu verwirklichen[1457]. Die Verbesserung besteht darin, die zweite Seite der Privatautonomie, die Verantwortung, zu analysieren, und ihr rechtsdogmatisch und -systematisch den richtigen Standort zuzuweisen. Neben der Privatautonomie den Vertrauensschutz zu stellen ist ein Symptom, die der Privatautonomie immanente soziale Verantwortung als Korrelat der Befugnis zur freien Gestaltung zu verkennen. Das rechtswissenschaftliche System hat auch die Schaffung der Transparenz als Ziel. Die Gestaltungsfreiheit ist durch die Erkenntnis der Sozialbindung in Form der sozialen Verantwortung vom „Odium" der Ungebundenheit zu befreien[1458].

Die soziale Fortbildung des Privatrechts durch Betonung der sozialen Verantwortung des Einzelnen fordert eine Organisation des Rechtsverkehrs, welche auch die Kehrseite der Privatautonomie fixiert. Die Privatautonomie ist kein individualistisches Prinzip, sondern es birgt die Versöhnung von Individualinteressen und Sozialinteressen in sich. Somit gilt es die heteronome Risikozuweisung aus dem Prinzip der Selbstverantwortung zu entwickeln.

Allgemeine Prinzipien ergeben die Aufgabenstellung und die prinzipielle Rechtfertigung. Eine konkrete Lösung ist aus den Grundprinzipien freilich nicht unmittelbar abzuleiten. Umgekehrt ist die Systemkonformität einer gefundenen Lösung anhand der Prinzipien zu messen. Gebietet ein allgemeines Prinzip aber schon die Bewältigung des Problems, fallen Aufgabenstellungen und Rechtfer-

[1456] Diese zweckgerichtete Ausrichtung des vertraunesprinzips offenbart Zweifel daran, ob es überhaupt systemtragend ist. Die Konzepte, welche die Vertrauenshaftung als eigenständiges Begründungselement neben die Privatautonomie stellen wollen, bauen auf einer prinzipiellen Trennung zwischen vertraglichen und gesetzlichen Schuldverhältnissen auf, die nicht zu erklären ist. Dazu Voit, 100 f.

[1457] Frotz, 230

[1458] Frotz, 234

tigung zusammen und die prinzipiellen Wertungen geben den Lösungsrahmen vor.

c. Zur Untauglichkeit aus § 242 eine soziale Verantwortlichkeit zu entwickeln

Im Grundsatz von Treu und Glauben ist die Berechtigung der Erwartung eines rechtmäßigen Verhaltens zu finden. Allerdings gilt dies nur für die Erwartung des Gläubigers. Alles andere scheint offensichtlich nicht systemkonform, wo doch § 242 die tragende Vorschrift für das Schuldrecht ist.

Beim Empfang können solche Verpflichtungen aus einer Sonderverbindung grundsätzlich nicht zugrundegelegt werden, selbst wenn eine solche zwischen dem Erklärenden und dem Empfänger bestehen sollte. Aus dem Sachzusammenhang ergibt sich, dass der Empfang vor der Aktivierung und damit außerhalb dieser Sonderverbindung steht. Der Empfang einer Willenserklärung beschreibt den Übergang vom bloßen sozialen Kontakt zur rechtsgeschäftlichen Kommunikation. Erst mit einer wirksam gewordenen Willenserklärung kann ein Rechtsgeschäft entstehen. Der hier untersuchte Moment ist folglich nicht von einer bestehenden rechtserheblichen Kommunikation umwoben. Aus der Erklärung selbst kann daher grundsätzlich keine besondere Verantwortlichkeit erwachsen, aus der Anforderungen an die Empfangsbereitschaft abzuleiten wären.

J. Schmidt will § 242 allerdings auch außerhalb einer Sonderverbindung anwenden[1459]. Aus dem Charakter der Norm als Generalklausel will er ein methodisches Prinzip ableiten, das die richterrechtliche Rechtsfortbildung begründet. § 242 wäre dann als eine Ermächtigungsnorm zu verstehen, konkret anwendbare Regeln zu entwickeln, gleich auf welchem Gebiet[1460]. Eine unmittelbare Normverletzung des § 242 ist nicht denkbar. § 242 schaffe „neue Sachnormen“ innerhalb des jeweiligen Regelungszusammenhangs. Mögliche Sanktionen ergeben sich erst aus der jeweiligen rechtlichen Umgebung[1461]. Mit diesem Verständnis könnte man versuchen, aus § 242 eine Verpflichtung des Empfängers entwickeln, für bestimmte Übermittlungsrisiken dergestalt einzustehen, das diese die Wirksamkeit nicht berühren.

Mit einer prinzipiellen Anwendung des § 242 würde das gesamte soziale Leben unter dem Treugebot gestellt werden, es würde zu ordre public. Mit der Angleichung des außerschuldrechtlichen Sorgfaltspflichtmaßstabs an den schuldrechtlichen, ginge ein wesentliches Merkmal der Relativität verloren und damit zu Ende gedacht das Schuldverhältnis, insbesondere der Vertrag als das wesentliches Instrument der Rechtsgestaltung überhaupt[1462]. Neben Bedenken ob dies überhaupt mit der Rechtsüberzeugung in Einklang zu bringen wäre[1463], kann vor allem eine solche interpretationsfähige Generalklausel keine ausrei-

---

[1459] J.Schmidt/Staudinger § 242, 168 ff.

[1460] J.Schmidt/Staudinger § 242, 120, 113ff. Auch Medicus, Schuldrecht I (1992) § 16, kann den Inhalt des § 242 nicht erfassen und schließt daraus auf die interpretative Gestaltungsmöglichkeit bei der Normanwendung.

[1461] Allerdings kann Fikentscher dies mit der Technik der Ausklammerung allgemeiner Regeln ebenso einfach wie überzeugend erklären. Vgl. Fikentscher, 174.

[1462] Ähnlich Fikentscher, 175.

[1463] Fikentscher, 178.

chende Grundlage bilden, um wesentlich auf die allgemeine Rechtsentwicklung durch Richterrecht einzuwirken[1464]. Denn mit einem solchen Verständnis des § 242 wäre die Rechtsprechung für die Weiterentwicklung des sozialen Zusammenlebens zuständig. Eine solche Zuständigkeitszuordnung kann § 242 nicht leisten. Daran ändert die Entwicklung der c.i.c., insbesondere die anerkannte Anwendung des § 278 bei der c.i.c. nichts. Zwar wird dabei nur ein rechtsgeschäftlicher Kontakt eröffnet, trotzdem werden die Regeln eines schon bestehenden Rechtsverhältnisses angewendet. Doch die Beteiligten sind beide willens, ein Rechtsgeschäft zur Entstehung zu bringen, so dass nur die zeitliche Ausdehnung der Regelungsgeltung zu begründen ist. Im übrigen wäre es zutiefst bevormundend und damit in einer freiheitlichen Grundordnung abwegig, die Lebensführung an sich unter das Gebot von Treu und Glauben zu stellen.

2. Die Selbstverantwortung als zivilrechtliche Kategorie

a. Die Selbstverantwortung als allgemeine Begrenzung und Ergänzung der Privatautonomie

Jede Willenserklärung ist zugleich ein sozialbezogener und ein rechtlicher Akt und berührt deswegen auch Sozialinteressen[1465]. Diese Interessen zu beachten heißt auch Verantwortlichkeiten zu schaffen[1466]. Die Rechte entwickeln sich natürlich, die Pflichten hingegen bedürfen einer rechtlichen Ausformulierung in der Sozialordnung.

Flume kommt das Verdienst zu, mit seiner Lehre vom „rechtlich relevanten Verhalten" deutlich gemacht zu haben, dass rechtsgeschäftliche Folgen auch aufgrund einer gesetzlichen Wertung entstehen können[1467]. Dazu entwickelt er die Selbstverantwortung als einen Teil der Selbstbestimmung[1468]. Nur so kann sich *Flume* die Rechtsfolge des Missverständnisses erklären. Wegen der Geltung fehlerhafter Willenerklärungen findet auch *Kramer* in den §§ 116 ff. einen gesetzlichen Beleg dafür, dass das Prinzip der Privatautonomie nicht individualistisch verstanden werden kann[1469]. Wie *Larenz* versteht er die Willenserklärung auch als Teil der sozialen Kommunikation, die geprägt wird von kooperativem Handeln. „Daraus ergibt sich zwingend, dass Selbstbestimmung ohne das Korrelat der Selbstverantwortung nicht gesehen werden kann"[1470], denn für Dritte bildet dieses Handeln eine Vertrauensgrundlage. Um die einschlägigen

---

[1464] Fikentscher meint hingegen, die Frage nach dem Erfordernis der Sonderverbindung sei vom Problem der Reichweite des Richterrechts zu trennen.

[1465] Frotz, 229. Dies will Larenz, AT 5. Aufl. 300 ff., in seiner Theorie von der Willenserklärung als Geltungserklärung berücksichtigen. Aber auch andere sehen die Willenserklärung als Kommunikationsmittel, beispielsweise Scherner, 87.

[1466] *v.Hippel* begreift das Rechtssubjekt als ein Pflichtsubjekt. Vgl. ders. Privatautonomie, 140, 142.

[1467] Flume, AcP 161, 52.

[1468] Flume, AT, 14.

[1469] Kramer/MüKo vor § 116, 37.

[1470] Kramer/MüKo vor § 116, 37.

Probleme zu lösen, sei eine eigenständige Rechtsscheinlehre nicht erforderlich[1471].

Thiele sieht die Selbstverantwortung als ein Element des sozialen Verhaltens überhaupt und nicht nur als ein Korrelat der Selbstbestimmung[1472]. Privatautonomie bedeute nicht Freiheit von jeglichem rechtlichen Sollen[1473].

Mayer-Maly sieht die Verantwortung als Bestandteil der Zulassung zum rechtsgeschäftlichen Verkehr, welche die Möglichkeit der freien Lebensgestaltung verschaffe[1474]. Die Privatautonomie verpflichte, ebenso wie das Eigentum. Verantwortung ist danach eine Voraussetzung für Privatautonomie[1475].

Voit sieht in der Selbstverantwortung nicht die Kehrseite der Privatautonomie[1476]. Er unterteilt gemäß der Systematik des BGB zwischen deliktischen und nichtdeliktischen Ansprüchen. Schon dieser systematische Ansatz bedingt, dass die Privatautonomie nicht ausreichen kann, um gemeinsame Elemente aller nichtdeliktischen Ansprüche zu finden. *Voit* erkennt daher in der Privatautonomie lediglich „eines unter mehreren Begründungselementen nichtdeliktischer Ansprüche". Sein Ziel ist es, die Abkehr vom Prinzipienmonismus in der Rechtsgeschäftslehre zu begründen. Er meint, in *Flumes* Begründung der Selbstverantwortung aus der Privatautonomie Widersprüchlichkeiten aufdecken zu können[1477]. Er schlägt als Alternative eine Kombination von normativen Elementen vor, die zur rechtsgeschäftlichen Geltung führen. Die wertende Gesamtschau der Elemente Privatautonomie, Ingerenz, übergeordnetes Fremdinteresse, Vertrauen des anderen, dessen Vermögensschutz und noch weitere Elemente, sollen die Verpflichtung begründen[1478].

Es scheint, die Elemente seien nur eine Konkretisierung der Selbstverantwortung, aus einem anderen Blickwinkel betrachtet: Verantwortung bezeichnet die Ursache, die Elemente den Zweck.

Sieht man die Privatautonomie als eines unterer mehreren Prinzipien, kann man eine Abwägung vornehmen, welche die Selbstverantwortung berücksichtigt. Sieht man in der Privatautonomie das einzige Prinzip, ist es um zu sachgerechten Ergebnissen zu gelangen notwendig, die Selbstverantwortung als Bestandteil anzuerkennen. Die Frage ob man die Selbstverantwortung als ein eigenständiges Prinzip begreifen soll oder als Bestandteil der Selbstbestimmung, führt nicht weiter. Im Ergebnis ist die Selbstverantwortung als eine Kategorie in der Rechtsgeschäftslehre anerkannt.

1471 Kramer/MüKo vor § 116, 39.

1472 Thiele, 108 f.

1473 Thiele, 69.

1474 Mayer-Maly, 278.

1475 Mayer-Maly, 278.

1476 Voit, 95 ff.

1477 Voit, 96 f. Insbesondere hält er es für „ehrlicher" und überzeugender die Bindungskraft einer durch Drohung erzwungenen Willenerklärung mit dem tatbestandlichen Verhalten des Bedrohten zu erklären, als mit dessen Selbstbestimmungsrecht (98f.). Diese Widersprüchlichkeiten werden freilich schon von F.Bydlinski ausführlich dargelegt (vgl. ders. Privatautonomie, 56 ff.

1478 Voit, 114.

Funktional lässt sich die Notwendigkeit der Selbstverantwortung als Berücksichtigung von Sozialinteressen auch mit dem Schutz von Individualinteressen begründen. Nur wenn die Sozialinteressen beachtet werden, kann auf Individualinteressen Rücksicht genommen werden. Nur wenn die Integrität des Verkehrs durch seinen Schutz gewährleistet ist, kann man diesen Verkehr nutzen. Verkehrsschutz ist somit Schutz potentieller Individualinteressen. So verstanden ist Selbstverantwortung ein pauschalierter und abstrakter Selbstschutz.

b. Fallgruppen der nichtrechtsgeschäftlichen Selbstverantwortung

Die Selbstverantwortung bietet eine Erklärung, für viele Regelungen, deren Zweck der Schutz von Interessen ist, welche auch ohne den Einsatz eines zivilrechtlichen Instruments entstanden sind. Ist die Privatrechtsordnung als Regelung und Ausgleich verschiedener sozialer Interessen zu verstehen, ist es erforderlich, die Wirklichkeit erschöpfend zu erfassen[1479]. Die grundlegende Dichotomie der rechtlichen Verantwortlichkeiten – einerseits deliktische, andererseits rechtsgeschäftliche – reicht dazu nicht aus. Zu ergänzen sind Verantwortlichkeiten auf einer Zwischenstufe.

Die Geschäftsführung ohne Auftrag steht wie der Empfang einer Willenserklärung an der Schwelle zum rechtsgeschäftlichen Kontakt, allerdings in qualitativer Form. Der Geschäftsherr ist bei der Geschäftsübernahme unbeteiligt[1480]. Allein sein wirkliches oder anzunehmendes Interesse klassifiziert seine Pflichten. Dabei Pflichten zu finden ist freilich einfache Gesetzesanwendung, denn die §§ 677 ff. begründen ein gesetzliches Schuldverhältnis. Die Pflichtbegründung rechtfertigt sich mit dem Grundgedanken der Geschäftsführung ohne Auftrag, interessengerechte Vermögensverschiebung auszugleichen[1481].

Auch das Rechtsinstitut der c.i.c. ist gekennzeichnet durch seine Stellung an der Schwelle zum rechtsgeschäftlichen Kontakt und ist eine Pflichtenbegründung außerhalb des Rechtsgeschäfts, denn der rechtsgeschäftliche Kontakt wird erst eröffnet. Ob man zur Rechtfertigung den Vertrauensgedanken heranzieht[1482] oder den sozialen Kontakt wertend als Grundlage berücksichtigt[1483], jedenfalls

---

[1479] Das berührt den Problemkreis des „rechtsfreien Raums", dessen Existenz v.Hippel überzeugend verneint (ders., Privatautonomie, 142). Ausgehend von der Verschiedenheit von Recht und Wirklichkeit (47 ff.), erkennt er die Sozialordnung als lückenlos. Das Recht sieht er als eine Ordnungsweise und vollständiges Abbild der Wirklichkeit, das keine Antwort schuldig bleibt.

[1480] Der Geschäftsführer entscheidet sich selbstbestimmt für die Geschäftsführung, so dass dessen Pflichtenbegründung keine Schwierigkeit bereitet.

[1481] Wollschläger, die Geschäftsführung ohne Auftrag (1976), 52 ff., 319. Er hält den Begriff Interesse allerdings für verschwommen (60). Grundsätzlich hält er den geldwerten Ausgleich für Tätigkeiten in fremder Zuständigkeit für grundlegend. Schubert sieht den Anwendungsbereich eingeschränkt und will nach einer Rechtspflicht zum Tätigwerden unterscheiden. Besteht eine eigene Rechtspflicht zur Geschäftsführung, ergebe sich kein Regress aus den Regeln der GoA. (ders., AcP 178, 425 ff., 428ff.).

[1482] Ballerstedt, AcP 151, 501, 513.

[1483] Köndgen, 163 ff.. Hierher gehört wohl auch das gescheiterte Konzept der faktischen Vertragsverhältnisse.

ergibt sich die Steigerung der Verantwortlichkeit aus einer Ingerenz. Derjenige, welcher den Vertrag anbahnt, will eine vertragliche Bindung. Dann ist nur noch über den Geltungsbeginn rechtsgeschäftlicher Pflichten zu entscheiden. Beim Empfänger einer Willenserklärung fehlt ein solches vorangegangenes Tun. Seine Verantwortlichkeit ist nicht aufgrund seiner Rolle als Empfänger zu steigern.

Die Grundsätze der Ermittlung, ob eine Willenserklärung vorliegt, können ebenfalls als eine Fixierung der Selbstverantwortung verstanden werden, denn über den rechtsgeschäftlichen Charakter des Verhalten ist gerade zu entscheiden[1484]. So können die Grundsätze der Auslegung ob eine Willenserklärung vorliegt nicht mit einer privatautonomen Selbstbindung erklärt werden. Die Methode, die zum Bestandsschutz des objektiv Erkennbaren führt, wird mit der Verantwortung des Erklärenden für die objektive Bedeutung der Erklärung begründet. Diese Verantwortung muss dann aber a priori bestehen, was heißt, ihre Grundlage im Menschenbild verankert zu sehen. *Lipp* sieht hierein einen logischen Bruch in der deutschen Pandektistik, die ihre „letzte Aussage im psychologisch-ethischen Bereich findet", was die angestrebte logische Geschlossenheit sprengt[1485].

Das Gefälligkeitsverhältnis ist ein anderer Blickwinkel der gleichen Problemlage[1486]. Mangels einer gewollten Rechtsbindung wird dabei ebenfalls nicht die Schwelle zum Rechtsgeschäft überschritten. Auch hier gibt es Fallgruppen, bei denen Verpflichtungen angenommen werden, wenn bestimmte objektive Umstände und Momente gegeben sind. Dies kann sich nur mit einer besonderen Verantwortlichkeit erklären, die aber nicht rechtsgeschäftlich entsteht.

c. Die objektiven Gestaltungskräfte im Vertrag als Ausdruck der allgemeinen Selbstverantwortung (Reinhardt)

Selbst das Vertragsrecht lässt sich besser verstehen, wenn man die Selbstverantwortung prinzipiell anerkennt, auch wenn sich die Beteiligten gebunden haben und daraus die Verantwortlichkeiten zuförderst entstehen. Die willentliche Gebundenheit besteht nämlich nur hinsichtlich des willentlich erarbeiteten Vertragsinhalts. Alles Ungewollte im Vertragsrecht kann nicht aus dem Gewollten abgeleitet werden. Schon *Durkheim* rückt die außervertraglichen Voraussetzungen des Vertrages in den Mittelpunkt[1487]. Darin sieht er die Brücke zwischen Soziologie und Recht, denn diese Voraussetzungen zu regeln, unterstehe einem rechtslogischen Zwang der Regelung[1488]. Würde man Ungewolltes vom Willen ableiten, wäre dies eine Pseudopsychologie, denn der fragliche Willen würde imputiert[1489]. Die Bindungswirkung des Ungewollten kann sich nicht aus der freien Entscheidung der Parteien ableiten. Die Geltungskraft erklärt sich nicht aus der Selbstbestimmung.

[1484] Larenz, AT, 302; Flume, AT 59 ff.

[1485] Lipp, 52 f.

[1486] Dazu Willoweit, JuS 1984, 911 ff.

[1487] E. Durkheim, Über die Teilung der sozialen Arbeit, (Neudruck 1977), 250 ff.; dazu Röhl, FS Schelsky, 435 ff.

[1488] A.a.O.

[1489] v.Hippel, Ideologie und Wahrheit, 232.

Im Vertragsrecht stehen sich somit die freie Entfaltung einerseits und die hoheitliche Gestaltung andererseits gegenüber. Beide Momente haben nach *Reinhardt* die gemeinsame Funktion, eine Sonderrechtsbeziehung gerecht auszugestalten[1490]. Die Gerechtigkeit wird bei der freien Entfaltung durch das erforderliche Einvernehmen gesichert, allerdings nicht genügend. Zur Sicherung der Gerechtigkeit im Vertrag ist die Kombination von individuellen und überindividuellen Kräften notwendig. *Reinhardt* beobachtet im positiven Privatrecht solche überindividuellen Ordnungskräfte bei Tatbeständen, die Drittinteressen berühren, wie die Stellvertretung und die Anweisung. Bei der Auslegung sind die Drittinteressen im Rahmen eines zu erstrebenden gerechten Interessenausgleichs regelmäßig zu berücksichtigen[1491]. Die Maßgeblichkeit des Individualwillens muss insoweit zurücktreten, als schützenswerte Drittinteressen nicht andersartig ausreichend berücksichtigt werden können[1492]. Aber auch bei Tatbeständen ohne Berührung von Drittinteressen erkennt *Reinhardt* die Wirkung objektiver Ordnungskräfte an, um private Interessen zu schützen[1493]. Die Einwirklungen im öffentlichen Interesse ergeben sich beispielsweise aus dem ordre public[1494].

Die Erkenntnis, dass es solche Kräfte gibt, eröffnet aber erst die wesentliche Frage, nämlich wie die Privatautonomie neben dieser Heteronomie bestehen kann. Der Ausgleich zwischen der freien Persönlichkeit und der Gemeinschaft erfolgt nach materiellen Kriterien[1495]. Auf der einen Seite haftet der Vertragsfreiheit die Sozialpflichtigkeit an, auf der anderen Seite ist der Wert der Persönlichkeit zu berücksichtigen[1496]. In dieser Abwägung ist die Gefahr für das Allgemeinwohl zu bedenken, allerdings im gerechten Interessenausgleich und nicht im Widerspruch zur Freiheitssicherung. Daraus ergibt sich eine Rangfolge: Zunächst ist an eine selbstverantwortliche Entscheidung anzuknüpfen, also an die Pflichtbindung der Handlungsfreiheit. Der heterogene Zwang ist nur das letzte Mittel.

d. Die Selbstverantwortung nur als Korrektiv von selbstbestimmtem Handeln?

Leitete man die Selbstverantwortung aus den §§ 116 ff. ab, ist der Anknüpfungspunkt immer ein aktives Verhalten. Dieses bindet den Erklärenden, obwohl es nicht seinem Willen entspricht. Entwickelt sich die Verantwortung als Korrelat aus dem Selbstbestimmungsrecht, kann es ebenfalls nur bei der Ausübung dieses Rechtes erheblich sein. So legt *Frotz* besonderen Wert darauf, die Verantwortung als Gegengewicht zur Möglichkeit des selbstbestimmten Handelns darzustellen[1497]. Deutlich ist dies auch bei *Mayer-Maly,* der die Selbstver-

---

1490 Reinhardt, FS Schmidt-Rimpler, 116.
1491 Reinhardt, 119.
1492 Reinhardt, 121. Darunter erfasst er auch den Schutz des Vertrauens auf äußere Tatbestände.
1493 So beim Kontrahierungszwang, bei der objektiven Auslegung und bei der Geltung fehlerhafter Rechtsgeschäfte, allgemeiner beim Vertrauensprinzip.
1494 Reinhardt, 123. Als Beispiel nennt er das Wettbewerbsrecht.
1495 Reinhardt, 129.
1496 Reinhardt, 132.
1497 Frotz, 466 ff.

antwortung an die Zulassung zum rechtsgeschäftlichen Verkehr anknüpft[1498]. *Thiele* sieht das ausdrücklich anders: „Auch die passive Teilnahme am rechtsgeschäftlichen Verkehr durch bloßes Empfangen... unterliegt... der Selbstverantwortung“[1499].

Soll mit der Anbindung der Selbstverantwortung an die Zulassung zum Rechtsverkehr der Schutz der Geschäftsunfähigen berücksichtigt werden[1500], hindert dies jedenfalls nicht, die Selbstverantwortung auch beim Empfang gelten zu lassen. Denn § 131 schützt den Geschäftsunfähigen umfassend vor den Risiken des Empfangs[1501].

Die verlangte Möglichkeit zum rechtsgeschäftlichen Handeln kann konkret oder abstrakt verstanden werden. Ein konkretes Verständnis würde zu einer funktionalen Einschränkung der Selbstverantwortung führen, da an ein rechtsgeschäftliches Verhalten anzuknüpfen wäre[1502]. Abstrakt verstanden wäre die Selbstverantwortung Bestandteil der Geschäftsfähigkeit. Dazu ist erforderlich, die Selbstverantwortung als Prinzip zu bestätigen, also von der Privatautonomie zu isolieren und ihr eine eigenständige, allgemeine Bedeutung beizumessen. Oder es ist nachzuweisen, dass auch der Empfang einer Willenserklärung Ausdruck der Privatautonomie ist. Bei der „Aktualisierung der Partnerrolle“[1503] durch den Empfang kann nur die Partnerrolle Anknüpfungspunkt einer Verantwortlichkeit sein. Diese Partnerrolle ist Ausdruck der latenten Teilnahme am Rechtsverkehr.

Die Zulassung zum Rechtsverkehr ist ein Bereich, den der Gesetzgeber mit Einführung des privaten Rechtsverkehrs zu regeln hat und mit dem er Bedingungen verknüpfen kann[1504]. Dabei hat er einen Spielraum. Damit ist nicht nur die Festlegung der Geschäftsfähigkeit gemeint, denn auch in Folgeregelungen sind Zulassungsbedingungen enthalten.

v.Hippel sieht keine Person als voll geschäftsfähig an; alle Personen seien in ihrer Geschäftsfähigkeit beschränkt[1505]. Er meint damit die Geschlossenheit bestimmter Rechtskreise oder Berufsgruppen, nicht nur für Rechtsgeschäfte, sondern im Allgemeinen. Man kann nicht ohne weiteres Börsengeschäfte tätigen, Rechtsanwalt werden usw. Diese Bedingungen sind erfüllbar ausgestaltet. So spricht man auch von „Fähigkeiten“, welche als Voraussetzung bestehen, etwa der Ehefähigkeit, Testierfähigkeit, Börsenterminfähigkeit als weitere persönliche Qualifikationen.

Die Verantwortungszuweisung, die zum gesetzlichen Empfangsboten führt, ist aber von ihrer Anlage her nicht erfüllbar ausgestaltet. Es sind keine weiteren

---

[1498] Mayer-Maly, 278.

[1499] Thiele, 113.

[1500] Dies ist insbesondere bei Frotz deutlich (ders., 468f.).

[1501] Siehe oben, 2. Kap. III. D.1.

[1502] So will Canaris die Vertrauenshaftung mit der konkreten Teilnahme am rechtsgeschäftlichen Verkehr verbunden sehen (vgl. ders., Vertrauenshaftung, 442 ff.).

[1503] Thiele, Zustimmung, 113.

[1504] v.Hippel, Privatautonomie, 110 ff., 116 ff.

[1505] v.Hippel, Privatautonomie, 121, 122 Fn.

Hürden gegeben, welche zu einer qualifizierten Teilnahme am rechtsgeschäftlichen Verkehr führen, indem Empfangsboten anerkannt werden. Vielmehr müsste sich die Verantwortungszuweisung als ein zwingender Bestandteil der Zulassung zum Geschäftsverkehr entwickeln lassen. Dies gilt in gleicher für die vorausgesetzte Namenstragung, die mit der Rechtsfähigkeit verknüpft ist[1506]. Diese, der Individualisierung des Rechtssubjektes dienende Einrichtung, ist tragend für die gesellschaftliche Organisation. Andere Bedingungen ergeben sich natürlich. Jede gegenständliche Voraussetzung oder formelle Anforderung für ein Rechtsgeschäft stellt sich im konkreten Fall als eine persönliche Zulassungsbedingung dar oder kann zumindest in eine solche umformuliert werden[1507].

Aus § 132 eine verantwortungsbegründende Zulassungsbedingung für die Teilnahme abzuleiten, die zu einem gesetzlichen Empfangsboten führt, erscheint nicht gangbar. Dazu ist der Anwendungsbereich zu sehr auf die Überwindung tatsächlicher Hindernisse ausgerichtet. Aber umgekehrt leuchtet es nicht ein, warum die Existenz der Vorschrift den Empfänger von jeder weiteren Verantwortung für den Empfang befreien soll.

Die Verantwortung des Empfängers erklärt sich aus der Bedeutung des Rechtsgeschäfts unter Abwesenden für die Verwirklichung der Privatautonomie. Um die Selbstgestaltung zu verwirklichen, ist die Anerkennung von Rechtsgeschäften unter Abwesenden erforderlich[1508]. In der geltenden Rechtsordnung bedeutet dies, dass es dem Empfänger nicht möglich sein darf, den Empfang zu verhindern und zwar nicht erst durch Nutzung der Instrumente der §§ 132 I oder II.

Freilich kann die Dogmatik nicht selbständig Zulassungsbedingungen für den Rechtsverkehr formulieren, die für einen reibungslosen Ablauf notwendig erscheinen.

Es ist jedoch geboten, bestehende allgemeine Verantwortlichkeiten zu suchen und diese auch beim Empfang der Willenserklärung zu aktivieren.

3. Folgerung

Die Selbstverantwortung, welche auch beim Empfang einer Willenserklärung zu beachten ist, beschränkt sich nicht auf ein „Einstehenmüssen" für Handlungen. Die autonome Risikoübernahme allein ist daher nicht ausreichend, eine gerechte Verteilung der Risiken des Zugangs zu besorgen, wenn eine dritte Person beim Empfang beteiligt ist. Erforderlich ist neben der Rechtsfigur des Empfangsboten aufgrund einer autonomen Risikoübernahme die Rechtsfigur des gesetzlichen Empfangsboten.

Die prinzipielle Selbstverantwortung begründet die Rechtsfigur des gesetzlichen Empfangsboten. Die Konturen dieser Rechtsfigur ergeben sich aber nicht

---

[1506] In §§ 1617 ff. ist ein Mechanismus festgelegt, der die Namensgebung eines Kindes sichert auch wenn die Eltern dazu nicht bereit sind. Gemäß § 25 II PStG bestimmt die Verwaltungsbehörde den Namen eines Findelkindes. Nach § 26 gilt dies ebenso für sonstige Personen ohne feststellbaren Personenstand.

[1507] Ohne Grundstückseigentum kann sich die Person nicht mit einer Hypothek belasten. Ohne Partner kann man nicht heiraten.

[1508] Vgl oben, 2. Kap. III.G.5.

aus allgemeinen Prinzipien und Wertungen. Dazu sind Verantwortlichkeiten des Empfängers innerhalb besonderer Umstände auf ihre Erheblichkeit beim Empfang der Willenserklärung zu prüfen.

c. Erhebliche gesetzliche Verantwortlichkeitszuweisungen beim Empfang einer Willenserklärung

Aus vergleichbaren naheliegenden gesetzlich geregelten Konflikten sind überindividuelle Ordnungskräfte zu abstrahieren, die den gesetzlichen Empfangsboten rechtfertigen können. Privatrechtliche nichtrechtsgeschäftliche Verantwortlichkeiten werden nicht erst vom Gesetz geschaffen, sondern entspringen aus einer sozialen Stellung[1509]. Die soziale Stellung wird in das Rechtsystem transformiert, indem rechtliche Verantwortlichkeiten in Form von Pflichten, Haftung oder Zurechnung normiert werden. Allerdings kann der Gesetzgeber eine soziale Verantwortlichkeit auch unberücksichtigt lassen, so dass sie nur als eine moralische Verpflichtung bestünde. Es ist also zu fordern, dass die soziale Verantwortlichkeit im Gesetz zum Ausdruck kommt. Diese prägen dann die Sozialordnung und bestimmen so die normale Verantwortlichkeit, auch die des Empfängers beim Empfang einer Willenserklärung[1510].

Dabei werden auch die Problemfelder abgesteckt, also bei welchen Konstellationen gesetzliche Empfangsboten überhaupt erforderlich ist.

1. Familienrechtliche Verantwortlichkeiten

Der Empfang einer Willenserklärung kann Teil einer familienrechtlichen Verantwortung sein. Das Familienrecht ist vordringlich an sozialen Realitäten ausgerichtet und nicht an einer logischen Systembildung[1511], so dass sich die familienrechtlichen Pflichten an sozialen Verantwortlichkeiten orientieren. Die familiären Beziehungen haben in der Rechtsordnung unterschiedlich intensive Ausformungen. Allein aus der Regelungsdichte der jeweiligen familiären Beziehung kann aber nicht schon auf eine besondere persönliche Nähebeziehung geschlossen werden, die Verantwortlichkeiten enthält. Allerdings ergibt sich ein ausgeprägteres Regelungsbedürfnis erst dann, wenn ein bestimmtes persönliches Näheverhältnis besteht, an das Rechte und Pflichten anknüpfen können[1512].

a. Verantwortlichkeiten innerhalb des Eltern-Kind Verhältnisses

Gemäß § 1629 vertreten die Eltern ihr minderjähriges Kind und sind so nach § 131 grundsätzlich auch für den Empfang von Willenserklärungen zuständig. Daraus lassen sich drei Problembereiche erkennen, die mit der Anerkennung eines gesetzlichen Empfangsboten zu lösen sind.

Ist das Kind teilgeschäftsfähig, etwa aufgrund Ermächtigung gemäß §§ 112 f., und bezieht sich die zu empfangende Willenerklärung auf diesen Bereich, ist das Kind selbst richtiger Adressat der Erklärung. Wenn die Eltern eine solche

---

[1509] Esser, Gefährdungshaftung, 98.

[1510] Zur Sozialordnung siehe oben I.B.2; zur normalen Verantwortlichkeit siehe oben I.B.3.

[1511] Lipp, 38.

[1512] Dieser Schluss setzt voraus, dass die Gesetzgebung mit der Entwicklung der sozialen Realität Schritt hält.

Erklärung für das Kind entgegennehmen, stellt sich die Frage nach der Anerkennung einer gesetzlichen Empfangsbotenschaft für das Kind, neben ihrer gesetzlichen Vertretungsmacht[1513].

Die Entgegennahme einer solchen Erklärung für das Kind könnte Teil der elterlichen Sorge im Sinn des § 1626 sein. Allerdings begründet dieses Sorgerecht nicht ohne weiteres eine Einstandspflicht des Kindes für ein Fehlverhalten der Eltern. Haben die Eltern bei der Entgegennahme oder Weiterleitung der Erklärung unsorgfältig gehandelt, kann dies eine Haftung gegenüber dem Kind nach § 1664 I begründen. Schwerlich ist die Wirkung einer solchen Haftpflicht zu Lasten des Kindes gegenüber dem Erklärenden zu begründen. Dazu müsste die Sorgfaltspflicht als eine Begünstigung eines Dritten gedeutet werden, denn die Annahme einer gesetzlichen Empfangsbotenschaft würde die Risikotragung des Erklärenden einschränken. Zweck der Sorgfaltspflicht der Eltern gegenüber dem Kind ist aber das Kindeswohl, nicht die Integrität des Rechtsverkehrs. Eine drittbegünstigende reflexive Wirkung der Pflicht besteht nicht.

Daneben lässt sich aus dem Erziehungsrecht der Eltern nach § 1626 eine Gehorsamspflicht des Kindes formulieren. Diese Pflicht beinhaltet aber auch keine Begünstigung eines Dritten indem eine gesetzliche Empfangsbotenschaft anzunehmen ist.

Des weiteren ist zu beantworten, wie das Risiko zu verteilen ist, wenn das Kind eine Erklärung entgegennimmt, die an die Eltern adressiert ist. Dies könnte eine Dienstleistung im Sinn des § 1619 sein[1514]. Die Dienstleistungspflicht des Kindes besteht, wenn es mit den Eltern gemeinsam wohnt und es von den Eltern unterhalten wird. Das Alter des Kindes ist dabei unerheblich. „Im Hauswesen und Geschäfte Dienste zu leisten“ ist freilich eine wenig klare Formulierung der Rechtsfolge. Die Frage ist wiederum, ob eine solche denkbare Verpflichtung die Eltern belastet und den Erklärenden begünstigt.

Der dritte Bereich ist die Entgegennahme der Erklärung für das geschäftsfähige Kind für die Eltern. Die Entgegennahme durch die Eltern für das erwachsene Kind könnte eine Gegenpflicht aus § 1619 sein[1515]. Eine solche Gegenpflicht lässt sich schon aus dem Normtext gewinnen. Denn die Dienstleistungspflicht besteht nur, wenn das Kind dem „elterlichen Hausstand angehört und von den Eltern... unterhalten wird“. Die Entgegennahme könnte Teil der Angehörigkeit zum Hausstand beziehungsweise der Unterhaltung sein. Die Verantwortlichkeit müsste aber wiederum reflexiv zugunsten des Erklärenden bestehen. Dann würde durch § 1619 eine qualifizierte Hausgemeinschaft bestehen, welche zur Annahme einer gegenseitigen Empfangsbotenschaft führen würde.

[1513] Beispielsweise einen Antrag auf Abschluss eines Vertrages im rahmen des Handelsgewerbes. Leiten die Eltern diese Erklärung nicht weiter, kann eine Annahme des Kindes verfristet sein.

[1514] Zur familierechtlichen Wurzel des § 1619 siehe Fenn, Die Mitarbeit in den diensten Familienangehöriger, 129 ff. Die Pflicht zur Mitarbeit rechtfertigt sich aus der komplexen Rechtsbeziehung zwischen Kind und Eltern, bei der sogar das gesetzliche Erberecht zu beachten ist.

[1515] Diese Gegenpflicht ist Teil der Rechtfertigung der Mitarbeitspflicht des Kindes. vgl. Fenn, 129 ff.

In allen drei Problembereichen wirkt auch die allgemeine Verpflichtung zu Beistand- und Rücksichtnahme aus § 1618a. Diese Verpflichtung ist vom Alter des Kindes unabhängig und wirkt in beide Richtungen. Dabei besteht aber wieder die Schwierigkeit, die Außenwirkung zu begründen.

b. Verantwortlichkeiten innerhalb der Ehe

Bei Eheleuten könnte sich aus § 1357 die verantwortungszuweisende Wirkung des gesetzlichen Empfangsboten ergeben. Die Entgegennahme an sich kann nicht ein Geschäft im Sinn des § 1357 sein, denn die Schlüsselgewalt betrifft nur Rechtsgeschäfte, nicht auch tatsächliches Handeln[1516]. Es ist kaum vorstellbar, dass mit der Entgegennahme der Willenserklärung der familiäre Lebensbedarf zu decken ist.

Allerdings könnte anders zu urteilen sein, wenn der Erklärungsinhalt ein Geschäft nach § 1357 betrifft, denn dann ist die Entgegennahme Bestandteil des Geschäftes. Adressat der Willenserklärung ist in diesem Fall der Geschäftsführer; entgegengenommen wird die Erklärung von dessen Ehegatte, der gleichzeitig Geschäftsherr ist.

Allerdings ergibt sich die verpflichtende Wirkung erst aus dem bestehenden Geschäft. Die Entgegennahme der Erklärung ist aber nur Teil der Entstehung des Geschäftes selbst, also eine Voraussetzung und somit Teil des Tatbestandsmerkmals „Geschäft" des § 1357. Die Rechtsfolge kann aber nicht schon den Tatbestand vorgeben.

Andererseits erscheint es natürlich, dass wenn das Geschäft beide Ehegatten verpflichtet, auch die Beteiligung des nicht geschäftsführenden Ehegatten bei der Entstehung auf beide wirkt. Denn Zweck des § 1357 ist nicht nur die Rechtsmacht für den handelnden Ehegatten zu besorgen, sondern die Ehe wird zu einer „Rechts- und Haftungsgemeinschaft"[1517], die als solche am Rechtsverkehr teilnimmt. So wird auch die Anwendung des § 1357 bejaht, wenn der geschäftsführende Ehegatte sich einer c.i.c. oder einer sonstigen Vertragsverletzung schuldig gemacht hat[1518]. Sekundäransprüche können dann ebenso von beiden verlangt werden, obwohl es bei der c.i.c. nicht zu einem Geschäftsabschluss gekommen sein muss. Konsequent ist dann aber nur eine Gesamtverpflichtung anzunehmen, wenn die schädigende Handlung vom anderen, sozusagen vom Geschäftsherrn begangen wird. Dies aus § 1357 abzuleiten ist aber kaum nachvollziehbar.

Die Entgegennahme könnte zu den allgemeinen ehelichen Pflichten des § 1353 gehören. Eine eheliche Hauptpflicht ist die häusliche Gemeinschaft[1519]. Die Entgegennahme einer an den anderen adressierten Willenserklärung könnte eine natürliche Folge dieser Pflicht sein. Dafür spricht, dass die Entgegennahme Teil eines alltäglichen und normalen Ablaufs ist.

Eine Erklärungsverkörperung entgegenzunehmen und weiterzuleiten erscheint als eine zumutbare Belastung. Die Vermittlung einer mündlichen Erklärung

---

[1516] Diederichsen/Palandt § 1357, 12.

[1517] Diederichsen/Palandt § 1357, 1.

[1518] Diederichsen/Palandt § 1357, 24.

[1519] Diederichsen/Palandt § 1353, 6 mit weitern Nachweisen.

kommt dagegen einer Sekretariataufgabe gleich, welches schwieriger zu bewältigen ist. Damit scheint eine Differenzierung zwischen gespeicherten und ungespeicherten Erklärungen geboten.

Freilich ergibt sich wiederum das rechtslogische Hindernis, dass diese mögliche Pflicht den anderen Ehegatten begünstigt und nicht ohne weiteres einen Dritten.

c. Verantwortlichkeiten innerhalb sonstiger Lebenspartnerschaften

Schwieriger sind Begründungsansätze für den gesetzlichen Empfangsboten bei einer nichtehelichen Lebensgemeinschaft zu finden. Hier kann keine gesetzliche Regelung herangezogen werden. Eine entsprechende Anwendung allgemeiner Regeln des Eherechts wird allgemein abgelehnt[1520]. Dies gilt in gleicher Weise für gleichgeschlechtliche Lebensgemeinschaften[1521]. Tatsächlich kann die Verbindlichkeit innerhalb dieser Partnerschaften ebenso bestehen wie innerhalb der Ehe.

d. Verantwortlichkeiten zwischen Verwandten

Bei Verwandten finden sich keine gesetzlichen Verantwortungszuweisungen, die sich unmittelbar auf den Mechanismus der Rechtsgeschäftsentstehung auswirken. Allerdings ist in §§ 1601 ff. eine gesteigerte Verantwortlichkeit bei Verwandten in gerader Linie zu erkennen, denn diese sind zu gegenseitigem Unterhalt verpflichtet. Dabei wird auch eine qualitative Abstufung der familiären Beziehungen deutlich: Nach § 1608 haften die Ehegatten vorrangig, danach gemäß §§ 1601, 1606 zunächst die Kinder, dann die Kindeskinder usw., zuletzt die Eltern, Großeltern usw. Geschwister sind nicht unterhaltspflichtig. Die Definition der Verwandtschaft in § 1589 f. gibt vor, wann die Beziehung rechtlich unerheblich ist.

2. Handelsrechtliche Verantwortlichkeiten

Das Handelsrecht, geprägt vom Ziel, einen leichten Rechtsverkehr als Abbild des leichten Güterverkehrs zu ermöglichen, knüpft bei der Zuweisung von Verantwortlichkeiten ebenfalls an tatsächliche Umstände an.

a. Zuständigkeiten der Hilfspersonen des Kaufmanns

Die Verantwortlichkeiten des Kaufmanns zeigen sich unter anderem in den §§ 48 ff. HGB. Aus der dort geregelten Prokura, Handlungsvollmacht, Vollmacht des Abschlussvertreters und Ladenvollmacht lässt sich die Ausdehnung der normalen Verantwortlichkeit des Kaufmanns ablesen. Fällt die Entgegennahme der Erklärung unter den jeweiligen Tatbestand, besteht kein Problem, denn die formulierten Vollmachten machen die jeweiligen Hilfspersonen des Kaufmanns zu dessen Empfangsvertreter.

Da die Zuständigkeiten der Hilfspersonen nicht unbeschränkt ist, kann die Entgegennahme aber auch außerhalb ihrer zugewiesenen Zuständigkeit liegen. Damit sind nicht erst Erklärungen gemeint, die den Kaufmann privat betreffen,

---

[1520] Diederichsen/Palandt Einl § 1297, 13 mit weiteren Nachweisen.

[1521] Das Gesetz hinsichtlich der eingetragenen Lebenspartnerschaft bestimmt für eingetragene Paare keine diesbezügliche Rechten- und Pflichtenstellung.

sondern die Zuständigkeit ist auch bei geschäftlichen Erklärungen beschränkt. Beim Prokurist gilt dies für Grundlagengeschäfte[1522] und Grundstücksgeschäfte im Sinn des § 49 II HGB. Willenserklärungen, die diese Bereiche betreffen, können somit nicht an den Prokuristen adressiert sein, denn er hat keine diesbezügliche Empfangsvertretungsmacht. Zu klären ist dann, wer das Risiko trägt, wenn diese Erklärungen vom Prokuristen entgegengenommen werden.

Die Ladenvollmacht nach § 56 HGB umfasst den Abschluss von Kaufverträgen, von Werk- und Werklieferungsverträgen und - außerhalb der rechtsgeschäftlichen Vollmacht - die Übereignung der Kaufsache[1523]. Eine Empfangsvollmacht besteht folglich, wenn der Empfang der Erklärung ein gewöhnliches Geschäft darstellt. Probleme bieten dann die ungewöhnlichen Geschäfte. Die Reichweite der Vollmacht des Handlungsbevollmächtigten und des Abschlussvertreter haben eine ähnliche Struktur.

b. Die Problemfälle

Als erstes Problem lässt sich formulieren, wie das Risiko bei Erklärungen zu verteilen ist, die zwar nicht von der Vollmacht erfasst werden, aber geschäftlichen Inhalts sind. Eine Lösung wäre, die Zuständigkeit nicht nach dem Erklärungsinhalt zu bestimmen, sondern auf einer anderen, formalen Ebene zu unterscheiden und für den Empfang eine weitergehende Zuständigkeit zu bilden. Anhaltspunkt dabei wäre die geringere Intensität des Empfangs gegenüber der Abgabe von Erklärungen[1524]. Allerdings wäre in diesen Bereichen dann von einer isolierten Empfangsvertretung auszugehen. Dies lässt sich aber schwerlich auf die Vollmachterteilung zurückverfolgen. Man würde eine eindeutige Grenze aufgeben, die es dem Kaufmann ermöglicht, einfach abzulesen, wofür er bei seinen Gehilfen einzustehen hat.

Das zweite Problem ergibt sich aus der Begrenztheit des Regelungsbereichs der §§ 48 ff. HGB. Der Verkehrsschutz ist lückenhaft, da nur einzelne Arten geregelt werden. Es gibt vergleichbare andere Hilfspersonen, bei denen sich die gleichen Probleme der angemessenen Risikoverteilung stellen. Eine Lösung wäre die entsprechende Anwendung der §§ 48 ff. HGB. Dieser Weg ist aber nur gangbar, wenn eine Vertretungsmacht besteht und nur ihre Reichweite in Frage steht.

Als drittes Problem zeigt sich die Begrenztheit des Handelsrechts überhaupt. Bei nichtkaufmännischen Gewerben und bei den freien Berufen besteht die gleiche Problemlage. Zu definieren ist die Verantwortlichkeit für eine tatsächliche Organisation, die am Rechtsverkehr beteiligt ist.

[1522] Grundlagengeschäfte betreffen das Organisationsrecht des Unternehmers wie die Veränderung des Unternehmensgegenstandes und gesellschaftsrechtliche Maßnahmen; vgl. Wagner/v. Westphalen, § 49, 5.

[1523] Wagner/v. Westphalen, § 56, 14 f.

[1524] Siehe oben, 2. Kap. III. D.3

c. Das Bedürfnis nach einem über §§ 48 ff. HGB hinausreichenden Verkehrsschutz

Zu begründen ist zunächst, ob in anderen als in den §§ 48 HGB behandelten Fällen überhaupt eine Entlastung des Erklärenden geboten ist. Dafür spricht das Bedürfnis des Verkehrs. Eine Erklärung so abzugeben, dass sie den Adressaten erreicht ist eine technische Anforderung. Dabei die gleichen Anforderungen wie bei der aktiven Rechtsgestaltung zu stellen, würde die technische Durchführung mit materiellen Momenten überfrachten. Dies spricht dafür, für den Empfang einer Willenserklärung einen anderen Maßstab anzuwenden als für die Erklärungsabgabe[1525].

Allerdings könnte der Verkehrsschutz der § 48 ff. HGB eine Problemlösung sein, die lediglich rechtliche Instrumente klar formuliert und den Handelnden Schemata vorgibt, denn die Erteilung der Prokura ist wie die der Handlungsvollmacht ein Rechtsakt. Beim Ladenangestellten wird aber nicht an eine Rechtshandlung angeknüpft, sondern an ein gebilligtes tatsächliches Auftreten. Solche tatsächlichen Umstände liegen der Zuweisung der anderen Hilfspersonen ebenfalls zugrunde. Dies verdeckt zwar die Vollmachterteilung, aber trotzdem knüpft der Verkehrsschutz an die tatsächlichen Umstände an[1526]. Der Bedarf an Verkehrsschutz ist aber immer dann zu billigen, wenn die tatsächlichen Umstände der kaufmännischen Organisation deren normalen Anforderungen nicht gerecht werden. Der Verantwortungsbereich hat sich in der modernen Sozialordnung vom sozial statischen (Familie, Raum) in das wirtschaftlich dynamische verändert[1527]. Diese Änderung hat auch die Rechtsordnung nachzuvollziehen.

Methodisch lässt sich mit einem Erst-recht-Schluss der gesetzliche Empfangsbote begründen: Führen bestimmte Umstände zur Handlungsvollmacht, so müssen gleichgelagerte Umstände erst recht zum Empfangsboten führen können, auch wenn das HGB nicht zur Anwendung kommt. Denn die Annahme einer (Empfangs-)Vertretung ist der intensivere Eingriff in die Rechtssphäre des Empfängers.

3. Verantwortlichkeit für die Wohnung

Der Wohnsitz ist Teil der Sozialordnung, §§ 7ff. Es gibt aber keine allgemeine Pflicht einen Wohnsitz zu haben, erst recht nicht diesen in einer bestimmten Art und Weise zu organisieren[1528]. Trotzdem knüpft die Rechtsordnung wesentlich an den Wohnsitz an. Er dient wie der Name der Individualisierung einer

---

[1525] So wie bei der Gesamtvertretung, bei der es ausreicht, wenn nur ein Vertreter die Erklärung empfängt. Vgl. oben, 2. Kap. III. D.3.

[1526] Dies zeigt sich etwa bei der Prokura, die erteilt aber nie eingetragen wurde widerrufen wird. Der Widerruf muss eingetragen werden um einer Rechtsscheinhaftung zu entgehen. Aus der einmal erteilten Prokura ist dies nicht zu rechtfertigen, denn diese war nicht eingetragen.

[1527] Esser, Gefährdungshaftung, 99f.

[1528] Eine Verpflichtung besteht nur ausnahmsweise in den Fällen der §§ 8-11.

Rechtsperson, also der räumlichen Einordnung[1529]. Die Wohnung ist Teil des Status der Person, der durch das Hausrecht und der Anerkennung der Intimsphäre einen vorzüglichen Schutz genießt, der durch Art 13 GG verfassungsrechtlich abgesichert ist.

Macht und Einfluss des Rechtssubjekts ist die freie Gestaltung der Wohnung, die so zum „Machtbereich“ und „Einflussbereich“ wird und so auch Verantwortlichkeiten schafft. Die Rechtsordnung hat hierauf keinen Einfluss. Deswegen ist es nicht möglich, an die Gestaltung des Wohnsitzes bestimmte Anforderungen zu stellen, denn dahingehende Maßregeln würden dem Schutz der Wohnung zuwiderlaufen. Dem Gesetzgeber ist es verwehrt, auf die Ausgestaltung des Wohnens Einfluss zu nehmen, auch wenn es für die Begründung eines privaten Rechtsverkehrs notwendig erscheint, um die Individualisierungsfunktion und Zuständigkeitsbegründung zu unterstützen. Die übliche Transformation von sozialer in rechtliche Verantwortlichkeit durch Statuierung von sanktionierten Pflichten ist nicht möglich. Dies ist bei § 130 berücksichtigt, indem nicht an die Kenntnisnahme angeknüpft wird, zu der man den Empfänger verpflichten müsste, um sachgerechte Ergebnisse zu erreichen. Die Verantwortlichkeit ist in die Organisation des eigenen Einflussbereichs vorverlagert, welche die erforderliche Möglichkeit der Kenntnisnahme gewährleistet. Weitere Sanktionen sind dabei überflüssig[1530]. Da es jedem einzelnen selbst überlassen ist, seine Wohnung zu organisieren, ist eine Normalorganisation anzunehmen.

Nach § 7 III ist der Wohnsitz vom Willen der Person abhängig. Die Rechtsfolgen wie die privatrechtlichen Ortsbestimmungen - die Zuständigkeiten der Gerichte, des Standesbeamten und des Erfüllungsort nach § 269 - die Bestimmung des Wahlrechts und die Begründung von Bürgerrechten usw.[1531] ergeben sich aber unabhängig vom Willen.

Die rechtlichen Organisation einer bloßen Wohngemeinschaft ist eine Rechtsgemeinschaft gemäß §§ 741 ff.[1532]. Gemeinsam wird das Besitzrecht an der Wohnung gehalten. Damit ist keine nach außen wirksame Verantwortlichkeit verbunden, lediglich interne Pflichten. Diese Pflichten beschränken sich auf das gehalten Recht. Allgemeine Verpflichtungen hinsichtlich Angelegenheiten des anderen gibt es nicht.

Die Organisation des Zusammenwohnens darüber hinaus kann als eine Gesellschaft des bürgerlichen Rechts gemäß §§ 705 ff. ausgestaltet sein. Allein das gemeinsame Wohnen reicht als Gesellschaftszweck aber nicht aus[1533]. Weiterer Zweck kann etwa die gemeinsamen Organisation des Haushalts sein, was eine sogenannte Innengesellschaft begründen kann. Die damit verbunden gesellschaftsrechtlichen Verpflichtungen orientieren sich am Gesellschaftszweck.

[1529] Pawlowski, AT, Rn.238 ff., 277. Dadurch werde eine Zurechnungseinheit des Rechtssubjektes gebildet.

[1530] Vgl. oben, 2.Kap. III.G.6.

[1531] Im Überblick, Gitter, MüKo § 7, 4 ff.

[1532] BGHZ 62, 243. Wegen der Unmöglichkeit der Teilung bei Auflösung der Gemeinschaft wird dies von Schopp in Frage gestellt. Vgl. Schopp, ZMR 1976, 323.

[1533] Schopp, ZMR 1976, 323.

Ohne weiteres ist die Mithilfe bei der Beteiligung des anderen am Rechtsverkehr nicht erfasst.

Überdies wirken die Verpflichtungen aufgrund einer Innengesellschaft nicht nach außen. Die Gesellschaft als solche tritt nicht im Rechtsverkehr auf.

4. Folgerung

In weiten Teilen des Familienrechts und im Handelsrecht sind durch gesetzliche oder gesetzlich formulierte Stellvertretungen Brücken vom Innen- zum Außenverhältnis geschaffen, freilich nicht lückenlos. Mit diesen praktischen Lösungen wird die Kluft zwischen Innen- und Außenverhältnis nicht prinzipiell aufgelöst, insbesondere wenn man die überwiegend angenommene Abstraktheit der Vollmacht zugrunde legt[1534]. Daraus ist aber umgekehrt auch nicht zu entnehmen, dass im geschäftlichen Verkehr Verantwortlichkeiten immer eine Bevollmächtigung, im Familienrecht immer eine gesetzliche Vertretung oder Zuständigkeit verlangen.

Bei den oben dargestellten internen Verantwortlichkeiten sind die Außenwirkungen undeutlich. Konkretes Grundproblem ist die Deutung von Rechten des Empfängers gegenüber dem Empfangsmittler im Innenverhältnis als Belastungen des Empfängers gegenüber dem Erklärenden im Außenverhältnis. Es erscheint paradox, aufgrund einer internen Verpflichtung des vermeintlichen Empfangsboten den Empfänger für dessen Fehlverhalten einstehen zu lassen und damit den Erklärenden zu begünstigen. Dass der Empfänger die Weiterleitung einer an ihn adressierten Willenserklärung vom vermeintlichen gesetzlichen Empfangsboten erwarten kann, ist nicht gleichbedeutend damit, für dessen Übermittlungsfehler einstehen zu müssen.

Grundlage der Verpflichtungen im Innenverhältnis und der Verantwortlichkeiten im Außenverhältnis, soweit normiert, könnte jedoch eine tatsächliche Verbundenheit sein. Die familienrechtliche Verbundenheit ist qualifiziert durch das familiäre Zusammenleben; im Handelsrecht ist die organisatorische Verbundenheit zwischen Unternehmer und seinen Hilfspersonen, das Unternehmen im tatsächlichen Sinn, tragend. Die Ausdehnung der allgemeinen Verantwortlichkeit ist der kontrollierbare Lebensbereich[1535]. Dazu zählt auch der selbst organisierte Geschäftskreis[1536].

Die Verantwortlichkeiten, die mit dem gemeinsamen Wohnen verbunden sind, ergeben sich aus dem jeweiligen Sachzusammenhang. Eine allgemeine positivrechtliche Verantwortungszuweisung aufgrund des gemeinsamen Wohnens ist nicht zu erkennen. Allerdings setzen die Pflichten des § 1619 das gemeinsame Wohnen voraus. Die dogmatische Einordnung der Mitarbeitspflicht wird zum Teil auf die „Blutsbande“ zurückgeführt. Andere sehen in § 1619 eine Folge der Hausgemeinschaft. Die Bedeutung der Regelung wird heute in Frage gestellt. Die Mitarbeitspflicht, bei erwachsenen Kindern ohnehin nur als schwach ausgeprägt, wird als überholt angesehen[1537].

[1534] Vgl. oben 2. Kap. V.A.

[1535] Larenz, Richtiges Recht, 109.

[1536] Canaris, Vertrauenshaftung, 192 ff., 228 ff.

[1537] Coester/Staudinger § 1619, 9 mit weiteren Nachweisen.

Gleichwohl ist eine Verantwortlichkeit für „seine Leute“ als Rechtsgedanke zu erkennen. In §§ 428, 462 HGB ist ausdrücklich eine „Leutehaftung“ normiert[1538]. Dabei werden Verbindlichkeiten der sozialen Wirklichkeit aufgenommen, die unabhängig von rechtsgeschäftlichen Bindungen bestehen. Diese Verantwortlichkeiten in sozialen Verbänden werden in das Rechtssystem je nach Anforderung unterschiedlich transformiert. Sie können Haftungen begründen, wie etwa bei §.831 f. §§ 428, 462 HGB, besondere Pflichten begründen wie etwa in §§ 617 f., § 62 HGB oder Zurechnungsgrund bilden wie dargestellt in §§ 1357, 1629, § 56 HGB. Zu erkennen sind diese gesetzlich ausformulierten Verantwortlichkeiten regelmäßig daran, dass sie nicht dispositiv sind. Beim Empfang einer Willenserklärung führen diese Verantwortlichkeiten zu einer Risikozuweisung hinsichtlich der Weiterleitung der Erklärung. Die „Leute“ bilden einen sozialen Verbund der in der sozialen Wirklichkeit als eine Gemeinschaft zu erkennen ist – Unternehmen, Familie oder familienähnliche Wohngemeinschaften. § 1619 gibt zu erkennen, dass sich die gegenseitige familienrechtlichen Pflichten mit dem Zusammenwohnen aktualisieren. Erst durch das Zusammenleben entsteht heute der soziale Verband.

Auch wenn heute § 1619 als überholt und die „Leutehaftung“ des HGB als überflüssig anzusehen sein sollte, erscheint deren gemeinsame Grundlage - die tatsächlichen, nicht unbedingt rechtsgeschäftlich begründeten Nähebeziehungen - für die Ausgestaltung der Organisation des Rechtsverkehrs unentbehrlich. Die Organisation des Rechtsverkehrs kommt allein mit rechtsgeschäftlichen Gestaltungsmitteln nicht aus. Erforderlich ist eine Einbindung der tradierten Gesellschaftsformen. Zu den tradierten Grundlagen eines jeden Rechtssubjekts gehört der Name, zumeist eine Adresse und bei natürlichen Personen die Familie. Der Familie kann man sich nicht entledigen. Der Name ist zwar wählbar, namenlos kann ein Rechtssubjekt aber nicht sein. Bedenkt man die Obdachlosigkeit, geht das Wahlrecht in Bezug auf die Wohnung darüber hinaus. Doch als Status ist der Wohnsitz Ausgangspunkt für vielerlei gesetzliche Verpflichtungen. Der gesetzliche Empfangsbote ist eine Form der tradierten Ausgestaltung der Organisation des Privatrechtsverkehrs, welche zum Status des einzelnen zu zählen ist.

Für eine tragfähige Organisation des Rechtsverkehrs genügen diese ansatzweisen Feststellungen allerdings noch nicht. Zu der für die Technik der Entstehung von Rechtsgeschäften notwendigen Rechtssicherheit und Rechtsklarheit ist eine klare Wertentscheidung erforderlich, welchen Personenkreis die Rechts-

---

[1538] Die "Leutehaftung" für ein Fehlverhalten der Gehilfen des Frachtführers und Spediteurs war im Zeitpunkt der Kodifikation des Handelsrechts eine Neuerung. Heute wird sie angesichts der aktuellen Auslegung des § 278 für entbehrlich gehalten. Das Merkmal "Leute" ist aber weiter gefasst als das des "Erfüllungsgehilfen". Anders als bei § 278 ist ein Bezug zu einem einzelnen Geschäft nicht erforderlich. "Leute" sind den "Verrichtungsgehilfen" im Sinn des § 831 nah verwandt, vgl. §§ 428, 2, 462, 2 HGB. Kennzeichen ist, dass die "Leute" Bestandteil des Unternehmens sind und so im Geschäftsverkehr auftreten. Karsten Schmidt sieht in der "Leutehaftung" des HGB die Vorstufe zur Haftung für dritte Personen überhaupt, eine Neuerung, welche das HGB zu seiner Entstehungszeit eine Vorreiterrolle zu kommen ließ. Zu allem Karsten Schmidt, FS Raisch, 189 ff.

figur des gesetzlichen Empfangsboten erfasst. Eine solche Wertentscheidung hat der Rechtsanwender im konkreten Fall zu treffen, soweit es keine verwertbare gesetzgeberische Aussage gibt[1539].

Eine klare Aussage hat der Gesetzgeber im Rahmen der Organisation des Zivilprozesses getroffen - die Regelungen der Ersatzzustellung. In den Regelungen zur Ersatzzustellung gemäß §§ 181, 183 ZPO werden Personen bestimmt, welche Prozesserklärungen mit Wirkung für den Adressaten entgegennehmen können, falls dieser beim Zustellungsversuch nicht angetroffen wird. Sind die dabei getroffenen Wertentscheidungen für die Konkretisierung der Rechtsfigur des gesetzlichen Empfangsboten verwertbar, ist eine weitergehende dogmatische Präzisierung des Personenkreises der gesetzlichen Empfangsboten unter Berücksichtigung dieser gesetzgeberischen Vorgaben zu finden.

D. Die Bestimmung der gesetzlichen Empfangsboten gemäß §§ 181, 183 ZPO

Bisher hat sich soweit ersichtlich lediglich *Brinkmann* mit der Heranziehung der §§ 181, 183 ZPO zur Bestimmung der Empfangsboten beschäftigt, lehnt dies aber im Ergebnis ab[1540]. Er meint, die Interessen des Empfänger würden dabei nicht ausreichend berücksichtigt werden., denn dem Empfänger würden ohne jegliches Zutun, möglicherweise sogar gegen dessen ausdrücklichen Willen Empfangspersonen aufgedrängt[1541]. Es fehlte an einem Verhalten des Empfängers, das als Zurechnungsgrund für die Entstehung der Empfangsbotenschaft angesehen werden könne. *Brinkmann* meint, die Anwendung der Zustellungsvorschriften sei von einem Verfahren gemäß § 132 Abs. 1 abhängig[1542]. Die Fiktion des § 132 zeige, dass dabei die Erklärung eigentlich nicht zugehe.

Das entscheidende Argument für *Brinkmann* ist die Ausformung des Zustellungsverfahren als ein förmlicher Hoheitsakt[1543]. Damit werde einer Missbrauchsgefahr vorgebeugt. Dieses Verfahren könne nicht auf den privaten Rechtsverkehr übertragen werden.

1. Der Regelungsgehalt der §§ 181, 183 ZPO

Die Zustellung ist ein in gesetzlicher Form zu bewirkender und zu beurkundender Vorgang, durch den dem Empfänger Gelegenheit zur Kenntnisnahme eines Erklärungsinhalts verschafft werden soll[1544]. Die formalisierte Zustellung gewährleistet die Vorhersehbarkeit des Wirksamwerdens, unabhängig von tatsächlichen Umständen beim Übermittlungsvorgang.

Die Zustellung erfolgt durch persönliche Übergabe oder sonstiger Übermittlung, ausnahmsweise schon durch Aufgabe bei der Post und unter engen Voraussetzungen durch öffentliche Bekanntmachung. Nach § 166 ZPO nimmt die

---

[1539] Unter dem Topos "Verkehrsauffassung" ist dies die von der Rechtsprechung angewandte Methode. Vgl. oben 3. Kap. II. A.1.

[1540] Brinkmann, 133 ff.

[1541] Brinkmann, 134.

[1542] Brinkmann, 135.

[1543] Brinkmann, 135 f.

[1544] Rosenberg/Schwab, Zivilprozeßrecht, 413.

Zustellung regelmäßig der Gerichtsvollzieher vor. Zustellungsveranlasser ist derjenige, für den zugestellt wird, also das Gericht oder eine Partei. Zustellungsadressat ist die Person, an die zugestellt wird, also die andere Partei. Zustellungsempfänger ist derjenige, welcher an der Zustellung tatsächlich beteiligt ist, indem er die Erklärungsverkörperung entgegennimmt. Nach § 170 ZPO ist die Zustellung grundsätzlich durch die Übergabe des Schriftstücks an den Zustellungsadressaten auszuführen. Bei der Ersatzzustellung sind Zustellungsadressat und Zustellungsempfänger personenverschieden. Voraussetzung für die Ersatzzustellung nach §§ 181, 183 ZPO ist, dass der Zustellungsadressat nicht in seiner Wohnung oder Geschäftslokal angetroffen wird. Maßgeblich ist nicht der formale Wohnsitz im Sinn des § 7, sondern das tatsächliche Wohnen für eine gewisse Dauer[1545]. Eine vorübergehende Abwesenheit hebt die Eigenschaft als Wohnung nicht auf. Für das Merkmal, dass die Person nicht angetroffen wird, sind keine weiteren Nachforschungen in der Wohnung anzustellen; ausreichend ist die bloße Auskunft[1546].

Die entgegennehmende Person, also der Zustellungsempfänger, muss nach § 181 I ZPO ein erwachsener, zur Familie gehörender Hausgenosse des Zustellungsadressaten sein, welcher sich in dessen Wohnung aufhält. Nach § 181 II ZPO kann auch an den im selben Haus wohnenden Hauswirt oder Vermieter zugestellt werden. Bei Gewerbetreibenden kann nach § 183 ZPO die Ersatzzustellung an im Geschäftslokal anwesende Gewerbegehilfen erfolgen.

Die Ersatzzustellung an die in § 181 und § 183 ZPO genannten Personen wirkt gegenüber dem Zustellungsadressaten[1547]. Zurückgehend auf *Rosenberg*[1548] wird der Zustellungsempfänger deswegen von vielen als gesetzlicher Vertreter des Zustellungsadressaten angesehen[1549]. Allerdings sollen die Regeln der §§ 164 ff. nicht anzuwenden sein[1550]. *Stein/Jonas* halten daher eine Einordnung als Stellvertreter für unrichtig[1551].

Der Streit um die begriffliche Einordnung soll hier nicht vertieft werden. Es verwundert nicht, dass *Rosenberg* die Ersatzzustellungsempfänger gemäß §§ 1^81, 183 ZPO als Vertreter einordnet, wo er doch die Existenz der Rechtsfigur eines Empfangsboten überhaupt verneint[1552]. Wesentlich ist aber, dass damit nicht die Anwendung der § 164 ff. behauptet wird. Es handelt sich um einen eigenständigen, Vertretungsbegriff im Zivilprozess, so dass von daher keine Schwierigkeiten bei der Anwendung dieser Norm zur Bestimmung der gesetzlichen Empfangsboten bestehen.

[1545] Vgl. v.Feldmann/MüKo § 181 ZPO, 2; Stöver/Zöller § 181 ZPO, 5.

[1546] Roth/Jonas § 181 ZPO, 8 f.

[1547] Die Voraussetzungen für die Zustellungsbevollmächtigung, welche denen der Empfangsvertretung entsprechen, sind in § 175 ZPO genannt.

[1548] Rosenberg 544, 553.

[1549] BSG NJW 1963, 1645; v.Friedmann/MüKo § 181, 1; Thomas/Putzo § 181, 1; Hartmann/Baumbach § 181, 1.

[1550] A.a.O.

[1551] Stein/Jonas § 181, 2.

[1552] Vgl. oben 1. Kap. IV. A.

2. Struktureller Vergleich zwischen Zustellung und Zugang

Der Zweck der Zustellung nach der ZPO und der des Zugangs von Willenserklärungen sind identisch. Wie beim Zugang nach § 130, soll bei der Zustellung eine Erklärung wirksam werden. Dabei besteht derselbe Interessenkonflikt: Der Zustellungsveranlasser will, dass Unwägbarkeiten beim Übermittlungsvorgang aus der Sphäre des Zustellungsadressaten das Wirksamwerden nicht beeinträchtigen. Der Zustellungsadressat hingegen ist daran interessiert, die Wirksamkeit erst mit der Möglichkeit der Kenntnisnahme erfolgen zu lassen.

Die privatrechtlichen Willenserklärungen haben eine Hauptwirkung und Nebenwirkungen, also ihre Wirksamkeit und gesetzlich angeordnete Nebenfolgen[1553]. Zuzustellende Schriftstücke haben ebenfalls diese Arten von Wirkungen: Hauptwirkung ist die Erklärung an sich, deren Inhalt prozessuale Bedeutung erlangt. Damit sind häufig Nebenfolgen verbunden, wie der Beginn einer Frist[1554].

Die Zustellung ist wie der Zugang von Willenserklärungen Teil der allgemeinen Kommunikation. So gilt es auch Risiken zu verteilen, die durch die Kommunikation entstehen. Diese Ähnlichkeiten sprechen zunächst für die Verwendbarkeit der Zustellungsbestimmungen zur Ermittlung der gesetzlichen Empfangsboten.

Eine strukturelle Ungleichheit findet *Brinkmann* in § 182 ZPO, wonach der Gerichtsvollzieher die Möglichkeit der Zustellung durch Niederlegung hat[1555]. Vor diesem Hintergrund erscheint für ihn die Ersatzzustellung im Zivilprozessverfahren als die kleinere Beeinträchtigung der Interessen des Adressaten. Bei der Willenserklärung besteht die Möglichkeit der Niederlegung nicht. Das Institut der gesetzlichen Empfangsboten kommt damit nur dem Erklärenden zugute, denn eine schärfere Form des Zugangs gibt es nicht.

Dies ist aber nur eine Scheinlogik, denn die Ersatzzustellung und die Niederlegung sind als Einheit zu sehen und insgesamt zu bewerten. Dann zeigt sich wieder die strukturelle Vergleichbarkeit, denn die Regeln der Ersatzzustellung kommen ebenfalls nur dem Erklärenden zugute. Die Möglichkeit der Niederlegung ist lediglich ein weiterer Schritt, für den es im privaten Rechtsverkehr kein Bedürfnis gibt. Daneben ist nicht eindeutig, ob die Ersatzzustellung eher die Möglichkeit der Kenntnisnahme gewährleistet als die Niederlegung.

Sowohl die Regelungen zum Wirksamwerden einer Willenserklärung gemäß § 130 als auch die Regelungen zur Zustellung im Zivilprozess sind Organisationsnormen. Die Technik der Organisation ist sowohl bei der Ersatzzustellung als auch beim Zugang unter Beteiligung eines gesetzlichen Empfangsboten die Anknüpfung an die soziale Wirklichkeit.

1553 Vgl. oben, 2. Kap. II.F. und III.G.2.

1554 Klageerwiderungsfrist, Berufungsfrist usw.

1555 Brinkmann, 137.

3. Bedenken wegen der Gesetzlichkeit des Empfangsboten gemäß §§ 181, 183 ZPO

Brinkmann bezweifelt, dass bei einer Übertragung der §§ 181, 183 ZPO auf den privatrechtlichen Verkehr im Form der Bestimmung der gesetzlichen Empfangsboten die Interessen des Adressaten genügend berücksichtigt werden[1556]. Es fehle an einem ursächlichen Verhalten des Adressaten, wie ein Bestellungsakt, das den Zurechnungsgrund für die Empfangsbotenschaft bildet. Die Regeln der Ersatzzustellung seien deswegen nicht systemkonform.

Zum Wirksamwerden bedarf es nicht der Mitwirkung des Empfängers[1557]. Insofern geht die Frage nach einer Kausalität zwischen einem Verhalten des Empfängers und den Empfangsboten in die falsche Richtung. Daneben kann der Empfänger den konkreten Zugangsversuch zwar verhindern, sich letztlich aber nicht gegen das Wirksamwerden wehren. § 132 bietet dem Erklärenden das Instrument, mit dem er den Zugang erzwingen kann. Kann aber der Zugang nicht verhindert werden, kann eine Erklärung auch „aufgedrängt" werden. Somit ist der gesetzliche Empfangsbote nicht systemwidrig, weil dem Empfänger diese Person „aufgedrängt" wird.

Im übrigen läge ein „Aufdrängen" nur vor, wenn es einen ursprünglichen Rechtszustand gäbe, der keine gesetzlichen Empfangsboten kennen würde. Natürliche Zugangsbedingungen gibt es aber nicht, sie sind immer von der jeweiligen Rechtsordnung gedeckt. Die gesetzliche Empfangsbotenschaft ist Teil der Zugangsvoraussetzungen, die erst die Rechtssphäre des Empfängers definieren. In der gesetzlichen Risikozuweisung werden lediglich die sozialen Verantwortlichkeiten für seine „Leute" aktualisiert.

Zu berücksichtigen ist auch der Rechtszustand: Mit der Bestimmung des Empfangsboten nach der Verkehrsanschauung wie es die Rechtsprechung und große Teile in der Literatur vornehmen, können dementsprechend nahezu beliebig Personen klassifiziert werden[1558]. Ein „Aufdrängen" verhindert man nicht, wenn nur unter dem Deckmantel einer Verkehrssitte ein konstituierendes Verhalten des Empfängers unterstellt wird. Eine Risikozurechnung würde wahrscheinlich in ihrer Anwendung zu gleichen Unterstellungen führen, denn ein für den Rechtsverkehr eindeutig erkennbares Abgrenzungskriterium kann sie auch nicht bieten[1559].

4. Methodische Bedenken wegen § 132

Nach *Brinkmann* soll allein die Existenz des § 132, wonach die Zustellung den Zugang fingiert, die Möglichkeit einer Analogie zu Zustellungsvorschriften verschließen[1560]. Der Genuss der Ersatzzustellung sei von dem Verfahren nach § 132 I abhängig. Folglich zieht er einen Umkehrschluss aus § 132: Gerade, weil § 132 den Zugang nur fingiere, könne vom Zugang im eigentlichen Sinn nicht

---

1556 Brinkmann, 136.
1557 Siehe oben, 2. Kap. III.A.4. und D.3.
1558 Siehe oben, 3. Kap. II.
1559 Siehe oben, 3. Kap. IV.
1560 Brinkmann, 135; ebenso Sandmann AcP 199, 456.

ausgegangen werden. Auch die Rechtsprechung hält eine Ausdehnung des § 132 aus Gründen der Rechtssicherheit für nicht möglich[1561].

Mit dem Mechanismus des § 132 I werden aber häufig auch die Voraussetzungen des Zugangs im Sinn des § 130 erfüllt sein[1562]. Die Fiktion bei § 132 I hat nicht die Aufgabe, etwas in Geltung zu setzen, was nur durch Anordnung erreicht werden könnte. Vielmehr soll lediglich ein Höchstmaß an Klarheit hergestellt werden, indem alle Zweifel abgeschnitten werden. Die Fiktion bewirkt, dass alle Regeln der wirksamen Willenserklärung auch für die nach § 132 zugestellten gelten. Das heißt aber nicht, dass eine nach § 132 I zugestellte Willenserklärung nie die Anforderungen der eigentlichen Wirksamkeit erfüllen könnte. Das wird geradezu der Regelfall sein, insbesondere wenn keine Ersatzzustellung vorliegt. Dem Gesetzgeber ist es aber gleichgültig, ob die Kriterien des Zugangs erfüllt sind oder nicht. Der Gewinn liegt in einer Art Pauschalierung, welche eine weitere Prüfung der Wirksamkeit entbehrlich macht. In § 132 hat sich der Gesetzgeber die Ähnlichkeit von Zustellung und Zugang gerade zunutze gemacht.

5. Die Bedeutung der staatlichen Beteiligung bei der Zustellung

Letztlich entscheidender Ablehnungsgrund für *Brinkmann* ist die Ausgestaltung des Zustellungsverfahrens als förmlicher Hoheitsakt[1563]. Der Gerichtsvollzieher hat eine neutrale Stellung inne, er vertritt nicht die Interessen einer der beiden Parteien. Diese Neutralität erhebe ihn nach *Brinkmann* über die Missbrauchsgefahr, die bei voreiliger privater Ersatzzustellung bestehe. Durch die Beurkundung der Zustellung sei ebenfalls ein höheres Maß an Sicherheit bei der Zustellung gegeben. Nur der mit öffentlichem Glauben ausgestattete Gerichtsvollzieher, der sich durch öffentliche Beurkundung absichert, soll die Zugangsfiktion ermöglichen können[1564].

Werden die gesetzlichen Empfangsboten nach §§ 181, 183 ZPO bestimmt, so wird damit dem Erklärenden kein förmliches Verfahren ermöglicht. Diese „Bestimmung" des Personenkreises der gesetzlichen Empfangsboten ist keine Analogie im eigentlichen Sinn[1565]. Bei der Analogie werden auf einen Sachverhalt positive Regeln angewendet, die für einen ähnlichen Sachverhalt geschaffen wurden[1566]. Hier soll aber nicht der Zugang durch eine Zustellung ersetzt werden. Ebenfalls fehlt es nicht an einer Norm, die den Sachverhalt der Entgegennahme erfasst. Die Entgegennahme durch den Empfangsboten ist ein Zugangsmodus, der nach wie vor an § 130 zu messen ist. Damit fehlt schon der Anlass und die Voraussetzung für eine Analogie. Vielmehr sollen die Anforderungen des § 130 konkretisiert werden, indem eine gesetzliche Wertung herangezogen

---

1561 BGHZ 67, 271, 277.

1562 Vgl. oben, 2. Kap. III. E.

1563 Brinkmann, 137.

1564 Darauf stellt auch BGHZ 67, 271 ab.

1565 In BGHZ 67, 271 war eine Analogie zu § 132 angebracht, denn es ging um die Wirkung einer Niederlegung beim Postamt. Eine Niederlegung kann die Erfordernisse des Zugangs nach § 130 I nicht erfüllen.

1566 Larenz/Wolf, AT, 114; Larenz, Methodenlehre, 269.

wird, die für eine vergleichbare Problemlage besteht. Die so konkretisierten Anforderungen sind aber schon in § 130 enthalten, jedoch nicht offensichtlich.

Freilich ist die Beziehung der Beteiligten zueinander beim Wirksamwerden und bei der Zustellung unterschiedlich. Erklärender und Empfänger im privaten Rechtsverkehr stehen sich grundsätzlich beziehungslos gegenüber[1567]. Die Prozessbeteiligten dagegen stehen in einem qualifizierten Verhältnis, das durch beiderseitige staatlicher Unterstützung entsteht.

Diese Qualifikation des Verhältnisses betrifft aber nur die unmittelbar Prozessbeteiligten, also den Zustellungsveranlasser und den Zustellungsadressaten. Die dritte Person bei der Ersatzzustellung, der Zustellungsempfänger, ist nicht von diesen prozessualen Obliegenheiten und Verpflichtungen betroffen. Der Zwangscharakter des Prozessrechts, welches die Funktion hat, das Verhalten der Beteiligten zu steuern und zu planen, kann nicht auf das Verhältnis zwischen Zustellungsadressaten und Zustellungsempfänger einwirken. Das Verhalten des Zustellungsempfängers wird nicht durch rechtliche Instrumente gelenkt, etwa durch besondere öffentlich Pflichten zur Weiterleitung angehalten[1568]. Vielmehr hat der Gesetzgeber diesen Personenkreis als geeignet anerkannt, eine baldige und zuverlässige Weiterleitung zum Empfänger zu besorgen. Die Eignung rechtfertigt sich aus der sozialen Verantwortlichkeit des Empfängers für ein denkbares Fehlverhalten dieser Personen bei dieser Aufgabe. Neue rechtliche Verantwortlichkeiten werden durch die Normen der Ersatzzustellung nicht geschaffen[1569].

Die Förmlichkeit des Verfahrens erklärt sich aus dieser Beteiligung des Staates. Die staatliche Beteiligung ermöglicht eine Zwangsausübung, die unter Privaten kaum möglich ist. Die damit erhöhte Beweiskraft und Sicherheit ist erforderlich um einen Missbrauch von staatlicher Macht zu verhindern. Die Förmlichkeit des Zustellungsverfahrens erklärt sich nicht daraus, dass es die Ersatzzustellung gibt und diese Zustellungsform eine erhöhte Beweiskraft bedürfte. Denn dann wäre bei einer normalen Zustellung die Förmlichkeit entbehrlich.

Im übrigen entbindet das Institut des gesetzlichen Empfangsboten den Erklärenden nicht von der Beweislast, die Übergabe der Erklärung an den Empfangsboten nachzuweisen[1570].

[1567] Eine schuldrechtliche Beziehung ist für den Empfang einer Willenserklärung unerheblich. Vgl. oben, 2. Kap. III. G.2.

[1568] Die möglichen Straftatbestände der Unterschlagung und der Urkundenunterdrückung, §§ 246, 274 StGB bestehen bei der Entgegennahme von Urkunden allgemein und verlangen weitere subjektive Voraussetzungen (Zueignungs- beziehungsweise Nachteilszufügungsabsicht).

[1569] Logisch konsequent verneint deswegen das OlG Düsseldorf die Zurechnung eines Fehlverhaltens des Zustellungsempfängers an den Zustellungsadressaten. Die Person, welche die Zustellung entgegennimmt ist nicht ein Erfüllungsgehilfe des Adressaten (vgl. OlG Düsseldorf, NJW-RR 1995, 1341).

[1570] Zu Beweislastverteilung Sandmann, AcP 199, 462 f.

6. Die Vorteile der Anwendung der §§ 181, 183 ZPO

Die entsprechende Anwendung der Regeln zur Ersatzzustellung bringt die erwünschte Konkretisierung des Personenkreis der gesetzlichen Empfangsboten. Damit wird die geforderte Rechtssicherheit, Rechtsklarheit und die Vorhersehbarkeit verwirklicht.

Die Struktur der Norm eignet sich sehr gut zur klaren Subsumtion. Die Regeln kommen ohne Verweis auf andere Normen aus. Es wird nicht an rechtliche Momente angeknüpft, die sich erst aus anderen Rechtssystemen ergeben[1571]. Möglich wäre zum Beispiel gewesen, statt „erwachsen sein" ausdrücklich Geschäftsfähigkeit für den Empfangsboten zu verlangen. Dann wäre die Voraussetzung erst durch Heranziehung anderer Normen zu ermitteln gewesen. Dies wäre nicht nur komplizierter gewesen, sondern der Umweg birgt auch Schwierigkeiten bei Indifferenzen der verschiedenen Normzusammenhänge. Die Regeln zur Geschäftsfähigkeit sollen den Geschäftsunfähigen schützen, nicht einen Dritten. So bestünde ein Bedürfnis nach Vertrauensschutz, wenn der Eindruck der Geschäftsfähigkeit entstand und der Erklärende oder der Gerichtsvollzieher gutgläubig war. Dazu wäre eine Konstruktion des Vertrauensschutzes erforderlich, deren Ausgestaltung ohne vorgegebene positive Regeln vonstatten gehen müsste und deren Gerechtigkeitswert streitig bliebe. Die bezweckte Klarheit wäre verloren, indem Tatfragen zu Rechtsfragen würden.

Es mag das Glück des Entstehungszeitpunktes sein, dass die §§ 181, 183 ZPO ohne solche Umwege direkt an die soziale Wirklichkeit anknüpfen. Dadurch lösen sich viele Probleme, die sich aus dem sozialen Wandel ableiten von selbst, also bei der Subsumtion. Erforderlich für die Selbstlösung ist lediglich, sich von einer allzu engen subjektiven Verständnis der Auslegungsgrundsätze zu lösen und die verwendeten Alltagsbegriffe mit zeitgemäßen Inhalten zu füllen. Diese Dynamik wäre nicht zu berücksichtigen, wenn die Volljährigkeit gemäß § 2 verlangt wäre.

Das gilt gleichermaßen für die Merkmale „Wohnung", „Familie", „Hausgenosse", „Hauswirt" und „Gewerbegehilfe", denn gefordert wird nicht die Wohnsitzbegründung nach § 7, nicht eine standesamtliche Verheiratung als Kern der Familie, nicht ein wirksames Miets- beziehungsweise Angestelltenverhältnis.

Überdies kann im konkreten Fall auf die reichhaltige Judikatur zu den einzelnen Merkmalen der §§ 181, 183 ZPO zurückgegriffen werden. Dadurch wird die Entscheidungsfindung entlastet.

Die Fragen welche Personen als Ersatzzustellungsempfänger und welche als gesetzlicher Empfangsboten anzusehen sind, sind zwar verschieden, die Antworten sind aber die gleichen. Unterschiedlich sind die Umstände, wie beispielsweise die Sicherung vor Missbrauch: Im Zustellungsverfahren durch die Formalitäten, im privaten Rechtsverkehr durch die Beweislastverteilung. Diese Unterschiede ändern aber nichts am Ausgangspunkt, dass der materielle Empfänger der Erklärung für ein Fehlverhalten „seiner Leute" einzustehen hat. Die Kardinalfrage, wer diese „Leute" sind, wird durch die §§ 181, 183 ZPO beantwortet.

[1571] Ausnahme ist „Vermieter". Dazu unten, 5. Kap. II.A.5.

Dieser ausdrückliche Ausspruch des Gesetzgebers gilt über das Zivilprozessverfahren hinaus, denn in §§ 181, 183 ZPO wird lediglich normiert, was der sozialen Wirklichkeit entspricht. Hinsichtlich des allgemeinen Zivilrechts war der Gesetzgeber der Meinung, die konkreten Anforderungen an das Wirksamwerden der Rechtsanwendung überlassen zu können[1572]. Dies verbietet aber nicht, gesetzgeberische Äußerungen zu verwerten.

Diese Konkretisierung des gesetzlichen Empfangsboten durch die §§ 181, 183 ZPO ist kein Schluss vom Besonderen zum Besonderen. In der Regelung der Ersatzzustellung kommt vielmehr der allgemeine Rechtsgedanke zum Tragen, der ebenso im Dienstrecht, im Familienrecht und im Handelsrecht beachtlich ist – die Verantwortlichkeit für „seine Leute“. Es handelt sich auch deswegen nicht um eine analoge Anwendung von Zustellungsvorschriften[1573]. Bei der Gesetzgebung des Zivilprozesses wurde eine Anleihe aus dem allgemeinen Zivilrecht genommen. Aus der ZPO wird nicht die prinzipielle Begründung dieser Verantwortlichkeiten verwertet, sondern lediglich deren Ausformulierung bei der Organisation des Rechtsverkehrs.

E. Die Legitimierung des gesetzlichen Empfangsboten vor dem Grundgesetz

1. Die Bedeutung der Grundrechte in der zivilrechtliche Dogmatik

Die Grundrechte schützen jedermann, auch vor grundrechtswidrigen Zivilgesetzen. Ob eine Norm verfassungswidrig ist, ergibt sich freilich erst nachdem man den Norminhalt ermittelt hat. Ist dieser nicht eindeutig, soll nach der verfassungskonformen Auslegungsmethode die Auslegungsmöglichkeit gewählt werden, die im Einklang mit dem Grundgesetz steht[1574].

Dabei stellt sich die Frage nach dem Rangverhältnis zwischen dem herkömmlichen Auslegungskanon und der verfassungskonformen Auslegung. Diese Fragestellung erscheint aber schon unscharf, denn eigentlich kann es nicht mehrere Möglichkeiten der Auslegung geben. Es gibt nur eine richtige Normaussage, die mit der Auslegung zu finden ist. Dies spricht dafür, dass die Beachtung der Verfassungsvorgaben eine gleichrangige Auslegungsmaxime ist, nicht eine „Supraauslegung“.

Auslegung ist Interpretation, keine Überprüfung. Auslegungsziel ist der vermeintliche Gesetzgeberwille. Dieser ist immer auf wirksame Gesetzgebung gerichtet, nicht auf eine verfassungswidrige. Insofern führt das Gebot der verfassungskonformen Auslegung zu einer „geltungserhaltenden Auslegung“, die eine Überprüfung aus der Beobachterperspektive in sich trägt. Damit verwischen die Grenzen zwischen dem Vorgang der Auslegung und dem Auslegungsergebnis.

[1572] Vgl. oben 2. Kap. III.F.3.

[1573] Für Canaris ist der Schluss vom Besonderen zum Besonderen das Kennzeichen der Analogie (Canaris, Lücken, 97 ff.). Larenz meint hingegen, auch bei der Analogie komme immer auch das Allgemeine als verbindendes Element zum Tragen (Larenz, Methoden, 258). M.E. wäre jedenfalls hier der Begriff "Analogie" verwirrend, weil keine Rechtsfolgen der Zustellungsvorschriften transformiert werden, vgl. oben unter F.5.

[1574] Dazu Larenz, Methoden, 227 ff. mit weiteren Nachweisen.

Darin sieht *Bettermann* eine unzulässige Vermengung[1575]. Die verfassungskonforme Auslegung sei keine Norminterpretation mehr, sondern eine vorweggenommene Normenkontrolle. Dafür sei das Verfassungsgericht exklusiv zuständig[1576]. Eine unzulässige Vermengung wäre es nicht, wenn die Einheit der Rechtsordnung auch von den Zivilgerichten zu wahren wäre. Bei deren Verwirklichung würden die Grundrechte wie jeder andere Teil der Gesamtordnung relevant sein. Von ihrer Anlage her sollen die Grundrechte aber vor der Rechtsordnung selbst schützen. Dieser Schutz wird durch die Kassation der Norm bei Verfassungswidrigkeit erreicht. Würde man schon bei der Anwendung den Schutz vorwegnehmen, würde diese Aufgabe verkürzt werden und die Grundrechte verlören ihre exklusive Stellung in der Rechtsordnung [1577]. Im Unterschied zur klassischen ist die verfassungskonforme Auslegung auch eine Umdeutung. Die Trennung zwischen Prüfungsgegenstand und Prüfungsmaßstab wird dabei nicht beachtet.

Das „Messen“ ist auch Aufgabe der zivilrechtlichen Rechtsanwendung und damit auch der Dogmatik. Die Zuständigkeitsordnung der Gerichte, insbesondere der Mechanismus des Art. 100 GG, verwehrt nicht den Weg, unter mehreren gangbaren Interpretationsmöglichkeiten die Grundrechte entscheidend zu berücksichtigen. Die verfassungskonforme Rechtsanwendung ergibt sich aus der allgemeinen Bindung der Gewalten an die Grundrechte. Das Auslegungsergebnis muss verfassungskonform sein, nicht die Auslegungsmethode. Genau dies würde aber überprüft, würde man nicht schon bei der Auslegung die Verfassungsvorgaben beachten. Daran ist die Dogmatik zwar nicht gebunden, denn sie ist keine Rechtsquelle[1578]. Dogmatische Überlegung zielen jedoch auf tatsächliche Rechtsanwendung ab, so dass vorwegnehmend die Vorgaben der Verfassung zu beachten sind. Durch Art. 100 GG ist die zivilrechtliche Dogmatik nicht gezwungen, die Überprüfung ihrer Lösungen den Verfassungsrechtlern zu überlassen[1579].

Nachdem mit der klassischen Auslegungsmethode ein Auslegungs(zwischen)ergebnis ermittelt wurde, ist dieses nun an der Verfassung zu messen.

2. Zur Konformität der Rechtsfigur des gesetzlichen Empfangsboten mit der durch Art 2 I GG gewährleisteten Privatautonomie

Der gesetzliche Empfangsbote ist eine Risikozuweisung, die sich nicht aus der Selbstbestimmung des Empfängers herleiten lässt, sondern ist eine heteronome Verantwortlichkeit. Art. 2 I GG bildet die verfassungsrechtliche Grundlage der

---

[1575] Bettermann, Die verfassungskonforme Auslegung, 22 f., 30

[1576] Bettermann, 31 f.

[1577] Bettermann, 25; Göldner, 125.

[1578] Göldner, 120.

[1579] Nach Luhmann soll die Dogmatik nicht zwischen Argumenten de lege lata und de lege ferenda unterscheiden (ders., Rechtsystem und Rechtsdogmatik, 19). Andererseits erkennt er die dienende Funktion der Dogmatik für die Rechtsanwendung an (15 ff.).

Selbstbestimmung und damit auch des Schutzes vor Fremdbestimmung[1580]. Eine Beschneidung der Selbstbestimmung in Form des gesetzlichen Empfangsboten, insbesondere die Zulassung von Fremdbestimmung, könnte somit ein Eingriff in den Schutzbereich des Art 2 GG sein.

Dürig sieht schon das traditionelle Ordnungsgefüge des Zivilrechts als eine organische Beschränkung der Vertragsfreiheit, die nicht den Schutzbereich des Art. 2 I GG berührt[1581]. Dazu zählt er die technische Ausgestaltung der Freiheit wie die Geschäftsfähigkeit, die Formvorschriften oder den numerus clausus des Sachenrechts. Dies sei eine Gemeinwohlforderung, denn die Freiheit bedürfe solche objektivrechtliche „Spielregeln", welche das technische Funktionieren sicherstellen. Nur so könne das Funktionieren des Miteinanders gleichberechtigter Privatpersonen gewährleistet werden. Auch *Huber* definiert das Ausmaß der Vertragsfreiheit nach dem bürgerlichen Recht und nicht als Teil einer natürlichen Freiheit, die durch Art. 2 I GG geschützt wäre[1582].

Es spricht viel dafür, den Freiheitsraum des Art. 2 I GG als einen menschlichen zu sehen und gedachte Freiräume im Rechtssystem nicht unter der Freiheitsdoktrin zu erfassen. Andererseits bliebe so verstanden wenig Raum für eine Überprüfung des gesetzlichen Empfangsboten, denn die Regeln des Wirksamwerdens einer Willenserklärung sind Teil der Organisation des privaten Rechtsverkehrs. Es erscheint wenig plausibel, die Legitimation ausschließlich in der Tradition zu suchen und so der Überprüfung anhand der Verfassung zu entziehen. Macht man Ernst mit der Wahrung der Grundrechte, muss sich auch das traditionelle Ordnungsgefüge immer wieder legitimieren.

Daher ist zu prüfen, ob die Rechtsfigur des gesetzlichen Empfangsboten in den Schutzbereich des Art 2 I GG eingreift. Dazu müsste die Entscheidung über die Wirksamkeit einer Willenserklärung einen verfassungsrelevanten Eingriff darstellen können. Der Empfänger wird zwar vom Wirksamwerden der Willenserklärung betroffen, aber nur in seiner „Partnerrolle" in der Gesellschaft, welche durch die Willenserklärung aktualisiert wird[1583]. Die Wirkungen der Wirksamkeit ergeben sich aus dem rechtlichen Umfeld, also aus dem bestehenden Rechtsverhältnis. Dort ist dann auch die Legitimität des Eingriffs zu suchen. Die rechtlichen Folgen sind Auswirkungen aus dem speziellen System zwischen Erklärendem und Empfänger, also aus dem Vertragsverhältnis und ähnlichem. Diese Folgen betreffen zwar die Rechtssphäre des Empfängers, doch dies steht im mit der Privatautonomie. Die Folgen gelten nur, weil der Empfänger die

---

[1580] Der Schutzbereich der privaten Rechte ist nicht durch Art. 14 GG qualifiziert. Art. 14 GG schützt zwar nicht nur Eigentum im zivilrechtlichen Sinn, sondern auch Forderungen, Anwartschaften, usw., also alle vermögenswerte Rechte. Das Vermögen als solches aber soll nicht durch Art. 14 GG geschützt sein. Vgl. Pieroth/Schlink, Grundrechte, Rn. 899 ff. mit weiteren Nachweisen.

[1581] Maunz/Dürig, Art. 2 Nr. 59.

[1582] Huber, Die verfassungsrechtliche Bedeutung der Vertragsfreiheit, (1966), 19 f. Allerdings ist unklar, ob dies auch allgemein für die Privatautonomie gelten soll.

[1583] Siehe oben, 2. Kap. III.D.2.

Wirksamkeitsfolgen durch sein selbstbestimmtes Verhalten grundsätzlich vorweggenommen hat[1584]:

Allerdings liegt das Erklären an sich und der Zeitpunkt in der Disposition des Erklärenden. Diese Entscheidungsfreiheit betrifft den Empfänger, berührt aber nicht die Integrität seiner lebensweltlichen Sphäre, sondern lediglich seiner Rechtssphäre. Die Rechtssphäre ist aber von der Rechtsordnung vorgegeben, also auch von der Entscheidungsfreiheit des Erklärenden . Es ist nicht gangbar, sich die Rechtssphäre des Einzelnen zunächst als vollkommen frei und unabhängig zu denken, um dann jede Berührung als Eingriff in das Selbstbestimmungsrecht zu deklarieren. Das traditionelle Ordnungsgefüge eröffnet erst den Raum für den Schutzbereich, das somit eine funktionale Bestätigung erfährt. Die Rechtsfigur des gesetzlichen Empfangsboten stellt damit keinen Eingriff in den Schutzbereich des Art 2 I GG dar.

Ginge man gleichwohl beim gesetzlichen Empfangsboten von einem Eingriff in den Schutzbereich des Art. 2 I GG ausginge, wäre dieser Eingriff jedenfalls legitim. Der Schutzbereich ist für den Gesetzgeber kein Tabu, denn die Freiheit wird nur im Rahmen des geltenden Rechts gewährleistet.

Überdies ist ein Eingriff in den Schutzbereich nach Art 2 I, 2. HS GG durch die Rechtsordnung, durch die verfassungsmäßige Ordnung und durch die Grundrechte Dritter legitimiert. Der gesetzliche Empfangsbote bewegt sich als ein Auslegungsergebnis innerhalb einer Rechtsnorm, welche die Rechtfertigung bildet. Die Rechtsfigur des gesetzlichen Empfangsboten überschreitet jedenfalls nicht den Rahmen des § 130, sondern konkretisiert lediglich einen Zugangsmodus.

Daneben ist zu bedenken, dass auch die Grundrechte des Erklärenden zu schützen sind. Dessen Verwirklichung seiner Privatautonomie ist das Wirksamwerden seiner Willenserklärung gegenüber dem Empfänger. Um einen Ausgleich zwischen den widerstreitenden Interessen zu finden, ist in „praktischer Konkordanz“[1585] der Grundrechtsschutz des Einzelnen zu beschränken. Aufgrund des Dilemmas, keine Entscheidung für eine Seite treffen zu können, ist die verfassungsrelevante Belastung nach Abwägung der Interessen auf beide Seiten bestmöglich zu verteilen. Der gesetzliche Empfangsbote ist ein Instrument dieser Abwägung.

Letztlich sind weiteren Verfassungsvorgaben zu beachten, wozu auch das Rechtsstaatsprinzip zählt, das für Rechtsklarheit und Rechtssicherheit bürgt[1586]. Gerade diesem Ziel ist die Rechtsfigur des gesetzlichen Empfangsboten verpflichtet..

Die Rechtsfigur des gesetzlichen Empfangsboten ist konform mit den Vorgaben des Art 2 I GG.

[1584] Er hat vorher einen Antrag - zur Verpflichtung oder zur Verfügung - erklärt, oder einen solchen Antrag angenommen. Dieses Verhalten schließt die legitime einseitige Änderung des Schuldverhältnisses mit ein, aber auch das Risiko seiner Vernichtung.

[1585] Hesse, Grundzüge des Verfassungsrechts der Bundesrepublik Deutschland, 20. Aufl. (1995), Rn. 72.

[1586] Laufke, Vertragsfreiheit und Grundgesetz, FS Lehmann I, 145 ff., 186.

5. Kapitel
Folgerungen

I. Die Kasuistik des Empfangsboten

A. Empfangsbote aufgrund einer zweiseitigen Risikoübernahme

Zweiseitige Risikoübernahmen sind isoliert oder im Rahmen verpflichtender Verträge denkbar. Dabei ist insbesondere die Möglichkeit zu beachten, andere Empfangsmodalitäten auszuschließen um so den Empfangsbereich zu beschränken.

Im Fall (15) haben V und M eine Risikoübernahme vereinbart, die den normalen Zugangsmodus ausschließt. Die Kündigung wird daher erst mit der Kenntnisnahme durch den V wirksam.

B. Empfangsbote aufgrund einseitiger Risikoübernahme

Das Vorkommen und der Mechanismus der einseitigen Risikoübernahme zeigt sich anhand der Lösungen des eingangs dargestellten Fallmaterials:

Im Rechtsprechungsfall (2) wäre zu klären gewesen, ob B dem K kundgetan hat, er könne die Annahme auch gegenüber D erklären. Diese Risikoübernahme würde dann auch die Ablehnung des Antrags einschließen.

Im Rechtsprechungsfall (3) ist erheblich, ob B das Risiko der Weiterleitung durch D übernommen hat. Dies könnte gegenüber K oder gegenüber dem Postboten geäußert worden sein. Dabei könnte auch D als Erklärungsbote des B gewirkt haben.

Im Rechtsprechungsfall (5) ist entscheidend, ob die Mitnutzung des Briefkastens durch D eine Risikoübernahme der persönlichen Weitergabe umfasst. Dies ist eine Frage der Auslegung, die unter Beachtung aller Umstände zu beantworten ist. In der Regel kann von einer dahingehenden Risikoübernahme ausgegangen werden. Laut Sachverhalt will K zwar mit D ausdrücklich vereinbart haben, dass sie Sendungen nicht persönlich entgegennimmt. Bestand aber vorher eine Risikoübernahme gegenüber dem Postboten, kann dies nur ein Widerruf sein. Dieser zerstört die Risikoübernahme nur, wenn er gegenüber dem Postboten geäußert wird.

Soweit im Rechtsprechungsfall (6) keine Empfangsvollmacht vorliegt, ist zu klären, ob B das Risiko der Entgegennahme des Bestätigungsschreibens gegenüber K übernommen hat. Dabei ist auch erheblich, inwieweit das Bestätigungsschreiben für B vorhersehbar war.

In den Rechtsprechungsfall (9) ist zu klären, ob D von B als Empfangsbote eingesetzt und D sich so vor dem Postboten legitimiert hat. Für eine Risikoübernahme spricht, dass D von B angewiesen wurde, während seiner Abwesenheit die Wohnung zu kontrollieren. Dabei wäre zu prüfen, ob diese Kontrolle auch den Posteingang umfasst.

In den Rechtsprechungsfällen (11) stellt sich die gleiche Frage. Allerdings sind dem Sachverhalt keine Anhaltspunkte zu entnehmen, die für eine Risikoübernahme sprechen. Insbesondere hat sich D nicht in der Wohnung des B aufgehalten.

Im Fall (12) hat V das Risiko der Weiterleitung durch D übernommen. Die Risikoübernahme wurde durch D an K übermittelt. K hat einen vertraglichen Schadensersatzanspruch wegen Unmöglichkeit.

Im Fall (13) enthält die Bitte von M an D, die Post entgegenzunehmen, die Risikoübernahme. Diese wurde dem Postbote durch D übermittelt. Die Kündigung ist fristgerecht, gleichgültig ob die Kündigung im Briefkasten abgelegt oder dem D übergeben wurde.

Die Mitteilung der Telefonnummer im Fall (14) umfasst keine Risikoübernahme von V. Die Weiterleitung einer Erklärung durch alle unter der Nummer erreichbaren Personen, ist damit nicht bezweckt und damit nicht vorhersehbar. Das Risiko eines Fehlers verbleibt K, der sich entschieden hat, D als Transport der Erklärung zu nutzen. Der Fall ist sachgerecht über die Grundsätze der Zugangsvereitelung zu lösen.

C. Die Merkmale der gesetzlichen Empfangsboten

Bei der Konkretisierung der Merkmale des gesetzlichen Empfangsboten kann die Dogmatik zu §§ 181, 183 ZPO herangezogen werden. Dabei ist auch das Gesetzgebungsvorhaben zur Reform des Verfahrens bei Zustellungen im gerichtlichen Verfahren (Zustellungsreformgesetz – ZustRG) zu berücksichtigen[1587]. Nach dem vorliegenden Entwurf wird aus den §§ 181, 183 ZPO eine Regelung, § 178 ZPO-E. Danach ist die Ersatzzustellung möglich

> *„1. in der Wohnung einem erwachsenen Familienangehörigen, einer in der Familie beschäftigten Person oder einem erwachsenen ständigen Mitbewohner,*
> *2. in Geschäftsräumen einer dort beschäftigten Person,*
> *3. in Gemeinschaftseinrichtungen dem Leiter der Einrichtung oder einem dazu ermächtigten Vertreter.*"[1588]

War bisher eine Kombination von familiärer Gebundenheit und gemeinsamen Wohnen erforderlich, genügt nach dem vorliegenden Entwurf, wenn eines der beiden Merkmale erfüllt ist – entweder ein Familienangehöriger oder ein Mitbewohner. Die Ersatzzustellung soll nach dem Entwurf ersatzlos gestrichen werden. Im übrigen sind die Änderungen terminologischer Natur.

1. Gemeinsame Wohnung

Die Begründung des Wohnsitzes nach § 7 ist nicht erforderlich. Ausreichend ist der tatsächliche Aufenthalt auf eine gewisse Dauer[1589]. Dabei muss sich der Aufenthalt zum Lebensmittelpunkt verfestigt haben, was an der dauerhaften Nutzung als Schlafstätte zu erkennen ist[1590]. Ein mehrere Wochen andauernder Besuch kann genügen.

Wird das Gesetzgebungsvorhaben zur Reform des Verfahrens bei Zustellungen im gerichtlichen Verfahren (Zustellungsreformgesetz – ZustRG) im Sinne des vorliegenden Entwurfes verabschiedet, genügte zur wirksamen Ersatzzustellung nach § 178 ZPO-E, der die geltenden Vorschriften zur Ersatzzustellung §§ 181 und 183 ZPO ersetzen würde, das bloße gemeinsame Wohnen. Begründet wird dies mit der Vertrauensgrundlage welche dem Mitwohnen zugrunde liegt, die der einer familiären Bindung entspreche[1591]. Dem ist zuzustimmen. Unbilligkeiten und Grenzfälle können mit einem qualifizierten Mitwohnbegriff aufgefangen werden. Bei reinen Zufallswohngemeinschaften wie etwa in einem Studentenheim, sollte eine Ersatzzustellung nicht möglich sein. Mittelbar ist zu

[1587] In der Fassung vom 9.11.2000 mit Begründung abgedruckt in BT Drucksache 14/4554.
[1588] Ebenda.
[1589] v.Feldmann/MüKo § 181 ZPO, 2.
[1590] Jonas/Stein § 181, 2.
[1591] Vgl. BT Drucksache 14/4554 Zu § 178.

erkennen, dass dies auch nicht durch das ZustRG gewollt ist, denn bei „Gemeinschaftseinrichtungen“ nach § 178 I Nr.3 ZPO-E ist nur der Leiter der Einrichtung, nicht aber alle Mitbewohner möglicher Zustellungsadressat.

Nicht überzeugen kann der Entwurf zum ZustRG soweit daneben die Ersatzzustellung an Familienangehörige generell, also auch wenn diese nicht mit dem Empfänger in derselben Wohnung leben, zulässig sein soll. Das ginge weit über die allgemeine Pflichtenstellung der Familienmitglieder hinaus. Damit würde man die Dienstleistungspflicht für im Haus lebende Kinder nach § 1619, die in geltender Form als veraltert angesehen wird, ausdehnen auf Pflichtigkeiten aufgrund der Blutsbande. Kann man beim Mitwohnen eine Art selbstbestimmte pauschale Vertrauenskundgabe des Empfängers erkennen, fehlt eine solche bei bloßen Familienangehörigen. Das Vertrauen, das in der Begründung zum ZustRG als tragende Rechtfertigung für die Ersatzzustellung erkannt wird, muss sich im gemeinsamen Wohnen aktualisieren. Die familiäre Bindung allein genügt nicht.

Im Rechtsprechungsfall (3) hängt die Einhaltung der Kündigungsfrist vom Wirksamkeitszeitpunkt der Kündigung ab. Die Kündigungserklärung könnte schon mit der Entgegennahme in der Wohnung wirksam geworden sein. Durch den Kuraufenthalt könnte die Wohnung des Empfängers aber auch die Qualität als dauernder, tatsächlicher Aufenthaltsort verloren haben. Dabei maßgeblich ist die Dauer der Abwesenheit. Ab einer geplanten Abwesenheit von vier Wochen ist davon auszugehen, dass die Kuradresse der tatsächliche Aufenthaltsort ist. Damit ist D nicht als Empfangsbote des K anzusehen. Die Kündigung ist nicht mit Eintreffen an der Heimatadresse wirksam geworden.

Im Rechtsprechungsfall (5) wohnen die Geschwister nicht in derselben Wohnung. Im konkreten Fall kann das Fehlen dieses Merkmals nicht durch den Gemeinschaftsbriefkasten kompensiert werden. Die Vertrauenskundgabe der gemeinsamen Nutzung eines Briefkastens begründet aber nicht eine gesetzliche Empfangsbotenschaft, wohl aber eine einseitige Risikoübernahme[1592].

Im Rechtsprechungsfall (9) ist die Mutter des Empfängers ebenfalls nicht gesetzlicher Empfangsbote, weil sie nicht in häuslicher Gemeinschaft mit dem Empfänger wohnt. Die familiäre Bindung genügt nicht.

Dasselbe gilt für den Rechtsprechungsfall (11). Es genügt nicht, wenn die Verwandten im selben Haus, aber in verschiedenen Wohnungen leben. Die Wohnungsnachbarschaft stellt überhaupt keine Vertrauenskundgabe dar.

2. Erwachsen sein

Die Empfangsperson muss nach ihrem Alter und ihrer geistigen Reife in der Lage sein, den Zweck der Zustellung und das Erfordernis der Weiterleitung an den Empfänger zu erkennen[1593]. Dabei maßgeblich ist das Auftreten der Person, wodurch der Eindruck einer erwachsenen Person entsteht. Weder die Volljährigkeit nach § 2 ist zu verlangen, noch die Geschäftsfähigkeit nach § 105. Die Regeln zur Geschäftsfähigkeit sollen den Geschäftsunfähigen schützen, nicht dessen soziales Umfeld oder gar dessen Geschäftsgegner. Der Schutzgedanke kommt beim Empfangsboten nicht zum Tragen, denn eine Fehlleistung trifft

---

1592 Vgl. oben unter B.

1593 Stöber/Zöller § 181, 12; v.Feldmann/MüKo § 181 ZPO, 15; Hartmann/Baumbach § 181 ZPO 1.B.a.bb.

nicht ihn, sondern den Empfänger nachteilig. „Erwachsen" im Sinn des § 181 I ZPO ist in der Regel schon ein 15-17jähriger[1594], ein 14jähriger nur ausnahmsweise[1595], ein 11jähriger nicht[1596]. Erwachsen ist auch der unerkannt Geschäftsunfähige. Der erkannte Geschäftsunfähige ist mangels seiner geistigen Reife unabhängig von seinem Alter nicht erwachsen im Sinn des § 181 I ZPO.

3. Zur Familie gehörend

Wer mit dem Empfänger verheiratet oder verwandt ist, gehört in jedem Fall zur Familie. Zufällig anwesende und besuchsweise anwesende Dritte gehören nicht zur Familie, auch wenn sie freundschaftlich mit dem Empfänger verbunden sind[1597].

Allerdings wird dieses Merkmal bei § 181 ZPO weit gefasst verstanden. In der Anknüpfung an die Familie soll dem Zweck der Zustellung gedient werden, die Sendung alsbald weiterzuleiten. In der Familienzugehörigkeit drückt sich ein erkennbares Vertrauensverhältnis aus, das diese Aufgabe einschließt. Demnach ist eine Zugehörigkeit zu fordern, die der einer familiären entspricht. Dem entspricht der tatsächliche Charakter des Merkmals Familie. Demnach gehört auch die pflegschaftliche Bindung dazu[1598]. Eine bloße Wohngemeinschaft soll aber nicht genügen[1599].

Nicht eindeutig zu klären ist die Familienzugehörigkeit des geschiedenen Ehegatten, der mit dem Empfänger einen gemeinsamen Haushalt führt, also nicht getrennt lebt[1600]. Die besseren Gründe sprechen dafür, hier nicht von einer gesetzlichen Empfangsbotenschaft auszugehen. Denn die gemeinsame Haushaltsführung kann das Merkmal der familiären Verbundenheit nicht kompensieren. Vielmehr handelt es sich um eine bloße Wohngemeinschaft, deren mögliches Motiv, die vergangene Verheiratung, unbeachtlich ist.

Bei der nichtehelichen Lebensgemeinschaft besteht keine Einigkeit. Manche lehnen eine Anwendung völlig ab[1601], andere wollen danach entscheiden, ob ein gemeinsames Kind im Haushalt vorhanden ist[1602] oder sonstige familiäre Strukturen anzutreffen sind. Manche wenden § 181 ZPO prinzipiell auf die nichteheliche Lebensgemeinschaft an[1603].

Die notwendige familiäre Struktur kann auch bei einer zweiseitigen Lebensgemeinschaft bestehen. Damit entstehen jedoch Abgrenzungsprobleme, denn die Grenzziehung zur bloßen Wohngemeinschaft erscheint fließend.

[1594] OLG Hamm, NJW 1974, 1150; BSG, MDR 1977, 83; LG Frankenthal, Rpfleger 1982, 385.

[1595] AG Tempelhof, JÄR 1957, 425.

[1596] RGZ 14, 338.

[1597] Stöber/Zöller, § 181 ZPO, 10.

[1598] OLG Celle, FamRZ 1983, 203.

[1599] Stöber/Zöller § 181 ZPO, 10.

[1600] Für die Anwendung des § 181 ZPO, BVerwG, NJW 1958, 1985. Dagegen, LG Flensburg MDR 1982, 238.

[1601] v.Feldmann/MüKo § 181 ZPO, 13.

[1602] So BGHZ 111,5.

[1603] Jüngst OLG Schleswig, NJW 1999, 2602; OLG Celle FamRZ 1983, 202; Stöber/Zöller § 181 ZPO, 10.

Gleichgeschlechtliche Lebensgemeinschaften sollen nach überwiegender Auffassung prinzipiell nicht dem Erfordernis einer familiären Verbundenheit genügen können[1604].

Soll das Element „Familienangehörigkeit" lediglich Ausdruck eines Vertrauensverhältnisses sein, welches durch die Struktur erkennbar wird, spricht nichts dagegen, dieses Element auch auf die gleichgeschlechtliche Lebensgemeinschaft anzuwenden[1605]. Daneben weisen die rechtspolitischen Bestrebungen, die gleichgeschlechtliche Lebensgemeinschaft registerfähig zu machen, auf einen sozialen Wandel hin. Ist aber schon die Gesetzgebung soweit, in diese Richtung Möglichkeiten eines Schutzes zu schaffen, ist erst recht von einer Verkehrsauffassung auszugehen, die diese Gemeinschaften anerkennt[1606].

Diese Abgrenzungsschwierigkeiten würden mit der Neufassung der Ersatzzustellung nach § 178 ZPO-E durch das ZustRG der Vergangenheit angehören, was zu begrüßen wäre. Denn danach genügte zur wirksamen Ersatzzustellung das gemeinsame Wohnen. Die bestehenden Abgrenzungsschwierigkeiten zeigen umgekehrt, dass der Entwurf des ZustRG im Ansatz richtig ist. Wegen der weiten Auslegung des Merkmals „Familienangehörige" des geltenden § 181 ZPO würde damit letztlich nur einer tatsächlichen Entwicklung Genüge getan und insofern lediglich Rechtssicherheit geschaffen. Unabhängig von einer familiären Bindung muss es jedem überlassen sein, wem er sein Vertrauen schenkt.

Dem ZustRG vorgreifend ist das Merkmal bei der Bestimmung des gesetzlichen Empfangsboten überflüssig. M.E. insgesamt, denn anders als im ZustRG erscheint die bloße familiäre Bindung als Rechtfertigung für die Ersatzzustellung nicht genügend[1607].

> Im Rechtsprechungsfall (2), bei dem die Wirksamkeit des Vertrages von dem Wirksamwerden der Ablehnungserklärung abhängt, welche das Angebot erloschen ließe, und im Fall (14) sind demnach die Ehefrauen grundsätzlich persönlich als gesetzliche Empfangsboten geeignet. Allerdings handelt es sich beide Male um flüchtige Erklärungen. Prinzipiell zu klären ist noch, ob die gesetzliche Empfangsbotenschaft auch bei flüchtigen Erklärungen gilt.

4. Der Familie dienende Personen

Gesetzlicher Empfangsbote ist auch jede Person, die im Hausstand mitarbeitet. Die Art der Mitarbeit ist ohne Relevanz. Insbesondere ist nicht eine Tätigkeit erforderlich, die eine Repräsentation im Geschäftsverkehr zum Inhalt hat[1608]. Auch die Haushaltshilfe fällt in diese Kategorie, selbst wenn sie nur wenige Stunden wöchentlich tätig wird. Allerdings muss diese Tätigkeit auf eine gewisse Dauer angelegt sein. Nicht erforderlich ist ein gültiges Vertragsverhältnis,

---

[1604] Stöber/Zöller § 181 ZPO, 10; Hartmann/Baumbach § 181 ZPO, 12 mit weiteren Nachweisen. A.A OVG Hamburg NJW 1988, 1807.

[1605] Das OlG Schleswig sieht eine solche Auslegung noch im Rahmen des Wortlauts. Bedenken aufgrund der Entstehungsgeschichte widerlegt es mit der Dynamik des sozialen Wandels (vgl. OLG Schleswig, NJW 1999, 2602).

[1606] Anders ausdrücklich Stöber/Zöller, § 181 ZPO, 10.

[1607] Vgl. schon oben unter 1.

[1608] Stöber/Zöller § 181 ZPO, 11.

insbesondere fallen auch lediglich unverbindliche, gefällige Tätigkeiten hierunter, soweit sie nicht nur ausnahmsweise und einmalig erfolgen[1609]. Das wesentliche ist die Institutionalisierung der Mitarbeit. Es genügt, wenn die Mitarbeit zugunsten nur eines Familienmitgliedes erfolgt. Eine Verpflichtung gerade gegenüber dem Empfänger ist nicht notwendig.

Das ZustRG lässt die Möglichkeit der Ersatzzustellung in der Sache unberührt; lediglich die Terminologie würde sich in „in der Familie beschäftigte Person" ändern[1610].

5. Hauswirt und Vermieter

Vermieter ist derjenige, welcher die Wohnung an den Empfänger vermietet[1611]. Hauswirt ist der Eigentümer der Wohnung des Empfängers beziehungsweise der Hausverwalter oder Hausmeister. Beide können nur Zustellungsempfänger sein, wenn sie mit dem Adressaten im selben Haus wohnen.

Vermietung ist eine rechtliche Einordnung. Allein aus der Vermieterstellung kann aber nicht auf ein tatsächliches Vertrauensverhältnis geschlossen werden. Dies soll durch das ergänzende Merkmal des Wohnens im selben Haus kompensiert werden. Der Gesetzgeber ging wohl davon aus, dass ein qualifiziertes Näheverhältnis besteht, wenn Mieter und Vermieter im selben Haus wohnen, also ein gesteigerter sozialer Kontakt besteht.

Diese Ergänzung zeigt aber vor allem die grundsätzliche Schwäche, wenn an ein rechtliches Moment angeknüpft wird. Diese Schwäche kann das gemeinsame Bewohnen eines Hauses nicht kompensieren. Zum einen ist daneben zu verlangen, dass der Vermieter erwachsen ist. Dies ergibt sich aus § 181 II ZPO nicht unmittelbar, wohl aber aus dem Zweck der Ersatzzustellung[1612]. Diese Ergänzung verdeutlicht, dass eine vertragliche Verbindung keine Qualifikation mit sich bringt.

Vor dem Hintergrund des sozialen Wandels seit der Entstehung der ZPO erscheint es darüber hinaus bedenklich, diese Wertung zu übernehmen. Dieses Problem hat *Moritz*, der die Rechtsprechungsfälle (1) und (7) gegenüberstellt, erkannt und deutlich gemacht [1613]. In beiden Fällen haben die Gerichte angenommen, der Vermieter sei Empfangsbote. Zur Begründung wird im Fall (7) auf das Urteil des Falls (1) verwiesen. Fall (1) wurde aber 1902 entschieden, Fall (7) 1976. *Moritz* meint deswegen, die sozialen Umstände hätten sich in den dazwischen liegenden Jahren derart verändert, dass unterschiedlich zu entscheiden sei. 1904 seien Briefkästen unüblich gewesen. Deswegen sei ein Untervermieter, der vom Gericht im Fall (1) ausdrücklich als „Wohnungswirt" bezeichnet wird, auch für die Entgegennahme und Weiterleitung der Post zuständig gewesen[1614]. 1976 hingegen sei ein eigener Briefkasten normal. Die Entscheidung

[1609] Hartmann/Baumbach § 181 ZPO, 15.
[1610] Vgl. § 178 ZPO-E.
[1611] Stöber/Zöller § 181 ZPO, 16.; Roth/Jonas § 181 ZPO, 19.
[1612] Stöber/Zöller § 181, 17.
[1613] Moritz, BB 1977, 400 ff.
[1614] Moritz, 402.

von 1976 könne deswegen durch die von 1904 nicht entscheidend gestützt werden[1615].

Mit der Einschränkung beim Merkmal „Vermieter“ büßt das Lösungsmodell an Konsistenz ein, denn § 181 ZPO kann nicht vollends angewendet werden. Trotzdem ist *Moritz* zu folgen und eine Anpassung an die sozialen Umstände durchzuführen. Die anderen, tatsächlichen Elemente des § 181 ZPO können den sozialen Wandel durch ihre Beweglichkeit ausgleichen: „Familie“ und „erwachsen sein“ sind als Begriffe Teil des sozialen Wandels. Das Merkmal „Vermieter“ ist wegen seiner rechtlichen Fixierung unflexibel. Als Rechtsbegriff ist zur Inhaltsbestimmung ein Rekurs auf ein anderes Gesetz notwendig. Die Wertungen und der Zweck der §§ 535 ff. einerseits und des §§ 181 ZPO andererseits sind aber unterschiedlich. Dies erfordert eine Anpassung.

Methodisch kann der Vermieter durch eine Reduktion der Heranziehung des § 181 ZPO aus der Gruppe der gesetzlichen Empfangsboten ausgeschlossen werden. Die reduzierende Methode ist gerade dazu geschaffen, den sich verändernden Bedingungen sachgerecht zu begegnen[1616]. Bei der Gesetzesentstehung schützt das demokratische Verfahren vor eine Divergenz zwischen Sozialmoral und positivem Recht. Beim Wandel der Sozialnorm oder beim Wandel der tatsächlichen Gegebenheiten hat das Recht durch eine veränderte Rechtsanwendung zu reagieren, um der vordringlichen Zielsetzung, Gerechtigkeit zu verwirklichen, nachkommen zu können[1617]. Allerdings ist bei solchen Veränderungen die begrenzte Kraft des nichtpositiven Rechts zu beachten, so dass nur normativ die Sozialmoral widergegeben werden kann. Bei einer Reduktion bestehen aber schon sachlogisch keine dahingehenden Bedenken. Die Schwäche des Merkmals „Vermieter“ bestätigt als die Ausnahme die Qualität der Normierung des § 181 ZPO als Regel.

„Hauswirt“ erfasst alle Person, die vom Vermieter legitimiert sind, gegenüber dem Mieter aufzutreten und für geordnete Verhältnisse des Mietobjekts zu sorgen[1618]. Dazu gehören auch der Leiter eines Krankenhauses, der Anstaltsleiter eines Gefängnisses und deren Repräsentanten[1619]. Im Gegensatz zu „Vermieter“ knüpft „Hauswirt“ wie die Merkmale des § 181 I ZPO an tatsächlichen Umständen an. Bedenken wegen des sozialen Wandels können schon begrifflich aufgefangen werden. Hauswirt beschreibt eine typische Funktion, welche die Entgegennahme von Erklärungen einschließt.

In § 178 ZPO-E des ZustRG ist die Möglichkeit der Ersatzzustellung an den Vermieter und an den Hauswirt weggefallen. Begründet wird dies mit dem Persönlichkeitsschutz, der im Fall der Entgegennahme durch den Vermieter höher

---

[1615] Freilich liefert Moritz zu seinen empirischen Befunden keine Nachweise. Ebenso verkennt er die Bedeutung des Empfangsboten als eigenständigen Zugangsmodus. Er will mit seinen Überlegungen den Machtbereich ausloten.

[1616] Dazu Raisch, Methoden, 162 ff.

[1617] Dies ist nichts besonderes wie die Rechtsprechung zu AGB und zur Produkthaftung zeigt.

[1618] Stöber/Zöller § 181 ZPO, 15.

[1619] Hartmann/Baumbach § 181 ZPO 2) a) aa); Stöber/Zöller § 181 ZPO, 15.

zu werten ist als eine reibungslose Zustellung[1620]. Beim Hauswirt gehen diese Bedenken m.E. ins Leere, denn es gehört zu den Hauptpflichten bei Zustellungen mitzuwirken. Allerdings ist der Hauswirt mittelbar auch eine der Familie dienende Person, so dass durch dieses Merkmal der Hauswirt in § 178 ZPO-E erfasst werden kann.

Für die Rechtsprechungsfälle (1) und (7) ist zunächst entscheidend, ob D Vermieter oder Hauswirt ist. Dazu fehlen weitere Angaben. M.E. ist nicht so sehr erheblich, dass sich Fall (1) um die Jahrhundertwende zugetragen hat, Fall (7) dagegen in den siebziger Jahren. Auch heute gibt es noch Untermietverhältnisse, bei denen der Untervermieter weitere Aufgaben für den Untervermieter übernimmt, wozu auch die Entgegennahme von Erklärungen zählt. In Fall (1) wird D vom Gericht als „Wohnungswirtin" bezeichnet. Dies spricht für eine Einordnung als Hauswirt. Auch in Fall (7) ist aufzuklären, ob D neben den in § 535 normierten Pflichten erkennbar weitere Aufgaben wahrnimmt, wozu auch die Entgegennahme zählen kann. Unterhält K einen eigenen Briefkasten, spricht dies gegen eine solche Aufgabenzuweisung an D.

6. Empfangsboten im Geschäftsbereich

Das Bedürfnis nach einem gesetzlichen Empfangsboten ist im handelsrechtlichen Verkehr geringer, da viele Hilfspersonen schon von den handelsrechtlichen Vollmachten der §§ 42 ff. HGB erfasst sind.

Wer Gewerbetreibender im Sinn des § 183 ZPO ist, entscheidet sich wiederum nach tatsächlichen Gesichtpunkten. Neben den kaufmännischen Betrieben zählen dazu auch freiberufliche[1621]. Nicht erforderlich ist die Eintragung des Gewerbes. Die Gesellschafterstellung als solche ist unbeachtlich, wesentlich ist die Vertretung für die Gesellschaft. Andererseits betreibt der Prokurist oder Geschäftsführer kein Gewerbe. Unter „besonderes Geschäftslokal" sind alle Bereiche zu verstehen, wo die Erwerbsgeschäfte abgewickelt werden, wenn auch nur vorübergehend, wie etwa auf einer Messe.

Sind diese persönlichen und örtlichen Qualifikationen erfüllt, ist jeder Gewerbegehilfe Empfangsbote. Dazu zählen alle Angestellten, die nicht nur eine völlig untergeordnete Hilfstätigkeit ausüben[1622]. In untergeordneten Tätigkeiten, welche nicht in Zusammenhang mit dem Gewerbe stehen, kommt nicht die erforderliche Vertrauensstellung zum Ausdruck. Der Pförtner, Wachmann, Fabrikarbeiter und die Putzfrau werden deswegen nicht als Gewerbegehilfen angesehen[1623].

Umgekehrt ist der Teilhaber oder Kollege in einer Kanzleigemeinschaft ebenfalls nicht Gewerbegehilfe, weil er kein Gehilfe ist[1624]. Das Personal von Fremdfirmen, das sich im Geschäftslokal befindet, gehört nur dazu, wenn der äußere Eindruck der Zugehörigkeit besteht. Dies trifft beispielsweise für einen Unternehmensberater während eines längeren Mandates zu, nicht aber für einen

---

1620 Begründung des ZustRG, BT Drucksache 14/4554, Zu § 178.

1621 Für Rechtsanwälte und Notare besteht in § 183 II ZPO eine Sonderregelung, die aber nur eine Klarstellung darstellt.

1622 Roth/Jonas § 183 ZPO, 11; Stöber/Zöller § 183 ZPO, 4.

1623 Stöber/Zöller, § 183 ZPO, 4.

1624 Stöber/Zöller, § 183 ZPO, 5.

Techniker der Telefongesellschaft. aus der Neuerung des Entwurfs des ZustRG in § 178 I Nr.2, „dort beschäftigten Person" ergibt sich keine sachliche Klarheit.

Im Rechtsprechungsfall (4) ist erheblich, ob die Annahmeerklärung mit der Entgegennahme durch D gegenüber B wirksam wurde. Der Brief, der die Erklärung enthält, ist an D adressiert. Geht man davon aus, dass auch die Annahmeerklärung an D gerichtet war, kann sie nur gegenüber B wirken, wenn D Empfangsvertreter des B ist. Für die Entstehung und den Bestand einer Bevollmächtigung sind die §§ 167 ff. maßgeblich.

Gesetzt den Fall, die Erklärung wäre an B adressiert gewesen, wird sie gegenüber B wirksam, wenn D Empfangsbote des B ist. Für den Gewerbegehilfen im Sinn des § 183 ZPO ist ohnehin kein gültiger Vertrag erforderlich. Mit der fristlosen Kündigung des D erlischt zwar der Arbeitsvertrag, insbesondere der Anspruch auf Erfüllung der Hauptpflichten, weitergehende Nebenpflichten können aber darüber hinaus bestehen. So hatten im Fall (4) B und D vereinbart, dass D Geschäftsunterlagen, die er bei sich zu Hause lagert, dem B zusendet. Da die Entgegennahme der Erklärung in den Geschäftsräumen des B erfolgte und D erst unmittelbar vorher gekündigt hat, spricht nichts dagegen, D als gesetzlichen Empfangsboten anzusehen.

Im Rechtsprechungsfall (6) ist ein Kaufvertrag über das zweite Fahrzeug zustande gekommen, wenn das Bestätigungsschreiben B zugegangen ist. Dabei ist erheblich, dass die Entgegennahme des Bestätigungsschreibens durch D nicht in den Geschäftsräumen des B erfolgt. Deswegen ist D nicht gesetzlicher Empfangsbote des B.

Im Rechtsprechungsfall (8) ist zu beachten, dass K kein Gewerbetreibender ist, sondern lediglich eine unselbständige Anstellung hatte. Allein dieser Umstand verhindert, dem K den D als gesetzlichen Empfangsboten zuzuordnen. Daneben betrifft die Kündigungserklärung nicht das Gewerbe, sondern den persönlichen Status des K. D ist im Fall (8) daher Erklärungsbote des B. Dies ist auch sachgerecht, da D bei B angestellt ist, der somit auf D Einfluss hat.

IV. Einzelfragen

A. Zusammentreffen von Risikozuweisung und Risikoübernahme

Für die Risikoverteilung ist die Rangfolge der autonomen Risikoübernahme und der heteronomen Risikozuweisung entscheidend. Ist das Risiko der Weiterleitung durch einen gesetzlichen Empfangsboten auch zusätzlich Gegenstand einer einseitigen Gestaltung, ergibt sich die Ausdehnung des Risikobereichs aus der Addition der beiden Risikogrundlagen. Die einseitige Risikoübernahme kann nicht zu Lasten des Erklärenden gehen, somit kann sie die Risikozuweisung nur zu Gunsten des Erklärenden erweitern. Die gesetzliche Risikozuweisung kann durch einen autonome Risikoübernahme ergänzt werden, indem beispielsweise die Entgegennahme außerhalb der Wohnung zum Risikoübergang führt.

Die zweiseitige Risikoübernahme kann den Erklärenden auch belasten, denn dieser hat der Veränderung der Risikoverteilung zugestimmt. Dann ist es auch möglich, dass die Risikozuweisung eingeschränkt wird. Ob dies so ist, ergibt sich aus der Auslegung der Vereinbarung der Risikoübernahme. Darin muss die Risikobeschränkung zu erkennen sein.

B. Ist zwischen gespeicherten und flüchtigen Willenserklärungen zu unterscheiden?

1. Grundsätze

Der Unterschied zwischen gespeicherten abrufbaren Erklärungen einerseits und flüchtigen andererseits beherrscht die Dogmatik des Wirksamwerdens schon in ihrer Anlage[1625]. Das tatsächliche Handeln des Empfangsboten unterscheidet sich grundlegend je nach der Übermittlungsform: Einmal wird eine Erklärungsverkörperung entgegengenommen, einmal der Erklärungsinhalt sinnlich wahrgenommen. Diese Tätigkeiten setzen unterschiedlich hohe Anforderungen an die menschlichen Fähigkeiten voraus. Ebenso ist die objektiv zu prognostizierende Weitervermittlung der Willenserklärung vom Empfangsboten an den Empfänger andersartig: Die gespeicherte Erklärung soll in gespeicherter Form, also in ihrer Verkörperung weitergegeben werden. Die flüchtige Erklärung hat der Empfangsbote aus seinem Gedächtnis zu reproduzieren, gegebenenfalls unterstützt von selbst geschaffenen Hilfsmitteln. Bei der flüchtigen Übermittlungsform kann der Empfänger nie das Original erhalten oder vernehmen, sondern immer nur die Reproduktion vom Empfangsboten. Schon diese tatsächlichen Gegebenheiten drängen den Schluss auf, dass nach den Übermittlungsformen zu differenzieren ist.

2. Folgerungen bei der Risikoübernahme und der Risikozuweisung

Bei der Risikoübernahme ist an den Übernahmeakt anzuknüpfen. Dessen Auslegung gibt vor, ob auch die Entgegennahme flüchtiger Erklärungen erfasst ist. Dabei ergibt sich ein weiter Gestaltungsspielraum für den Empfänger. Bei der Auslegung wird weniger auf die persönlichen Fähigkeiten der entgegennehmenden Person abzustellen sein, als vielmehr auf die Funktionsbindung der Person gegenüber dem Empfänger. Die Anforderungen an die Umstände, die den Schluss zulassen, auch das Risiko der Weiterleitung von flüchtigen Erklärung ist übernommen worden, dürfen nicht zu gering gehalten sein, denn die gedankliche Reproduktion eines Erklärungsinhalts ist keine einfache Leistung.

Bei der Gruppe der gesetzlichen Empfangsboten bedarf es einer interessenabwägenden Entscheidung, die insbesondere die Gefahren bei der flüchtigen Übermittlung berücksichtigt. Die Entgegennahme der Erklärung durch diese Personen bewirkt aus Gründen des Verkehrsschutzes einen Risikoübergang, dessen Begründung die soziale Verantwortlichkeit für Familie, Geschäft und Wohnung ist. Dabei erscheint der Risikoübergang bei flüchtigen Erklärungen untragbar.

Betrachtet man die Zustellungsvorschriften der ZPO, die der Gruppe der gesetzlichen Empfangsboten erst die Konturen gibt, ist die Unzumutbarkeit der Risikozuweisung auch hinsichtlich der Weiterleitung von flüchtigen Erklärungen leicht zu erkennen. Der Gesetzgeber selbst sieht die Übermittlung von flüchtigen Erklärungen als so wesentlich an, so dass im Zivilprozess keine

---

[1625] Dazu oben 2. Kap. III.A. Ohne Bedeutung ist die Möglichkeit, Willenserklärungen ausdrücklich und schlüssig erklären zu können. Das ist ein Auslegungsproblem des Erklärungsinhalts, das hier nicht interessiert.

mündliche Zustellung möglich ist. Diese systematische Überlegung gibt zwar keine zwingende Grenze vor, aber für eine weitere Ausdehnung fehlt es an einer Grundlage.

Daneben entstünden bei der Annahme einer gesetzlichen Empfangsbotenschaft auch bei flüchtigen Erklärungen erhebliche Konflikte mit der darauf anzuwendenden eingeschränkten Vernehmungstheorie[1626]. Danach wird der Empfänger damit belastet, seine unterbliebene Vernehmung kundzutun. Diese Belastung müsste dann aber der Empfangsbote leisten. Die Einschränkung der Vernehmungstheorie wird von der begrenzten Möglichkeit des Erklärenden getragen, die Vernehmung zu kontrollieren. Bei der Zwischenschaltung einer anderen Person kann der Erklärende die Vernehmung durch den Empfänger aber nicht mehr kontrollieren. Entweder man müsste dann nur die Vernehmung der zwischengeschalteten Person als maßgeblich erachten. Das würde aber dem Anliegen der Vernehmungstheorie widersprechen, denn die Erklärung wird nicht gegenüber dieser Person wirksam, sondern der Empfänger bleibt allein zuständig. Oder der Erklärende würde seine Möglichkeit der Kontrolle der Vernehmung auf die Mittlerperson übertragen. Dann ist dieser aber ein Erklärungsbote des Erklärenden und nicht mehr dem Empfänger zuzuordnen. Das Risiko ginge dann erst mit der erkennbaren Vernehmung durch den Empfänger auf diesen über.

Bei der gesetzlichen Risikozuweisung bleibt die allgemeine Risikoverteilung bestehen, welche für die flüchtige Erklärung den Eindruck verlangt, dass die Erklärung vom Empfänger vernommen wurde. Die gesetzliche Risikozuweisung greift daher nur bei gespeicherten Erklärungen. Selbstverständlich wird die flüchtige Erklärung mit der Weitervermittlung an den Empfänger gleichwohl wirksam – vermittelt durch einen Erklärungsboten, freilich dann mit dem vom Empfänger zu verstehenden Inhalt.

3. Exkurs: Der strafrechtliche Schutz vor Verfehlungen des Empfangsboten

Der wesentliche Unterschied zwischen der Weitergabe einer Speicherung und der mündlichen Übermittlung wird auch beim strafrechtlichen Schutz vor Übergriffen durch den Empfangsboten bei seiner Übermittlungstätigkeit deutlich. Grundsätzlich werden die Vertraulichkeit und die Originalität bei der Übermittlung durch §§ 201-203, 263, 271 STGB geschützt.

Die Urkundendelikte nach §§ 267 ff. STGB können naturgemäß nur bei gespeicherten Erklärungen schützen, nicht bei flüchtigen. Auch der Schutz der Intimsphäre nach §§ 201 ff. STGB kann nur bei gespeicherten Erklärungen greifen. So wenn der Empfangsbote das Briefgeheimnis verletzt, § 202 STGB oder das Datengeheimnis, § 202a STGB. Die Weiterleitung flüchtiger Erklärungen wird anscheinend als grundsätzlich unzuverlässig angesehen, so dass es auch keines strafrechtlichen Verkehrsschutzes bedarf.

Der Tatbestand des Bruchs der Vertraulichkeit des Wortes nach § 201 STGB ist die Aufzeichnung der Mitteilung. Damit wird der Kontakt zwischen Erklärendem und Empfangsboten geschützt und nicht eine fehlerhafte Weiterleitung

---

[1626] Vgl. oben, 2. Kap. III.A.4.

unter Strafe gestellt. Dasselbe gilt für den Schutz der Datenübermittlung nach § 202 STGB. § 203 STGB, der einen Geheimnisbruch auch bei flüchtigen Erklärungen erfasst, trifft nur die aufgeführten Geheimnisträger. Der Geheimnisbruch bei flüchtigen Erklärungen ist anscheinend so menschlich, dass dessen Unterlassung nur von besonderen, typisiert erfassten Vertrauenspersonen innerhalb einer qualifizierten Vertrauensbeziehung erwartet werden kann. Lüge und Indiskretion sind als solche im Allgemeinen straffrei. Ein Fehlverhalten bei der Weiterübermittlung ist nur strafbewehrt, wenn eine gespeicherte Erklärung weiterzuleiten ist.

Ohne die Einheit der Rechtsordnung bemühen zu wollen, wird durch die Ausgestaltung des strafrechtlichen Schutzes von Verlautbarungen zumindest eines offensichtlich: Die Klassifizierung in gespeicherte und flüchtige Erklärungen, ergibt sich organisch und sachlogisch, sodass ihr prinzipielle Bedeutung zukommt. Der unzureichende strafrechtliche Schutz der richtigen Übermittlung flüchtiger Erklärungen spricht gegen eine dahingehende gesetzliche Risikozuweisung.

Im Fall (14) ist D daher nicht als gesetzlicher Empfangsbote anzusehen.

C. Zur Annahmebereitschaft des Empfangsboten

Zu klären ist, inwieweit die Risikoübernahme beziehungsweise die Risikozuweisung auch das Risiko erfasst, dass der Empfangsbote die Erklärung nicht entgegennimmt.

Bei der einseitigen und zweiseitigen Risikoübernahme entscheidet die Auslegung des Übernahmeaktes darüber, ob der Empfänger auch das Risiko der Entgegennahme übernommen hat. Für die Auslegung der einseitigen Risikoübernahme ist es wiederum hilfreich, den Normalfall zu definieren. Dazu erscheint es angebracht, zunächst die gesetzliche Risikozuweisung zu betrachten.

Einen Hinweis auf die Regel bei der gesetzlichen Risikozuweisung könnte aus § 181 II ZPO zu entnehmen sein. Danach kann die Ersatzzustellung an den Vermieter und Hauswirt nur erfolgen, „wenn sie [Vermieter und Hauswirt] zur Annahme... bereit sind". Daraus könnte man umkehrend folgern, dass bei der Ersatzzustellung an andere Personen nach §§ 181 I, 183 ZPO die Annahme nicht in der Disposition der dort genannten Personen liegt, sondern die Annahme zwingend ist. Hausgenossen und Geschäftsgehilfen wären danach zur Annahmeverweigerung nicht berechtigt.

Betrachtet man aber die Folgen einer unberechtigten Annahmeverweigerung, so stellt sich ein anderes Bild dar. Wird die Annahme bei der Ersatzzustellung unberechtigt verweigert, erfolgt die Zustellung nach § 186 ZPO und das Schriftstück wird am Zustellungsort belassen. Dieser Ort ist im Fall des § 181 I ZPO die Wohnung des Adressaten, im Fall des § 183 ZPO das Geschäftslokal. Dabei darf das Schriftstück nicht an eine Person übergeben werden, auch wenn sie sich in der Wohnung oder im Geschäftslokal aufhält, sondern ist so niederzulegen, dass dies für den Zustellungsadressaten erkennbar ist[1627]. Dadurch soll sichergestellt werden, dass der Empfänger die Möglichkeit der Kenntnisnahme

---

[1627] Hartmann/Baumbach § 186, 1.

erhält. Bei der Ersatzzustellung an den Vermieter oder Hauswirt hingegen ist eine Hinterlegung nach § 186 ZPO nicht möglich, denn eine Niederlegung am Ort des Zustellungsversuches wäre nicht in der Wohnung oder im Geschäftslokal.

Somit erklärt sich die Annahmebereitschaft funktional und systematisch als ein Moment, das über die Zulässigkeit der Niederlegung entscheidet, die aber auch nur qualifiziert, das heißt im Empfangsbereich, erfolgen kann. Jedenfalls wird der Zustellungsadressat nicht mit dem Risiko der Annahmeverweigerung belastet. Die Niederlegung kann nicht als eine Sanktion der unberechtigten Annahmeverweigerung begriffen werden, wo die Niederlegung doch den üblichen Anforderungen des Zugangs entspricht.

Daher enthält die gesetzliche Risikozuweisung nicht das Risiko der Entgegennahme durch den Empfangsboten. Der gesetzliche Empfangsbote existiert nur in seiner Funktion, also wenn er die Erklärung entgegennimmt. Ansonsten hat der Erklärende den Zugang anderweitig zu besorgen.

Daraus ist der Normalfall für die einseitige Risikoübernahme zu entnehmen denn die gesetzliche Risikozuweisung, gibt als dispositives Recht eine Orientierung für die Auslegung der Risikoübernahme. Der Erklärende wird regelmäßig nur das Risiko der zeitigen Weiterleitung übernehmen wollen, nicht auch das der Annahme durch den Empfangsboten.

Beim Empfangsboten kraft Vereinbarung ist aber anders zu entscheiden. Regelmäßig wird dabei auch die Annahmebereitschaft von der Risikoübernahme erfasst sein. Denn Zweck einer solchen Vereinbarung ist nicht nur, eine reibungslose Kommunikation zu ermöglichen. Die Bindung aufgrund des Vertragscharakters gibt auch eine Rechtsicherheit für den anderen Erklärenden, der sich auf den vereinbarten Zugangsmodus verlassen können muss. Dazu zählt, dass der Empfangsbote die Erklärung entgegennimmt. Dies gilt um so mehr, wenn die zweiseitige Risikoübernahme gleichzeitig die normale Möglichkeit ausschließt, die Erklärung zugänglich zu machen. Insofern nähert sich diese Ausgestaltung des Empfangsboten dem Empfangsvertreter, der sich als Adressat dem Empfang nicht entziehen kann.

D. Der Wirksamkeitszeitpunkt

Beim Wirksamkeitszeitpunkt sind zwei Lösungen denkbar: Entweder die Erklärung wird mit der Entgegennahme durch den Empfangsboten wirksam oder zu dem Zeitpunkt, wenn damit zu rechnen ist, dass die Erklärung den Empfänger erreicht. Soweit ersichtlich wird ersteres nur von *Flume* vertreten[1628].

Auch hier ist zwischen dem Empfangsboten aufgrund der autonomen Risikoübernahme und dem gesetzlichen Empfangsboten zu unterscheiden Der gesetzliche Empfangsbote ist ein bestimmter Zugangsmodus, dessen Systemkonformität an der allgemeinen Dogmatik zum Wirksamwerden zu messen ist. Die allgemeine Zugangsformel verlangt neben dem Gelangen in den Machtbereich als

[1628] Flume AT, 237 f. Dies ist eine logische Folge seiner Trennung von Wirksamkeitszeitpunkt und Zugang, vgl. 2. Kap. III. A.3.b.

zeitliches Moment, dass die Kenntnisnahme erwartet werden kann[1629]. Die Erklärung wird in dem Zeitpunkt wirksam, wenn damit zu rechnen ist, dass der Empfänger vom Erklärungsinhalt Kenntnis nimmt. Es sind keine Gründe ersichtlich, davon abzuweichen. Insbesondere wird so die Integrität des Zugangsmomentes bewahrt[1630]. Es gibt nur Wirksamkeitszeitpunkt, nach dem über alle Rechtsfolgen des Wirksamwerdens zu entscheiden ist. Dieser Zeitpunkt passt sich weitestgehend in die allgemeine Dogmatik des Zugangs ein.

Damit ist auch das Wirksamwerden mittels eines Empfangsboten ein gestreckter Tatbestand. Die damit verbundene Unsicherheit ist aufgrund der relativen Interessenskonstellation und wegen des Idealziels der Wirksamkeit, der Kenntnisnahme, hinzunehmen. Bei der Risikoübernahme tritt daher normalerweise die Wirksamkeit ebenfalls erst ein, wenn die Weiterleitung erwartet werden kann.

Bei der Risikoübernahme entscheidet die Auslegung des Übernahmeaktes darüber, wann die Wirksamkeit eintritt. Im Normalfall ist wie beim gesetzlichen Empfangsboten vom Zeitpunkt auszugehen, wann die Kenntnisnahme erwartet werden kann.

Wäre im Rechtsprechungsfall (10) D als Empfangsbote des K anzusehen, würde der Widerruf noch vor dem Wirksamwerden des Antrags zugehen.

E. An wen setzen die sonstigen Folgen der Willenserklärung an? Welcher Verständnishorizont bestimmt die Auslegung der Willenserklärung?

Neben der Wirksamkeit kann die Willenserklärung noch weitere Folgen haben, bei denen es auf die Kenntnis vom Erklärungsinhalt ankommt. Die Kenntnis oder verschuldete Unkenntnis vom Erklärungsinhalt einer Mahnung im Sinn des § 284 ist etwa für das Verschulden nach §§ 285, 276 erforderlich, was den Verzug begründen kann. Daneben ist allgemein zu beantworten, ob der Verstehenshorizont des Empfangsboten oder des Empfängers entscheidend ist.

Bei gespeicherten Erklärungen stellt dies kein Problem dar. Der Empfangsbote bekommt in der Regel keine Kenntnis vom Erklärungsinhalt. Es kommt allein auf den Empfängerhorizont an.

Unvoreingenommen besehen, müsste auch bei der Entgegennahme einer flüchtigen Erklärung durch einen Empfangsboten das Wissen des Empfängers und nicht das des Empfangsboten entscheidend sein. Angesichts des § 166 böte dies eine plausible Abgrenzung zur Empfangsvertretung auf der Rechtsfolgenseite. Zum Beleg kann man sich einleuchtende Beispiele denken. So etwa, wenn der Empfangsbote ein kompliziertes technisches Angebot mitgeteilt bekommt, das in seiner Tragweite nur der fachmännische Empfänger erkennen kann. Oder wenn persönliche Codes verwendet werden, die nur der Empfänger entschlüsseln kann. Beim Verschulden ist ohnehin unabhängig von sachlogischen Zusammenhängen ein „Vertreten müssen" des Empfängers zu fordern, wobei § 278 die angemessene Zurechnungsnorm ist.

[1629] Siehe oben, 2. Kap. III. A.3.

[1630] Vgl. zu den Angriffen von Flume und Coing 2. Kap. III. A.3.b.

Ohne weiteres kann man aber auch Beispiele finden, bei denen das Verständnis des Empfangsboten entscheidend sein muss. Ob beispielsweise ein Verhalten eines Verkäufers eine Zusicherung im Sinn des § 467 oder eine unverbindliche Produktbeschreibung ist, hängt maßgeblich vom Verständnis des unmittelbar Beteiligten ab. Dabei kann es auf die Wortwahl genauso ankommen wie auf den Tonfall und begleitende Gesten. Der Empfangsbote kann das schlüssige Verhalten richtig deuten. Kaum möglich wird aber eine vollständige Reproduktion des Erlebten sein. Vielmehr wird der Empfangsbote die Information entsprechend seiner eigenen Wertung verkürzt wiedergeben. Da die Rechtsfigur des Empfangsboten das Verstümmelungsrisiko dem Empfänger auflastet, ist aber wesentlich, wie sich die Umstände gegenüber dem Empfangsboten dargestellt haben, genauso als sei der Empfänger an dessen Stelle anwesend gewesen.

Die Kommunikation mit dem Empfangsboten hat zwei Dimensionen. Zum einen das Erklären an sich, das ein Verständnis für die inhaltliche Bedeutung der Erklärung verlangt, andererseits das notwendige Verständnis für die Kommunikation, also die Information, dass es sich um eine Willenserklärung handelt, die an den Empfänger adressiert ist und an diesen weiterzuleiten ist. Beim Verständnishorizont, welcher die Auslegung bestimmt, erscheint es angemessen, diese Dimensionen unterschiedlich zu beurteilen. Für die Erklärung an sich ist das Verständnis des Empfängers maßgeblich, für die Nebeninformationen hingegen, das des Empfangsboten. Es ist die Aufgabe des Erklärenden, das Verständnis beim Empfangsboten zu besorgen. Dieses muss aber nur soweit reichen, wie kein Verständnis des Empfängers zu erwarten ist. Versteht der Empfangsbote die Nebeninformationen nicht, ist ein dahingehendes Verständnis des Empfängers ohne Wirkung, denn die Erklärung wird nicht weitergeleitet.

Dies ist nichts anderes als die Auflösung der Fiktion bei der Zurechnung von drittbestimmten Umständen. So zu tun, als sei der Zurechnungsveranlasser, also der Geschäftsherr anstelle des Geschäftsführers zugegen gewesen, ist die bildhafte Beschreibung der Zusammensetzung von tatsächlichem Geschehen und Verantwortung. § 166 I ist eine Konstruktion, die sich logisch aus der Verschmelzung ergibt. Das gleiche gilt im Rahmen des § 278 für die Beurteilung der Schuldfähigkeit nach dem Schuldner.

Bei flüchtigen Erklärungen verschwimmt freilich die Grenze zwischen den Dimensionen. Der direkte Übermittlungskontakt ist sinnvoll nur möglich, wenn auf beiden Seiten ein gleichartiges Sprachverständnis vorhanden ist. Dies kann sich auch auf den Erklärungsinhalt beziehen. Bei der Verwendung persönlicher Codes, welche der Empfänger kennt, ist ein Verständnis des Empfangsboten entbehrlich. Ergibt sich die Erklärung aber erst aus der Gesamtheit der Umstände, ist der objektive Verständnishorizont des Empfangsboten entscheidend. Dabei hilft die eingeschränkte Vernehmungstheorie, wonach der Erklärende in diesen Fällen den Eindruck haben muss, der Empfangsbote habe die Erklärung vernommen und zwar so, dass er sie dem Empfänger weiterleiten kann.

F. Ist eine Genese vom Erklärungsboten zum Empfangsboten möglich?

Die gesetzliche Risikozuweisung setzt voraus, dass eine Erklärung in der Wohnung beziehungsweise im Geschäftslokal entgegengenommen wird. Dabei ist zu klären, wie das Risiko zu verteilen ist, wenn die Entgegennahme außerhalb dieser Orte erfolgt. Denkbar sind drei Lösungen: Entweder die Person ist Empfangsbote oder sie ist zunächst Erklärungsbote und wird mit Eintreffen in die Wohnung beziehungsweise in das Geschäftslokal Empfangsbote oder sie verbleibt Erklärungsbote.

Zum gesetzlichen Empfangsboten fehlt zunächst ein wesentliches Tatbestandsmerkmal. Die Aufspaltung einer Person in Erklärungsbote und Empfangsbote würde einen Risikoübergang bewirken, indem die Person die Wohnung beziehungsweise das Geschäftslokal betritt. Ob sie die Erklärung weiterleitet oder ob sie die Erklärung überhaupt mit sich führt, wäre unbeachtlich. Bei einer fehlenden Weiterleitung wäre aber unklar, ob dies auf ein Fehlverhalten als Erklärungsbote oder als Empfangsbote zurückzuführen ist.

Dies muss im Ergebnis den Erklärenden belasten[1631]. Ginge man von zwei Personen aus, müsste der Erklärende nachweisen, dass sein Erklärungsbote die Erklärung richtig an den Empfangsboten weitergeleitet hat, insbesondere dass dieser die Erklärung auch entgegengenommen hat[1632]. Daran darf sich nichts ändern, wenn beide Funktionen in einer Person verschmelzen. Diese Verschmelzung geht nicht zu Lasten des Empfängers. Selbst wenn der Erklärende nachweisen kann, dass die Mittlerperson die Erklärung mit in die Wohnung beziehungsweise in das Geschäftslokal eingebracht, dort aber nicht weitergeleitet hat, wäre dies kein Fehlverhalten des Empfangsboten. Der Rollentausch zwischen Erklärungs- und Empfangsbote geschieht nicht automatisch mit dem Eintreffen in diese Räume. Denkt man sich wiederum zwei Personen, kann der Erklärungsbote auch innerhalb der Wohnung die Aushändigung an den Empfangsboten unterlassen oder dieser die Annahme verweigern. Der Erklärungsbote kann sich nicht in einen gesetzlichen Empfangsboten verwandeln.

Bei der selbstbestimmten Risikoübernahme ist eine Verwandlung denkbar, wenn ihre Voraussetzungen erfüllt werden. So ist denkbar, dass die Übermittlungstätigkeit im Ausland vom Erklärenden zu verantworten ist, mit Eintritt in das Inland der Empfänger das Risiko übernimmt. Die Risikoübernahme ist nicht wie die Risikozuweisung an eine bestimmte Person gebunden, sondern setzt an Risiken gleich welcher Art an.

G. Der Unterschied zwischen Risikoübernahme und Empfangsvollmacht

Der Empfangsvertreter ist ebenso wie der Empfangsbote ein taugliches Gestaltungsinstrument der Risikoverteilung[1633]. Bei der Empfangsvertretung ist die Vollmacht, die Richtungsgebung und das Einverständnis der Mittlerperson entscheidend. Ist der Empfangsmittler bevollmächtigt, ist kein Raum für eine Risikoübernahme, die zum Empfangsboten führt[1634]. Fehlt eine Vollmacht, ist die

---

[1631] Ebenso Sandmann, AcP 199, 465.

[1632] Zur Beweislastverteilung Sandmann, AcP 199, 462 f.

[1633] Siehe oben, 2. Kap. IV.

[1634] Die Vollmacht ist konstitutiv für die Empfangsvertretung, unabhängig davon, ob der Erklärende die Willenserklärung in Richtung des Empfangsvertreters oder des Empfängers abgibt (vgl. oben, 2. Kap. IV.D.3.).

Erklärung aber an den Empfangsmittler adressiert, ist der Empfangsmittler Vertreter ohne Vertretungsmacht, wenn er mit dem Empfang einverstanden ist[1635].

Allerdings sind Kriterien zu finden, die im Rahmen der Auslegung eines Verhaltens des Empfängers eine Aussage über die Einordnung als Risikoübernahme oder Bevollmächtigung erlauben.

Die Einseitigkeit des konstituierenden Aktes ist kein geeignetes Abgrenzungskriterium, welches zumindest die vereinbarte Risikoübernahme leicht erkennbar machen könnte. Die Vollmacht kann auch eine vertragliche Vereinbarung zwischen Vertretenem und Geschäftsgegner sein[1636]. Bedeutungslos ist die Adressierung durch den Erklärenden. Ist die Mittlerperson bevollmächtigt, kann eine Abgabe in Richtung des Vertretenen an der Empfangsvertretung nichts ändern[1637].

Bei der Ermittlung des erkennbaren Willens des Empfängers ist die Repräsentation durch einen Stellvertreter zu beachten. Wegen der eigenen Zuständigkeit des Stellvertreters wird die Erklärung durch den Empfang bei diesem wirksam. Daneben ist nach § 166 das Wissen des Empfangsvertreters entscheidend. Diese Rechtsfolgen bestätigen die Erheblichkeit der Kompetenzen des vermeintliche Stellvertreters bei der Auslegung eines Verhaltens als Vollmachtserteilung. Diese Zuständigkeit als Adressat der Erklärung rechtfertigt sich regelmäßig aus der Möglichkeit, auf die empfangene Willenserklärung angemessen reagieren zu können. Dazu muss er zunächst die Möglichkeit haben, die Erklärung zur Kenntnis zu nehmen und die Erklärung inhaltlich in ihrer Tragweite zu verstehen, also beispielsweise den Brief zu öffnen, zu lesen und die Bedeutung der Erklärung einzuschätzen. Dazu werden häufig Kenntnisse von den weiteren Zusammenhängen der Erklärung erforderlich sein.

Nur wenn die Mittlerperson die Möglichkeit und die Kompetenz hat, die Handlungen vorzunehmen, welche aufgrund der empfangenen Erklärung zu erwartenden sind, kann das Auslegungsergebnis bei einem undeutlichen Verhalten eine Vollmachtserteilung sein.

Die weiteren denkbaren Reaktionen sind entweder tatsächlicher Art, wie Erfüllungshandlungen oder rechtsgeschäftlicher Art, wie eine Willenserklärung. Aber auch bei Erfüllungshandlungen sind rechtsgeschäftliche Handlungen eingeschlossen. Die Tilgungsbestimmung wird als ein einseitiges Rechtsgeschäft oder zumindest als eine geschäftsähnliche Handlung gesehen[1638]. Über das Erfordernis dieses einseitigen Bestimmungsaktes auf der Schuldnerseite gibt es freilich Streit. Die Theorie der realen Leistungsbewirkung leugnet die Notwendigkeit einer solchen Bestimmung. § 366 II behandle gerade das Fehlen einer Zweckbestimmung, so dass das Gesetz nicht von dessen Notwendigkeit ausge-

---

[1635] Vgl. oben, 2. Kap. IV.D.2.

[1636] Dazu Müller-Laube, 90. Nach Flume ist eine solche Vereinbarung ein Verfügungsvertrag, der als Ergebnis die Vollmacht hervorbringt (Flume, AT, 823). Bei Müller-Freienfels ist für die Ein- oder Zweiseitigkeit das Vertretergeschäft maßgeblich, weil er Bevollmächtigung und Vertretergeschäft als eine Einheit begreift (Müller-Freienfels, 243 ff.).

[1637] Vgl. oben, 2. Kap. IV.D.

[1638] Heinrichs/Palandt § 362, 7 mit weiteren Nachweisen.

hen könne[1639]. Andererseits erkennt *Gernhuber* die „Verklammerung von Erfüllungstheorie und finalem Leistungsbegriff"[1640]. Die Zweckrichtung der Leistung ist aber nichts anderes als die Zweckbestimmung bei der Erfüllung. Die dispositive Regel des § 366 II trifft keine Aussage über die Elemente der Erfüllung.

Diese Diskussion betrifft die erforderliche Machtausstattung des Empfängers ohnehin nicht existenziell. Dem Leistenden muss die Ausübung des Bestimmungsrechts zumindest möglich sein. Eine normative Auslegung, welche zur isolierten Empfangsvertretung führt, muss diese Zumutung an die Schuldnerseite überwinden, da die Reaktionsmöglichkeit ohne das Zweckbestimmungsrecht sehr eingeschränkt ist. Die isolierte Empfangsvertretung ist daher als Auslegungsziel nur zumutbar, wenn dies dem ausdrücklichen Willen des Geschäftsherrn entspricht. Normalerweise kann die Empfangsvollmacht aber nur angenommen werden, wenn auch eine Aktivvollmacht vorliegt, welche das Tilgungsbestimmungsrecht einschließt, soweit eine Erfüllungshandlung als Reaktion auf die empfangene Willenserklärung zu erwarten ist.

Dies ist zufriedenstellend, denn eine Änderung der Risikoverteilung zwischen Erklärendem und Empfänger kann genauso mit der Annahme einer Risikoübernahme erreicht werden, die den Empfangsboten begründet. Erscheint daneben eine Wissenszurechnung nach § 166 angebracht, ist dies nicht zwingend an einer Bevollmächtigung festzumachen. Dazu führt eine eigenständige Begründung, welche ebenfalls an die erkennbaren Kompetenzen des „Wissensvertreters" anknüpft[1641]. Eine weitergehende normative Wertung, welche die Empfangsvollmacht als gebotenes Instrument des Verkehrsschutzes begreifen würde, wäre nichts anderes als eine Analogie zu § 43 Ziff.1 VVG, die dogmatisch nicht zu erreichen ist[1642].

Im Rechtsprechungsfall (10) ist für die Wirksamkeit des Vertragsschlusses der Wirksamkeitszeitpunkte des Antrags und des Widerrufs zu klären. Ist die Widerrufserklärung zumindest zeitgleich wirksam geworden, ist nach § 130 I, 2 den Antrag nicht wirksam geworden. Dabei ist erheblich ist, ob der D Empfangsvertreter oder Empfangsbote des Leasinggebers ist. Entscheidend sind die erkennbaren Kompetenzen des Vertragshändlers D: Kann er den Antrag im Namen des Leasinggebers selbst annehmen oder zumindest die dazu erforderlichen Prüfungen vornehmen und Entscheidungen treffen, könnte er Empfangsvertreter sein. Allein die Vorhaltung von Antragsformularen reicht dazu nicht aus. Weitere dahingehende Sachverhaltsangaben fehlen[1643]. Es ist aber davon auszugehen, dass ein Vertragshändler keine weitergehenden Kompetenzen hat. Der vom Leasinggeber gestaltete Zugangsmodus – Entgegennahme und Weiterleitung des Antrags durch D an den Leasinggeber – ist eine Risikoübernahme, welche den D zum Empfangsboten macht. Zur Wirksamkeit reicht die Abgabe an R nicht aus, sondern es ist die übliche Dauer der Übermitt-

---

[1639] Im Überblick Heinrichs/Palandt § 362, 5 ff.

[1640] Gernhuber, 111.

[1641] Vgl. oben, 2.Kap. IV.D.4.

[1642] Die Intervention durch § 43 VVG rechtfertigt sich aus der gesetzgeberischen Macht, die Ausgestaltung von Rechtsverhältnissen durch positives Recht steuern zu können (vgl. oben, 2.Kap. IV.E.). Dies ist der Rechtsanwendung prinzipiell versagt.

[1643] Wegen dieser fehlenden Sachverhaltsaufklärung konnte der BGH kein Schlussurteil in diesem Fall treffen.

lung an den Leasinggeber hinzuzählen. Im Ergebnis ist der Antrag daher nicht wirksam geworden, denn er wurde vor dem Wirksamwerden nach § 130 II widerrufen. Die Klage ist abzuweisen.

Im Fall (16) ist D gemäß § 43 Nr.2 VVG Empfangsvertreter der Versicherungsgesellschaft.

Im Fall (17) ist § 48 Nr.2 VVG nicht analog anwendbar. Der Agent ist aber regelmäßig Abschlussvertreter gemäß § 55 HGB.

MATERIALIEN

Entwurf eines Bürgerlichen Gesetzbuchs für das Königreich Bayern, Bd.3, München 1861
Entwurf eines Bürgerlichen Gesetzbuchs für das Königreich Sachsen, Dresden 1852
Entwurf eines Bürgerlichen Gesetzbuchs für das Königreich Sachsen, Dresden 1860
Entwurf eines Bürgerlichen Gesetzbuchs für das Königreich Sachsen, Dresden 1852
Entwurf eines allgemeinen deutschen Gesetzes über Schuldverhältnisse, Dresden 1866
Entwurf eines Gesetzes über den Versicherungsvertrag, Berlin 1866
Begründung zu den Entwürfen eines Gesetzes über den Versicherungsvertrag, Berlin 1906
Entwurf eines Gesetzes zur Reform des Verfahrens bei Zustellungen im gerichtlichen Verfahren (Zustellungsreformgesetz – ZustRG) mit Begründung, Bundestag Drucksache 14/4554, 20.
Motive zum Versicherungsvertragsgesetz, Berlin 1903
Motive zu dem Entwurfe eines Bürgerlichen Gesetzbuches für das Deutsche Reich, Berlin 1888
Mugdan, Die gesamten Materialien zum Bürgerlichen Gesetzbuch für das Deutsche Reich, Berlin 1899
Protokolle der Kommission für die zweite Lesung des Entwurfs des Bürgerlichen Gesetzbuchs, Berlin 1897

LITERATURVERZEICHNIS

Adomeit, Klaus, Gestaltungsrechte, Rechtsgeschäfte, Ansprüche, Berlin 1969
Adomeit, Klaus, Heteronome Gestaltung im Zivilrecht?, in: Festschrift für Kelsen, Wien 1971, 9
Adomeit, Klaus, Rechtstheorie für Studenten, 3. Aufl. 1990
Adomeit, Klaus, Zivilrechtstheorie und Zivilrechtsdogmatik – mit einem Beitrag zur Theorie der subjektiven Recht, Jahrbuch für Rechtssoziologie und Rechtstheorie 2 (1972), 503
Alternativkommentar zum Bürgerlichen Gesetzbuch (Hrg. Wassermann u.a.), Band 1, Darmstadt 1987
Assmann, Ernst, Die Rechtstellung des Boten, Berlin 1906
Assmann, Heinz-Dieter, Prospekthaftung, Köln 1985
Augner, Jörn, Vertragsschluß ohne Zugang der Annahme Erklärung, Frankfurt am Main 1985

Bähr, Otto, Über Irrungen im Contrahieren, JJahrb 14 (1875), 393
Baier, Otto, Die unrichtige Übermittlung der Willenserklärung, Marburg 1937
Ballerstedt, Kurt, Rezession R. Schmidt, Die Obliegenheiten, ZHR 1958, 82
Ballerstedt, Kurt, Zur Haftung für c.i.c. bei Geschäftsabschluß durch Stellvertreter, in: AcP 151 (1951), 501

Bauer, Huberta, Die Entwicklung des Rechtsinstituts der freien gewillkürten Stellvertretung seit dem Abschluß der Rezeption in Deutschland bis zur Kodifikation des BGB, Diss. Erlangen, 1963
Baumbach/Lauterbach, Kommentar zur ZPO, 54. Aufl. München 1996 (Bearb./Baumbach)
Baur, Fritz, Lehrbuch des Sachenrechts, München 1960
Becker, Walter G., Gegenopfer und Opferverwehrung, Berlin 1958
Behn, Michael, Das Wirksamwerden schriftlicher Willenserklärung mittels Einschreiben, AcP 178 (1978), 505
Bernstorf, Christoph Graf v., Einführung in das englische Recht, München 1996
Betterman, Karl August, Vom stellvertretenden Handeln, Bochum 1937
Bettermann, Karl August, Die verfassungskonforme Auslegung, Heidelberg 1986
Bickel, Dietrich, Urteilsanmerkung, AP § 130 BGB Nr.18
Bieber, Otto, Der Zugang von Willenserklärung, Baruth 1908
Birk, Ludwig, Bösgläubiger Besitzdiener – gutgläubiger Besitzherr, JZ 1963, 354
Bornemann, Systematische Darstellung des Preussischen Civilrechts, 2. Aufl. Berlin 1842, Bd.2.
Bötticher, Eduard, Besinnung auf das Gestaltungsrecht und das Gestaltungsklagerecht, in: Festschrift für Dölle, Bd.1 Tübingen 1963, 45
Botz, Werner, Über das Wirksamwerden von Willenserklärung unter Abwesenden, Heidelberg 1957
Breit, James, Adressierungsbedürftige Rechtsgeschäfte, SächsArch 15 (1905), 637
Brexel, Ralf, Zugang verkörperter Willenserklärungen, Aachen 1998
Brieshorn, Norbert, Verzicht und Unverzichtbarkeit im Recht, Stuttgart 1988
Brinkmann, Franz-Josef, Der Zugang von Willenserklärungen, Berlin 1984
Brinz, Alois, Lehrbuch der Pandekten, 4. Bd., 2. Aufl. Erlangen 1892
Brox, Hans, Allgemeiner Teil des bürgerlichen Gesetzbuches, 17. Aufl. Köln 1993
Bucher, Eugen, Das subjektive Recht als Normsetzungsbefugnis, Tübingen 1865
Buchka, Die Lehre von der Stellvertretung bei Eingehung von Verträgen, Roststock 1852
Buckenberger, Hans Ulrich, Fernschreiber und Fernkopien- Formerfordernisse, Absendung und Zugang, DB 1980, 289
Buckenberger, Hans Ulrich, Teletex - Formerfordernisse, Absendung und Zugang, DB 1982, 634
Bünger, Karl Adolf, Das Wirksamwerden der Willenserklärung nach deutschem und ausländischem Recht, Berlin 1931
Burgard, Ulrich, Aussagekraft eines O.K- Vermerks über den Zugang eines Telefax, BB 1995, 221
Burgard, Ulrich, Das Wirksamwerden empfangsbedürftiger Willenserklärung im Zeitalter moderner Telekommunikation, AcP 195 (1995) 74

Bydlinski, Franz, Privatautonomie und verpflichtendes Rechtsgeschäft, Wien 1967 (Privatautonomie)
Bydlinski, Peter, Probleme des Vertragsschlusses ohne Annahmeerklärung, JuS 1988, 37

Canaris, Claus- Wilhelm, Die Feststellung von Lücken im Gesetz, 2. Aufl. Berlin 1983 (Lücken)
Canaris, Claus- Wilhelm, die Produzentenhaftung in dogmatischer und rechtspolitischer Sicht, JZ 1968, 494
Canaris, Claus- Wilhelm, Die Vertrauenshaftung im deutschen Privatrecht, München 1971 (Vertrauenshaftung)
Canaris, Claus- Wilhelm, Risikohaftung bei schadensgeneigten Tätigkeiten in fremden Interesse, RdA 1966, 41
Canaris, Claus- Wilhelm, Systemdenken und Systembegriff in der Jurisprudenz, Berlin 1969 (Systemdenken)
Cohn, Ernst, Der Empfangsbote, Breslau 1927
Cohn, L., Erlaß und Verzicht nach dem BGB, Gruchots Beiträge 47 (1903), 262
Coing, Helmut, Zur Geschichte des Begriffs „subjektives Recht", in: Das subjektive Recht und der Rechtsschutz der Persönlichkeit (Hrg. Coing, Lawson, Grönfors), Frankfurt am Main 1959, 7
Corts, Jochen, Stichw. Begründung des Arbeitsverhältnis, Abschlussmängel, b+p 1986, Fach 4, 255
Corts, Jochen, Kündigung im Urlaub, DB 1979, 2081
Cosack, Konrad, Lehrbuch des bürgerlichen Rechts I, 1899
Craußhaar, Götz v., Der Einfluß des Vertrauens, München 1969
Craußhaar, Götz v., Die Bedeutung de Rechtsgeschäftslehre für die Problematik der Scheinvollmacht, AcP 174 (1974), 2
Creifelds, Carl, Rechtswörterbuch, 10. Aufl. 1990
Crome, Carl, System des Deutschen Bürgerlichen Rechts 1. Bd., Tübingen 1900

Dette, Hans Walter, Venire contra factum proprium nulli conceditur, Berlin 1985
Diederichsen, Uwe, Der „Vertragsschluß“ durch kaufmännische Bestätigungsschreiben, Jus 66, 129
Dilcher, Hermann, Der Zugang von Willenserklärungen, AcP 154 (1955), 120
Dilcher, Hermann, Rezession zu Brinkmann, Der Zugang von Willenserklärung, AcP 186 (1986), 302
Dölle, Hans, Juristische Entdeckungen, in: Verhandlungen des 42. Deutschen Juristentages Bd.2, 1959, B1
Doris, Philippos, Die rechtsgeschäftliche Ermächtigung bei Vornahme von Verfügungs-, Verpflichtungs- und Erwerbsgeschäften, München 1974
Dötzer, Karl, Der Empfangsbote, Marburg 1930
Dressen, Walter, Bote und Botenmacht, Marburg 1934
Dübbers, Robert, Das neue „Einwurf-Einschreiben“ der deutschen Post AG und seine juristische Einordnung, NJW 1997, 2503

Dubischar, Roland, Sozialnahe Dogmatik und dogmatische Soziologie im Schadensrecht in: Festschrift für Esser, Regensburg 1975, 9.
Dubischar, Roland, Grundbegriffe des Rechts, Stuttgart 1968
Dubischar, Roland, Vorstudium zur Rechtswissenschaft, Stuttgart 1974
Durkheim, Emile, Über die Teilung der sozialen Arbeit, Frankfurt am Main 1977 (Neudruck)
Duvinage, Angela, Die Vorgeschichte und die Entstehung des Gesetzes über den Versicherungsvertrag, Karlsruhe 1987

Ebnet, Peter, Rechtsprobleme bei der Verwendung von Telefax, NJW 1992, 2985
Eichler, Hermann, Die Rechtslehre vom Vertrauen, Tübingen 1950
Eichler, Herman, Institutionen des Sachenrechts, Berlin 1954
Eisenhardt, Ulrich, Allgemeiner Teil des BGB, 4. Aufl. Heidelberg 1997
Emmerich, Volker, Urteilsanmerkung, WuB IV A. § 133 2.89
Endemann, Friedrich, Lehrbuch des bürgerlichen Rechts Bd.1, 9. Aufl. Berlin 1903
Enders, Peter, Der Besitzdiener - Ein Typusbegriff, Baden-Baden 1991
Engisch, Karl, Die Idee der Konkretisierung in Recht und Rechtswissenschaft unserer Zeit, 2. Aufl. Heidelberg 1968.
Enneccerus-Nipperdey, Allgemeiner Teil des BGB, 2. Hb., 15. Aufl. Tübingen 1960
Erman, BGB, Handkommentar, 9. Aufl. Münster 1993
Ernst, Wolfgang, Eigenbesitz und Mobiliarerwerb, Tübingen 1992
Esser, Josef, Schuldrecht Bd.1, Heidelberg 1970
Esser, Josef, Möglichkeiten und Grenzen des dogmatischen Denkens im modernen Zivilrecht, AcP 172, 97
Esser, Josef, Grundlagen und Entwicklung der Gefährdungshaftung, 2. Aufl. München 1969
Esser, Josef, Richterecht, Gerichtgebrauch, Gewohnheitsrecht, in: Festschrift für Fritz v.Hippel, Tübingen 1967, 95
Esser, Josef, Wert und Bedeutung der Rechtsfiktion, Frankfurt am Main 1940
Everding, Karl Friedrich, Die dogmengeschichtliche Entwicklung der Stellvertretung im 19. Jahrhundert, Münster 1951

Fabricius, Fritz, Stillschweigen als Willenserklärung, JuS 1966, 1
Fenn, Herbert, Die Mitarbeit in den diensten Familienangehöriger, Bad Homburg 1960
Fezer, Karl- Heinz, Teilhabe und Verantwortung, München 1986
Fikentscher, Wolfgang, Methoden des Rechts, Bd.4, Tübingen 1977
Fikentscher, Wolfgang, Zur Generalklausel des § 242 als Schlüssel des zivilrechtlichen Vertrauensschutz, in: Recht und Verhalten (Hrg. Hof), München 1994, 165
Flume, Werner, Allgemeiner Teil des Bürgerlichen Gesetzbuches, Bd. 1, 3. Aufl. Berlin 1979

Flume, Werner, Das Rechtsgeschäft und das rechtlich relevante Verhalten AcP, 161 (1962), 52
Friedeberg, Harold, Die Vertretung im Empfang von empfangsbedürftigen Willenserklärungen insbesondere auch bei einer Mehrheit von Vertretern, Berlin 1905
Frotz, Gerhard, Verkehrsschutz im Vertretungsrecht, Frankfurt 1972

Genius, Klaus, Risikohaftung des Geschäftsherrn, AcP 173 (1973), 481
Gephart, Werner, Gesellschaftstheorie und Recht, Frankfurt am Main 1993
Gernhuber, Joachim, Die Erfüllung und ihre Surrogate, 2. Aufl. Tübingen 1994
Göldner, Detlef, Verfassungsprinzip und Privatrechtsnorm in der verfassungskonformen Auslegung und Rechtsfortbildung, Berlin 1969
Gottschalk, Heinrich, Die empfangsbedürftige Willenserklärung nach dem BGB, Erlangen 1903
Greulich, H., Der Fernschreiber – Rechtfragen bei der Verwendung im Rechtsverkehr, BB 1954, 491

Habermas, Jürgen, Die Einbeziehung des anderen, 2. Aufl. Frankfurt am Main 1997
Habermas, Jürgen, Faktizität und Geltung, 5. Aufl. Frankfurt am Main 1997
Habermas, Jürgen, Theorie des kommunikativen Handelns, Bd. 1, 2, Frankfurt am Main 1981
Habersack, Mathias, Fehlendes Erklärungsbewusstsein mit Wirkung zu Lasten des Erklärungsempfängers? JuS 1996, 586
Habicht, Hermann, Die Verhinderung der Abgabe einer Willenserklärung, DJZ 1901, 265
Handwörterbuch zur deutschen Rechtsgeschichte (Hrg. Ackermann u.a.), Berlin 1994
Heck, Philipp, Das Problem der Rechtsgewinnung, Gesetzesauslegung und Interessenjurisprudenz Begriffsbildung und Jurisprudenz, Bad Homburg 1968
Heck, Philipp, Grundriss des Sachenrechts, Aalen 1970 (Neudruck)
Heck, Philipp, Grundriss des Schuldrechts, Tübingen 1929
Hegenbarth, Rainer, Juristische Hermeneutik und linguistische Pragmatik, Königstein 1982
Heinemann, Gustav, Die Formen der Rechtsausübung, JJahrb 81, 373
Hellwig, Helmut, Reichsgerichtliche Judikatur über das Zugehen von Willenserklärungen, JW 1905, 357
Henle, Rudolf, Das Wesen der Stellvertretung, Mecklenburgische Zeitschrift 1926, Sp. 681
Henle, Rudolf, Lehrbuch des Bürgerlichen Rechts Bd.1, Berlin 1926
Henß, Olaf, Obliegenheit und Pflicht im Bürgerlichen Recht, Frankfurt am Main 1988
Herbert, Manfred, Zugangsverzögerung einer Kündigung per Einschreiben, NJW 1987, 1829
Hesse, Konrad, Grundzüge des Verfassungsrechts der Bundesrepublik Deutschland, 20. Aufl. Heidelberg 1995

Heun, Sven-Erik, Die elektronische Willenserklärung, CR 1994, 595
Hippel, Fritz v., Das Problem der rechtsgeschäftlichen Privatautonomie, Tübingen 1936
Hippel, Fritz v., Recht und Unrecht, in: ders., Rechtstheorie und Rechtsdogmatik, Frankfurt am Main 1964, 265
Hippel, Fritz v., Zum Aufbau und Sinnwandel unseres Privatrechts, Tübingen 1957
Hirsch, Ernst, Zu einer „Methodenlehre der Rechtswissenschaft", JR 1966, 334
Hirsch, Hans Chr., Ausübung und Geltendmachung der Rechte, ZZP 42 (1912), 48
Hirsch, Hans Chr., Übertragung der Rechtsausübung, Berlin 1910
Hoche, Ulrich, Besitzerwerb und Besitzverlust durch Besitzdiener, JuS 1961, 73
Hohloch, Gerhard, Vertrauenshaftung – Beginn einer Konkretisierung?, NJW 1979, 2369
Hölder, Eduard, Der Zugang der Willenserklärung, DJZ 1901, 317
Hölder, Eduard, Zum allgemeinen Theile des Entwurfes eines bürgerlichen Gesetzbuches für das deutsch Reich, AcP 73 (1888), 1
Hölder, Eduard, Zur Theorie der Willenserklärung, in: Festschrift für Degenkolb, Leipzig 1905, 91
Hollerbach, Alexander, Selbstbestimmung im Recht, Heidelberg 1996
Honsell, Heinrich, Die Risikohaftung des Geschäftsherrn, Festschrift für Lübtow 1981, 485.
Huber, Hans, die verfassungsrechtliche Bedeutung der Vertragsfreiheit, Berlin 1966
Hübner, Heinz, Allgemeiner Teil des Bürgerlichen Gesetzbuchs, 1. Aufl. Berlin 1984
Hübner, Heinz, Zurechnung statt Fiktion einer Willenserklärung, in: Festschrift für Nipperdey, Berlin 1965, 373
Hueck, Goetz, Bote – Stellvertreter im Willens - Stellvertreter in der Erklärung, AcP 152 (1952/1953), 432
Hupka, Josef, Die Vollmacht, Leipzig 1900
Husserl, Gerhart, Rechtskraft und Rechtsgeltung, 1. Band, Berlin 1925

Isay, Herman, Die Geschäftsführung nach dem BGB, Abhandlungen zum Privatrecht und Zivilprozessrecht, 6 (1900), 230 ff.
Janke, Ulrich, Das Sprachrisiko des ausländischen Arbeitnehmers im Arbeitsrecht, 1987
Jauernig/Schlechtriem, BGB, Kommentar, 8. Aufl. München 1997 (Bearb./Jauernig)
Jhering, Rudolf, Geist des Römischen Rechts, Bd. 3/1, 1865
Jhering, Rudolf, Mitwirkung für fremde Rechtsgeschäfte, JJahrb I (1857), 273
John, Uwe, Grundsätzliches zum Wirksamwerden empfangsbedürftiger Willenserklärungen, AcP 184 (1984), 385
Jung, Erich, Das Wirksamwerden der mündlich an Mittlerpersonen bestellten Willenserklärung, AcP 117 (1919), 73

Kant, Imanuel, Kritik der reinen Vernunft, 1. Aufl. 1781
Kasper, Franz, Das subjektive Recht - Begriffsbildung und Bedeutungsmehrheit, Karlsruhe 1967
Kaufmann, Arthur, Analogie und Natur der Sache, 2. Aufl. Heidelberg 1982
Kaufmann, Arthur, Beiträge zur juristischen Hermeneutik, München 1984
Kaufmann, Arthur, Rechtstheorie, Karlsruhe, 1971
Kaufmann, Franz-Xaver, Über die soziale Funktion von Verantwortung und Verantwortlichkeit, in: Verantwortung und Recht (Hrsg. Ernst-Joachim Lampe), Opladen 1989, 204
Kellmann, Christof, Grundprobleme der Willenserklärung, JuS 1971, 610
Kelsen, Hans, Hauptprobleme der Staatsrechtslehre entwickelt aus der Lehre vom Rechtssatz, 2. Aufl. Tübingen 1923
Kelsen, Hans, Reine Rechtslehre, 2. Aufl. Wien 1960
Kern, Gerhard, Die Haftung für den Boten im Bürgerlichen Gesetzbuch, Breslau 1930
Kiefner, Hans, Der bösgläubige Besitzdiener, JA 1984, 189
Klein, Thomas, Die Rechtsmacht des Versicherungsagenten und ihre Beschränkbarkeit, Karlsruhe 1994
Klingmüller, Ernst, Zugang von Willenserklärungen bei verwaister Wohnung, VersR 1967, 1109
Köhler, Helmut, BGB Allgemeiner Teil, 21. Aufl. München 1991
Köhler, Helmut, Die Problematik automatisierter Rechtsvorgänge, AcP 182 (1982), 126
Koller, Ingo, Die Risikozurechnung bei Vertragsstörungen in Austauschverträgen, München 1979
Koller, Ingo, Wissenszurechnung, Kosten und Risiken, JZ 1998, 75
Köndgen, Johannes, Selbstbindung ohne Vertrag, Tübingen 1981
Köppen, Der obligatorische Vertrag unter Abwesenden, JJahrB 11 (1878), 315.
Kramer, Ernst A., Grundfragen der vertraglichen Einigung, München 1972
Krückmann, Paul, Die Ermächtigung und der Rechtsbesitz nach dem bürgerlichen Gesetzbuche, Festschrift für das Rechtsgericht Bd. 3, 79
Krückmann, Paul, Ermächtigung, AcP 137 (1933), 167; 139 (1934), 26
Krückmann, Paul, Sachbesitz, Rechtsbesitz, Rechtsschein in der Theorie des gemeinen Rechts, AcP 108 (1912), 321
Krückmann, Paul, Verhinderung des Vertragsschlusses, DR 1911, Sp. 56
Kuhlen, Lothar, Typuskonzeption in der Rechtstheorie, Berlin 1977
Kuhn, Matthias, Rechtsgeschäfte mittels EDV und Telekommunikation, München 1991

Laband, Paul, Die Stellvertretung bei dem Abschluß von Rechtsgeschäften nach dem allgem. Deutsch. Handelsgesetzbuch, ZHR 10 (1866), 183
Ladas, Dimitrios, Die Wirksamkeit der Willenserklärungen gegenüber Sprachunkundigen, Berlin 1993
Ladeur, Karl-Heinz, Postmoderne Rechtstheorie , Berlin 1992
Larenz, Karl, Allgemeiner Teil des deutschen Bürgerlichen Gesetzbuchs, 5. Aufl. 1980; 7. Aufl. München 1989

Larenz, Karl, Die Prinzipien der Schadenszurechnung, JuS 1965, 373
Larenz, Karl, Hegels Zurechnungslehre, Aalen 1970 (Neudruck)
Larenz, Karl, Methodenlehre der Rechtswissenschaft, 6. Aufl. Heidelberg 1991 (Methoden)
Larenz, Karl, Schuldrechtrecht II/1, 13. Aufl. München 1986 (SchR)
Larenz, Karl, Methode der Auslegung des Rechtsgeschäfts, Berlin 1966 (Neudruck)
Larenz, Karl, Richtiges Recht, München 1979
Larenz/Wolf, Allgemeiner Teil des deutschen Bürgerlichen Gesetzbuchs, 8. Aufl. München 1997
Laufke, Franz, Vertragsfreiheit und Grundgesetz, in: Festschrift für Lehmann, Tübingen 1956, 145
Leenen, Detlef, Typus und Rechtsfindung, Berlin 1971
Lehmann, Heinrich, Allgemeiner Teil des Bürgerlichen Gesetzbuchs, 15. Aufl. Berlin 1966
Lepke, Achim, Die Beschäftigung ausländischer Arbeitnehmer, Bonn 1978
Levy, Otto, Die Möglichkeit des einseitigen Verzichts im BGB, Heidelberg 1912
Limbach, Jutta, Die Feststellung von Handelsbräuchen, Festschrift für Hirsch, Berlin 1968, 77
Lipp, Martin, die Bedeutung des Naturrechts für die Ausbildung der Allgemeinen Lehren des deutschen Privatrechts, Berlin 1980
Loges, Rainer, Die Begründung neuer Erklärungspflichten und der Gedanke des Vertrauensschutzes, Berlin 1990
Looschelders, Dirk, Das Wirksamwerden empfangsbedürftiger Willenserklärungen bei Übermittlung per Einschreiben, VersR 1998, 1198
Looschelders/Roth, Juristische Methodik im Prozeß der Rechtsanwendung, Berlin 1996
Ludewig, Wilhelm, Die Ermächtigung nach bürgerlichem Recht, Marburg 1922
Luhmann, Niklas, Die Lebenswelt nach Rücksprache mit Phänomenologen, in: Protosoziologie im Kontext (Hrg. Preyer u.a.), Würzburg 1996, 268
Luhmann, Niklas, Die Zukunft eines Theorieprogramms, ZfS 9 1980, 8.
Luhmann, Niklas, Institutionalisierung – Funktion und Mechanismus im sozialen System der Gesellschaft, in: Zur Theorie der Institutionen (Hrg. Schelsky), 2. Aufl. 1973, 28
Luhmann, Niklas, Rechtssoziologie, 3. Aufl. Opladen 1987
Luhmann, Niklas, Rechtssystem und Rechtsdogmatik, Stuttgart 1974
Luhmann, Niklas, Soziologie des Risikos, Berlin 1991
Luhmann, Niklas, Vertrauen, 2. Aufl. Stuttgart 1973
Luther, Gerhard, Einführung in das italienische Recht, Darmstadt 1968

Manigk, Alfred, Willenserklärung und Willensgeschäft, Berlin 1907
Marburger, Peter, Absichtliche Falschübermittlung und Zurechnung von Willenserklärungen, AcP 173 (1973), 137
Martens, Klaus-Peter, Rechtsgeschäft und Drittinteresse, AcP 177 (1977), 113
Maunz/Dürig, Grundgesetz. Kommentar, München 1994

Mayer-Maly, Theo, Privatautonomie und Selbstverantwortung, in: Verantwortung und Recht (Hrsg. Ernst-Joachim Lampe), Opladen 1989, 268
Mayerhofer, Heinrich, Schadensersatz ohne rechtswidrigkeit, in: Festschrift für Schwind, Wien 1978, 196
Meder, Stephan, Schuld, Zufall, Risiko, Frankfurt am Main 1993
Medicus, Dieter, Allgemeiner Teil des BGB, 3. Aufl. Heidelberg 1988
Meyer, Herbert, Das Publizitätsprinzip, Abhandlungen zum Privatrecht und Zivilprozessrecht, 18 (1909), 94.
Miebach, Bernhard, soziologische Handlungstheorien, Opladen 1991
Mir, Wilhelm, Die unrichtige Übermittlung einer Willenserklärung durch den Boten, Bromberg 1911
Moritz, Heinz Peter, Die Wirksamkeit eines Kündigungsschreibens bei Aushändigung an den Vermieter des Arbeitnehmers, BB 1977, 400
Müller Gerd, Zu den Grenzen der analogen Anwendbarkeit des § 172 BGB in den Fällen des Blankettmißbrauchs und den sich daraus ergebenden Rechtsfolgen, AcP 181 (1981), 513
Müller, Ulrich, Die Entwicklung der direkten Stellvertretung und des Vertrages zugunsten Dritter, Stuttgart 1969
Müller-Erzbach, Rudolf, Das Recht des Bestzes, AcP 142 (1936), 5
Müller-Erzbach, Rudolf, Kundgebung in fremden Interessenbereich, JJahrb 83 (1933), 257
Müller- Freienfels, Wolfram, Die Vertretung beim Rechtsgeschäft, Tübingen 1955
Müller-Laube, Hans Martin, Die Empfangszuständigkeit im Zivilrecht, Berlin 1978
Münchner Kommentar zum bürgerlichen Gesetzbuch (Hrg. Rebmann, Säcker) 3. Aufl. 1993 (Bearb./MüKo)
Murphy, Speidel, Studies in Contract Law, 2. Aufl. New York 1977

Nippe, Wolfgang, Der Zugang bei Urlaubsabwesenheit, JuS 1991, 285
Nipperdey, Hans Carl, Treuhänderschaft und Gesetz Nr.8 AHK, in: Festschrift für Nikisch, 1958, 307
Nogossek, Gerd, Zivilrechtliche Probleme elektronischer Kommunikationssysteme im angloamerikanischen Recht, CuR 1986, 353
Nohadani, Tina, Zugang und Schriftform beim Telefax, Frankfurt am Main 1997

Oertmann, Paul, Grundsätzliches zur Lehre vom Rechtsschein, ZHR 95 (1930), 443
Oertmann, Paul, Rechtsordnung und Verkehrssitte, Aalen 1971 (Neudruck)
Ohlshausen, Henning von, Urteilsanmerkung, JZ 1981, 633.
Oldenbourg, Hans, Die Wissenszurechnung, 1934

Palandt, Bürgerliches Gesetzbuch, 54. Aufl. 1995 (Bearb./Palandt)
Pawlowski, Hans- Martin, Allgemeiner Teil des BGB, 6. Aufl. Heidelberg 2000

Pawlowski, Hans- Martin, Methodenlehre für Juristen, 3. Aufl. Heidelberg, 1999
Pawlowski, Hans- Martin, Einführung in die juristische Methodenlehre, 1986
Pawlowski, Hans- Martin, Die gewillkürte Stellvertretung, JZ 1996, 125
Pawlowski, Hans- Martin, Methodenlehre für Juristen, Heidelberg, 1981
Peters, Frank, BGB Allgemeiner Teil, Heidelberg 1991
Pieroth/Schlink, Grundrechte, 13. Aufl. Heidelberg 1997
Plank, Gottlieb, Bürgerliches Gesetzbuch I, Allgemeiner Teil, Berlin 1913 (Bearb./Plank)
Plettenberg, Ernst, Vertreter und Bote bei Empfangnahme einer Willenserklärung, Magdeburg 1907
Popp, Klaus, Zugang der Kündigung des Arbeitsverhältnisses bei Urlaub des Gekündigten, DB 1989, 1133

Raape, Leo, Zustimmung und Verfügung, AcP 121 (1921), 275
Raich, Fritz, Die dogmatische Stellung der Ermächtigung, Böblingen 1962
Raisch, Peter, Juristische Methoden, Heidelberg 1995
Raiser, Ludwig, Der Stand der Lehre vom subjektiven Recht im Deutschen Zivilrecht, JZ 1961, 465
Regelsberger, Ferdinand, Die Vorverhandlungen in Verträgen, Civilistische Erörterungen 1 (1868), 24.
Regelsberger, Ferdinand, Rezession Wellspacher, Vertrauen auf äußere Tatbestände im bürgerlichen Recht, Kritische Vierteljahresschriften, 47 (1907), 284.
Reimann, Mathias, Einführung in das us-amerikanische Privatrecht, München 1997
Reinhardt, Rudolf, die Vereinigung subjektiver und objektiver Gestaltungskräfte im Vertrage, in: Festschrift für Schmidt-Rimpler, Karlsruhe 1957, 116.
RGRK, Das Bürgerliche Gesetzbuch, Kommentar, 12. Aufl. Berlin 1982 (Bearb./RGRK)
Richardi, Reinhard, Die Wissensvertretung, AcP 169 (1969), 385
Roever, Wilhelm, Über die Bedeutung des Willens bei der Willenserklärung (1874)
Röhl, Klaus F., Über außervertragliche Voraussetzungen des Vertrages, in: Festschrift für Schelsky, 435
Rosenberg, Leo, Stellvertretung im Prozeß, Bd.1, Berlin 1908
Rosenberg/Schwab, Zivilprozessrecht, 13. Aufl. München 1981
Rothoeft, Dietrich, Faktoren der Risikoverteilung bei privatautonomen Handeln, AcP 170 (1970), 230
Rottleuthner, Hubert, Einführung in die Rechtssoziologie, Darmstadt 1987
Rümelin, Max, Der Zufall im Recht, Freiburg 1896
Rüthers, Bernd, Allgemeiner Teil des BGB, 6. Aufl. München 1986

Sandmann, Bernd, Empfangsbote und Verkehrsanschauung, AcP 199 (1999), 455
Savigny, Friedrich Carl von, System des heutigen Römischen Recht, Bd.1, 1840

Schapp, Jan, Grundfragen der Rechtsgeschäftslehre, Tübingen 1986
Schelsky, Helmut, Die Soziologen und das Recht, Opladen 1980
Schenk, Dedo v., Der Begriff der „Sphäre“ in der Rechtswissenschaft, Berlin 1977
Scherner, Karl Otto, BGB - Allgemeiner Teil, München 1995
Scheurl, Christoph von, Vertragsschluss unter Abwesenden, JJahrb 2 (1858), 252
Schlechtriem, Peter, Das Sprachrisiko – ein neues Problem?, in: Festschrift für Weitenauer, 1979, 129
Schliemann, Beiträge zur Lehre von der Stellvertretung beim Abschluß obligatorischer Verträge, ZHR 16 (1871), 1
Schloßmann, Siegmund, Die Lehre von der Stellvertretung, Bd.1,2, Leipzig 1900
Schloßmann, Siegmund, Willenserklärung und Rechtsgeschäft, Festschrift für Hänel (1907), 1 ff.
Schmid, Walter, Zur sozialen Wirklichkeit des Vertrages, Berlin 1983
Schmidt, Eike, Zurechnung, Zurechnungsprinzipien, Zurechnungszusammenhang, in: Festschrift für Esser, Heidelberg 1995, 137
Schmidt, Karsten, Gehilfenhaftung – Leutehaftung – Unternehmenshaftung, in Festschrift für Raisch, 1995, 189 ff.
Schmidt, Rudolf, Der Abschluss des Vertrages nach dem italienischen Zivilgesetzbuch von 1942, in: Festschrift für Nipperdey, München 1965 Bd.1, 701
Schmitt, Reimer, Die Obliegenheiten, Karlsruhe 1953
Schopp, Heinrich, Das Innenverhältnis zwischen mehreren Mitmietern und Mitpächtern, ZMR 1976, 321
Schubert, Werner, Der Tatbestand der Geschäftsführung ohne Auftrag, AcP 178 (1978), 425
Schwarz, Günter Christian, Kein Zugang bei Annahmeverweigerung des Empfangsboten?, NJW 1994, 891
Schwung, Siegfried, Die Verfälschung von Willenserklärungen durch den Boten, JA 1983, 12
Siebert, Wolfgang, Das rechtsgeschäftliche Treuhandverhältnis, Marburg 1933
Siekmann, Jan-Reinhard, Regelmodelle und Prinzipienmodelle des Rechtssystems, Baden-Baden 1991
Simitis, Spiros, Die Bedeutung von System und Dogmatik – dargestellt an rechtsgeschäftlichen Problemen des Massenverkehrs, AcP 172 (1972), 131
Singer, Reinhardt, Urteilsanmerkung, LM § 130, Nr. 27
Singer, Reinhardt, Das Verbot widersprüchlichen Verhaltens, München 1993
Singer, Reinhardt, Selbstbestimmung und Verkehrsschutz im Recht der Willenserklärung, München 1995
Soergel, Hans Theodor, Bürgerliches Gesetzbuch, Bd.1, Allgemeiner Teil, 12. Aufl. Stuttgart 1987; Bd.3, Schuldrecht II, 11. Aufl. Stuttgart 1986 (Bearb./Soergel)
Sonnenberger, Hans Jürgen, Verkehrssitten im Schuldvertrag, München 1969
Staudinger, Kommentar zum BGB, I §§ 90-240, Berlin; 11. Aufl. 1957; 12. Aufl. 1980 (Bearb./Staudinger)

Stein/Jonas, Kommentar zur ZPO, 21. Aufl. Tübingen 1994 (Bearb./Stein)
Steinwenter, Artur, Prolegomena zu einer Geschichte der Analogie, in: Festschrift für Fritz Schulz Bd.2, 1951 345
Stoll, Hans, Vertrauensschutz bei einseitigen Leistungsversprechen, in: Festschrift für Flume, Bd.1, Köln 1978, 741
Stoll, Heinrich, Rezession zu Cohn, Der Empfangsbote, AcP 131 (1931), 228
Stoll, Walter, Die Ermächtigung als selbständiger Rechtsbegriff, Gießen 1935
Struck, Gerhard, Interessenabwägung als Methode, in: Festschrift für Esser, Regensburg 1975, 171

Taupitz, Jochen, Vertragserfüllung durch Leistung an den Vertreter des Gläubigers, JuS 1992, 449
Teschentscher, Alex, Beweis und Schriftform bei Telefaxdokumenten, CR 1991, 141
Teubner, Gunther, Recht als autopoietisches System, Frankfurt am Main 1989
Teubner, Gunther, Standards und Direktiven in Generalklauseln, Frankfurt am Main 1971
Thiele, Wolfgang, BGB Allgemeiner Teil, 3. Aufl. Frankfurt am Main 1980 (Thiele AT)
Thiele, Wolfgang, Die Zustimmung in der Lehre vom Rechtsgeschäft, Köln 1966
Titze, Heinrich, Der Zeitpunkt des Zugehens bei empfangsbedürftigen Willenserklärungen, JJahrb 47 (1904), 379
Titze, Heinrich, Die Lehre vom Mißverständnis, Berlin 1910
Tuhr, Andreas v., Allgemeiner Teil des deutschen bürgerlichen Rechts, Bd. 1, 2/1, 2/2, Berlin 1914
Tuhr, Andreas v., Die unwiderrufliche Vollmacht, 1908.

Voit, Wolfgang, Zum Stellenwert der Privatautonomie als einer von mehreren Begründungselementen nichtdeliktischen Ansprüche, JbJZivilRWiss 1994, 89
Vollmer, Dietrich, Auslegung und „Auslegungsregeln", Berlin 1990
Vosswinkel, A., Die unrichtige Übermittlung von Willenserklärungen durch den Empfangsbote, Arch BR 32 (1908), 386

Wagner, Gerhard, Rudolph von Jherings Theorie des subjektiven Rechts und der berechtigten Reflexwirkungen, AcP 193 (1993), 319
Walsmann, Hans, Der Verzicht, Leipzig 1912
Watzlawick/Beaven/Jackson, Menschliche Kommunikation, Stuttgart 1990
Weber, Max, Gesammelte Aufsätze zur Wissenschaftslehre, 7. Aufl. Tübingen 1988
Wellspacher, Moritz, Das Vertrauen auf äußere Umstände, Wien 1906
Welter, Rüdiger, Der Begriff der Lebenswelt, München 1986
Wenzel, Leonhard, Urteilsanmerkung, BB 1981, 1031
Wenzel, Wolf-Dietrich, Die Anscheinsvollmacht, Göttingen 1995
Westermann, Harry, Haftung für fremdes Handeln, Jus 1961, 81, 382
Westermann, Harry, Sachenrecht Bd.1, 5. Aufl. Karlsruhe 1966

Westphalen, Friedrich Graf v., Urteilsanmerkung, EWIR 1989, § 130 2/89
Westphalen/Röhricht, Handelsgesetzbuch, Kommentar, Köln 1998 (Bearb./Westphalen)
Wieacker, Franz, Das Sozialmodell der klassischen Privatrechtsgesetzbücher und die Entwicklung der modernen Gesellschaft, München 1953
Wiegand, Wolfgang, Rechtschein und Vertrauen, in: Recht und Verhalten (Hrg. Hof u.a.), Baden-Baden 1994, 183
Wieling, Hans Josef, Mittelbarer Besitz, AcP 184 (1984), 439
Wieling, Hans Josef, Rezension Dette, Venire contra factum proprium AcP 187 (1987), 99
Wieling, Hans Josef, Venire contra factum propirium und Verschulden gegen sich selbst, AcP 176 (1976), 338
Wilburg, Walter, Die Elemente des Schadensrechts, Wien 1941
Willoweit, D., Schuldverhältnis und Gefälligkeit, JuS 1984, 911
Windscheid, Bernhard, Die Actio des Römischen Zivilrechts vom Standpunkt des heutigen Rechts, 1856
Windscheid/Kipp, Pandektenrecht, 9. Aufl., 1906
Wirths, Oscar, Die Empfangsbotenstellung, Emsdetten 1937
Wolf, Ernst, Allgemeiner Teil des Bürgerlichen Rechts, 3. Aufl. Köln 1982
Wolf, Manfred, Urteilsanmerkung, EzA Nr.10 § 130.
Wolff/Raiser, Sachenrecht 10. Aufl., Karlsruhe 1957
Wollschläger, Christian, Die Geschäftsführung ohne Auftrag, Berlin 1976

Zimmermann, Die Lehre von der stellvertretenden Negotiorum Gestio, Straßburg 1876
Zippelius, Reinhold, Varianten und Gründe rechtlicher Verantwortlichkeit, in: Verantwortung und Recht (Hrsg. Ernst-Joachim Lampe), Opladen 1989, 257
Zitelmann, Ernst, Zusammenstellung der gutachtlichen Äußerungen zu dem Entwurf des Bürgerlichen Gesetzbuchs, Bd. 1, 1890
Zöller, Kommentar zur ZPO, 20. Aufl. Köln 1997 (Bearb./Zöller)
Zweigert, Konrad, „Rechtsgeschäft“ und „Vertrag“ heute, in: Festschrift für Rheinstein Bd.2, Tübingen 1969, 493
Zweigert/Kötz, Einführung in die Rechtsvergleichung, 3.Aufl. Tübingen 1996